동아시아를 발견하다
— 임진왜란으로 시작된 한중일의 현대

동아시아를
발견하다

쑹녠선 지음 | 김승욱 옮김 | 임진왜란으로 시작된 한중일의 현대 |

역사비평사

차례

서문

　이 책에서 나는 역사적 시각에서 '동아시아'와 '현대'의 관계를 탐색해보았다. 우리가 늘 말하는 현대는 대체로 19세기 유럽 식민 세력의 확장과 함께 이루어진 경제·사회·정치·문화의 전환을 가리킨다. 특히 냉전 이래 주류의 현대화 이론은 거기서 더 나아가 고도자본주의국가를 지향하는 발전주의 논술이 되었다. 나는 이러한 좁은 의미의 현대 개념을 '식민 현대'로 지칭하는데, 그것은 현대화의 다원적인 노정 가운데 한 가지일 뿐이다. 식민 현대의 맥락 속에서 '동아시아'는 순수한 지역 개념이 아니라 시간성時間性과 종족성種族性을 강하게 띠고 있다. 나는 유럽의 식민 현대 개념을 참조로 삼지 않는 '동아시아 현대'를 정리해내려고 시도했으며, 아울러 그 현대의 기점을 16세기로 정했다. 유럽을 참조로 삼지 않는다는 의미는, 그것을 전반적으로 수용한다는 뜻도 아니고 전반적으로 배척한다는 뜻도 아니다. 유럽중심주의를 반성하지만, 동아시아(또는 중국)중심주의를 만들어내는 것도 아니다. 말하자면 유럽, 아시아, 아메리카, 아프리카의 다원적인 현대 역사는 모두 전체 역사 속의 지역적 부분으로 간주될 수 있으며, 또한 다른 지역과 문화 환경 속에 있는 하나의 시간 개념을 공유하거나 같은 유형의 발전 논리를 따르지도 않는다. 동시에 그 개념과 논리들은 각자 고립적이지 않으며, 인류의 현대 상황은 그들이 서로 영향을 끼치고 수용하고 대항하고 대화한 결과다.

나는 2015년 가을부터 단쉐링單雪菱의 요청으로 『펑파이 뉴스澎湃新聞 (The Paper)』에 「동아시아를 발견하다(發現東亞)」라는 칼럼을 발표하기 시작했다. 연재가 끊어졌다 이어졌다 하면서 2년 이상 썼다. 이 책은 이 시리즈를 수정해서 모아놓은 글이다. 큰 틀은 내가 미국에서 가르쳤던 동아시아사 개론(survey) 과목에서 가져와 구성했다.

나는 내 학문적 역량이 부족하다는 것을 스스로 알고 있다. 이처럼 광활한 구역區域, 이처럼 멀고 긴 시간 속의 발전과 변화를 개괄하는 일은 참으로 하늘이 높고 땅이 두텁다는 것을 알지 못하는 무모한 일인지도 모른다. 그러나 결국 용기를 한번 내기로 했다. 그 한 가지 이유는 내 자신의 연구가 줄곧 초지역적인(trans-regional) 시각을 강조해왔기 때문이다. 그런데 더 중요한 이유는 나의 교육적 실천 가운데 '동아시아 현대'가 내내 핵심적인 명제였다는 데 있다. 교육의 목적이 지식과 역사 인식을 제공하는 데 있는 만큼, 교실 안에서 벌인 토론을 적절히 다듬어서 중국어 독자들에게 간명한 읽을거리로 적절히 바꿔보는 것도 본업을 벗어난 일은 아닐 듯했다.

따라서 나는 이 책에 대해 전문적인 지식을 기대하는 독자들에게 사과할 수밖에 없다. 이 책은 연구 성격의 저작이 아니며, 사료에 대한 깊이 있는 발굴이나 독창적인 발견도 없다. 이 책에 사용한 자료는 내 연구와 개인적 경험에서 가져온 매우 적은 수를 제외하면 대부분 기존의 저술에서 뽑아낸 것들이다. 책에서 꽤 많이 다른 분야를 다루었다. 이런 분야의 전문가들에게 내가 소개한 내용은 아마도 상식적인 수준일 것이다. 내가 한 작업은 될 수 있는 대로 최신의 연구 성과를 골라서 정리하고, 이를 몇 가지 연관된 주제로 연결하며, 내 자신의 시각과 이해를 덧붙인 뒤, 그것을 일반 독자와 대면하는 글로 전환한 것이다.

나는 예전에 학자의 임무가 오로지 연구에 있으며 교육은 단지 부수적일 뿐이라고 생각했다. 졸업하고 일을 시작하면서 비로소 직업인으로서 학자에게는 교육이 마찬가지로 중요하다는 사실을 이해하게 되었다. 나는 2013년 미국 바사대학(Vassar College)에서 동아시아사를 강의했고, 3년 뒤 지금 있는 메릴랜드대학 볼티모어 카운티 분교(UMBC, University of Maryland, Baltimore County)에 재직하기 시작했다. 미국 대학에서 학자(특히 인문사회과학 학자)에 대한 승진 평가는 연구와 교육을 함께 중시한다.(그 밖에 학교에 대한 기여도 있다) 설사 연구형 대학(예컨대 UMBC)이라고 해도 교육에 대한 평가 비중은 연구보다 낮지 않다. 교양학부 대학(Liberal Arts College, 예컨대 바사대학)에서 교육은 심지어 연구보다 더 중요하다. 나는 이 두 학교에서 학부생을 대상으로 동아시아사 입문 과목을 전담하여 강의해왔다. UMBC에서 동아시아 문명사는 '문화 핵심'에 속하는 과목이다.(핵심 과목이란 모든 학부생이 전공을 불문하고 수강해야 하는 교양 성격의 커리큘럼이다)

교육은 곧 지식을 전수하는 것으로서 단지 강의하고 테스트하고 점수 매기는 일일 뿐이라고 여기는 사람이 적지 않은 듯하다. 그러나 실제는 절대 이와 같지 않다. 나에게 교육은 완전히 새로운 지식 훈련으로, 특히 교양 과목이 그렇다. 역사교육에서 지식을 소개하는 일은 물론 중요하지만, 미국의 학부생, 특히 비역사 전공과 비문화 전공의 학부생을 대면할 때 더욱 중요한 점은 그들이 과거를 어떻게 비판적으로 이해하고 사고방식을 어떻게 현실 문제에 대한 분석에 응용할 것인지를 알 수 있도록 가르치는 일이다. 역사는 다 외우고 바로 잊어버리는 죽은 지식 포인트가 아니라 우리의 현실 인식 속에 생생히 존재하는 것이다. 그러므로 역사교육은 대중적이고 알기 쉽게 정보를 전파하는 데 그치지 말고, 과거가 현실과 관련을 맺고 의미를 발생할 수 있도록 관찰하고 사고하는 시각을 제시하는 것이어야 한다. 교육은 반드시 연구자의 시각이 아닌 수용자의 시각에서 사고가 나타나도록 해야 한다.

직업화한 역사 연구는 대체로 구체적이고 미세한 주제를 겨냥한다. 교육은 연구자로 하여금 상대적으로 협소한 영역에서 걸어 나와 더 폭넓은 시공간의 맥락에서 해석을 제시하게끔 한다. 시야를 확장하고 낯선 곳에 진입하는 것은 연구에 가장 좋은 자극으로, 이는 그동안 익숙했던 과제에 대해 부단히 새로운 연상을 하고 새로운 의미를 발견할 수 있게 한다. '교학상장教學相長'의 함의는 바로 여기에 있을 것이다. 이런 각도에서 보면, 수업을 하는 것이든 글을 쓰는 것이든 모두 위에서 아래로 지식을 보급하는 것이 아니며, 복잡한 역사를 재미있게 다루는 것도 아니다. 그것은 상대적으로 간략한 자료를 이용하여 더 큰 문제를 드러내고 유효한 사고 방향을 제시할 수 있는가에 도전하는 일이다.

더 큰 문제라고 하는 것은, 적어도 내게는 현대 중국이 어떻게 형성되었는지를 토론하고 근대 이래 이 구역의 역사에 대한 선입견들을 수정하는 일이다. 내가 취한 시각은 중국을 구역(동아시아), 나아가 전 지구적 틀 속에 놓고 상대적으로 긴 시간대에 걸친 변화 과정을 검토하는 것이다. 이는 물론 오늘날 지역사(regional history)·지구사(global history) 사조의 영향을 받은 것이지만, 또 다른 측면에서는 교육적인 수요이기도 하다. 미국 대학의 역사 수업에서 가장 비중 있는 과목은 당연히 미국사이며, 그 다음은 유럽사다. 동아시아사/중국사의 위상이 점차 높아지고 있기는 해도 여전히 주변에 속한다. 소수의 몇몇 최상위에 있는 연구형 대학들을 제외하고 일반적인 학교에서 제공하는 국가별 역사의 커리큘럼은 단지 몇 개의 중요한 대국大國만 다룰 뿐이다. 비非미국사 학자는 종종 지역사나 혹은 세계사 강의까지 맡아야 하며, 이해해야 할 범위는 자신이 연구하는 국가에 국한되지 않는다. 현재 지구사를 주도하는 인물들이 대부분 정통 미국사 이외의 영역에서 나오는 까닭은 아마도 이러한 교육 메커니즘과 관련이 없지 않다.

다른 지역(예컨대 중앙아시아, 중동, 아프리카)과 비교할 때, 미국 교실에서 동아시아사 교육은 여전히 국가별 역사가 가장 두드러진다. 왜냐하면 중국, 일본, 한반도는 비교적 긴 연속성을 갖고 있을 뿐 아니라 오늘날의 지구화 시대에 중요한 국가를 형성하고 있기 때문이다. 그러나 중국, 일본, 한국의 역사를 나누어 서술하는 것은, 가까운 과거에 비로소 형성된 민족국가의 경계를 강화하고 삼자 간의 차이를 지나치게 강조하기 쉬우며, 반면 그들 내부의 다양성이나 동아시아 사회가 장기간 교류해온 가운데 형성한 밀접한 관련성을 간과하기 쉽다. 점점 더 많은 동아시아 연구자가 초국사(transnational history)·지역사·지구사의 시각을 채용하고 있는 까닭도, 그들이 경화된 국가의 경계에 도전하고 세계를 고립된 개별 단위의 콜라주로 파악하는 시각을 거부하며 아울러 초사회적인 인구·물자·제도·사상의 이동을 통해 동아시아 사회의 유기적인 상호작용을 탐색하기 때문이다.

미국 역사학자 프라센지트 두아라(Prasenjit Duara)는 일찍이 중국이 현대국가로 진행한 경로는 오로지 중국을 동아시아 구역 속에 놓고 일본과 한반도의 같은 경로와 함께 관찰해야만 더 잘 이해할 수 있다고 지적했다. 이 책은 곧 이러한 지적을 실마리로 삼아 펼쳐냈다. 그러나 주의가 필요한 것은 오늘날의 중국, 일본, 조선*/한국이 역사상의 중국, 일본, 한국과 결코 일치하지 않는다는 점이다. 독자들은 20세기에 형성된 민족국가 개념을 16~19세기의 상황에 그대로 적용하는 위험을 피해야 한다. 명·청 시대의 중원, 한반도, 일본 간에는 당연히 각자의 정체성 인식을 갖고 있었지만, 이러한 정체성 인식은 서로 교차하고 중첩되어 있어 오늘날의 국경이나 여권과 같이 그렇게 경계가 분명치 않았다. 최근 적잖은 저작들이 '탈중국 중심'을 말하면서 명·청 시기 반도와 열도에서 중원에 대한 독립적인 신분을 요구하는 주장이 발생했다는 것을 부각하고 있다. 내가 지적하고 싶은 바는, 당시 '다름을 추구(求異)'하는 그들의 노력은 아마도 '같음을 추구(求同)'하는 노력만큼 컸다는 점이다. 우리는 이러한 신분 인식을 국적으로 명시되는 민족주의와 섞어 함께 말해서는 안된다. 이 양자 간의 연계와 전화轉化를 서술하는 일은 바로 이 책의 임무가운데 하나다.

이와 관련해서 나는 독자들에게 '중국', '일본', '조선/한국' 등의 개념

* '조선'은 북한을 가리킨다. 이에 대해서는 1장 2절의 본문과 각주를 참조.

을 본질주의적으로 해석하지 말기를 간청한다. 본질주의는 '외부 문명'이 도래하기 전에 고정불변의 '본토(indigenous)' 전통이 존재한다고 가정한다. 논자들은 중국/동아시아의 핵심 또는 정수를 안에서 구하려 했으며, 한자, 유교, (본토화된) 불교 등과 같이 서양에 대해 독립적인 일련의 문화·교육제도를 찾는 데 꾸준히 노력해왔다. 그렇지만 문화는 한시도 쉬지 않고 변화하며, 늘 안과 바깥이 상호작용하는 가운데 낡은 공기를 뱉어내고 신선한 공기를 흡입한다. 마치 인도에서 발원한 불교가 점차 현지 신앙으로 내재화된 것과 같다. 우리가 오늘날 생각하는 '전통'은 대부분 근래에 이르러 새롭게 발견되거나 발명된 것이고(『제자규弟子規』나 한복漢服을 생각해보라),* 많은 특징이 '서방'을 참조하여 의식적으로 만들어진 것이다.(예를 들어 "서양화는 사실을 그리고, 중국화는 의미를 그린다〔西洋畵寫實, 中國畵寫意〕") 이러한 논리는 식민 현대성의 논리와 일치하며, 결코 역사적 실상은 아니다. 본질주의적인 '서양'과 '본토'는 마치 식민주의와

---

* 『제자규』는 청대 이육수李毓秀가 강희 연간에 『훈몽문訓蒙文』이라는 제목으로 출판했으며, 이후 건륭 연간에 가존인賈存仁이 개수한 뒤 현 제목으로 바꾸어 간행한 책이다. '제자규'라는 제목은 『논어』 「학이學而」 편의 "제자가 들어가서는 효를 하고 나와서는 공손하며, 삼가고 성실하게 하며, 널리 사람들을 사랑하되 어진 이를 가까이 해야 하니, 이것을 행하고 여력이 있으면 글을 배워야 한다(弟子入則孝, 出則弟, 謹而信, 汎愛衆, 而親仁, 行有餘力, 則以學文)"라는 구절에서 유래. 책의 구성도 해당 구절을 따와서 총서總序, 입즉효入卽孝, 출즉제出卽弟, 근근, 신신, 범애중凡愛衆, 친인親仁, 여력학문餘力學文의 8개 부분으로 이루어져 있다. 이는 전통 시기에 제한적으로 사용되던 보조 교재에 불과했지만, 21세기에 접어들어 중국 민족주의의 고조와 함께 전통문화를 교육하는 교재로 새롭게 조명되면서 광범하게 활용되고 있다.
한복漢服, 즉 한족의 복식은 각 시대마다 차이가 있었는데, 청 말에는 거의 보존되지 않았다가 21세기에 접어들어 중국 민족주의가 강화되고 '한복부흥운동' 등 한족의 정체성을 추구하는 흐름이 확대되는 가운데 한·당·송·명대의 복식 형태를 기반으로 재구성되었다.

민족주의의 관계처럼 대립하는 듯 보이나, 실은 한 몸의 양면이다.

'동아시아' '중국' '일본' '조선/한국'은 시대마다 다른 함의를 내포한다. 이 개념들은 구역 내부의 교류 및 구역과 외부의 상호작용 속에서 점차 형성된 것이다. 그것들이 만들어지는 과정은 끝나지 않았으며, 미래에도 분명히 낡은 내용은 버려지고 새로운 내용이 첨가될 것이다. 오직 변하지 않는 것은 그것들에 대한 부단한 정의, 부정, 재정의다. 바로 이렇기 때문에 동아시아에 관한 역사 서술, 나아가 어떠한 역사 서술도 모두 진행하는 시간이며, 완성된 시간이 아니다. 수년 동안 교육하고 집필하면서, 처음에 가졌던 몇몇 인식은 이미 추가적인 검토가 필요하다. 따라서 이 조그만 책이 보여주는 것은 정설定說이 아니고 사고의 가능성이다. 이에 관한 토론, 비평, 교정 그리고 보충을 환영한다.

단쉐링, 양샤오옌楊曉燕 두 편집자에게 감사하며, 그들의 격려와 지지(그리고 종용)가 없었다면 이 글을 쓰지 못했을 것이다. 이 책의 많은 부분은 친구들과 나눈 토론으로부터 도움을 받았다. 특별히 왕위안충王元崇, 장양張楊, 류원난劉文楠, 양청楊成, 장신張昕, 저우위周宇, 장핑張平, 쑤푸빙蘇福兵, 추페이베이丘培倍, 왕리핑王立平, 톈겅田耕, 차이웨이제蔡偉杰에게 사의를 표한다. 나의 아내 자오옌링趙燕靈은 늘 첫 번째 독자로서 내 글에 대해 많은 수정 의견을 제안해주고, 글이 어색해지고 학술적인 수사가 되지 않도록 매번 환기해주었다. 『평파이 뉴스』에 발표한 글에 대해 많은 독자들이 보내주신 비평과 질정은 내가 착오를 수정할 기회를 갖게 해주었다. 모두에게 감사드린다.

— 2017년 11월 볼티모어에서

【 일러두기 】

1 이 책을 한국에서 번역 출판한다는 소식을 들은 저자 쑹녠선이 기간본 중국어판에서 수정할 사항을 메일로 알려와, 옮긴이가 특별히 한국어판에 반영했다.

2 본문의 각주는 원서에 본래 없는 내용으로, 옮긴이가 독자의 이해를 돕기 위해 보충하여 쓴 것이다.

3 외래어는 국립국어원의 「외래어표기법」을 따르고, 해당 원어, 즉 한자·영문·일어 등을 처음 그 단어가 나올 때 병기했다.

(1) 중국 인명은 신해혁명을 기준으로 그 이전은 우리식 한자 독음 표기로, 그 이후는 「외래어표기법」에 따라 썼다. 지명도 「외래어표기법」을 따랐지만, '요동', '요서' '화북' 등 일부는 우리식 한자 발음으로 표기한 경우도 있다. 그 밖에 사건명이나 우리에게 익숙한 개념(용어)도 우리식 한자 발음으로 표기했다.

(2) 일본 인명과 지명은 「외래어표기법」을 따랐다. 그러나 중국어와 마찬가지로 일본어도 우리에게 익숙한 개념(용어) 및 일부 조직명, 신문명 등은 우리식 한자 발음으로 표기했다. 예 탈아론脫亞論 / 흥아론興亞論 / 『시사신보時事新報』/ 동아동문회東亞同文會 / 대정익찬회大政翼贊會 / 번주藩主(일본어 발음상 '한슈'이지만 '번주'로 표기함) / 〈국성야합전國性爺合戰〉

4 단행본, 잡지, 신문 이름은 겹낫표(『 』)로, 책 안의 단편, 논문, 신문 기사의 제목, 법령은 홑낫표(「 」)로, 노래·영화·연극 등 예술 작품은 홑화살괄호(〈 〉)로 표기했다.

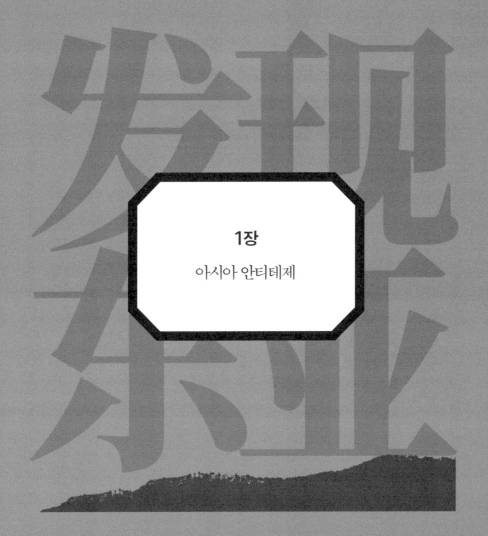

1장

아시아 안티테제

发
现
东
亚

01

무엇이 '동아시아'인가? 왜 '동아시아'인가?

1885년 일본 메이지明治 18년 3월 16일, 이날 도쿄東京에서 간행된 정론지 『시사신보時事新報』에는 필자의 이름이 달리지 않은 「탈아론脫亞論」이라는 제목의 사설이 게재되었다. 이 글은 일본이 서양 문명국가와 진퇴를 함께해야 하며 중국(지나支那)이나 조선 같은 우매하고 낙후한 '나쁜 이웃'과 동료가 되는 것을 거부해야 한다고 주장했다.

그 글은 오늘날 널리 알려져 있는데, 일반적으로 그 필자는 유신 사상가인 후쿠자와 유키치福澤諭吉라고 여겨진다. 그렇지만 이에 관해 학계에서는 아직 논란이 있다. 더 중요한 점은 우리의 상상과는 반대로, 그 글이 발표된 뒤 영향이 매우 미미했다는 것이다. 1933년 『속 후쿠자와 전집續福澤全集』에 수록될 때까지 그것을 다시 언급하는 사람은 없었다. 일본 학자가 「탈아론」을 새롭게 발견하고 아울러 이 2,400자의 짧은 글을 근대 일본의 국가 진행과 연관지어 인증한 것은 제2차 세계대전이 종결된 뒤인 1950년대였다. 또한 그 글이 논의의 초점이 되고, 일본이 근대로 나아가는, 즉 식민 침략으로 나아가는 서곡이었다고 보편적으로 인식하게 된 것은 더 늦은 1960년대였다. 비록 그 글은 오랫동안 잊혀 있었지만, '탈아'라는 두 글자는 메이지 유신 이래 일본이 지나온 어떤 심리적 변화 과정을 생동감 있게 개괄했기 때문에, 근 100년 동안 깊이 잠든 뒤 유령처럼 깨어났다. 그것은 신속히 한 국가(일본)가 자신이 몸을 둔 공동체(아시아 혹은 동아시아)에 대해 일찍이 취했던 태도를 상징하는 하나의 기호가 되었다. 그리고 「탈아론」에 대한 새로운 '발견'과 토론은 곧 특정 시공간 속의 역사적 사고를 보여준다.

2015년 중국은 소리 높여 항일전쟁 승리 70주년을 기념했다. 「탈아론」이 발표된 지 꼭 130년이 지난 때였다. 이해에는 동아시아 근현대의 많은 전환적 사건이 모두 10년 단위를 채워 크게 기념되었다. 청일전쟁 종료 120주년, 러일전쟁 종료 110주년, 그리고 제2차 세계대전 종료 70주년. 그것들은 각기 동아시아의 전통적인 종번宗藩 체제*의 붕괴, 동아시아에서 일본의 패권 확립, 그리고 이 일본 패권의 종결을 상징하고 있었다. 이 사건들에 대한 기억은 지난 1세기 반 이래 동아시아의 역사를 꿰어 연결할 수 있다. 그렇다면 우리는 자신이 처한 국가와 지역이 이 130년 동안 거쳐온 역사를 어떻게 이해해야 할 것인가?

나는 '탈아'의 '아亞' 자로부터 이야기를 시작해서, 우선 우리가 아시

---

* 종번 체제란 종주宗主-번속藩屬의 위계적 상호 관계를 말한다. 일반적으로 책봉冊封-조공朝貢 체제라는 표현이 익숙하지만, 저자의 논지 전개에서 중요하게 다루어지는 용어이므로 그대로 사용한다.

아 혹은 구체적으로 말해 동아시아 세계와 어떤 식으로 연결되었는지를 살펴보려고 한다. 왜 우리는 '동아시아'인가, 또 우리에게 '동아시아'는 무엇을 의미하는가?

어릴 적 세계지리 수업 시간에 세계에는 7대 주洲가 있다고 배웠다. 아시아, 유럽, 아프리카, 오세아니아, 남아메리카, 북아메리카, 남극이다. 이는 얼핏 보기엔 객관적인 자연지리의 묘사인 듯하지만, 세계지도를 펼쳐 보면 의문이 생긴다. 다른 대륙은 모두 가장자리가 뚜렷하고 상대적으로 독립되어 있는데, 왜 유럽과 아시아는 분명히 하나의 대륙판에 속하는데도 두 개의 주로 나뉘어 있는가? 그렇다! 우랄산맥, 코카서스산맥, 흑해와 터키해협, 이런 험한 지세가 유라시아 지형의 경계를 나누고 있지만, 첫째 그것들은 히말라야산보다 지리적 분리의 의미가 결코 크지 않으며, 둘째 동서 교류의 장벽이 되지 않았음에도 불구하고 어떻게 대륙의 경계가 되겠는가? 오늘날 유라시아를 가로지르는 대국—러시아와 터키—을 이따금 불편하게 만드는 것은 자신의 성姓이 유럽(歐)인지 아니면 아시아(亞)인지 하는 문제와 얽혀 있다.

그러므로 '아시아'는 천연적인 지리 단위라고 하기보다는 인위적인 인지 단위라고 해야 한다.(물론 엄격하게 말해서 다른 주도 마찬가지다) 아시아 개념을 만든 것은 그 이웃인 유럽이다.

'아시아(Asia)'라는 말은 고대 그리스어에서 유래하며, 동쪽 지역이라는 의미를 갖고 있다. 이 '동쪽 지역'은 처음에는 단지 그리스에 인접한 이른바 소아시아 지역만을 가리켰지만, 후에 점차 확대되어 지구상 30%에 가까운 육지 면적과 60%를 넘어선 인구를 포함하는 거대한 구역으로 변화했다. 또한 역사의 진행 속에서 아시아는 중동中東(Middle East: 근동

近東, Near East이라고 불리기도 하며, 이 개념은 북아프리카도 포함한다)과 극동極東(Far East) 등 하위 구역(sub-region)을 포함하게 되었다. 우리가 오늘날 말하는 '동아시아'는 바로 극동과 매우 많이 중첩된다. 20세기 후반 탈식민화운동을 거치면서, 유럽중심주의 색채를 분명히 띤 '극동'이라는 개념은 그것을 발명한 구미 지식계에서 점차 버려지고, 좀 더 중성적인 듯한 '동아시아(East Asia)'라는 단어로 대체되었다.(오늘날 극동은 대체로 러시아에서만 공식 개념으로 사용되는 듯하다) 그렇지만 사실을 따져보자면 동아시아는 어원으로 말해서 곧 '동쪽 지역의 동쪽 지역'이라는 의미로, 엉덩이를 여전히 서쪽에 놓아 앉은 것이다.

동아시아에 사는 사람은 본래 '동아시아'에 대해 그것이 무엇인지 알지 못했다. 일찍이 16세기에 유럽 선교사가 '아시아'라는 이 신선한 단어를 가져왔다고 해도, 아무도 이렇게 말하지 않았다. "그래, 우리는 '아시아인' 또는 '동아시아인'이야." 동아시아인이 '동아시아'라는 이름표를 수용하고 또 자각적으로 인정하게 된 것은 바로 「탈아론」이 발표된 무렵이다. 또한 이러한 신분 인식이 점차 뚜렷해진 것은 바로 유럽과의 상호작용 속에서였다.

19세기 유럽에서 '동아시아' 또는 '아시아'는 결코 단순한 지리적 존재가 아니었다. 자본과 식민의 확장에 따라서 이 지역은 시간성을 부여받고 하나의 역사와 문명 개념이 되었다. 독일 철학자 헤겔(G. W. F. Hegel)은 아마도 가장 먼저 각 대문명 지역을 시간 서열에 끌어들인 사람일 것이다. 이 유심론자는 세계 역사를 '절대정신'이 자아를 실현하는 단계적인 과정으로 귀결시키고, 각 대문명이 이 과정 속에 서로 다른 위치를 점하게 했다. 그에 따르면, 중국과 인도 문명은 정신이 아직 깨지 못한 어린아이와 같으며, 근동 문명(이집트, 시리아)은 겨우 성장한 소년과 같다. 그들은 선천적으로 자유의지가 결여되어 있기 때문에 정체되고 더 성장하지 못했다. 그리스 문명은 청년이라 할 수 있고, 로마 문명은 비로소 인류 역사의 성년을 상징했다. 이어서 '절대정신'은 게르만 세계의 기독교 문명에서 최고봉에 도달했다. 헤겔은 궁극적으로 모든 인류의 역사가 이 경로를 따라 '자유'에 이를 것이며 결코 예외는 없다고 생각했다.

마르크스(Karl Marx)는 일생 헤겔 철학의 영향을 받았는데, 특히 헤겔의 역사철학 가운데 시간성을 계승했다. 그러나 그는 물질생활이야말로 가장 본질적인 역사 동력이며 그 때문에 인류 역사는 생산력이 부단히 진화하는 과정이라고 보았다. 유럽 자본주의 생산양식은 지금까지 가장 선진적인 생산양식으로서, 비록 그 역시 맨 마지막에 이르러서는 소멸될 수 있지만 어떠한 다른 생산양식이라도 반드시 먼저 자본주의에 의해 대체되어야 했다. 마르크스는 가장 전형적인 전前 자본주의 농업 생산을 '아시아적 생산양식'이라 명명하고, 그 속에 대규모 관개 수요로 인해 생겨난 집권적 통치 유형은 사회를 지나치게 안정시켜 발전 동력의 결핍을 초래한다고 보았다. 헤겔의 완전한 멸시에 비해, 아시아에 대한 마르크스의 태도는 조금 복잡했다. 그는 한편으로 아시아에 대한 유럽 자본주의의 잔혹한 식민을 비난했고, 다른 한편으로 아시아는 외부적 충격을 빌려서야만 비로소 자본주의로 발전해가고 아울러 궁극적으로 전체 자본주의 체제의 멸망을 가속화시킬 수 있다고 생각했다.

헤겔과 마르크스에게 아시아는 전제·낙후·우매·정체였고 유럽의 자유·선진·문명·진보를 역으로 부각해주는 것이었다. 유럽인이 아시아/중국에 대해 찬미에서 비판으로 전환한 것은 프랑스의 몽테스키외

(Montesquieu)부터 시작되지만, 19세기 이전에 지리상의 아시아를 인류의 '대일통역사大一統歷史' 가운데 초급 단계 또는 시간적 존재로 간주한 이는 아직 아무도 없었다. 이후 사회학의 비조 막스 베버(Max Weber)도 중국, 인도 등 아시아 국가의 종교를 분석하여 왜 '자본주의 정신'은 기독교 신교를 신봉하는 국가에만 존재하는지를 논증했다. 베버는 아시아를 시간 개념으로 취급하지는 않았지만, 헤겔이나 마르크스와 마찬가지로 아시아를 사실상 유럽의 안티테제(antithese)로 제시했다. 바꾸어 말하면 아시아가 존재하는 의의는 유럽이 왜 유럽인가를 증명하는 데 있었다. 1885년 「탈아론」은 헤겔 이래 유럽 사상 속의 이 '아시아 안티테제'를 상당 정도 드러내고 있었다.

이때부터 중국, 일본, 조선, 베트남 등에서 유럽 사상을 접촉한 일군의 지식인들은 비로소 "아! 우리는 아시아인이구나"라고 이해하기 시작했다. 메이지 중·후기 일본에서는 사실 탈아론에 비해 일본을 축으로 아시아공동체를 구축하여 유럽 식민을 물리치자는 외침이 오히려 더 큰 시장을 가지고 있었다. 일본 근대의 '아시아주의'는 종족 대항과 문명 경쟁을 중심으로 반오리엔탈리즘적인 오리엔탈리즘의 환상을 그려냈다. 이 사조는 일본의 국내·국제 형세 변화에 따라 정치 무대로 나아갔고, 결국 대동아공영권을 건설한다는 야심으로 확장 변화했다. 그러나 중국·조선·인도의 초기 민족주의자는 '아시아주의'에 내포된 선명한 저항 의식 때문에 오히려 모두 그로부터 고무되었다.

제2차 세계대전이 끝난 뒤 반식민의 파도가 전 지구를 석권했다. 독립을 획득한 중국은 피침략·피압박 국가의 편에 결연히 서서 자신의 역사적 운명과 책임을 자각적으로 아시아−아프리카−라틴아메리카 민족해방의 큰 틀 아래 놓았다. 당시 중국이 아시아에 대해 갖고 있던 신분 인식은 지리적·문명적·종족적인 것이 아니었으며, 또한 이데올로기적인 것도 아니었다. '아시아'는 제3세계 혁명을 상징하는 정치적 라벨이었다.

'아시아'는 본래 타인 눈 속의 타자였다. 그러나 동아시아인은 이 개념을 가져와서 역으로 타자를 주체적인 자기 인식으로 변화시켰다. 일본 근대의 '아시아주의'와 중국의 '아시아-아프리카-라틴아메리카 혁명관'은 아시아에 대한 동아시아인의 개념적 전환과 창조를 보여준다. 스스로 인식한 '아시아'도 상당 정도는 유럽(또는 서양)을 안티테제로 삼은 것이다. 물론 여기서 유럽/서양은 마찬가지로 지리 개념이 아니다. '아시아주의' 속에 서양은 종족과 문명이고, 제3세계 이론 속에 서양은 식민주의와 제국주의를 대표한다.

이런 길고 긴 전화 과정은 내가 보기엔 이른바 '현대화'(일본어에서는 '근대화')와 밀접한 연관이 있으며, 그것은 내외의 힘이 함께 작용한 결과다. 그렇지만 유럽 중심 시각의 오랜 영향 아래서 「탈아론」 가운데 '아시아 안티테제' 식의 자아 인식은 동아시아 모든 국가에서 일찍이 유행했던 바 있다. 「탈아론」에 대한 단순화된 해석은 곧 '현대화'를 탈아와 동일시한다. 지금까지 많은 사람이 여전히 익숙하게 '우매·폐쇄·야만·전제'와 같은 크고 부당한 모자를 씌워서 동아시아의 역사 경험을 부정한다. 그에 내재하는 논리는 '탈아'와 일맥상통하며, 심지어 지적인 면에서는 더 나태하고 조악하다. 오늘날 중국, 일본, 한국의 수많은 지식인은 이미 '동아시아'라는 이 풍부한 가능성을 내포한 역사체가 유럽/서양에 대해 상대적으로 차원을 초월하고 근대 130년의 역사를 초월해야 한다고 의식하고 있다. 우리는 더 긴 시간, 더 넓은 시야에서 동아시아(그리고 동아시아 속의 각 국가와 사회집단)가 자신을 어떻게 만들어냈는지 검토할 필요가 있다. 그러므로 동아시아를 '발견'(심지어 '발명'이라 할 수도 있음)해온 궤적을 탐구하는 작업은 바로 새로운 시각에서 우리의 현대 운명이 어떻게 발생하여 전개되었는지, 또 오늘날의 신분 인식(국가·민족 또는 지역을 막론하고)이 이 과정에서 어떻게 형성되었는지를 탐구하는 일이다.

'동아시아' 개념은 비록 바깥에서 온 것이지만 이 지역의 내부 자원 속에 접목되었다. 그리고 우리가 더 익히 아는 '중국' '일본' '조선/한국' 개념은 내부에서 생겨난 듯 보이지만, 사실 매우 강한 외래성과 상호작용의 측면이 있다. 이제부터 이러한 개념들은 어찌된 것인지 이야기해보려고 한다.

02

중국은 차이나(China)가 아니고
일본은 저팬(Japan)이 아니다

당신이 옛날, 예컨대 명대明代에 살고 있다고 상상해보자. 어느 날 서쪽에서 온 신부가 당신에게 인사한다. "안녕하세요. 나는 포르투갈 사람입니다." 당신은 어떻게 대답할까? 대부분 "안녕하세요. 나는 중국 사람입니다."라고 하지 않고, "나는 대명大明 나라 사람입니다."라고 할 것이다. 왜냐하면 그때는 '중국'이 아직 국가의 명칭이 아니었기 때문이다. 청조 이전 더 오랜 시간 동안 중국은 주변 지역에 대해서 중원中原 지대를 지칭했고, 때로는 이적夷狄에 상대되는 화하華夏 집단을 지칭했다.

그렇다면 만약 당신이 고려왕조 시기의 한반도*에 살고 있다면? 마찬가지로 당신은 "나는 고려 사람입니다."라고 하지, "나는 조선 사람입니다." 혹은 "한국 사람입니다."라고 할 리는 없다. 만약 당신이 전국시대戰

---

* 원서에서는 '조선반도'라고 지칭했으나, 이 책에서는 '한반도'로 쓴다.

國時代에 살고 있는 일본인이라면, 그 무렵 대략 군도 상의 크고 작은 정권/국가의 총칭으로서 '일본'을 의식하여 "나는 니혼(Nihon) 나라 사람입니다."라고 말할 것이다. 그러나 포르투갈 신부는 아마도 어리둥절할 듯한데, 왜냐하면 그는 '시판(Cipan)' 혹은 '제팡(Jepang)'만을 들어보았을 뿐이라 조금 애를 써야 '제팡'과 '니혼'을 연관 지을 수 있을 것이다.

'중국'이라는 단어는 매우 일찍 출현했지만, 그것이 광대한 영역에 많은 인구를 가진 동아시아의 다민족국가를 지칭하게 된 것은 근래의 일이다. 그렇지 않았다면 황쭌셴黃遵憲이나 량치차오梁啓超 등도 중국에 나라는 있어도 이름은 없다고 탄식하지 않았을 것이다. 이를 자세히 말하기 시작하면 몇 권의 책으로도 다 말할 수 없을 듯하다. 우리는 단지 '중국'이 끊임없이 진화해온 개념이고, 그 판도, 인구 및 족군族群과 마찬가지로 부단히 변화하고 있다는 점만 기억하면 된다. 현재의 사람들은 이미 근대 주권국가 체계 속의 민족국가(nation state) 개념을 사용하여 중국을 이해하는 데 익숙하지만, 중국이 민족국가의 모습으로 출현한 것도 100여 년 남짓 기간에 불과하다. "중국의 역사는 유구하다"고 말하는 것은 물론 문제가 없다. 그러나 이 유구한 주체는 각 시기마다 차이가 있기 때문에, 현재 우리에게 있는 것(혹은 없는 것)을 가지고 면면히 진화하는 주체에 그대로 적용할 수는 없으며, 그렇지 않으면 시공간이 착란될 수 있음에 주의해야 한다. 이런 이치는 다른 국가에 대해서도 마찬가지다.

오늘날 한반도에는 두 개의 국가 실체, 곧 조선*과 한국이 있다. '조

---

* 북한을 지칭한다. 저자가 이 용어를 쓰는 이유를 바로 다음에 설명하고 있으므로, 그 뉘앙스를 살리기 위해 그대로 번역한다.

선'은 반도에서 가장 오랜 기간 지속했던 왕조(1392~1910)에서 온 이름이다. 왕조를 개창한 이성계李成桂는 두 가지 국명을 작성하여 명 태조 주원장朱元璋에게 가져가 판정을 받았다.* 주원장은 '조선'을 골랐다. 그런데 더 위로 소급하면 '조선'은 중국 사서에 기재된 반도 북부의 국가인 기자조선箕子朝鮮과 위만조선衛滿朝鮮에서 온 것이다. 일반적으로 조선은 '조일선명朝日鮮明'(아침 해가 선명하다)의 뜻을 취한 것으로 여겨진다. '한국'이란 이름은, 중국 사서에는 삼한三韓으로 통칭되는, 반도 남부의 고대 부족국가에서 기원한다. 청일전쟁 후 조선왕조는 청국과의 종번 관계에서 벗어나 잠깐 국명을 대한제국大韓帝國으로 고친 적이 있다. 제2차 세계대전 후 남북이 분열하여 두 국가는 모두 반도 유일의 합법 정권을 언명하고 서로 승인하지 않는다. 그래서 한국은 조선을 '북한北韓'으로 지칭하고, 조선은 한국을 '남조선南朝鮮'이라고 부른다. 조선이든 한국이든 강렬한 정치적 함의가 있기에 잘못 쓸 수 없다. 중국어 속에 때로 '북조선' 혹은 '남한'으로 오용하는 사례가 보이는데, 기실 남북 모두 이렇게 말하지 않는다.

반도국가와 마찬가지로 초기 일본의 역사도 중국 사서에 기재되어 있다. 일본열도의 정권은 한漢과 접촉할 때 자칭 와(Wa)라고 했는데, 한 조정에서는 이를 '왜倭'로 표기했다. 왜는 단지 당시 열도의 여러 소국 가운데 하나였을 뿐이다. 그들은 훗날 '왜' 자가 적절치 못하다고 여겨

---

* 이성계는 1392년 예문관 학사 한상질韓尙質(한명회의 조부)을 명나라로 파견하여, 명 태조에게 '조선朝鮮'과 '화령和寧' 중 하나를 국명으로 채택해줄 것을 요청했다. 화령은 이성계의 출생지다.

'화和(Wa)'로 고치고서 '야마토大和(Yamato)'로 명명했다. 대략 7세기 전후 야마토 세력은 북쪽으로 혼슈本州 북부까지 확장하고 국명을 '일본日本(Nihon)', 즉 태양이 떠오르는 곳으로 바꾸었다. 이렇게 이름을 지은 것은 '조일선명'처럼 매우 분명히 서쪽의 사람들(말하자면 대륙의 사람들)을 향해 말하는 것이다. 만약 일본인이 하와이인을 만났다면 당연히 자신들이 '해가 뜨는 나라'에서 왔다고 말할 수 없다. 비록 스스로 명명했지만, 시점은 오히려 중국에 있으며 동아시아 대륙과의 교류 가운데서 생겨난 국명임을 알 수 있다. 물론 초기 일본인, 예컨대 8세기 초기에 간행된 『고사기古事記』와 『일본서기日本書紀』와 같이 스스로의 시각으로 서술한 자기 신분이 있었다. 역대 왕조의 역사 저술은 한결같이 정권에 신성한 권력의 근원을 찾아주기 위한 목적이 있는 까닭에, 상고로 거슬러 올라갈수록 더 신화화되었다. 이 두 책에 의거하면 야마토 정권의 덴노天皇 가족은 아마테라스 오미카미天照大神로부터 하나의 계통으로 기원한다. 신화시대의 일본에 대한 명명은 여러 가지가 있다. 예를 들어 '도요아시하라노나가쓰쿠니豊葦原中國'나 '도요아시라노치오아키노미즈호노쿠니豊葦原千五百秋瑞穗國'가 있다. 그러나 이러한 명명은 본래 신화의 산물이며 '일본'처럼 그렇게 모두에게 보편적으로 수용되지도 않았다.

앞서 언급했듯이 '동아시아(East Asia)'는 외래 개념이고, 현지인은 늦게야 이런 분류를 수용하고 아울러 거기에 자기 이해를 덧붙여 신분을 만들어냈다. 마찬가지로 서구 언어 속 (영어의 China, Korea, Japan으로 대표되는) '중국', '조선/한국', '일본'도 순전히 중국, 한국, 일본 현지의 개념은 아니다. 생각해보자. 중국인이 언제 스스로 '차이나 사람'으로 지칭한 적이 있는가? 그렇다면 이러한 개념들은 또 어떻게 온 것인가?

'China'란 단어는, 현재 비교적 통용되는 설명으로는 산스크리트어의 '찌나(Cina)'에서 온 것으로 '진秦'의 음역일 듯하다. 일본인이 한동안 중국을 '시나支那'로 부른 것도 여기서 기원하며, 처음엔 폄훼의 의미가 없었다. 유럽에서 볼 때 중원은 아득히 멀어 유럽인들이 입과 귀로 전해 들은 것은, 하나는 인도-페르시아를 통해 가져온 'Cina'이고, 다른 하나는 몽골이 서쪽을 정벌할 때 가져간 'Cathay'(거란. 나중에 중국을 범칭했고 현재는 슬라브어족에서 통용)이다. 두 정보의 출처가 하나가 아닌 까닭에 16세기 이전 매우 긴 시간 동안 유럽인은 양자가 지칭하는 것이 하나의 국가라는 사실을 알지 못했다.

Korea와 Japan은 모두 마르코 폴로(Marco Polo)에 의해 최초 기록이 전해졌다. 그가 중국에 갔던 그때, 반도는 고려高麗(Koryo)왕조였다. Korea라는 단어는 변천 과정에서 다른 표기 방식이 있지만 발음은 비슷하다. 시대가 급변하여 지금 조선/한국에서 생활하는 사람은 모두 자신의 나라를 고려라고 지칭하지 않는다. 또한 한국어 속에 '고려인'은 일종의 고유명사로, 러시아 중앙아시아 지역의 조선 이민자 후예를 가리키는 단어가 되었다. 물론 Korea로 쓰는 장점은 조선이든 한국이든 따지지 않고 정치적으로 중성적이라는 것이다.

일본은 마르코 폴로의 기록에 Cipangu로 적혀 있다. 왜 이렇게 표기되었을까? 상하이 말로 '일본국日本國' 세 글자를 읽으면 곧 알 수 있다. 그것은 당시 일본과 많이 왕래하던 장저江浙 사람이 말하는 소리를 듣고 쓴 단어로 추측된다. Cipangu는 포르투갈어로 바뀌면서 곧 Jepang이 되었다. 이 단어가 다시 영어권으로 간 뒤 차츰 현재의 모습이 되었다. 따라서 Japan은 유럽 언어의 수차례 중역을 거친 중국 남방 방언 가운데

'일본日本'의 독음으로, '니혼(Nihon)'과는 당연히 거리가 멀다.

자음子音과 자의字義의 전화轉化는 단순한 언어적 변화일 뿐 아니라 배후에 새로운 인식 틀과 이데올로기가 반드시 개입된다. 'China', 특히 그 배후의 인식 틀을 가지고 '중국'에 대해 논의할 때, '중국' 자신의 변동·혼합·다원성은 서구 현대 국가체제가 강조하는 제한성과 동질성에 의해 제거되어버린다. 예를 들어 제국(empire), 민족(nation)*, 민족성(ethnicity)와 같은 의제를 처리할 때, China와 '중국' 사이에는 거대한 균열이 나타난다. '중국'은 다언어·다족군의 복합체이지만, Chinese는 단지 한어漢語·한자漢字를 가리키고 많은 맥락 속에서 한족漢族을 지칭할 뿐이다. 언어 문자, 인종, 종교, 이같이 통용되는 현대의 표준을 가지고 '중국'을 정의하려고 시도하는 노력은 유효하지 않게 되었다. 한자를 사용하고 유교를 숭배하는 것이 반드시 중국은 아니며(예컨대 한국, 베트남, 일본), 중국 내부가 모두 전통적인 한자·유교 지역은 아니다(예컨대 신장新疆, 티베트, 몽골). 해외 학계가 "청조는 Chinese 왕조인가"라는 식의 문제를 제기해서 학술 토론으로 삼는 것은 물론 괜찮다. 그러나 20세기 이래 "만주·몽골(滿蒙)은 지나支那가 아니다", "신장·티베트(疆藏)는 중국이 아니다"라고 정치적으로 조작하는 일도 드물지 않았다.

그렇지만 주권국가 체제하에 China가 대표하는 언어 논리는 유일하게 수용되는 논리로, 일련의 과학·법률·윤리·철학 이론이 이 논리를 뒷

---

* 근대 이후 nation의 번역어로 족민族民, 민종民種, 민족民族, 국민國民 등 다양한 어휘가 사용되었다. 원서에는 국가와의 등치를 부각하는 의미에서 '국족國族'이라는 표현을 쓰고 있지만, 이 책에서는 국가와 연결되는 맥락에서 민족이 통례적으로 사용되고 있는 현실을 반영하여 '민족'으로 옮겼다.

받침하고 있다. 해외 인사는 말할 것도 없이 중국인 자신도 청 말에서 공화국에 이르는 격동의 시기에 China 담론과 '중국' 경험을 뒤섞으려고 시도할 때 양자 사이에 연결되면서 또 모순적이기도 한 관계에 곤혹스러워했다. 많은 사람이 현대 서구의 표준을 가지고 중국을 정의하려고 시도했으나 늘 요령부득이었다. 물론 이는 결코 '중국'의 경험이 얼마나 독특한지를 말하려는 뜻이 아니다. 정반대로 변화, 다원, 교류 융합은 모든 국가·족군의 공통성이다. 한인漢人이든 조선인/한국인이든 일본인이든, 지금까지 모두 동질한 집단은 아니었다. 국가 민족의 명확한 경계는 근대 서구의 산물이지만, 그것은 실제로 유럽 자신의 혼합성을 덮어 감추기도 한다. 서구의 논리는 식민 확장 과정에서 식민지 사회와 상호 충돌한 뒤에 점차 조성된 것으로, 당연히 다른 지역의 경험을 흡수했지만 결국에는 역시 패권에 복무했을 뿐이다. 마찬가지로 중국도 서구의 많은 논리(예컨대 민족주의)를 흡수·변화시켜 현재의 '중국'을 만들었지만, 이러한 논리의 한계는 21세기에 나날이 부각되고 있을 뿐이다.

이런 의미에서 어떻게 China를 뛰어넘어 '중국'의 경험을 보편적으로 해석될 수 있는 담론으로 합류시킬 것인가는 참으로 큰 과제이다. 이 가운데 중국(그리고 일본과 한국)을 지역적·지구적 틀 속에서 인식하는 것은 많은 사람이 시도하고 있는 하나의 방향이다. 프랑스 역사학자 페르낭 브로델(Fernand Braudel)이 "프랑스사는 없고 단지 유럽사만 있다. 유럽사는 없고 단지 세계사만 있다."라고 말한 것은 아마도 바로 이런 의미일 것이다.

03

아시아의 낭만화, 최후의 사무라이

发现东亚

18~19세기부터 아시아는 유럽의 안티테제로 간주되어 '문명'의 반대편이 되었다. 그리하여 이 아시아는 갖가지 이른바 문명병의 출현에 직면해서 뜬금없이 일종의 구원적 의미를 부여받기도 했다. 물질이 과잉이다 싶으면 인도 종교 속에서 영성靈性을 찾고, 도시 생활이 공허해지면 티베트 설원으로 가서 지혜에 귀의한다. 그래서 우리는 '아시아 안티테제'가 단지 우매·낙후·봉폐·보수에만 그치지 않을 뿐 아니라, 낙후해서 낭만적일 수 있고 보수적이라 꿋꿋할 수 있음을 자주 보게 된다. 정체된 아시아와 낭만적인 아시아는 모순적인 듯 보이지만, 오히려 상호 보완적이다. 왜냐하면 정체적인 까닭에 제발 변하지 말고 거기 그대로 머물러 있는 것이 가장 좋으며, 그렇지 않으면 파괴되고 오염되어 현대에 중독된다고 여기기 때문이다. 이때 아시아는 일종의 노스탤지어의 창조, 이역異域의 향수가 된다. 물론 이러한 창조와 향수는 현실이나 역사와 결코

관련이 없으며, 여기서 아시아는 유럽과 아시아를 막론하고 나아가 동서를 막론하고 현대인이 집단적으로 발명한 별종의 '전통'에 불과하다. 진실한 역사가 이런 허구적인 '전통'에 의해 대체될 때가 많이 있다.

문학이나 영화 작품 속에서 이런 구원형의 안티테제는 흔히 볼 수 있다. 미국 배우 톰 크루즈(Tom Cruise)는 영화 〈라스트 사무라이(The Last Samurari)〉에 주연으로 출연했다. 이 영화는 일본 메이지 유신 시기에 메이지 정부와 사이고 다카모리西鄕隆盛 간의 투쟁을 소재로 하여 일본 사무라이의 명예와 전통에 대한 결사적인 수호와 비인간화한 산업 문명에 대한 비장한 저항을 표현하려고 노력했다. 톰 크루즈가 연기한 미국 군관은 현대화된 군대가 빈주먹인 인디언을 도살하는 광경을 목격하고 자아를 상실한, 곧 '현대병'을 설명하는 주체다. 그는 막 유신을 시작한 일본에 초빙되어 신식 군대의 훈련을 돕는다. 그런데 유신 정부의 첫 번째 적敵은, 카츠모토 모리츠구勝元盛次(사이고 다카모리를 원형으로 한 가상의 인물로, 와카나베 켄渡辺謙이 연기함)가 이끄는, 서구화를 거부하고 전통을 호위하는 일군의 사무라이였다. 물론 많은 할리우드 영화와 마찬가지로, 현대 문명을 대표하는 미국 군관은 결국 동양 전통을 대표하는 사무라이들에게 감화되어 자각적으로 그들의 일원이 되고, 함께 검도도 배우면서 그를 통해 자아를 되찾는다. …… 종국에는 산업화된 총과 대포가 사무라이들을 무자비하게 깨부순다. 하지만 영웅물이니 비감悲感이 있어야 영웅도 있는 법이다.

영화 속에서 현대와 전통의 모순은 화기火器에 초점을 두고 있다. 화기는 산업 문명을 대표하며, 총포의 사용을 거부하는 것은 사무라이의 고귀한 명예심을 대표한다. 미국 군관과 영국 기자의 한 토막 대화는 매우 생동감이 있다.

> **기자** 카츠모토는 지금껏 명예를 굽히지 않고 총을 사용하지 않았어요.
>
> **군관** 그가 총을 안 쓴다고?
>
> **기자** (웃으며) 그 구식 녀석들에게 카츠모토는 영웅이라는 걸 알아야 해요.

전통이 현대에 필사적으로 저항하는 것은 당연히 표현하는 주제가 될 수 있다. 그러나 이러한 저항은 어떻게 해도 화기를 쓸 것인지의 여부와 아무런 관련이 없다. 실제로 16세기 후기 일본에는 화기가 풍미했다. 전쟁을 하는 사무라이는 두말할 필요도 없고 더 높은 계층의 다이묘大名들도 각종 신무기에 너나없이 달려들었다.

1543년 명조로부터 떠난 한 척의 밀수선이 태풍을 만나 일본 규슈 남부의 다네가 섬種子島에 표류해왔다. 배 위에는 명나라 사람(오봉五峰) 외에도, 일본인에게 '서남만종西南蠻種'으로 일컬어지던 포르투갈 선원들이 수 명 더 있었다. 난포 분시南浦文之가 17세기 초에 기록한 『철포기鐵砲記』에 따르면, 포르투갈인이 도주島主 다네가시마 도키타카種子島時堯에게 철포鐵砲라는 이름의 화승총을 내보이자 곧 도키타카의 지대한 흥미를 끌었다. 그는 거금을 주고 총 2정을 사들인 뒤 겸손하게 제조 기술을 가르쳐주길 청하여, "아침에 벼르고 저녁에 담금질하기를 부지런히 하며 그치지 않았다." 다네가시마가 제작한 화승총은 빠르게 명성이 멀리 퍼져, 이른바 "한번 쏘면 명성이 후소扶桑 60주를 뒤흔들었으며", 또한 "다시 대장장이로 하여금 그것을 만드는 방법을 터득하게 해서 5기 7도五畿

七道에 두루 퍼졌다."* 이로부터 '다네가시마'는 오랫동안 일본 화승총의
이름이 되었다.

때는 마침 일본 전국시대로, 군웅이 모두 일어나 할거했고 다이묘들
은 군대를 신속히 대량생산된 크고 작은 총기로 무장시켰다. 일본인은
무기를 다방면으로 개량하고(예를 들어 우천 시에도 사용할 수 있게), 전술·
전법도 점차 완전하게 다듬었다. 화기의 사용은 일본 정치의 생태를 크
게 변화시켜, 오다 노부나가織田信長, 도요토미 히데요시豊臣秀吉, 도쿠가
와 이에야스德川家康의 통일전쟁에서 매우 중요한 역할을 했다. 이뿐만
아니라 도요토미 히데요시가 1592년 조선을 침략했을 때 일군日軍은 무
기의 우세를 바탕으로 전쟁 초기에 파죽지세로 몰아붙일 수 있었다. 동
아시아에서 명조의 군대가 총기의 편제·배치를 완성한 것은 일본보다
훨씬 앞섰다. 포르투갈인에게서 들여와 개량한 불랑기포佛郎機炮(일종의
초기 활강 카농포)는 여러 차례 전장에서 사용되었다. 조선은 육군이 약
했던 반면 해군의 화기 장비는 일본보다 우수했다. 세 나라는 초기 열병
기熱兵器 사용에서 완전히 세계의 선두에 서 있었다. 생사를 건 전장에서
살상력이 더 큰 무기를 놓아두고 쓰지 않는다는 것은 상상하기 어려운
일이다. 군사적 수요는 늘 인류의 기술혁신에서 매우 주요한 동력의 하
나다.

그러니 화기가 전통 정신에 어긋나며 일본 사무라이는 그것을 거들

---

* 부상扶桑은 중국 전설에서 동쪽 끝에 있다고 전하는 거목으로, 그 나무가 자라는 땅을
부상국이라고 했다. 훗날 이는 일본의 이칭으로 사용되었으며 일본도 스스로를 '후소'
라 지칭했다. 5기 7도는 고대 일본의 율령 체제하 지방 행정구획으로, 일본 전역이라
는 의미로 사용되었다.

떠보지도 않았다고 말하면서 만족하는 것은, 동양에 대한 할리우드의 유토피아식 환상일 뿐이다. 여기에서 아시아 '전통'은 긍정적인 면으로 보인다 할지라도 여전히 서양과 동양을 시간 서열에 따라 대립시키고, 전통과 현대를 이것이 아니면 저것이라는 식으로 가치를 부여하여 구분하는 것이다. 이러한 오리엔탈리즘의 낭만은 자본이 전 지구를 석권한 오늘날, 마찬가지로 몇몇 동아시아인에 의해 내면화되어서 스스로를 유토피아화 하는 방식으로 자신이 이역이 되게끔 하는 노력에 가담시키고 있다.

그러므로 동아시아의 발견을 말하는 것이 만약 단지 동아시아 특유의 몇몇 가치·도덕·전통을 발명하려는 데 있을 뿐이라면, 그것으로는 결코 유럽중심론의 가장 근본적인 이항 대립의 논리에서 벗어나지 못한다. 우리가 노력해야 할 방향은 마땅히 현지의 정치·경제·사회·사상 맥락 속으로 돌아가서 동아시아 현대의 진행을 논의해보는 것이다.

예를 들어 우리는 "일본 사무라이 정신은 화기를 거부한다"는 문화본질주의 관점을 선입견으로 가져서는 안 되며, 일본이 16세기에 이미 세계에서 앞선 화기 장비를 발전시켰는데 왜 19세기까지 계속 유지하지 못했는지를 질문해야 한다. '정신'은 변화를 해석할 수 없으며, 정반대로 정신 자체는 경제·사회·정치의 진행에 따라 변화하는 것이다.

16~17세기에 화기의 장악은 전쟁의 경과를 충분히 바꿀 수 있었기 때문에, 모든 정권은 이러한 고효율의 무기에 대한 절대적인 통제를 확보해야 했다. 이는 오늘날의 국가가 대규모 살상 무기의 확산을 엄격히 막는 것과 같은 이치다. 일본을 통일한 뒤 도쿠가와 막부가 가장 우려한 점은, 무엇보다 다이묘들이 할거하면서 군대를 거느리고 세력을 강화하

여 전국시대의 전철을 또다시 밟게 되는 것이었다. 따라서 막부는 일련의 조처를 취해 지방 다이묘의 재력과 군사력을 약화했다. 무기 제조 면에서 총기 작방의 수와 제조 총기의 수를 통제하고, 또한 무장할 수 있는 군대 수를 엄격히 제한했다. 일본은 에도시대江戶時代 200여 년간 평화를 이어가면서 대규모 내전이 다시 발생하지 않았을 뿐 아니라, 포르투갈인과 스페인인을 몰아낸 뒤 외부의 위협도 크게 낮아졌다. 무기를 대량 생산할 경제적 환경과 안보 수요는 더 이상 존재하지 않았다. 결과적으로 총기를 제작하는 장인도 나날이 줄어들었고, 소량이나마 생산하는 총기의 경우에도 정교함과 아름다움을 추구하며 비실용적인 방향으로 발전해갔다.

이에 대해 미국 역사학자 노엘 페린(Noel Perrin)은 『총을 버림(Giving up the Gun)』이라는 짧은 책을 썼다. 그것이 특히 영감을 주는 점은, 우리가 오랫동안 늘 역사는 특정한 방향으로, 즉 후진에서 선진으로, 몽매에서 과학으로, 저급에서 고급으로 진행된다고 여기지만, 역사는 결코 이런 특정한 목적을 가진 줄거리를 따라 전개되지 않는다는 것이다. 시대 환경의 변화에 따라 사람들은 수많은 기술을 발전시키지만, 동시에 더 많은 기술을 버린다. 역사의 전개 형태는 우리의 규정으로 말미암지 않으며, 모종의 어떤 현상도 특정 환경의 산물이다. 현상을 해석하려면 반드시 먼저 그것을 생겨나게 한 환경을 해석해야 한다.

화기에 대해 말하자면, 그것은 동아시아 현대의 시작을 기술의 측면에서 반영해주었던 하나의 지표이다. 이 지역에서 총포의 사용은 동아시아의 권력 구도가 크게 뒤흔들리도록 추동했고, 하나의 새로운 시대가 그로 인해 간접적으로 끌어들여졌다.

그렇다면 화기가 전해졌을 때의 동아시아는 어떤 모습이었는가? 아주 개괄적으로 말해서, 중원의 명 왕조를 '중화中華'로 하는 '천하天下' 질서였다. 이 질서는 이론상으로 유가 학설의 등급에 의거해 구축되었다. 통일된 명조는 정치·경제·군사·문화 등 여러 방면에서 구역 내의 초강대국이며, 최대의 시장과 재부의 집산지이기도 했다. 주변은 다양한 필요로 인해 정도는 다르지만 차서격국差序格局*을 승인하고, 아울러 조공 제도에 따른 여러 가지 명목으로 다각적인 교류와 무역에 종사했다. 청조와 달리 명조가 직접 통치한 구역은 오늘날 중국 서북·동북·서남의 많은 지역에까지 미치지 않았으며 타이완도 포함되지 않았다. 비록 변경무역과 정치적 연계가 있기는 했지만 명조는 대부분의 기간에 북방의 몽골로 통칭되는 유목 정권을 여전히 적으로 간주했고, 동북의 여진 제 부족과 서남의 토사土司에 대해 기미羈縻를 실행하여 관리했다. 영락永樂에서 선덕宣德 연간의 국가적인 탐험 활동(정화鄭和의 7차례 서양 항해, 이시하亦失哈·Ishiha의 10차례 뉘르간奴爾干·Nuergan 도사都司 순행, 진성陳誠의 5차 서역 사행)은 몽골 대원大元 시대의 대외 개척을 어느 정도 계승했으며, 또한 대외적 연결의 기본적인 면모를 구축했다. 남양南洋(동남아 지역)에 대한 동남 연해 주민의 대규모 이민과 개발은 근래 여러 소설가들의 글을 통해서도 묘사되고 있다. 육로와 해상이 뒤얽힌 무역 네트워크는 동아시아를 중앙아시아, 인도양, 유럽, 아프리카, 아메리카와 연결시켰다.

---

* 차서격국이란 자신을 중심으로 한 사회적 관계의 범주가 혈연·지연 등에 의해 설정되는 누층적인 동심원의 구조를 형성하며 존재한다는 개념이다. 중국의 사회학자 페이샤오퉁費孝通이 중국 전통사회와 현대사회를 각기 '차서격국'과 '단체격국團體格局' 개념으로 구분하면서 사회학계에 폭넓게 수용되었다.

중원 바깥의 몇몇 정권(예컨대 조선, 안남安南, 류큐琉球)은 유가의 예제禮制 질서를 도입하고, 혹은 많게 혹은 적게 중원의 주도적 지위를 수용했다. 조선은 그중 가장 전형적인 정권으로, 개국 초부터 곧 명조를 상국上國으로 받들면서 명조가 제정한 역법을 사용하고 중원의 전장典章 제도를 도입했으며, 이데올로기 면에서 이학理學 사상을 고수했고, 내정과 외교에서도 예법 규범을 엄격히 받들었다. 그러나 중원을 좌표로 하는 등급 순서를 수용한 것이 결코 조선의 자기 비하를 의미하지는 않는다. 어떤 때에 조선은 자신이야말로 중화 문명을 진정으로 대표하며 단지 크기가 조금 작을 뿐이라고 여겼다. 15세기 초 조선인이 그린 한 폭의 세계지도에서 자신들의 위치 부여를 엿볼 수 있다. 〈혼일강리역대국도지도混一疆理歷代國都之圖〉는 조선 최초의 세계지도로, 동아시아에서 아프리카에 이르는 광대한 영역을 표현했으며, 당시 알려진 세계를 포괄했다. 지도에는 중원이 여전히 중앙에 위치해 있지만 그 면적은 많이 축소되었다. 반면 조선은 중원의 오른쪽에 있지만 면적이 거의 가장 왼쪽에 있는 아프리카만큼 크다. 가까운 이웃 일본의 경우는 단지 반도 남쪽에 있는 몇 개의 작은 섬일 뿐이다.

그 외 몇몇 국가는 이데올로기 면에서 중화와 천하의 좌표를 받아들이기는 했지만 정치적으로는 명조를 상국으로 받들지 않았다. 전형적인 예가 일본이다. 일본은 16세기 이전에 이미 한자와 불교 등 외래문화를 광범하게 흡수했으나, 여전히 자신의 독특한 정교政敎 제도를 유지하면서 대부분의 기간 명조와 유리된 입장을 취했다. 그 사상 속에는 매우 강렬한 본토 신도神道의 영향이 있어, 스스로 신국神國이라고 생각했다. 그들은 등급 순서의 존재를 인정하면서도 자신들이 정치 등급에서 아래에

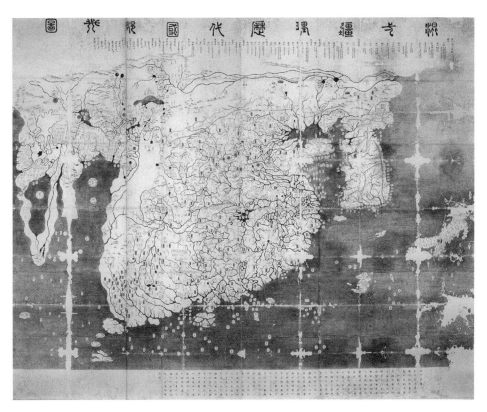

〈혼일강리역대국도지도〉

원지도는 1402년 조선에서 제작되었다. 현재 원본은 찾을 수 없으며, 단지 두 건의 모사본이 일본에 소장되어 있다. 위 지도는 에도시대 일본에서 만들어진 복제본으로, 나가사키 현長崎縣 시마바라 시島原市 혼코지本光寺에 소장되어 있다. 다른 하나는 류코쿠대학龍谷大學 도서관에 소장되어 있다.

있다고 여기지 않았다.

화기가 도래하고 머지않아 천주교가 무역상을 따라 일본과 명조에 왔다. 아시아에 온 예수회 선교사와의 접촉을 통해서 명조와 일본의 일부 지식인들은 '천하'의 바깥에 대해 초보적인 이해를 얻게 되었다. 많은 사람이, 적어도 지리적으로는, 이른바 천하가 더 큰 세계의 일부분이라는 것을 인식하게 되었다. 그렇지만 명조를 '중화'로 하는 '천하'는 여전히 당시 대다수 엘리트가 신분을 확인하는 중요한 참조 틀이었다.

그러던 어느 날 도요토미 히데요시라는 일본인이 이 참조 틀을 변경하려고 결심했다. 동아시아의 구도가 뒤흔들리고 재편되는 첫 번째 파도는, 그가 발동한 조선침략전쟁으로부터 이야기가 시작된다.

2장

조선전쟁 : 동아시아 현대를 연 '세계대전'

01

하극상 : 도요토미의 포부

일본 덴쇼天正 19년, 서기 1591년, 도요토미 히데요시는 54세로 지위와 권력이 막강한 간파쿠關白(섭정)직을 손에 넣은 지 이미 6년째다. 이때 그는 이미 적대적인 주요 다이묘들을 숙청하고 후소扶桑를 통일했지만, 마음속에서 사뭇 두 가지 일을 내려놓지 못했다. 첫째는 누차 조선에 사람을 보내서 명나라를 공격하는 데 조선을 끌어들이려 했으나 회답이 없었다. 둘째는 자신이 이미 고령인데 패업을 계승할 태자가 없다는 점이었다. 바로 이해 가을, 그가 지극히 총애한 아들 쓰루마쓰鶴松가 겨우 두 해를 살고 요절했다. 울적한 도요토미는 그저 여러 지방을 두루 여행하며 슬픔을 달랠 뿐이었다. 에도시대 후기의 역사가 라이 산요賴山陽는 『일본외사日本外史』에서, 어느 날 히데요시가 교토의 기요미즈데라淸水寺의 누각에 올라 멀리 서쪽을 바라보다가 별안간 시종들에게 "대장부라면 마땅히 만 리 밖에서 무용을 떨쳐야지 어찌 스스로 우울해하는가!"라고 한마디 했다고 썼다.

아마도 시간이 자신을 기다려주지 않는다고 느꼈던지 도요토미 히데요시는 더 이상 조선의 회답을 기대하지 않았다. 그는 간파쿠 직위를 외조카에게 넘겨주고, 자신은 막후의 권력을 쥔 태각太閤*을 자임하여 전쟁 준비에 전념했다. 다음 해 봄 그는 조선을 급습하고 대명大明을 목표로 진격했다. 명과 조선은 반도에서 손잡고 저항했으며, 이는 도요토미 히데요시가 병사하고 일본이 패퇴하기까지 이어졌다. 간헐적으로 7년을 싸운 이 전쟁은 동아시아 세 통일국가 사이의 '세계대전'이었을 뿐 아니라 군사 규모와 기술 방면으로 보아도 당시의 세계급 전쟁이라고 할 만했다. 더 중요한 점은 이 전쟁이 그 뒤 300년간의 지역 권력 구도에 기반을 다져놓았다는 것이며, 그 정치·사회·경제 및 문화적 영향은 매우 깊고 멀리까지 미쳤다.

이 전쟁 이후 도요토미 히데요시 세력은 꺾여 일어서지 못했고, 도쿠가와 이에야스가 이를 수습하고 토에이東瀛(일본) 제도諸島를 통일했다. 무기가 거두어지고 260여 년간의 에도 막부 시대가 열렸다. 대명과 조선은 곧 세력이 크게 약화되었다. 누르하치가 이끄는 여진 부족이 요동에서 급속히 굴기하여 이후 수십 년 동안 반도를 공격했고, 몽골 및 티베트와 연맹하여 중원에 진입해 한 시기 극성했던 청 제국을 창립했다. 그런데 청조의 정치·경제·문화적 실천은 '천하' 질서 속에서 자기 정체성을

---

* 정식 명칭은 태각하太閤下이며, 협의로는 섭정·관백의 지위를 넘겨준 전 섭정·관백을 지칭하고, 광의로는 태정대신太政大臣·좌대신左大臣·우대신右大臣 등 통칭 삼공三公을 지칭한다.

인식해온 구역 내의 각 정권으로 하여금 천하의 중심으로서 '중화'에 대해 전 시대와는 판이한 이해를 갖게 했고, 그들의 자아관과 세계관을 모두 심각히 변화시켰다. 천하질서는 표면적으로 유지·확장되었지만 그 함의는 이미 이전과는 많이 달라졌으며, 나아가 이후 현대의 국가제도와 국제체제를 서로 받아들이면서 진화하는 계기를 배태했다. 바로 이런 의미에서, 16세기 말에서 17세기 중엽까지 수십 년 동안 조선전쟁과 만주의 굴기가 가져온 대변동이 동아시아 전체를 현대로 들어서게 한 하나의 발단이었다고 할 수 있다.

모든 역사에는 필연성과 우연성이 있다. 도요토미 히데요시가 발동한 이 전쟁이 어떻게 야기되었는지를 살펴보기 위해서는 당시 동아시아 삼국의 내정 상황과 3자의 상호 관계에 대해 대강 이해하는 것이 필요하다. 먼저 일본열도의 상황을 보자.

에도시대 이전 100여 년 동안 일본 정치를 관통한 주제는 '하극상'이다. 중세 일본은 위계 서열이 엄중했던 사회로, 귀족을 대표하는 구게公家 집단과 사무라이를 대표하는 부케武家 집단이 대대로 실권을 장악했다. 그들 외에 불교 세력을 대표하는 사원寺院 집단도 있었다.* 일본의 위계 서열 제도는 특성이 있었다. 명분으로 공고히 유지되는 측면과 실제 운영 면에서 부단히 파괴되는 측면이 조화롭게 공존했다. 하극상은 하위 계층이 강권으로 상위 계층을 참월하는 것이다. 12세기 가마쿠라鎌倉 막부 체제가 건립되자 세이이 타이쇼군征夷大將軍이 실제 당권자가 되고 텐노는 허울뿐인 군주(虛君)로 몰락했다. 그러나 쇼군의 권력은 다시 세력이

---

* 구게와 부케에 대비하여 사원 세력은 지샤케寺社家라고 한다.

강해진 다이묘에 의해 자주 대체되고, 다이묘는 또 가신家臣에 의해 대체되고…… 이런 식으로 갖가지 하극상이 일어났다. 흥미로운 점은 내부에서 어떤 동요와 알력이 있었든지 간에 덴노天皇—쇼군將軍—다이묘大名—무사武士로 이어지는 정치적 위계 서열 체제의 틀은 기본적으로 유지되었다. 이 점은 중국이나 한국 역사의 왕조 교체와는 아주 달랐다.

15세기 후반부터 일본은 제후들이 쟁패하는 전국시대로 빠져들었다. 무로마치室町 막부가 쇠미해지고 군웅이 정권을 다투었다. 한 세기 반의 혼전을 거쳐 16세기 후반에 오와리尾張 지역의 다이묘인 오다 노부나가織田信長가 점차 다른 강호들을 격퇴하고 일본 통일의 기초를 다졌다. 그가 병변兵變으로 죽은 뒤 원래 오다의 가신이던 도요토미 히데요시(당시는 하시바 히데요시羽柴秀吉로 불림)가 내부 투쟁에서 승리하고, 오다가 이룬 업적을 계승하여 그것을 기반으로 일본 통일을 가속해나갔다.

지금의 유행어를 원용하자면 도요토미 히데요시는 대략 '루저의 역습(Loser's Counterattck)'의 고전적 사례라고 할 수 있다. 그 전의 오다 노부나가와 그 후의 도쿠가와 이에야스와 달리 도요토미 히데요시는 농민 출신으로 본래 통치 계층에 속하지 않았다. 그러나 용모가 추한 그는 오다의 가신에서 시작하여 전국시대 가장 세력이 큰 다이묘로 점차 성장했고, 마침내 덴노로부터 '도요토미'라는 성姓을 하사받아 공경의 지위에 들었다. 만약 격동하는 전국시대, 다시 말해 위험과 기회가 병존한 하극상의 시대가 아니었다면 이러한 역습은 상상하기 어려울 것이다. 혼전 후에 통일을 이룬 최고 권력자가 자연히 가장 관심을 기울인 문제는 권력의 안정을 확보하는 것과 동시에, 강력한 군대를 쥐고 있는 지방 제후가 다시는 자신을 '이기지(克)' 못하도록 하는 것이었다. 학자들은 히데요시가 조선침략전쟁을 일으킨 이유가 본질적으로 국가 통일 뒤에 어떻게 지위를 공고히 할 것인가, 또한 어떻게 과잉 무력을 소화할 것인가의 문제를 해결하기 위한 것이었다고 생각한다.

이런 설명은 일리가 있다. 그렇지만 역사의 우연성은 개성과 야심이 폭주하는 히데요시 같은 역습자가 아니라면 다른 사람은 아마도 동아시아 대륙을 통째로 집어삼킬 욕심을 갖지 못했을 것이라는 데 있다. 명을 치려는 생각은 도요토미 히데요시가 오다 노부나가 수하의 가신으로 있을 때부터 이미 갖고 있었다. 일본이 바야흐로 통일되려 할 때 그는 대륙을 쓸어버릴 결심을 여러 차례 드러냈다. 이를 위해 그는 류큐琉球, 루손呂宋, 고사국高砂國, 란쌍南掌, 시암暹羅* 및 포르투갈령 식민지를 포함하여 주변 정권에 여러 방면으로 연락해서 그들에게 칭신稱臣할 것과 명 공격에 협력할 것을 요구했다. 사전에 선포된 전쟁이었음을 알 수 있는 대목이다. 1591년 그는 조선 사절이 방일한 기회를 빌려 다시 조선에 명 공격 계획을 전달하고, 공격이 시작되면 일본에게 길 안내를 해줄 것을 요구했다.

사절은 그가 "낯빛이 검게 주름져서 원숭이 같다"면서도 "눈매가 깊고 매서우며 꿰뚫어 본다"고 기록했다. 히데요시는 접견 자리에 한참이나 지나서야 겨우 나타나서는 겸양하는 예의도 차리지 않고 탁주를 세 순배하는 것만으로 접대했다. 그는 평상복을 입고 품 안에 어린아이(쓰루마쓰)를 안고서 방안을 왔다 갔다 했다. 쓰루마쓰가 히데요시의 몸에 오

---

* 루손은 현 필리핀의 루손 섬이고, 고사국은 현 타이완의 별칭이며, 란쌍은 현 라오스 지역에 있었던 국가이고, 시암은 현 태국이다.

줌을 싸자 그는 웃으면서 여복을 불러다가 방약무인하게 옷을 갈아입혔다. 이 모든 행동은 조선 사절에게 극히 무례한 태도였다. 작별할 때 사절이 국서를 요청했는데, 히데요시는 그들을 먼저 보낸 뒤 출항에 겨우 임박하여 대역무도한 「조선국왕에 보내는 서신(致朝鮮國王書)」을 보내왔다. 서신에서 그는 먼저 자신이 일본을 평정한 공적을 자랑하고, 이어 스스로 신격화하며 모친이 그를 가졌을 때 태양이 품으로 들어오는 태몽을 꾸었다면서, 그러므로 자신은 싸우면 반드시 이기고 공격하면 반드시 쟁취하여 이 같은 성업盛業을 이루었다고 말했다. 이어 그는 얘기 방향을 돌려 평생의 포부를 호기롭게 말했다. "귀국貴國의 길을 빌려 산해관山海關을 넘어 곧바로 명에 들어가, 그 400주州를 모두 우리 풍속으로 감화시키고 왕정을 억만사년億萬斯年 동안 펼치려고 한다."

당시 일본과 중국은 어떤 관계였는가? 중원 왕조를 중심으로 한 천하 속에서 일본은 분명히 유리되어 있었다. 일본이 마지막으로 중원 왕조의 책봉을 받은 것은 1402년으로, 무로마치 막부의 3대 쇼군 아시카가 요시미쓰足利義滿가 명조 영락제에게서 '일본국왕日本國王' 봉호를 받았다. 그러나 그때는 일본이 책봉을 '받은' 것이라기보다 막부가 명조와의 관방무역官方貿易을 독차지하기 위해 얼렁뚱땅 '받아낸' 것이었다. 그때 주체朱棣는 막 제위를 찬탈하여 '사이四夷'의 승인이 급히 필요했기 때문에*

---

* 명 영락제가 건문제로부터 제위를 찬탈한 '정난의 변靖難之變'을 가리킨다. 홍무제(주원장)에 이어 제위에 오른 건문제(주윤문)는 번왕들에 대한 견제 정책을 시행했는데, 이에 대해 오늘날 베이징 지역을 지배하던 연왕燕王 주체朱棣는 남하하여 난징을 함락하고 스스로 제위에 올랐다. 그 사람이 바로 영락제다. 병변을 통해 정권을 잡은 영락제는 통치의 정당성을 확보하기 위해 '사이四夷', 즉 주변 민족들과의 조공 관계를 적극적으로 유도했다.

그에 맞추어 준 것이다. 이후 일본은 조공을 명목으로 중원과 감합무역勘合貿易을 간헐적으로 진행하다가 16세기 중기에는 완전히 중지되었다. 무로마치 시대의 책봉 요구만 하더라도, 이는 중원 왕조를 핵심으로 한 무역권에 가입하려는 목적이었을 뿐 결코 정치적으로 중국의 천자를 인정한다는 뜻을 표명한 것은 아니었다. 막부의 쇼군은 대외적으로 '국왕' 혹은 '일본국대군日本國大君'을 칭해 중원의 예제에 맞추었으며, 대내적으로는 허구적이라 해도 그대로 덴노를 존숭했다. 관방무역이 완전히 중단되자, 일본 통치자는 명목상으로도 다시는 중원 왕조를 상국으로 여기지 않았다.

그러나 다른 한편으로 장기간 유교와 불교 문화가 스며든 일본은, 유교의 발원지이며 일본 불교의 출처인 중원에 대해 특별한 감정을 가지고 있었다. 일본 지식인은 중국을 본국 성교聲教*의 수원水源으로 여겼다. 그들은 줄곧 중국을 문화심리적으로 존숭하고 유교식 천하관에 대해 인정하는 태도를 갖고 있었다. 예를 들어 오다 노부나가는 혼슈 중부의 요충지인 미노노쿠니美濃國를 차지한 뒤, 주왕周王이 기산岐山을 나와 은상殷商을 무너뜨린 전고를 가지고 이나바稻葉 산성山城을 '기후岐阜'로 개명했으며, 아울러 '천하포무天下布武'를 구호로 내걸고 부케가 정권을 관장한다는 사실을 널리 알렸다. 이는 물론 덴노 체제의 천하를 유교 이론의 천하로 비유한 것이다.

도요토미 히데요시의 중국관도 이러한 이중성을 반영했다. 그는 대명을 멸시하여 가볍게 공격해 빼앗을 수 있는 대상으로 간주했지만, 일본

---

* 제왕이나 성인이 덕으로 백성을 교화시키는 교육

바깥의 그 '천하'에 몰두하여 대장부 일생의 가장 위대한 사업은 바로 중원의 주인이 되어 "400주를 모두 우리 풍속으로 감화"시키는—실제로는 중국 자리를 대신 차지하여 대명, 조선, 심지어 인도를 모두 일본이라는 '천하'에 포함시키는—것이라고 생각했다.

02

예제천하禮制天下 : 명과 조선의 내우외환

도요토미 히데요시는 1591년에 장차 대명을 공격할 것이라고 이미 조선에 공개적으로 알렸는데, 왜 여전히 조선과 명의 경각심을 충분히 일으키지 못했는가? 『조선왕조실록』에 의거하면, 조선 사신의 귀국 후 보고에는 엄중한 정보 불일치가 나타난다.

당시 조선이 파견한 통신사는 황윤길黃允吉 정사正使와 김성일金誠一 부사副使였다. 그들은 1590년 4월 부산을 출발해 조·일 간의 가장 중요한 무역 요충지이자 교통 중추인 쓰시마섬對馬島부터 여러 곳을 경유하여 수개월 뒤 마침내 오사카大阪 성에 도착했다. 이후, 일본 내전이 아직 끝나지 않았기 때문에 다시 여러 달을 기다려 겨우 히데요시를 만났다. 이듬해 국서를 가지고 부산에 돌아와, 황윤길은 "반드시 병화兵禍가 있을 것입니다."라고 급보했다. 그런데 조선 선조가 자초지종을 물었을 때 김성일은 "신은 그런 상황은 보지 못했습니다."라고 답변했다. 김성일은 또

황윤길이 "과장된 보고로 인심을 동요시키니 매우 그릇된 일입니다."라고 말했다. 국왕은 히데요시가 어찌 생겼는지를 물었다. 황윤길은 "그 눈빛이 빛나니 담력과 지혜가 있는 사람입니다."라고 말한 반면, 김성일은 "그 눈이 쥐와 같으니 두려워할 게 없습니다."라고 말했다. 정보가 둘로 자른 듯 상반되었다.

기실 두 사절은 일본에 체류하는 기간에도 판이한 양태를 보였다. 황윤길의 내향적 면모와 대조적으로, 김성일은 자신을 지나치게 과시하면서 어디서든 예제를 따지고, 일본 측이 예법에 맞지 않을 때는 수시로 고개를 가로저으며 거절하고 보지 않은 채 예를 받지 않았다. 그 근원적 이유를 따지자면 당시 조선의 당쟁 속에서 황윤길은 서인당西人黨, 김성일은 동인당東人黨으로 서로 다른 파벌에 속하였기 때문에 곧잘 고의적으로 의견을 달리했다. 결국 일본의 위협에 대한 조정 관원의 견해도 두 파로 나뉘었다. 서인당은 왕세자 책봉 문제에서 세력을 잃었기 때문에, 동인당은 황윤길을 공격하면서 그가 의도적으로 인심을 미혹한다고 했다.

명사明史를 잘 아는 사람은 대개 이런 장면을 본 적이 있을 듯하다. 대명 왕조와 조선은 그야말로 하나의 체제 아래 자라난 군신부자君臣父子라고 할 수 있다. 두 국가는 같은 '천하'를 인정하고 같은 종법 제도를 봉행하며 같은 관복을 입었을 뿐 아니라, 정치적으로 나타난 결함도 유사했다.

명조는 정주이학程朱理學으로 나라를 다스려 이데올로기부터 수많은 정책에 이르기까지 모두 이학을 본위로 했다. 조선은 건국 초에 곧 주원장의 의견을 들어 고려왕조 시대에 세력이 매우 컸던 불교 집단을 억압하며 주자학만을 중시했다. 물론 양국의 사회 상황은 그리 같지 않았다.

조선의 사회적 계급 분화는 중국에 비해 더 엄격했고 이학의 도입은 이 점을 더 강화했다. 조선 신민臣民은 양반, 중인, 상민, 천민의 4등급으로 나뉘었다. 양반 출신이 정통적인 과거 시험을 독점했으므로, 양반은 왕족 이외에 실권을 장악한 귀족 엘리트 계층이 되었다. 명조의 사회적 유동성은 매우 컸다. 특히 중기 이후에 호적으로 인구를 고정화하는 정책이 나날이 효력을 잃었고, 과거 임용 제도는 바로 사회 등급의 완화를 야기했다.

원 말과 고려 후기의 사회변동을 거친 후, (명과 조선에서) 유가적 교화로 사인士人을 안정시키고 농본 경제를 장려하며 국가-사회 관계를 평온케 하고 군신 권력이 상호 견제하도록 한 정책은 상당한 효과가 있었다. 도요토미 히데요시가 침입했을 때 명 만력제와 조선 선조는 이미 정권을 잡은 지 여러 해였다. 만력제 전기에, 문인으로는 장거정張居正이 개혁에 힘썼고 무인으로는 척계광戚繼光이 변경의 불안을 평정하여 명조는 다시 한 번 창평한 시기에 진입했다. 조선은 앞서 수 대에 걸쳐 명군名君의 집권을 거치며 정권이 안정되고 경제·문화도 크게 발전했다. 조선 유학의 양대 지도자인 이황李滉과 이이李珥도 선조 시기에 이름을 날렸다.

그러나 16세기 후기에 동아시아 두 국가도 적잖이 유사한 내외의 곤경에 직면하여 쇠퇴로 향해가는 은우隱憂를 키웠다. 그 가운데 가장 큰 근심거리는 내정 면에서 그치지 않은 당쟁과 사화士禍였다. 1582년 장거정이 사망한 뒤, 만력제는 장거정이 권력을 남용해 당파를 결성했다고 고발한 반장거정파 관원들을 이용하여 조정의 많은 관리를 숙청했다. 이후 그는 국정을 소홀히 하여 수년간 조정에 나오지 않았으며, 군신은 불화하여 붕당 난정亂政의 전조가 나타났다. 조선은 이미 수차례의 사화를 거쳤다. 선조 때 사림파를 임용하여 훈구파에 맞섰더니, 사림파는 후에 다시 내홍이 일어나 동인당과 서인당으로 분화해서 각기 파벌을 만들어 물과 불처럼 서로 대립했다. 당쟁이 일어나는 근본적인 원인은 물론 종파의 이익 때문이지만, 표면적으로는 모두 의리를 밝히고 도덕을 선양하며 예의법도를 가지고 말했다. 묘하게 일치하는 것은, 당시 명과 조선 두 나라 내정의 논쟁에서 태자 건립 문제가 하나의 초점이었다는 것이다. 이학理學은 적서장유嫡庶長幼의 등급 순서를 가장 중요하게 따지며, 태자 건립은 가장 긴요한 국본國本이다. 유독 만력제와 선조는 모두 장자를 폐하고 어린 아들을 세우려고 해서(만력제는 복왕福王 주상순朱常詢을 편애하고 장자 주상락朱常洛을 못마땅해했으며, 선조는 장자 임해군臨海君을 세자로 세우는 일을 미뤘다) 사림의 쟁의가 사방에서 일어났으며, 군주와 신하, 신하와 신하 사이에 서로 견제하느라 밖을 신경 쓸 겨를이 없었다. 도요토미 히데요시가 분열을 수습하고 집권을 강화한 바로 그때, 본래 중앙집권적 국가인 명조와 조선 두 국가는 오히려 조정의 기강이 해이해져서 작동하기 어렵게 되었다. 그로 인해 조선은 히데요시의 위협에 대해 충분히 주의하지 않았고, 만력제도 다양한 경로(류큐 국왕 및 재일 중국인)를 통해 베이징으로 전해진 정보를 전혀 중시하지 않은 채 간단히 지시하고 치하하면서 변경 방비의 강화를 요구하는 공문을 띄웠을 뿐이었다.

그러나 되돌아보면, 명조와 조선이 주의를 기울이지 않은 것은 당시 동아시아 지정학의 틀에 놓고 볼 때 이해할 수 있는 것이기도 하다. 일본에서는 내란이 오래 지속되고 있어 누구도 그 근황이 도대체 어찌 되고 있는지 분명히 알지 못했다. 게다가 중원 왕조의 천하 체계 내에서 일본은 주변에 자리 잡고 있었다. 과거에 일본과 연관된 성가신 문제는 연해를 교란하는 '왜구'뿐이었다.(이른바 왜구 문제에 대해 오늘날 연구자는 공통적으로, 초기에 분명히 몽골의 침공을 받은 일본 연해의 섬 주민들이 위주였던 점을 제외하면 뒤로 갈수록 점점 장쑤江蘇·저장浙江·푸젠福建·광둥廣東 일대의 사상私商·해도海盜·선민船民이 중심을 이루고, 간혹 일부 일본인이나 조선인 및 다른 지역 사람들도 섞여 있었다고 인식한다) 왜구는 대부분 떠돌면서 소요를 일으켰지만 그 세력이 결코 조정을 전복할 수 있을 정도로 성장하지 못했고, 토벌과 초무를 병용해서 진압되었다. 왜구 문제는 두 왕조가 초기에 시급히 대응해야 했던 몽골·여진의 변경 문제에 비해 그리 긴박하지 않았다. 진짜 칼과 총을 보지 않고 도요토미 히데요시의 광망한 어투가 담긴 편지만으로는 아무도 일본이 이미 우뚝 솟은 권력이라는 것을 믿을 수 없었다.

이를 두고 무턱대고 잘난 체한다거나 눈과 귀를 막고 현실을 외면한 태도라고 할 수는 없다. 중원 왕조를 중심으로 한 천하는 본래 국가 간에 갖춰진 대외 교류의 통로가 있었다. 그러나 이 천하는 이학을 정통으로 삼았기 때문에 외교 사무의 왕래 역시 당연히 조공·책봉·호시互市 등을 포함하는 정통에 부합해야 했다. 이러한 예제가 추진될 수 있었던 바탕은 물론 우선적으로 실력이 뒷받침되고, 동시에 자원, 시장 그리고 문화적 측면의 보장이 따라준 것이었다. 예를 들어 명조 초기에 만약 몽골을 장성 이북으로 쫓아낸 뒤 북원北元의 침입을 효과적으로 억제하지 못했다면, 고려의 장군 이성계李成桂도 명조와의 종번 관계 건립을 확고히 하지 않았을 터이고, 심지어 주저 없이 명에 대항하려는 의지를 갖고 있던 고려 우왕을 전복하여 조선을 창립할 수 없었을 것이다.

정치제도는 경제의 왕래 방식을 규정했다. 주변 정권들은 중국과의 무역에 대한 강렬한 수요도 잇달아 이 천하 체제에 가입하여 중원 왕조가 반포한 역법을 받들었고, 아울러 천하의 정치적 정통성을 끌어다가 자신의 합법성 문제를 처리하고자 했다. 이는 곧 15세기 초 막부 쇼군 신분인 아시카가 요시미쓰가 '일본국왕'을 거짓으로 칭하고 명조와 종번 관계를 맺어 감합무역을 전개했던 이유이기도 했다. 한편 이러한 규범 틀 밖의 왕래, 예컨대 밀무역은 동아시아 세계의 상품 교류와 정보에 대한 상호 소통의 중요한 통로였음에도 끝내 국가의 보호를 받지 못하고 자주 왜구로 간주되어 타격을 받아야 했다.

명, 조선, 일본 삼국 사이에 명조와 조선의 교류 통로가 가장 잘 통했다. 서로 틀어지는 경우도 간혹 있었지만 정치의 상호 신뢰와 무역의 상호 소통은 가장 견실했다. 명조와 일본 사이에는 감합무역이 100여 년 동안 단속적으로 유지되다가 16세기 중엽에 중지되고 공식적인 연계도 끊어졌다. 이런 상황에서 조선과 일본의 연계는 특히 중요해졌다. 명 왕조가 필요한 은·동과 일본에서 수요가 있는 실크와 도서는 바로 조선을 통해 서로 교환되었다. 조선은 부정기적으로 통신사를 일본에 파견했고, 부산 등지에 왜관을 개설하여 일본 상인이 거주할 수 있도록 했다.

조선-일본 간 공식 교류의 전제는 조선이 봉행하는 정통 예제를 일본이 존중하는 것이었다. 그런데 일본이 이 예제의 틀에 들어오길 거부한다면 어떻게 할 것인가? 조선-일본 간 무역의 주요 실행자인 쓰시마 섬 영주는 어쩔 수 없이 양면 작전을 써서 공식 문서를 날조하는 방식으로 양측이 모두 그럭저럭 지낼 수 있게 했다. 사실 도요토미 히데요시는 1587년 일찍이 쓰시마의 다이묘인 소 요시토시宗義智를 통해 조선에 서

신을 보내, 칭신할 것과 명 공격의 선봉을 맡을 것을 요구했다. 소 요시
토시는 조선을 노하게 하지 않고 장사를 계속하기 위해 이 서신을 완전
히 고쳤다. 그 때문에 한성은 도요토미의 위협을 아예 알아채지 못했다.
이 같은 유사한 일을 쓰시마섬 도주島主는 전후로 여러 번 했다.

사실, 고대 동아시아 국가의 교류에서만 예제를 따진 것이 아니다. 현
대 외교는 예제를 더 따진다. 단지 두 예제가 서로 다를 뿐이다. 이런 예
제는 안중에도 없는 도요토미 히데요시 같은 일본인에 부닥치면, 어떤
제도인들 그를 어쩔 수 있었겠는가.

03

동아시아 국제관계 기억의 결절점

　　도요토미 히데요시의 조선침략전쟁과 그 결과는 근대 동아시아 국가 간의 권력 구조를 기본적으로 형성했다. 이후 삼국 사이에는 근 300년의 평화가 이어졌다. 이는 근대 국제관계사의 측면에서 동아시아 세계가 유럽 세계와 크게 달랐던 점이다. 대규모 전쟁의 자극이 있고 없고에 따라 국가와 사회의 발전 방향은 크게 달라진다. 여기서 우리는 물질적 차원의 진행에 대해 논하지 않고, 우선 또 다른 일종의 현상으로서 전쟁에 대한 기억에 관심을 기울인다.

　　1592년 4월 도요토미 히데요시는 일본 각 번의 대군을 집결시켜 그 가운데 15만여 병사를 8조의 조선공격군단으로 편성하고, 쓰시마섬으로부터 바다를 건너 부산을 습격했다. 일군은 도시를 공격하고 진지를 치면서 곧장 진격하여 5월 초에는 한성을 점령했다. 7월 가토 기요마사加籐清正가 이끄는 일군 제2군단은 반도 동북의 함경도를 공략한 뒤 두만강 경계를 넘어 건주여진부의 몇 개 부락을 겁살했다. 도요토미 히데요시는 이를 듣고 크게 기뻐하면서 가토에게 "지금 명의 땅을 공략하라"고 지시했다. 그러나 서북 방면의 고니시 유키나가小西行長 군단이 아직 평안도를 점령하지 못했기 때문에 가토는 그들의 지원 없이 고립된 군사만으로 감히 깊숙이 들어가지 못하고 결국 두만강 이남으로 되돌아왔다. 한편 명 조정은 마침내 조선을 공격한 일본의 의도가 종국에는 중원에 있음을 확인하고 조선에 군사를 보내 원조하기 시작했다. 조선-명 연합군과 일본의 7년 전쟁은 이렇게 시작되었다.

시간을 2014년 8월 15일로 건너뛰어보자. 이날 한국의 서사대작 〈명량〉(중국어는 〈鳴梁海战〉으로 번역)이 예전 〈아바타〉가 갖고 있던 한국의 영화 관객수 기록을 깨뜨렸고, 이틀 뒤에는 박스오피스 1억 달러를 돌파한 최초의 국산 영화가 되었다. 동년 10월까지 국내 관람인 수 누계는 1,760만 명을 넘어섰다.(한국 총인구는 5,000만여 명) 8월 15일은 물론 현대사에서 매우 큰 함의를 지닌 날이다. 일본은 '종전일'로, 중국은 '일본 투항일'로 부르고, 한국은 '광복절'이라 지칭한다.

영화가 이야기하는 명량해전은 1597년 10월 26일에 일어났다. 도요토미 히데요시가 제2차 조선 침략의 공세를 발동한 때다. 조선의 명장 이순신李舜臣은 반도 남단 명량해협의 험요한 지세와 복잡한 조류를 이용해 12척의 판옥선板屋船(일부 민용 선박이 따름)으로 방대한 일본의 선발 함대를 격파했다. 세계 해전사에서 이는 의심할 바 없이 적은 수로 큰 수를 무찌른 아름다운 전투다. 전투 중에 총에 맞아 죽은 일본 장수 구루시마 미치후사來島通總는 유일하게 조선에서 전사한 다이묘다. 그러나 전쟁의 전체 추세로 볼 때 명량해전에는 특별한 전략적 의의가 없다고 생각

횡소《阿凡达》韩国票房记录
世界海战史超强一战

鸣梁海战
非死即生

CJ ENTERTAINMENT 이쯤피즈제작공급공사 제공 BIGSTONE PICTURES 출품공사 제작 6대제작협공공사 외3 中国제작협공공사 外6 八一电影제작공사

〈명량〉의 중국어판 영화포스터

하는 관점도 존재한다. 오늘날 사람들이 "일본 선박 31척 격침, 92척 대파, 적敵 9,000명 전사"라고 말하는 전과는 지나치게 과장되었다. 이순신은 일기에서 이렇게 묘사한다. "적선 30척이 격파되었고, 적선은 패주하여 다시 감히 우리 군대에 가까이 오지 못했다. 이는 실로 천행이다. 수세水勢는 매우 위태롭고 우리 측 힘은 고위孤危한 탓에 진지를 당사도로 옮겼다." 전투를 마친 그날 밤 그는 진지를 다른 곳으로 옮겼다. 일군 주력은 계속 북진했다.

역사적 사건의 의미는 당시를 보여주는 데 있지 않고 이후 취사선택, 기록, 서사, 구성되는 데 있다. 1592~1598년까지 한반도에서 발생한 삼국 대전은 이후 400여 년 동안 부단히 서사되고 새롭게 기억되었다. 그런 가운데 새로운 역사 서술이 당대 의식 속에 혼입되고, 그 의미가 반복적으로 재구성되었으며, 새로운 해석이 층층이 더해졌다. 영화 〈명량〉이 7월 말에 개봉하여 8월 15일 관객수 최고 기록을 세운 일은 아마도 단지 우연의 일치만은 아닐 것이다. 그것은 과거를 빌려 오늘을 빗댄 것으로, 근래 지역 정치의 관계, 특히 한일 관계의 암담한 현실을 잘 대비해 보여준다.

우리가 역사를 학습하는 목적은 과거에 무엇이 객관적으로 발생했는가를 밝힌다기보다 과거에 어떠한 주관적 인식이 있었는지를 탐구하는 것이라고 해야 한다. 역사 서술은 영원히 서사자의 작품이기 때문에 붓을 댄 첫 번째 글자부터 곧 판단과 평가를 담고 있으며, 지금까지 절대적 객관성이라고 말할 수 있는 것은 없었다. 천 명의 마음속에는 천 개의 햄릿이 있으며, 한 사람의 인생에서 서로 다른 단계마다 역시 서로 다른 햄릿이 있다고 말하는 것은 바로 이런 뜻이다. 이는 물론 역사상 무엇이 발생했는지(혹은 발생하지 않았는지)가 중요하지 않다는 말이 아니라, 과거에 대한 우리의 인식은 늘 자신의 현실 경험, 가치, 감정과 연결되어 있다는 점을 말하는 것이다. 과거에 대한 해석—무엇이 발생했는지, 어떻게 발생했는지, 왜 발생했는지, 어떤 의미인지—은 종종 사람에 따라, 때에 따라, 형세에 따라 다르다. 어떤 해석에 더 일리가 있는지, 더 근거가 탄탄한지, 그것은 바로 사료에 대한 판별과 분석, 역사적 맥락에 대한 이해, 그리고 관점과 안목에 달려 있다. 역사 서술은 현실 정치의 영향에서 벗어날 수 없다. 차라리 명료하게 말하자면, 매우 객관적으로 보이는 역사 서술 그 자체도 정치성을 갖고 있다.

의식과 인식의 시각에서 볼 때, 조선전쟁의 '현대'적 의미는 그것이 동아시아 국제관계 기억의 중요한 하나의 결절점(나아가 어떤 의미에서는 원점)이라는 데 있다. 첫째, 이 전쟁에 대한 한중일 삼국의 서사는 처음부터 줄곧 서로 다른 방향을 지향해서 오늘날에 이르렀다. 둘째, 삼국은 이후 다른 시기에, 늘 이 전쟁에 대한 회고를 통해 당면한 자신의 운명, 민족의 운명, 세계 구조에 대한 역사적 해석을 찾았다. 자료와 연구가 이미 한우충동汗牛充棟이지만, 이 충돌에 대한 동아시아인의 인식은 시종 혼란스럽게 나뉘어서 나라에 따라, 시기에 따라, 정세에 따라 다르다. 그뿐 아니라 자기 정체성에 대한 인식과도 연관되어 있으므로 정체성의 변화에 따라 서술도 바뀐다.

이 전쟁에 대한 삼국의 원시 기록은 차이와 모순으로 가득한 탓에(예를 들어, 각자 모두 상대의 실력과 사람 수를 과장하는 경향이 있다), 후대의 연구와 평가에 어려움을 준다. 두말할 나위도 없이 전쟁의 성격에 대한 규정이 근본적으로 다르기 때문에 하나의 통일적인 명칭도 존재하지 않는다.

　명 이래의 중국 사료는 이 전쟁을 '조선의 역(朝鮮之役, 조선전쟁)'이라고 지칭하는 경우가 많다. 명대의 작가(예컨대 모서징茅瑞徵)는 이 전쟁을 전후에 일어난 두 건의 또 다른 변란邊亂 평정의 전쟁(영하寧夏의 역, 파주播州의 역)과 합쳐 '만력삼대정萬曆三大征'이라고 불렀다. "정征이란 위가 아래를 벌伐하는 것으로, 적국敵國(지위가 동등한 나라)은 서로 정征하지 않는다."(『맹자』) 이후 중원 왕조가 병번屛藩을 보호하는 도덕적 책임과 정치적 권리를 널리 보이려고 할 때 '조선의 역'은 가장 고전적인 선례가 되었다. 19세기 후반 청조가 조선에 파병하여 내란을 평정하고 일본 세력의 침투를 저지하며 심지어 소수의 관리가 조선을 군현화하려는 논의를 할 때, 이는 중원과 반도의 주종 관계를 역사적으로 증명하는 증거로 원용되었다. 청일전쟁 이후 일본이 반도로부터 대륙을 한 걸음 한 걸음 잠식해 들어온 것은 바로 도요토미 히데요시가 '설계'한 노선에 부합하는 실행이었다. 따라서 민족주의가 발흥한 시대에 '조선의 역'은 일본 제국주의가 자고이래自古以來 중국을 노렸던, 움직일 수 없는 증거로 간주되었다. 오늘날 논자들 가운데는 1950년대의 항미원조抗美援朝를 명대 항왜원조抗倭援朝의 연속과 반향으로 보는 사람도 없지 않다.

　에도 및 메이지 시기 일본의 사적史籍은 이 전쟁을 '조선정벌朝鮮征伐' 또는 '정한征韓'으로 지칭하며 글자 사용에서부터 태도를 명확히 했다. 제2차 세계대전 뒤에는 1592년과 1597년 두 차례 공세를 발동한 연호를 취하여 '분로쿠·게이초의 역文祿慶長の役'으로 합칭했다. 일본 측의 사적은 도요토미 히데요시의 뛰어난 재능과 원대한 지략, 무장의 용맹과 선전을 두드러지게 강조한다. 에도 시기 미토가쿠水戶學 학자인 가와구치

쵸주川口長儒가 쓴 『정한위략征韓偉略』은 사료가 풍부하지만 분명히 일본을 천하의 정통으로, 조선을 역신으로 간주한다. 이는 훗날 메이지 유신 시기에 사이고 다카모리西鄕隆盛 등이 강렬히 주장한 정한론에까지 영향을 끼쳤다. 16세기 말 조선에 대한 일본의 '통어統御'는 20세기 초 조선 식민에 모종의 정당성 근거를 제공했다. 심지어 일본이 두만강 북안의 중국 영토를 차지하려고 도모할 때도, 가토 기요마사가 일찍이 강을 넘어 여진을 정토征討한 일을 동북 변강에서 일본의 역사적 존재를 극력 드러내는 데 사용했다. 명량해전에 대해서 일본 학계 대부분은 '대첩'의 존재에 동의하지 않고, 일군의 손실이 크지 않았으며, 또한 궁극적으로 전략적 의도를 완성했다고 생각한다.

조선왕조는 전쟁이 개시된 간지기년干支紀年을 사용해 '임진왜란壬辰倭亂'이라고 명명한다. 지금 조선과 한국에서는 '임진조국수호전쟁(壬辰衛國戰爭)'으로 지칭한다.* '왜란'에서 '조국수호'로 행위 주체가 가만히 옮겨 갔다. 이 전쟁에서 조선의 피해가 가장 심했고 상처도 가장 컸다. 조선은 강국 사이에 끼어 어찌할 도리가 없었다. 문신과 무장, 민간 의병의 필사적인 저항은 되풀이해서 서사되는 주제다. 전쟁의 와중에 정치적으로 여러 차례 부침을 거치고 해상에서 전사한 이순신은 점차 신격화되어 역사적 상징 기호가 되었다. 오늘날 서울의 광화문광장에는 한글을 창제한 세종대왕 동상과 이순신 동상이 앞뒤로 우뚝 서서, 하나는 문文, 하나는 무武를 대표하며 매우 큰 상징적 의미를 나타내고 있다. 또 19세기 말 20

---

* 한국과 북한 학계에서는 임란, 임진란, 임진민족수호전쟁, 임진조국수호전쟁, 임진조국전쟁, 조일전쟁 등의 명칭으로 사용하고 있다.

세기 초 조선 민간의 항일 무장은 의병義兵으로 칭해지며 역사 기억을 분명히 환기시킨다. 가장 흥미로운 점은 명군의 조선 원조를 바라보는 태도다. 매우 오랜 시간 동안 조선 관리와 선비들은 만력 황제의 "은혜가 새 생명을 준 것과 같다(恩同再造)"고 여기고, 명군의 조선 원조가 유가 정치윤리를 가장 훌륭히 체현한 것이라고 보았다. 바로 그런 까닭에, 명이 망하고 청이 흥한 뒤 조선 엘리트들은 만청滿淸을 이적夷狄으로 간주하고, 명이 조선을 구하느라 이 환난이 생겼다고 여기면서 전前 명조의 정통성에 대해 지대한 공감의 인식을 가졌다. 그러나 20세기에 이르러 민족주의 사학은 '사대事大' 사관의 비판에 진력하며 민족 주체성을 강조했다. 그에 따라 항왜전쟁에서 명군의 역할은 의도적으로 가볍게 취급하거나 연맹 내부의 모순을 부각하는 데 집중했다.

이는 명량해전이 한국 영화의 소재로 가장 적합한 이유이기도 했다. 그것은 단순한 승전이 아니며, 더 중요하게는 드물게 명군이 참여하지 않은 승전이다. 이순신 혼자의 힘으로 약자가 강자를 막아낸 것은 한민족의 필사즉생必死則生 기개를 선명히 드러낸다. 영화 〈명량〉의 인기는 새로운 국면으로 기억을 재구성하는 선풍을 불러일으켰고, 도요토미 히데요시의 조선침략전쟁, 나아가 이후 4세기 동안의 동아시아 역사에 대한 하나의 집단적 인식을 만들어갔다.

04

전쟁과 평화 사이 : 역사 기억과 종번宗藩 정치문화

도요토미 히데요시의 조선침략전쟁에 대한 기억은 한중일에서 모두 가공과 해석을 거쳤다. 가공과 해석은 각기 나름의 정치적·윤리적 목적이 있고, 따라서 다양한 서술 간에는 서로 편차가 있을 수 있다. 그러나 이를 근거로 작자가 의도적으로 꾸민다고 말하는 것은 지나치게 단순화하는 것이다. 사실 개인은 특정 사건의 의미를 찾는 과정에서 누구든 취사하거나 편중되기 마련이다. 작가 왕안이王安忆는 "글쓰기는 믿을 수 없는 자료로 믿을 수 없는 존재를 구축하는 것"이라고 말한 바 있다. 여기서 글쓰기는 단지 소설에만 적용되지 않으며 역사에도 적용된다. 그러나 한마디 덧붙여야 할 것은, 바로 이러한 '믿을 수 없는 존재'가 실제 존재보다 더 '믿을 수 있다'는 것이다. 왜냐하면 현실의 사건은 파편화되고 고립화되어 있으므로 해석에 의지해서 연관을 지어야 비로소 의미가 생겨날 수 있기 때문이다. 이렇게 만들어져서 가공된 기억도 진실하다고 할 수 있는데, 왜냐하면 그것들이 당세와 후세의 정치문화에 실질적으로 영향을 끼치고 있기 때문이다.

예를 들어 명의 조선 원조는 이후 수백 년 동안 중원과 반도를 막론하고 대부분 종번宗藩 원칙하의 혈맹 혹은 중국-조선의 오랜 특수한 관계를 보여준다고 인식되었다. 이러한 생각은 유가 세계관의 예제 질서든 순망치한脣亡齒寒의 지정학적 시각이든 모두 해석력을 갖는다. 만력 황제는 승리를 거둔 후 「평왜조平倭詔」에서 이 전역戰役에 대해 이렇게 성격을 규정했다. "우리 국가의 인자한 은혜는 넓고 넓어 공순한 자에게는 곤궁하지 않아도 돕지 않은 적이 없고, 의로운 무위를 분발하여 함부로 날뛰는 자가 있다면 비록 강해도 반드시 죽여 없앴다." 조선 군신도 물론 상국의 사심 없는 원조를 매우 감격해했다. 이는 오늘날 보기에 우스꽝스러울 수 있다. 사료는 전쟁을 대하는 양국의 태도나 전쟁 과정에 나타난 태도 변화가 매우 복잡했음을 분명히 기록한다. 양국 간의 서로 다른 정치적 고려에 따라, 일군의 침입 목적, 전쟁 또는 화평의 선택, 원조를 요청해야 할지 또는 보내주어야 할지의 여부, 원조의 목적, 전사戰事의 완급, 전장 지휘권, 후방 물자 지원 확보 등 각 측면에서 모두 모순이 존재했고, 상호 비방도 적지 않았다. 그러나 역사적 해석은 그 대의를 구해야 하며, 또한 당시의 정치·경제·사회 환경과 연관지어 평가해야 한다. 역사에는 세부적 사항이 매우 많으며 그것이 지향하는 바도 다양하지만, 세부적인 사항들 위에는 늘 대의가 있다. 만약 단편만을 취해 대의를 헐뜯는다면, 이는 나뭇잎 하나로 눈을 가려 큰 산을 보지 못하는 것과 마찬가지로 가치가 허무해진다.

1592년 6월 일군이 평양을 점령했고, 동시에 첫 무리의 명군이 압록

강을 건너기 시작했다. 그러나 명군은 일군의 전법을 충분히 알지 못했다. 평양에서 첫 번째 교전을 치렀을 때 요동 철기는 일본의 조총에 완패했다. 곧바로 명은 군사원조의 강도를 더해 송응창宋應昌과 명장 이여송李如松으로 하여금 군무를 총괄하게 하고, 다른 한편으로 심유경沈惟敬을 파견해 일군과 담판하며 시간을 끌었다. 이듬해 정초正初에 남방으로부터 옮겨온 중포重炮 부대에 힘입어 이여송은 평양에서 고니시 유키나가를 대파한 뒤 부대를 이끌고 남하하여 한성으로 접근했다. 그러나 뒤이은 벽제관碧蹄館 전투에서 명군은 다시 일군에 막혀 개성과 평양으로 되돌아갔다. 한 해 내내 일군의 보급은 조명연합군에 의해 단절되었는데, 특히 해상에서 이순신이 조선 수군을 지휘하여 일군을 여러 차례 좌절시키며 기본적으로 제해권을 장악했다. 이런 상황하에서 도요토미 히데요시는 명조와 화의를 협의하지 않을 수 없었다. 담판을 책임진 심유경과 고니시 유키나가는 협의를 달성하기 위해 각자 위아래를 속여, 도요토미가 명조의 책봉을 접수하는 것과 조선 남쪽 4개 도에 대한 일본의 점유를 서로 교환하는 것으로 했다. 도요토미는 이를 간파하고 크게 노하여 은밀히 전쟁을 준비했다. 1597년 구실을 찾아 두 번째 조선 침공의 명령을 내렸다. 조선에서 이미 주력을 철수했던 명군은 다시 강을 넘어 응전하여 쌍방은 승부를 주고받았다. 1598년 10월 도요토미 히데요시가 병사하자 일군은 주군을 잃고 철수를 개시했다. 1개월 뒤의 노량해전에서 조명연합군은 일군에 심한 타격을 입혔다. 그러나 명 수군 부장 등자룡鄧子龍과 조선 장수 이순신이 전사하는 대가도 치러야 했다. 모든 전투는 1598년 말 종결되었고, 명군은 다음 해 환군했다.

충돌은 7년 동안에 걸쳐 일어났지만 전투는 주로 1592~1593년과

1597~1598년에 집중되었고, 중간에 매우 긴 교착과 휴전 시기가 있었다. 이러한 리듬이 형성된 것은 명조의 한 인물, 심유경과 큰 관련이 있다. 오늘날 어느 국가의 사서에서도 이 사람은 모두 악역이다. 그는 자싱嘉興 출신으로 시정에 섞여 지내며 일찍이 일본을 왕래하여 일어를 할 수 있었다. 노년에 들어서 인생 최대의 전기를 맞은 사건인 도요토미의 조선 침공을 만나 병부상서 석성石星의 요청을 받고 일본과 교섭했다. 그는 일본 쪽에서 요구하는 것이 다름 아닌 책봉과 무역이라고 여겼기 때문에 평화회담으로 적을 감화하는 데 힘썼다. 심지어 거리낌 없이 문서를 위조하여 중국과 조선 사이를 오가는 전술을 벌였다. 그러나 심유경이 군주를 기망한 사실은 결국 드러났다. 만력제는 조선에 숨어 있던 그를 잡아들여 처벌할 것을 하령했고, 전쟁이 종결된 뒤 참형에 처했다.

후대에 '악한'으로 일컬어지는 이러한 작은 인물은 한중일 각 측의 거대 서사와 모두 조화되지 않는다. 그러나 바로 이 악한이 앞서 명군이 평양에서 첫 패배를 했을 때 홀로 일 군영에 들어가 언변 좋은 세 치 혀로 담판을 하여 일군을 수개월간 붙잡아둠으로써 원군을 위해 시간을 벌어주었다. 나중에는 병졸 하나 쓰지 않고 고니시 유키나가를 한성에서 철수시키고 한강 이남의 여러 도道 및 조선 인질을 반환하도록 설복하여, 조선 군신(또는 베이징의 병부兵部)들은 그를 대단한 능력의 인물로 여겼다. 양측을 오가는 그의 행태는 큰 성공을 거두어 나중에는 도를 넘는 상황에 이르렀다. 도요토미 히데요시가 제시한 평화회담의 가혹한 조건은 그에 의해 항복과 책봉 요청으로 바뀌었으며, 또한 그는 정말로 명조의 책봉 조서를 가지고 일본으로 가서 오로지 명조가 다가와 화의를 구걸한다고 여기는 도요토미를 알현했다. 도요토미에게 쫓기나 조선으로 돌아온 뒤에는 또 감히 도요토미의 사은장謝恩狀을 위조하여 베이징에 전달했다. …… 마치 동아시아 삼국을 손바닥에 놓고 가지고 노는 듯했다.

어떻게 그는 이렇게까지 여유롭게 수완을 발휘할 수 있었던 것인가? 어떤 각도에서 보면, 심유경은 동아시아의 종번 체제를 깊이 이해하고 이 체제의 담론 틀 아래서 구체적 실천을 할 때 매우 큰 변통의 여지와 조작 공간이 있음을 알고 있었다. 미국 역사학자 피터 퍼듀(Peter C. Perdue)는 종번 담론이 일종의 '과문화跨文化 언어(Intercultural language)'로, 상당히 큰 융통성을 가지고 서로 다른 목적으로 사용되었다고 지적한다. 심유경은 이런 일을 훤히 꿰뚫고 있었다. 그는 스스로 중·일 각자의 요구 사항을 잘 알고 양쪽에서 얼버무려 대충 고비를 넘기고, 쌍방으로 하여금 각기 현상에 안주하도록 하면 만사형통이라고 생각했다. 현상이 무엇인가는 전적으로 각자의 필요와 설명에 따를 수 있다. 중·일 양측은 정말로 그에게 설득되어 전투를 한번 멈추고 공격을 중단했다.

심유경이 이 큰 각축 속에서 맡은 역할은 너무 튄다. 만약 그에게 시선을 집중하고 역사를 쓴다면, "넓고 넓은 인자한 은혜, 의로운 무위의 분발" 같은 것은 모두 먼지나 연기처럼 사라져버릴 것이다. 그의 이야기는 우리에게 적잖게 음미해볼 만한 거리를 제공하며, 역사 인식과 현실 운용이 서로 배척하는 상황은 늘 있다는 것을 말해준다. 전시에 조선 영의정을 맡은 유성룡柳成龍은 『징비록懲毖錄』에다 심유경이 조선의 다른 고관 김명원金命元에게 써준 '자변서自辨書'를 수록했다. 거기에서 심유경은 몇몇 조선 관원이 자신에게 처음에는 공손하다가 나중에 오만한 태도로 변했으며, 산이 울리도록 고함을 지르지만 실제로는 무능함의 표현으로 그리 강고하지 않았다고 썼다. 그가 한성과 한강 이남의 여러 도(諸道)

를 반환하도록 고니시 유키나가를 설복하는 데 성공한 뒤 조선 관원에게 어떻게 사후 처리를 할지에 대해 묻자, 그 관원은 전에 "흐느껴 울며 머리를 조아리던" 태도와는 다르게 적극적으로 화답했다. "작은 나라 군신의 책임입니다. 어르신은 개의치 마소서." 기백이 넘쳤다. 그러나 일본이 재차 출병하자 조선 관원은 "단지 궐 아래서 통곡하는 방책밖에 없었다." 심유경이 보기에 이는 분명 "문장文章과 공업功業이 서로 부합하지 않는" 것이었다. 그렇지만 그에게 문장(인지, 서술, 해석)과 공업(현실)은 지금까지 항상 편차가 존재해왔으며, 유성룡이 그에 대해 한 평가처럼 "평양에서부터 적중에 출입하며 노고가 없지 않았다. 그러나 강화講和를 명분으로 한 것이므로 우리나라에 기쁜 일은 아니었다." 적지 않은 조선 관원이 강화라는 실질적인 결과에 감격하여 눈물을 흘렸지만 의리상으로 결코 강화의 명분을 받아들일 수 없었고, 자연히 "노고가 없지 않은" 심유경에게 공손할 수 없었다.

같은 이치로, 비록 명과 조선의 연맹은 문제가 아주 많았지만 조선왕조는 그후 매우 오랜 시간 여전히 종번 예제를 충실히 지켰다. 조선은 자신을 원조한 도의를 명이 떠안은 것을 찬양하며, 심지어 후에 대보단大報壇을 세워 명의 세 황제('조선' 이름을 사여한 홍무제, '은혜가 나라를 다시 세워준 것과 같은〔恩同再造〕' 만력제, 그리고 나라가 망하자 몸소 죽은 숭정제)를 제사하면서 뜻을 기렸다. 이학을 건국의 뿌리로 삼은 조선이 사대의 종번 정치와 도덕 질서를 충실히 지킨 것은 대외적인 태도일 뿐 아니라, 국내 통치의 수요, 국가·사회·지방, 가족 혹은 가정 간 관계의 근본을 안정시키기 위한 요구가 더 많았음을 알 필요가 있다. 국가는 이를 가지고 선비와 평민을 위한 모범을 보여주고, 각 계층도 각기 자기 자리에 안정시킬 수 있게 하는 것이 필요했다. 전쟁에 대한 해석은 반드시 당시의 더 높은 정치적·사회적 수요에 부합해야 했다. 정치 이념과 사회 문화는 장기간 상호 침투하며 문화 도통道統을 형성했고, 양자의 경계도 모호해졌다. 차츰 '사대'는 정치적 원칙에 머무르지 않고 문화적 신분이 되어갔다.

그러나 이것과 실천 운용 속에서의 자기 위주 및 이익 지상의 원칙은 병행하면서도 서로 어긋나지 않는 것이며, 결코 후에 민족주의자가 상상하는 '사대주의'의 자기 왜소화는 아니라는 점을 강조할 필요가 있다. 정반대로, 종번 원칙하에서 번국은 자신의 합법성을 구축함과 동시에 실리를 거두어들이기도 한다. 어떤 정치문화에 대한 평가도 그런 모습에서 벗어날 수 없다. 등급 질서를 존중하는 것이든 평등·민주를 추구하는 것이든, 모두 매우 구체적인 환경적 원인이 있으며 추상적인 선택은 아니다. 더 중요한 것은 (피터 퍼듀가 말한 바과 같이) '과문화 언어'의 융통성이 결코 '현대'와 상반되지 않는다는 점이다. 사실 "문장과 공업이 서로 부합하지 않는 것"은 '현대' 제도하에서도 마찬가지로 분명하다. 어떤 종류의 세계질서라도 모두 그 이상적인 모습과 현실 운용 간에는 매우 큰 격차가 존재한다.

3장

만주의 굴기 : 다원 국가의 형성

01

주변 지역의 특이한 변동 : 다각적 변방이 된 만주

반도에서 전개된 조선·명·일본 삼국의 전쟁에서 누구도 최후의 승자라고 할 수 없었다. 조선의 사회 경제는 심하게 파괴되어 오랫동안 회복하기 힘들었다. 전쟁은 조선의 선조가 일부 권력을 세자 광해군에 나눠줄 수밖에 없는 상황을 초래하여 민감한 세자 책봉 문제를 전쟁 이후 더 복잡하게 만들었으며, 광해군이 뒷날 명 조정에 불만을 갖도록 했다. 일본에서는 도요토미 히데요시 정권이 붕괴하고 새로운 정치적 동요의 시기로 접어들었다. 그러나 다른 측면에서 말하면 사회구조의 파괴는 유동성을 자극하기도 했다. 많은 수의 조선 중인中人과 상민常民이 혼란을 틈타 양반 신분을 획득했다. 일본에서도 새로운 집권 계층이 급격히 출현했다. 지역 구도에서 볼 때, 각국은 내부 상황에 더 집중했기 때문에 한중일 간에는 이후 300여 년 동안 큰 규모의 국가 간 충돌이 발생하지 않았다. 이는 명군의 조선 원조가 다져놓은 역사적 조건이라 할 수 있다.

당연히 이러한 대규모 변란에는 늘 수혜자가 있기 마련이다. 최대 수혜자는 두 사람이다. 그중 한 사람은 일본의 도쿠가와 이에야스德川家康다. 이 다이묘는 조선침략전쟁에 참여하지 않고 실력을 보존했으며, 그덕분에 도요토미 이후의 각축에서 최종적으로 승리하여 세이이 타이쇼군征夷大將軍 지위를 차지하고 일본을 265년간 통치한 에도 막부를 건립했다. 다른 하나는 누르하치努爾哈赤, 그리고 그가 이끈 여진/만주 정권이다. 만주의 굴기는 다소 의외였다. 왜냐하면 그들은 본래 동아시아 지정학 구도에서 주목을 끄는 자리에 있지 않았기 때문이다. 누구도 이 주변 정권이 언젠가는 마침내 강대해져서 중원을 지배하고 내륙아시아를 평정하고 연해를 경략하여 동아시아 역사에서 가장 강성한 제국이 되어 '중국' 개념을 일변시킬 뿐 아니라 동아시아 지역 구도를 완전히 새롭게 만들 것이라고는 생각지 못했다.

도요토미 히데요시의 조선 침략은 만주 굴기에 우연적인 영향을 미쳤다. 명조가 동북의 여진과 몽골의 여러 부족을 견제하기 위해 활용한 것은 요동의 병마兵馬였다. 그러나 요동의 정예를 조선 지원 전쟁에 주력 부대로 파견했기 때문에 명조는 동북 변경에서 일어나는 권력 내부의 변화를 돌볼 겨를이 없었다. 전쟁 전에 건주좌위建州左衛 누르하치는 이미 사분오열한 건주여진建州女眞을 통일했다. 전쟁으로 접어들자 누르하치는 기회를 틈타 계속 세력을 확장하여 인접한 해서여진海西女眞과 커얼친 몽골을 위협했다. 명군이 조선에서 철군한 그해, 누르하치가 해서여진을 병탄하는 전투도 시작되었다. 또한 조선전쟁(朝鮮之役)을 포함한 만력삼대정은 베이징에 매우 큰 재정 부담을 초래했다. 이후 경비 절감을 목적으로 한 개혁도 정권의 안정성을 동요케 하여 결국 내란이 잇따르는 상황에 이르렀다.(이자성李自成은 역제驛制 개혁 중에 감축된 역졸驛卒이었다) 군대는 내지에서 봉기한 반란에 대응해야 했고, 그 때문에 동북 변강의 방비를 위해 충분한 역량을 투입하는 것은 더 곤란해졌다.

그러나 역사의 긴 시간대로 볼 때 만주의 굴기는 필연적인 것이기도 했다. 이는 중국 동북 지역의 지정학적·전략적 위치와 지극히 큰 연관이 있다. 이 연관성을 분명히 설명하기 위해서 우리는 시각을 전환해, 중원으로부터 만주를 보는 것이 아니라 만주를 중심으로 동아시아 전체를 보는 눈이 필요하다.

유라시아 대륙판의 동북부는 겨울이 길고 여름이 짧으며 기후가 몹시 추워 주변의 농업문명에게는 변방의 '야만' 지대로 간주되었다. 이곳은 퉁구스인을 중심으로 한 인류가 대대로 거주해오던 땅이다. 그 남부와 화북華北, 한반도 및 일본열도와 인접한 지역(오늘날 중국 동삼성東三省과 내몽골 동부, 러시아 극동 지구의 남부와 시베리아의 동남부, 몽골 동부, 조선 북부 및 사할린–남쿠릴 제도–홋카이도 일선을 포함)에는 역사적으로 크고 작은 수많은 정치체가 출현했으며, 그들은 주변 정권과 빈번히 교류하면서 동아시아의 문화·경제·교통을 소통케 하는 중요 역할을 담당했다. 역사적으로 이 지역에서 가장 주요한 인류 활동은 흑룡강과 그 지류에서 전개되었기 때문에 우리는 이를 '대흑룡강 구역'으로 잠정 지칭하고 있지만, 그것은 흑룡강의 여러 수계뿐만 아니라 근접한 요하遼河, 압록강, 두만강 수계 유역도 포함한다.

한문 사료에서 이 구역에 대대로 거주했던 족군族群은 부여夫餘, 옥저沃沮, 숙신肅慎, 읍루挹婁, 실위室韋, 말갈鞨鞨, 하이蝦夷, 거란契丹, 여진女眞 등을 포함한다. 그렇지만 이러한 족군들의 경계는 사실 매우 불분명하다. 장기적인 역사 발전 속에서 이 족군들 간에 상호 교차·융합·분화했을 뿐 아니라 주변의 한漢, 한韓, 야마토大和, 몽골 등의 족군들과도 서로 흡수하고 융합했다. 전반적으로 말해, 이곳에 대대로 거주한 족군은 주로 채집·수렵 및 유목에 종사했고 남부의 농업 구역에 가까운 지역에서는 농업 생산에 종사했다. 그들은 주변 문화(특히 중원 문화)의 영향을 받아들였지만, 자신의 독특한 사회·경제·정치적 구조와 (샤머니즘 같은) 문화적 특징도 유지했다.

현재 우리는 동북이 예전부터 곧 중국의 일부분이었다고 생각하는 데 익숙하지만, 오랜 시간 동안 중원 왕조는 결코 이 지역을 직접 통치하지 않았다. 한대漢代에 건립한 사군四郡과 당대唐代에 건립한 안동도호부安東都護府는 단지 요동에서 한반도 북부에까지 미쳤을 뿐이다. 많은 경우 중원은 동북과 종번 관계를 맺거나 기미羈縻 통제를 실시했다. 반대로, 역사적으로 이 지역에는 많은 강국이 흥기하여 종종 중원 왕조에 지대한 위협을 주었다. 부여의 후예가 건립한 고구려高句麗(B.C. 37~668)는 절정기에 그 세력이 요동반도와 한반도를 넘어 동해에 이르렀고, 왜倭·백제百濟·신라新羅·수隋·당唐 등 강적을 잇따라 격파했다. 그 후 말갈인의 발해국渤海國(698~926)은 '해동성국海東盛國'으로 지칭되었는데, 당唐 왕조에 대해 번속藩屬을 칭하고 동시에 일본과 빈번한 사절 왕래를 했으며 한반도의 통일신라와도 무역 관계를 강화하여 동북아시아의 요충 국가라고 할 수 있었다. 그 뒤 거란이 건립한 요遼(916~1125)와 여진이 건립한 금金(1115~1234)은 모두 일찍이 중원을 손에 넣고 송宋 왕조를 압박하여 납공納貢하게 하고, 또한 남천南遷, 칭신稱臣하도록 했다.

청대 이전에 동북 전부를 중원 왕조에 포함해서 직접 관할한 것은 사실 몽골 대원大元뿐이다. 원 중앙정부는 요양행성遼陽行省을 설치하고 대흑룡강 지구를 관리했다. 원은 북으로부터 남쪽을 향해 금과 송을 멸한 뒤 중원의 통치자가 되었다. 몽골제국을 창건한 칭기즈칸은 흑룡강 수원水源의 하나인 오논 강 지구에서 성장하여 창업했다. 그러므로 원은 그 뿌리로 말하자면 청과 마찬가지로 본래 이 지역에서 흥기한 것이다. 명조는 이 지역에 뉘르간奴爾干 도사都司를 설치하고 압록강에서 사할린 섬에 이르는 광대한 지역을 통할했지만, 그것은 여전히 기미 통치였고 또 도사를 설치한 기간도 짧은 25년에 불과했다.

오늘날 중국, 조선/한국, 일본 또는 러시아 등 어느 나라를 막론하고 동북 유라시아와 대흑룡강 구역의 역사는 모두 변방으로 서술된다. 그곳은 다변의 변방이었기 때문에 그 역사는 당대 어떤 주권국가의 국내사로 독점되기 어렵다. 만약 우리가 이 다변의 변방을 상대적으로 독립된 역사 단위로 간주한다면, 그 자신의 발전 논리와 맥락은 오히려 더 분명해진다. 고구려의 확장에서 쿠빌라이의 일본 진공에 이르기까지 대흑룡강 구역에서 흥기한 정권은 만주족 청조가 굴기하기 전에 동아시아의 정치 구도에 충격을 준 중요한 요소였다. 중국 역사의 전개 흐름을 중원 농경 구역과 초원 유목 구역의 상호 쟁탈로 총괄하는 역사학자가 있으나, 이런 설명 방식은 두 생산 형태의 대립을 과도하게 강조하는 듯하다. 미국 학자 오언 래티모어(Owen Lattimore)는 성숙한 농경 사회와 유목 사회는 그 내부가 상대적으로 안정되어 있고 동요의 근원은 자주 두 사회 형태 사이의 중간 지대가 좌우한다고 지적했다.*

---

* 오언 래티모어는 일찍이 중국적 체제와 내륙아시아적 체제의 상호 길항 관계에 주목

중국의 내륙아시아 변강, 특히 동북은 바로 이러한 중간 지대였다. 그곳은 순전한 농경 지대도, 순전한 유목 지대도 아니다. 동북의 진동은 중원 지역에만 파급되는 데 그치지 않고 전체 동북아시아에 미친다. 누르하치와 만주의 굴기도 명, 몽골, 조선의 상호작용이라는 틀에서 인식하는 것이 적절하다.

명대 여진은 대체로 남부의 건주여진, 동부의 해서여진, 북부의 야인여진野人女眞 등 세 부족으로 나뉜다. 각 부족 간이나 내부에는 또 많은 쟁투가 있기 때문에 서로 연결되어 있지 않았다. 명은 원을 북쪽으로 쫓아낸 뒤 몽골의 영향을 철저히 제거하기 위해 동북 여진과 그 외 부족을 끌어들여 대흑룡강 구역에 대한 기미 통제를 구축했다. 명은 이곳에 모두 수백 개에 달하는 위소衛所를 설치했는데, 위소의 장관은 각 부족의 수령이 세습했지만 명은 형식상으로 장관에 대한 임명권을 가졌다. 명이 이곳에 취한 기미의 수단은 여러 가지였다. 먼저, 경제적으로 중앙의 책봉과 현지인의 시급한 조공 왕래, 호시무역 특권을 연결했다. 정치적으로는 약자와 연합하여 강자를 억압함으로써 누군가 홀로 강성해지는 것을 방지했다. 군사적으로는 조선과 연합하여 변경을 침요하는 소부락들을 토벌했다. 명은 건주여진부에 건주위建州衛, 건주좌위建州左衛, 건주우위建州右衛의 3개 위소를 설립했다. 누르하치의 선조인 먼터무猛哥帖木兒는 바로 건주좌위의 초대 지휘사指揮使였고 그 세력 범위는 최초에 백두산과 두만강 양안에 있었다. 15세기 후기에 건주좌위는 요동의 훈허渾河 일대

하면서 그 가운데 내부 변경(inner frontier)과 저수지(reservoir) 등 변경의 역할을 중요하게 다루었다.

로 서천西遷했다.

몽골 일대에서는 원조가 전복된 뒤 몽골이 오이라트瓦剌, 타타르韃靼, 우량카이兀良哈의 3대 부족으로 분열했다. 그 가운데 동쪽 끝의 우량카이는 한동안 명조에 귀의하여 여진과 서로 인접한 쑹화강松花江 유역에서 활약했다. 15~16세기 타타르 여러 부족은 점차 우량카이 지구를 통제하고 남으로 장성長城 및 요서까지 진출하여 해서여진과 충돌했다. 명 말에 이르러 타타르족 중 차하르察哈爾 부족이 독보적인 위상으로 우뚝 서서 그 수령 링단칸林丹汗이 몽골 대칸의 지위를 계승하고 모든 부족을 호령했다. 커얼친, 내할하 등 부족은 건주여진 및 해서여진과 빈번히 왕래하고, 호시·통혼을 계속하였다. 누르하치가 '국서國書'(만문滿文) 창제를 하령하기 전에 여진의 문서나 정령政令은 몽골 문자에 많이 의지했다.

조선에서는 15세기 전·중기 세종대왕이 북으로 판도를 확장하고 두만강 중·하류에 육진六鎭을 설치하여 현지 여진에 대해 토벌과 회유를 병용하는 정책을 실시했다. 여진의 적잖은 수령이 조선의 책봉을 받았고, 소속 씨족들은 조선 사회에 융화되었다. 조선과 여진은 모두 명의 번속이었지만, 이렇듯 조선은 다시 여진을 조선의 번속으로 보았다. 그렇지만 건주여진은 자주 소요와 약탈을 자행했기 때문에 조선은 그들을 안보의 최대 위협으로도 여겼다. 도요토미 히데요시가 조선을 침략했을 때 누르하치는 일찍이 명 조정에 상서하여 조선에 대한 출병 원조를 자진해 맡겠다고 나섰지만, 오히려 조선 측으로부터 단호히 거절당했다.

02

대청大淸 구조의 건립 : 홍타이지의 다원제국

도요토미 히데요시의 조선침략전쟁은 역사적 의미가 지극히 컸지만, 만주 굴기 이전 동북아시아에서 지정학적인 정치투쟁의 주된 흐름은 여전히 명과 몽골의 경쟁이었다. 명, 몽골, 조선, 여진의 다각적 관계 속에서 여진은 그 구석에 끼여 인력·물자·재력 모두에서 가장 약한 상대였다. 다각적 관계에서 구석진 자리에 처해 있었기 때문에, 여진인이 처음부터 처리해야 할 문제는 명과의 양자 관계가 아니라 다자 관계였다. 또한 여진은 실력이 가장 약했기 때문에 만주 정권은 하나의 여진인 정권으로 만족할 수만 없었다. 반드시 다원적 정권이어야만 다자 경쟁 속에서 생존, 강성할 수 있었다. 이런 특징은 이후 지역 구도 속에서 청 왕조의 기본 면모를 그려내었으며, 17세기 중기 이후 동아시아 지정학 구도의 기본적인 모습을 결정했다. 누르하치에서 홍타이지皇太極까지 그들이 건립한 국가는 그 역사적 의의가 명조를 대체한 데 있지 않았다. 이는 우리에게 익숙한, 곧 중원의 시각에서 청조의 굴기를 단지 명·청의 왕조 교체(明淸鼎革)로 간주하는 것과 매우 다르다. 특히 홍타이지가 창건한 대청大淸은 만滿·몽蒙·한漢을 포용한 '천하국가天下國家'였다. 이는 그가 웅지와 야심이 더 강했다기보다는 지정학적 형세가 그렇게 하도록 한 것이라고 할 수 있다.

1636년은 만주 정권에게 매우 전환적 의미가 있는 한 해였다. 3월, 내몽골 16부 49명의 버일러貝勒들은 선양瀋陽에 모여서 홍타이지를 몽골 대칸으로 정식 추대하고, "어질고 관대하고 온화하고 성스러운 군주"라는 의미의 '보얀 체첸 칸(Buyan Seĉen Qa'an)'이라는 존호를 바쳤다. 5월에 홍타이지는 국호를 '후금後金(Aisin Gurun)'에서 '대청大淸(Daicing Gurun)'으로 바꾸고 연호는 '천총天聰'에서 '숭덕崇德'으로 고쳤다. 한신漢臣이 헌상한 표문에는 홍타이지를 '관온인성황제寬溫仁聖皇帝'라고 지칭했다. 즉위식에 참가한 조선 사신은 명과의 종번 관계를 의식하여 삼궤구고三跪九叩의 예를 취하길 거부했다. 즉, 그를 천자로 인정하지 않았다. 그래서 이해 말 홍타이지는 조선이 맹약을 허물었다는 이유로 조선을 공격했는데, 이 침입은 그의 두 번째 반도 침략이었다. 1차 침략 때(1627) 홍타이지는 조선을 압박하여 형제의 맹약을 체결하고, 아울러 조선이 만주와 명 사이에서 중립을 유지할 것을 응낙했다. 하지만 이번에는 조선을 강박하여 명과의 종번 관계를 단절시키고 조선으로 하여금 청의 신하가 되어 명을 멸하는 데 지원하도록 했다.

집중적으로 발생한 이 몇 건의 사건은 만주 정권이 적어도 형식상 이미 더 이상 여진인의 국가가 아니라 '천하'의 국가로 변화하려 했음을 보여준다. 이 사건들의 경위를 이해하면, 우리는 이때 청군이 베이징을 점령하기까지는 아직 7, 8년의 시간이 더 남아 있지만 청 제국의 국가이념은 이미 초기 형태를 갖추어가고 있었음을 알 수 있다.

아무래도 먼저 누르하치부터 얘기를 시작해야 한다. 앞서, 명대 여진이 분열되고 서로 연결되지 못한 집단이었다는 점은 언급했다. 누르하치는 자신이 지닌 훌륭한 외교·군사 수단을 기반으로 한편으로는 계속 명에 성의를 보이면서, 다른 한편으로는 요동의 공백을 틈타 건주여진을 통일했다. 이는 인근의 해서여진을 크게 긴장시켰다. 그중 실력이 가장 강했던 예허부葉赫部는 1593년 같은 해서인 후이파輝發·하다哈達·우라烏拉 3부와 커얼친 몽골 및 시보錫伯 등 9개 부족과 함께 연합하여 건주를 침범했다. 누르하치는 구러산古勒山 전투에서 9부 연합군을 대패시키고, 이후 20년 동안 점차 하다·후이파·우라를 병탄했다.

1616년 누르하치는 허투알라(현 랴오닝遼寧 신빈현新賓縣 융링진永陵鎭)에 후금국(Aisin Gurun)을 수립하여 '압카이 풀링가 칸覆育列國英明汗'이라 칭하고 연호를 '천명天命'으로 정했다. 2년 뒤 그는 '7대한七大恨'을 구실 삼아 명을 적으로 선포하고 바로 랴오선遼沈을 공격하여 대량의 인구를 노략했다. 명조는 이때야 비로소 누르하치의 위협을 인식하고, 1619년 명목상 몽골 여러 부족을 통치하던 차하르부의 링단칸, 조선 및 예허부와 연합하여 후금을 섬멸하려고 시도했지만, 도리어 누르하치에게 사르후 전투에서 각개격파당했다. 이후 누르하치는 예허를 소멸시키고 해서여진에 대한 병탄을 이루었으며, 수년 뒤에는 북부의 야인여진 여러 부족도 통치 아래 두었다.

'후금'이라는 국명은 분명 완안씨完顔氏가 세운 금왕조로 거슬러 올라간다는 의미였지만, 누르하치는 여진 여러 부족을 통일함과 동시에 몽골을 포섭하는 데도 매우 주력했다. 인근의 커얼친과 내할하 5부가 일찍이 모두 건주에 대항했으나, 누르하치는 이에 개의치 않고 혼인동맹과 호시 등의 방법을 통해 하나씩 끌어들였다. 몽골 대칸인 차하르 링단칸은 누르하치의 내몽골 침투를 우려하기 시작했고, 군대를 파견하여 커얼친과 내할하를 정벌했다. 그러나 이는 오히려 그들을 후금/만주와 연합한 최초의 몽골 부족이 되도록 몰아세운 꼴이 되었다. 커얼친은 특히 만몽연맹의 전범典範으로 청 제국의 창건과 유지·보호에서 매우 큰 추진력이 되었다. 유명한 효장황후孝莊皇后, 그리고 제2차 아편전쟁 때 다구커우大沽口에서 영프연합군에 심각한 타격을 입힌 셍게린첸僧格林沁은 모두 커얼친부 출신이다. 누르하치의 연호 '천명'은 바로 일종의 과문화적跨文化的인 정치적 목표였다. 왜냐하면 '천'은 만·몽·한의 문화 속에서 모두 정치 합법성의 최고 근원을 대표하고 있기 때문에 삼자의 최대 집합이라 할 수 있었다.

누르하치가 사망할 때 그 정권이 관할한 것은 이미 하나의 다원적 족군의 국가였다. 요동에는 대량의 한인이 농업 생산에 종사하고 있었으며, 초기의 노략과 초무를 거친 뒤 이곳 한인은 날로 증가하여 그 수가 심지어 여진을 초과했다. 게다가 몽골 부족이 가담해옴에 따라 몽골인의 비중도 증대되었다. 이 밖에 또 적지 않은 수의 조선 포로가 사르후 전투 뒤에 흡수되어 들어왔다. 인구와 토지가 증가했고, 이익 분화도 점점 더 분명해졌다. 홍타이지가 직면한 것은 바로 내부 모순이 복잡하게 얽히고 대립이 나날이 첨예해지는 국가였다. 그는 한편으로 누르하치가 제정한 팔기八旗 제도를 계속 발전시켜 만주팔기 외에 몽고팔기와 한군팔기를 나누어 설치하여 각 족군에는 모두 기제旗制에 편입되는 인구가 있도록 했다. 다른 한편으로는 각각의 습속에 따라 다스려 한漢으로 한漢을 다스리고 몽골로 몽골을 다스렸다. 여진족에 대해서는 칸의 권력을 강화하며, 아울러 만주어와 기마궁술(國語騎射)로 정체성을 조성했다. 1635년 그는 정식으로 '만주'를 여진 여러 부족의 통칭으로 한다고 명하여 과거의 분열된 부락국가를 새로운 명칭 아래 결집했다. 특히 누르하치와 구별되는 그의 정책은 한인漢人에 대한 가정苛政을 종결하고 한민漢民을 보호하고 한관漢官을 중용했으며, 명조를 참조하여 정부 구조와 법률제도를 건립·완비하고, 과거科擧를 열어 인재를 끌어모아 등용했다. 이 한 차례의 '천총신정天聰新政'을 통해 만주 정권의 군사력·생산력·정치력은 모두 크게 증강되고, 장성 이북에서 세력이 부단히 공고해졌다. 만滿·한漢 대신大臣의 부단한 간언 아래 중원에 대한 지배도 의사일정에 올려졌다.

명 초기 중원 정권이 북원北元에 승리를 거둘 수 있었던 이유는 한반도, 여진, 나아가 일부 몽골 부족과의 연맹을 건립한 데 따른 영향이 매우 컸다. 만주가 굴기할 때 홍타이지의 전략적 선택도 마찬가지였다. 그는 일찍이 "베이징을 취하는 것은 큰 나무를 베는 것과 같아서 먼저 양변을 도끼로 패면 큰 나무가 스스로 넘어간다"라고 말했다. 지정학적으로 중원의 '양변'은 바로 차하르 몽골과 조선이다. 1627년과 1636년, 홍타이지는 조선을 두 차례 공격하여 마침내 조선과 명조의 동맹을 끊어내고, 또 조선으로 하여금 병력을 파견토록 강박함으로써 명에 대한 공격에 참여하도록 했다. 다년간의 출정을 통해 홍타이지는 결국 1634년 링단칸을 철저히 패배시키고 차하르를 포함한 내몽골 전체를 정복했다.

홍타이지의 최대 성취는 하나의 다원제국의 군사적·정치적 기초를 다진 것뿐만 아니라 그 다원일통多元一統의 이념을 창설한 것이다. 청대의 문헌은 모두 차하르를 정복한 뒤 링단칸의 부인이 정치적 정통성을 상징하는 '전국옥새傳國玉璽'를 바쳤다는 사실을 기록하고 있다. 이 소식은 홍타이지의 지위를 크게 신격화했고, 각 부족 대신의 황제 등극 권유를 직접적으로 유도했다. 1636년 그는 '보얀 체첸 칸'의 칭호를 받아들이고, 명목상으로 몽골인의 대칸, 칭기즈칸의 계승자가 되었다. 이는 수백 년간 몽골 황금 가문(칭기즈칸의 후예에 해당)만이 대칸을 이을 수 있는 제도가 종결되었음을 보여준다. 이후 몽골 대칸은 모두 청 황제였다. 이어 그는 국호를 '대청'으로 고치고, 더 이상 이 국가를 여진 금조의 연속으로 말하지 않았다. 특히 의미 있는 것은 백관이 홍타이지의 황제 등극과 존호 수용을 권했을 때, 도르곤多爾袞이 만주를 대표하고 커얼친의 토사도제농土謝圖濟農 파달리巴達禮가 몽골을 대표하며 도원수都元帥 공유덕孔有德이 한인을 대표하여 표문을 바쳐서 이 새로운 최고 통치자가 만주 칸, 몽골 대칸, 그리고 중원 황제라는 세 역할을 통합한다는 사실을 표명한 것이다.

만주 정권으로서 조선을 강박하여 신하로 복종케 한 것은 본래 명·청 전쟁 중의 전략적 행위였지만, 이러한 신속臣屬 관계의 건립은 정치 형세의 변화에 따라 빠르게 군사 정복 외의 함의를 갖게 되었다. 역사학자 왕위안충王元崇은 청이 조선과 종번 관계의 수립을 통해 중국 관내에 들어가기(入關) 수년 전 이미 점차 자신의 '중국' 정체성을 형성했다고 간주한다. 입관 후 청과 조선의 종번 관계는 이후 청조와 다른 속국이 명분을 세우는 모델이 되었을 뿐 아니라, 청대 종번 제도 가운데 가장 전형적이고 공고한 양자 관계가 되었다.

그러나 홍타이지는 청군이 입관하는 그날까지 살지 못했고 더욱이

이후 서몽골과 외몽골의 통일을 예견할 수 없었지만, 그의 '천하' 배치는
생전에 이미 기본 윤곽이 드러나 있었다.

03

'만滿'과 '기旗': 족族과 적籍 사이

1644년 4월 25일 이자성李自成이 자금성을 함락하고 명 숭정제는 메이산煤山에서 목매 죽었다. 산해관을 지키던 명의 장수 오삼계吳三桂는 반란군과 청군 사이에서 후자의 편을 들어 청군이 입관해 반란을 평정하도록 끌어들였다. 청국 섭정 도르곤은 곧 순치제를 맞이하여 입경했다. 이때는 홍타이지가 대청을 창건한 지 이미 8년이 지난 때였다. 이후 십수 년 동안 청은 이자성과 남명 정권을 토벌하고 중원에 왕조를 수립했다. 강희제가 집권하고 있을 때 청국은 삼번三藩을 평정하고* 타이완을

---

* 삼번의 난은 1674~1681년간 남방 각 성에서 할거한 세 번왕들의 반란이다. 청조는 입관入關 이후 명의 항장降將을 지배에 활용하면서, 오삼계吳三桂, 상가희尙可喜, 경중명耿仲明을 각기 평서왕平西王, 평남왕平南王, 정남왕靖南王에 봉하여 윈난雲南·구이저우貴州, 광둥廣東, 푸젠福建에 진주하도록 했다. 그 가운데 정남왕 작위는 경중명의 아들 경계무耿繼茂, 손자 경정충耿精忠에게 차례로 계임되었다. 삼번은 청조의 집권 과정에서 협력한 세력이지만, 이후 재정·군사적으로 점차 청조의 부담이 되었으며,

탈환했으며, 북쪽으로 러시아를 억제하고 서쪽으로 준가르를 정벌하여 기본적으로 오늘날 중국 판도의 기반을 다졌다.

한 시기 번창했던 청 제국은 20세기 초에 이르러 불안정해졌다. 당시 청년 지식인들은 열강의 능욕을 대면하고 종족혁명의 논리로 민중을 동원할 것을 강력히 주장했다. 진천화陳天華라는 호남湖南 청년은 1903년 통속적인 고사鼓詞* 형식으로 『맹회두猛回頭』를 썼다. 그는 이 책에서 만주, 몽골, 티베트 등을 '이종異種'으로 보고 아울러 '한족'의 종족의식을 부르짖었다.

> 우리 한인漢人은 백이 하나를 대적하니 언제나 여유가 있다.
> 왜 적은 수로 많은 수를 이겨 천상天常을 거슬러 바꾸는가?
> 단지 나로서는 종족주의種族主義를 알지 못한다.
> 타인을 위해서 동포를 죽이고 천량天良을 다 잃어버리다니.

유럽 근대사상의 영향을 받은 동시대의 많은 중국인과 마찬가지로 진천화는 세계 역사가 '문명'이 '야만'에 싸워 이기는 역사라고 공언했다. "우리 한족은 몽골, 만주, 묘苗, 요瑤에 대해 당연히 문명적이며 구미 국가에 대해서는 또 야만적이다. 만약 진보하기 위해 힘써 노력하여 문명이 구미와 어깨를 나란히 하지 않는다면 멸종滅種하지 않을 이유가 또 있

1673년 강희제의 철번撤藩(번왕국을 폐지) 결정을 계기로 반란을 일으켰다.
* 고사는 산문과 운문으로 꾸며져 있어, 말하고 노래하기도 하는 형식의 민간 문예이다. 고鼓(북과 비슷한 타악기)와 삼현금을 이용해 설창說唱한다.

겠는가?"

『맹회두』는 중국 자산계급혁명의 중요 텍스트로, 신해혁명 이후 그 속을 관통하는 민족주의와 종족주의의 서사는 교육을 통해 널리 보급되어 민중의 역사관·세계관에 깊은 영향을 끼쳤다. 그 의미는 오늘날 진지하게 검토될 필요가 있다. 초기 혁명가들 중에는 한편으로 유럽 식민주의에 대항하려고 하면서, 다른 한편으로는 식민을 이론적으로 뒷받침한 사회적 다윈주의(Social Darwinism)를 모범으로 받들고 중국의 미래를 "구미와 어깨를 나란히 하는" 것으로 자리매김하려는 인식이 매우 유행한 논리였다. 이 논리의 내적 모순은 일단 차치하고, 그것은 중국의 역사를 유럽 근대사의 논리에 접목하여 족族과 국國을 마주 잇고 역사를 '문명 종족'과 '야만 종족'의 경쟁사로 설명했다. 그 혁명의 목적은 청 정부를 전복하는 데 있었지만, 초기의 동원 수단은 종족혁명으로서 '타타르오랑캐(韃虜)'인 '만족滿族'의 축출을 드높이 고취했다.

오늘날, 동아시아 대륙에서 청조의 굴기를 단지 '명·청의 왕조 교체'로, (낙후한) 만족 문명이 (선진적인) 한족 문명을 파괴한 일로 보는 시각은, 청조가 정치·사회·문화 제 영역에서 거둔 거대한 성취를 근본적으로 무시하는 것일 뿐 아니라 근대가 발명한 '민족'과 '진화' 개념을 역사에 억지로 끼워 맞추는 것이다. 나아가 17세기 이래 이미 진행되어온 '중국' 개념의 진화를 무시하는 것이다. 그렇다고 청조의 굴기 과정에서 중원과 만주 정권 간의 격렬한 충돌과 대항을 부인하려는 뜻은 결코 아니며, 청대에 걸쳐 존재하고 있던 족군의 압박을 부인하려는 뜻은 더욱 아니다. 그러나 이러한 충돌과 반항이 오늘날 얼마큼 민족·종족의 의미에서 진행되었는가? 더 나아가 당시에 오늘날의 '만주족'과 유사한 족군이 있었는가?

　전술했듯이 대청은 건국 초부터 이미 다원적 정권으로 만주, 몽골, 한
등 각 족군의 정치제도·이데올로기·국가이상을 융합했다. 그 가운데 가
장 전형적인 만주의 제도는 바로 팔기제다. 팔기 제도는 누르하치가 여
진인의 고유한 생산·생활 조직 제도(니루어전牛錄額眞)를 기초로 창립한
것이다. 팔기는 군사 조직이기도 하고, 사회 조직, 종법행정 조직이기도
했다. 그것은 누르하치가 관할하의 인구를 효과적으로 동원하여 기旗별·
계층별로 관리하고 지휘할 수 있게끔 조직되었다. 만주 정권의 확장 과
정에서 팔기의 역할은 결정적이었다. 청조가 베이징으로 도읍을 정한 뒤,
팔기에 소속된 인구(관군·가족·노복 포함)는 거의 전부 "제왕의 창업에 참
여해 입관(從龍入關)"하여 청 정권을 뒷받침하는 주요 역량이 되었다.

　이후 팔기 주력은 베이징에 주재하는 이들 외에 항저우杭州, 우한武漢,
시안西安, 징저우荊州, 광저우廣州 등 수십 곳의 중요 도시에 주둔해 방비
했다. 기에 소속된 사람들은 옮겨 다니며 살다가 점차 한곳에 정착하는
형태로 바뀌었다. '기'의 신분도 본래 가장 중요했던 군사 조직의 이름표
에서 점차 호적·계층의 이름표로 확대되어 보통의 '민民'과 구별되는 의
미로 사용되었다. '기인旗人'은 정치·경제·사회 각 방면에서 수많은 특
권을 향유했다. 예를 들어 기인은 대대로 생산노동에 종사할 필요가 없
었으며 생계는 전부 국가가 책임졌다. 기인은 민인보다 관리가 될 수 있
는 더 많은 기회가 주어졌고, (스스로 원하는 경우가 아니라면) 반드시 과거
를 통해 출사할 필요도 없었다. 청대의 국가기관 가운데 팔기에서 선발
된 만인 관원(滿員)은 시험을 통해 올라온 한인 관원(漢員)보다 지위가 조
금 높았고, 더 많은 관직 몫이 주어졌다. 이 조치는 당연히 국가가 통치

를 확보하기 위해서 엘리트 집단에게 세습 특권을 주고 충성을 다할 것을 장려한 것이다. 그러나 동시에 기인도 자신들에 대한 국가의 규범, 예를 들어 만주어와 기마궁술, 민과 통혼하지 않을 것 등을 엄수해야 했다.

'기적旗籍'과 '민적民籍'의 분립은 그것이 실행되는 과정에서 간혹 만인와 한인의 신분이 서로 교차하면서 사람들에게 일종의 종족 대립과 같은 인상을 주었다. 사실 청대 중·후기에 이르러 언어와 생활 방식 등으로 명시되는 종족의 경계가 나날이 모호해졌고, "만滿·한漢을 따지지 않고 기旗·민民만을 따지는" 사회계층의 경계가 중요한 차이로 부각되었다. 그러나 청 말의 초기 혁명가는 유럽의 종족 차별 담론을 청조의 사회정치적 차별 담론에 접목하여 '한족'과 구별되는 하나의 '이종異種'을 만들어냈다. 이 시기에 이르러서야 '기인'은 마침내 종족 신분으로 일변했다. 적절치 않은 예일 수도 있지만, 마치 오늘날 중국의 호적상에 분립한 '도시 인구'와 '농촌 인구'가 두 개의 '민족'으로 변한 것과 같다.

문제는 일단 '민족' 신분이 형성되자 민족주의의 역사가 곧 이 신분에 근거하여 전개되어, 마치 도시인과 농촌인이 처음부터 상호 경쟁하는 두 개의 문명 단위에 속해서 인종조차도 다르게 된 것과 같았다. 물론 이는 사실이 아니다.

팔기제는 만주 특유의 제도이지만, 팔기는 만주/여진인으로만 구성되지 않았다. 주지하듯이 후금과 청 정권의 굴기에 따라, 그와 연합하는 부족이나 그에 귀순 혹은 투항하는 부족이 갈수록 많아졌고, 홍타이지 시대에 이르러서는 원래 있던 팔기 가운데 점차 팔기몽고八旗蒙古와 팔기한군八旗漢軍이 갈라져 나왔다.

이 같은 분할은 당연히 평시 관리와 전시 배치를 편리하게 할 필요성으로부터 나왔다. 예를 들어 팔기몽고는 청 초에 몽골에서 군사를 쓸 때 역할이 두드러졌고, 팔기한군은 중원을 장악하고 공고히 하는 데 매우 중요한 역할을 했다. 그러나 이러한 구분은 종족적 기원에 엄격히 근거한 것은 아니었다. 만주인, 몽골인, 한인은 모두 일부가 다양한 원인에 의해 다른 두 부部에 분리, 편입되었다. 청조는 또 한편 여러 차례의 군사 활동을 통해 다른 많은 족군族群의 인구, 예컨대 조선인·회족·티베트족·러시아인, 심지어 베트남인을 포로로 획득했고, 그들도 모두 팔기에 편입했다.

청대에 '기'와 '여진/만주'는 직접적으로 대응하는 관계가 아니었으며, 기 자체는 족속族屬 개념이 아님을 알 수 있다. 팔기 안에는 종족 기원의 분별이 있기는 했으나, 그 경계는 사람들이 생각하는 것처럼 분명치 않았다. 적지 않은 한군漢軍이 만주 성씨로 바꾸었듯이, 기인 내부의 융합은 뚜렷했다. 청조가 중원을 공고히 하고 삼번을 평정한 뒤에 팔기의 족속 구성 중 한군의 비율은 크게 증가하여 만주와 몽골을 초과했다. 건륭 연간에 이르러 황제는 부득이 입관 전 한군의 기적만 남겨둔 채 대량의 한군 인구를 기에서 내보내 국가 부담을 감경하고, 팔기 가운데 만주의 주도적 지위를 확보하지 않으면 안 되었다. 팔기 안에서 각 족군의 신분 정체성도 점차 일체화되어 거의 모든 사람들이 점차 한족의 풍속에 익숙해졌고 마지막에는 차이가 매우 미약했다. 근대에 이르러 팔기만주·팔기몽고·팔기한군을 막론하고 대부분 자신을 단지 '기인'으로 인식했다. 그렇지만 이 '기인'과 홍타이지 시대 '만주'의 족군 신분은 실질적으로 상당한 거리가 있었다.

이후 민족이 구성되는 과정에서 '기인' 개념은 '만족滿族'으로 바뀌었지만 양자는 완전히 일치하지 않았다. 예를 들어 중화민국 초기 '만인滿人'에 대한 사회적 차별로 말미암아 많은 만주 성(滿姓) 기인이 한인 성(漢姓)으로 바꾸고 자신의 기적을 숨겼다. 중화인민공화국 시기에 이르러 기인과 그 후예들은 곧 다시 '만족'으로 잇달아 되돌아와 등기 인구가 신속히 증가했다. '만滿'은 오늘날 중국인 가운데 단지 장족壯族, 회족回族, 그리고 그 다음일 뿐인 제3대 소수민족이다. 다시 예를 들면 과거에 팔기 만주 속에 포함되었던 다우얼達斡爾, 어룬춘鄂倫春, 어원커鄂溫克, 시보錫伯 등 부족은 만족의 분류에서 분리해 나와 단독으로 공식 인정된 소수민족에 들게 되었다.

사실 만·한은 모두 동태적인 왕래 과정에서 만들어진 상대적 개념이다. '만족'과 마찬가지로 민족으로서 '한漢'도 19세기 말부터 비로소 차츰 고착되어간 개념이다. 만주 다원 정권의 침입은 중원 지역의 문인 엘리트에게 분명 지대한 심리적 충격을 주었지만, 이 충격의 근원은 종족 경쟁이라기보다는 중원의 고유한 화이華夷 관념을 심각히 동요시킨 것이었다고 봐야 한다. '이夷'가 '화華'가 되려 한다면 천하는 여전히 천하인가?

04

동아시아에서 '이夷': 이족異族과 정통

청 옹정 6년(1728) 호남 사인士人 증정曾靜은 촨산川陝(쓰촨四川·산시陝西) 총독 악종기岳鍾琪에게 군사를 일으켜 반청反淸하도록 권유했는데, 오히려 자기가 붙잡혀서 결국 베이징으로 호송되었다. 증정은 자신이 저명한 여유량呂留良의 반청 사상으로부터 영향을 받았다고 자백했다. 이에 옹정 황제는 『대의각미록大義覺迷錄』을 간행하여 "만인滿人은 만이蠻夷"라고 하는 여유량의 관점을 이론적으로 반박하고, 아울러 사상을 개조한 뒤의 증정을 전국 각지에 보내 설법하도록 하여 한인 사인의 반청 정서를 일소했다. 한 시기를 뒤흔든 '증정 사건'과 그에 이어진 일은 대일통大一統 이념에 대한 대청의 공공연한 도전이자 공개적인 자기변호였다.

앞서 살펴본 대로, 청이 중원을 통치한 뒤 초래된 족군 모순은 오늘날의 '민족(nation)' 개념으로 이해할 수 없다. 이는 물론 역사상의 족군 압박과 반항을 부인하려는 것이 아니다. 단지 당시 여유량이나 증정 같은 중원의 사인, 또 일본·조선·베트남 등을 포함해 중원 문화의 영향을 깊이 받은 문인은 이 충돌을 '화이변태華夷變態'*의 시각에서 동아시아 전통 정치문화 속 '이하지변夷夏之變'의 연장으로 이해하는 쪽이 더 많았음을 지적하려는 것이다. 이른바 이夷와 하夏의 영역은 시대마다 차이가 있으며, 역사적 맥락의 변화에 따라 달라졌다. 그것이 때로 종족의 함의를 포함했음은 부인할 수 없지만, 더 많은 시기에 그것은 지역·문화·예교·정치제도·문명 등의 요소를 강조하며 화·이 간의 상대성을 부각했다. 화·이 양자는 실제로 상호 생성, 전화하는 동태적인 과정에 있었다. 다만 19세기에 이르러 사회진화론이 크게 일어나자 민족주의가 종족 논리를 차용해 식민 압박에 저항했고, 일부 혁명가는 종족 우열 이론을 매우 쉽게 '화이변태'에 접목한 결과, 화·이의 경계가 경직화된 '한漢'과 '비한非漢'의 경계로 왜곡되었을 뿐이다.

근 수십 년 동안 구미 정치학에서 민족주의(nationalism)에 대해 깊은 논의가 있었다. 초기 논의의 핵심은 간단히 말해서, '민족(nation)'이 예로부터 있었던 것인가, 아니면 현대의 산물인가다. 원초주의(primordialist) 학자는 민족 형성의 자연적 기초, 예를 들어 공동의 혈연, 지역, 언어, 종교적 정체성 등을 강조했다. 그런데 오늘날 더 많은 학자들이 받아들이는 현대주의(modernist)의 관점은 원초주의의 논의와는 반대로 민족이 근대 자본주의 발전 과정에서 비로소 형성된 것으로 산업화·도시화·대

---

* 화이변태는 일본 에도 시기에 하야시 가호林春勝와 하야시 호코林鳳岡 등이 정리한 중국 형세 보고서의 제목이며, 명대 중화와 이적 간의 관계, 화이질서의 변화 양상을 지칭하는 용어로 사용되었다. 본서 7장 1절 참조.

중매체 발전 등의 조건하에서 구성되고 상상되어 나온 것이라고 강조한다. 원초주의가 중시하는 연속성과 전통은 현대주의가 보기에 기실 후대의 '발명'이다. 설령 정말 존재했다고 해도 현대 민족주의가 도래하기 전에 그리 의미 있는 것이 아니었다. 두 입장 모두 중국이나 동아시아를 비중 있게 주목하지 않았고, 그것으로 동아시아 세계를 해석하는 데 적용하기에는 부족했다.

동아시아 각국의 민족주의는 확실히 19세기 이후의 의식으로, 전 지구적 자본주의와 제국주의의 이중 압박을 받은 뒤에 피동적으로 발생한 '상상'의 산물이다. 그러나 다른 한편으로 그것은 결코 공중누각은 아니며 역사가 형성한 신분 정체성 인식의 기초 위에 접목된 것이다. 이 신분은 '민족'이 아니지만 후대인에 의해 매우 쉽게 '민족'으로 개편되었다. 민족과 민족주의 양자는 모두 인위적이며 비자연적인 산물이다. 민족주의 이전의 엘리트 계층은 결코 현대 민족주의자처럼 하층 민중을 포함한 전체 '국민'을 동원하여 '한 쟁반의 흩어진 모래(一盤散沙)'를 하나의 통일적인 '국國/족族'으로 만드는 데 힘을 쏟지 않았다. 그들은 자신의 정체성 인식을 자기 계층의 문화와 정치 신분에 더 많이 호소했다. 중원, 조선, 베트남, 일본에서 이 엘리트 계층은 유가儒家 사인士人 집단을 주요 대표로 삼았다.

일단, 역외域外는 말하지 않는다. 청조 통치자가 중원 지구에서 직면해야 했던 하나의 중요한 도전은 바로 "화와 이를 나누는 것이 역내에서 가장 중요하다"는 일부 한유漢儒들의 이념적 도발이었다. 청 조정은 군사와 정치 등 강성한 수단을 사용해(남성에게 강제로 체발시키고 역복易服하게 하는 것을 포함) 강압하는 것과 동시에, 문화 등 유연한 수단으로 이념적 우위를 점할 필요가 있었다. 더 중요한 것은 청조가 단지 이전의 중원 왕조를 대체하는 것이 아니어야 했다는 점이다. 그것은 비록 명조의 정치 제도·이념·이데올로기를 많이 계승했지만, 반드시 개조하는 부분이 있어야만 비로소 만·한·몽 등 집단을 융합한 '천하' 국가를 체현할 수 있었다. 바꿔 말해, 그 이념은 반드시 중원뿐 아니라 만주와 몽골까지 아울러 돌보아야 했다. 과거의 중원 왕조(특히 명조)가 받들어 행한, 그 같은 신분 정치 논리는 적합하지 않았다.

청 초기의 제왕이 대일통 이념의 구축을 얼마나 중시했는지를 잘 보여주는 작은 사례가 있다. 강희 48년(1709) 강희제와 한인 대학사 이광지李光地는 흥미로운 지리 토론을 했다. 황제는 대학사에게 산둥반도의 산맥이 어느 곳으로부터 오는지를 아는가 물었다. 이광지는 대략 산시陝西와 허난河南에서 온다고 답했다. 강희제는 곧 부정하며 말했다. 아니다, 관외의 장백산으로부터 온다. 이 때문에 강희제는 또 특별히 지리에 관한 글을 써서 태산 일맥이 장백산에 근원한다는 것을 논증했다. 그는 장백산을 용의 머리에 비유하고 그 몸체는 서쪽으로 펼쳐져 요동과 산둥반도 사이의 해면에 잠입하며, 꼬리는 바로 태산으로 솟아오른다고 보았다. 이러한 지리 상상의 정치적 의미는 매우 분명했다. 그것은 아이신 기오로愛新覺羅* 신화의 발상지인 장백산과 중원 법통의 표징인 태산을 함께 연결했을 뿐 아니라 양자 간의 주종 관계를 정한 것이다.

---

* 아이신 기오로의 아이신愛新은 만주어로 황금을 뜻하며 기오로覺羅는 성씨다. 따라서 아이신 기오로는 '황금의 기오로'라는 의미다. 누르하치는 나라를 세운 뒤 여타의 기오로 일족과 구별하기 위해 아이신 기오로를 성씨로 삼았다. 아이신 기오로 성씨의 유래와 관련하여 장백산을 배경으로 한 신화가 존재한다.

옹정제가 『대의각미록』을 간행함에 이르러 중원 사인을 겨냥한 이데올로기의 구축은 절정에 다다랐다. 그 가운데 가장 중요한 이론적 지향은 "천명天命을 받든다"는 최고의 정치적 합법성으로 화이의 경계를 해소하는 것이었다. 옹정제는 첫 상유에서 화이 관념의 상대성을 단단히 쥐고 유가 경전을 활용하여 청대 통치의 합법성이 '유덕有德'과 '순천順天'에서 발원했음을 논증했다. 이는 유가의 천리관天理觀으로 화이의 이원적 대립을 부정한 것이다. 상유에서 이렇게 말한다. "나의 조정이 중토中土에 들어와 주재하여 천하를 군림하고 몽골 변방 끝의 모든 부락이 판도에 귀속되었으니, 이는 중국의 강토가 한없이 넓고 멀게 개척된 것이고, 곧 중국 신민의 큰 행복이다. 어찌 화이와 중외를 따로 논할 수 있겠는가!" 또한 여유량 등 유생이 청 조정 치하의 문덕文德과 무공武功을 보지 못하고 "천하가 일통하고 화·이가 일가가 된 때에 중·외를 망령되이 분별하는 것"은 "군신의 대의를 모르고 천명의 은혜를 알지 못하고" 유가의 정치윤리를 위배하는 것으로, 금수와 같을 뿐이라고 했다.

자기변호의 성격을 띤 이 텍스트가 단지 중원 사인만을 독자로 노렸음은 매우 분명하다. 그것은 중원의 이론적 자원을 활용해서 '이족'의 통치와 정통 합법성 간의 관계를 해결했다. 그리고 마찬가지로 판도 내에 있는 몽골 여러 부족과 티베트에서 청 정권은 본래의 유가 정치윤리를 통치 원칙으로 삼지 않고 화와 이의 구분 없이 스스로 별도의 정치 논리로 통치 정당성을 펼쳐 보였다. 그러나 화이의 경계를 없앤 것은, 중원과 몽골, 티베트의 몇 가지 서로 다른 논리 간의 자기 일관성을 실질적으로 고려한 조치이기도 했다. 이는 명대 초기에 '오랑캐를 몰아내자(驅除胡虜)'를 정치 구호로 '중화' 신분을 강조한 것과 매우 다른 것이었다.

그러면 이러한 이데올로기 구축은 과연 성공했는가? 이는 아마도 표준 답안이 없는 문제일 것이다. 옹정제가 죽고 머지않아 건륭제는 바로 『대의각미록』의 인쇄판을 파괴하고 간행 금지를 명령했으며, 증정 등을 능지로 처결했다. 훗날 그 한 원인으로 추측하는 것은, 대개 이 자기변명의 책이 오히려 제국의 정치적 약점(화이 문제뿐 아니라 조정 내부의 모순을 포함해서)을 천하에 드러내 보였다는 것이다. 청대에는 반청·반만을 구호로 내건 반란이 끊이지 않았다. 청 말 일부 혁명가는 더욱이 이夷와 하夏의 경계를 규율하는(이하대방夷夏大防) 논리를 종족혁명의 구호로 개편했다. 이렇게 보면 제국의 사상 공작은 실패한 듯하다.

그러나 다른 한편으로 청조의 통치는 많은 중원 사인의 인정을 받았다. 강희제와 건륭제의 성세를 거쳐 청조의 법통을 옹호하는 한인 관리와 지식인은 이미 대다수였다. 19세기 전반 위원魏源, 공자진龔自珍, 임칙서林則徐를 대표로 한 선구적 근대 사상가들은 더 자각적으로 '중국'을 중원과 내륙아시아 변강을 포함한 국가로 보고, 과거 중원 사인이 이역으로 본 만滿·몽蒙·강疆(신장新疆)·장藏(티베트西藏)을 중원과 일체로 간주했다. 청 말 일부 혁명가가 주원장을 배워 "타타르오랑캐를 몰아내자(驅除韃虜"를 높이 외쳤지만 이 구호는 그리 실질적으로 인정받지 못했고, 오히려 매우 급속히 '오족의 공화(五族共和'를 강조하는 쪽으로 전화되었다. 이런 시각에서 보면 청대의 이데올로기 구축은 또 상당히 성공적인 것이었다. 그것은 과거 한인 엘리트의 '중국' 개념을 새로운 것으로 바꾸었다.

물론 이러한 개념 설정은 청조가 직접 통치한 지역 범위에 미쳤을 뿐이다. 유가 사상의 영향을 매한가지로 받은 조선과 일본(베트남도 포함)에서는 상황이 달랐다. 오랫동안 반도와 열도의 정권도 상당 정도 화이 대립으로 신분을 확립했다. 일본을 실질적으로 통치한 막부 쇼군은 그 정식 명칭이 세이이 타이쇼군征夷大將軍이다. 여기서 '이夷'는 처음에 야마토 정권이 북으로 넓혀가는 과정에서 '에미시蝦夷'로 지칭되던 고대 주민이다. 또한 조선 정권은 장기간 북방 변경 내외의 여진 등 부족을 오랑캐로 보고, 건국 이후 수백 년 동안 부단히 토착민을 쫓아내고 북쪽으로 변경을 확장했다. 조선 사회에 동화된 여진 후예에 대해서는 사회·정치·경제 면에서 수많은 차별과 제한이 있었다. 한일 유학자의 눈에 만주 정권은 추호의 의문도 없는 '이夷'였다. 그런데 만이蠻夷 통치하의 중원은 과거의 그 '화華'인가, 아닌가? 만약 아니라면 누가 현재의 '화'인가? 이런 것들이 대의명분과 연관해서 반드시 답변해야 하는 문제가 되었다.

이런 상황에서 동아시아 세계에, 명조 통치 시기 형성되었던 '중화' 인식에 변이가 발생했다.

4장

신천하질서 : 새로운 '중화', 새로운 천하

发现东亚

01

예부禮部 '외교' : 권력과 문화가 된 조공

근래 동아시아 역사학계에서는 점점 더 많은 사람들이 중국 바깥의 한문 전적典籍을 이용해 중국을 연구하기 시작했다. 가장 대표적이면서, 중국 학자들이 가장 많이 연구한 사료는 단연 조선 측의 역사 기록들이다. 그 가운데는 『조선왕조실록』 등 조정의 일상 행정을 반영한 자료도 포함되며, '연행록'으로 통칭되는, 곧 조선이 명·청에 보낸 사신단의 기록 및 조-중, 조-일 간에 오간 외교문서 모음집인 『동문휘고同文彙考』 등도 포함된다. 중국 바깥의 한적漢籍은 과도하게 중원을 중심으로 구성해온 기왕의 지역사 서술과는 다른 귀중한 시각을 제공한다. 즉, 중원을 중심으로 한 동아시아 세계를 '타자'의 눈으로 바라보는 것이다.

앞서 지적했듯이 만주의 굴기 뒤에 한국, 일본, 베트남 등 권역 내 이학理學을 신봉하는 사회에서 중화에 대한 개념에 변이가 발생했다. 이 점은 근래 중국 밖의 한적에 대한 연구에서 많이 강조된 것으로, 상세히 다룰 필요가 없다. 오늘날 중국 학자는 조선의 시각을 차용할 때, 한편으로는 조선의 이른바 '소중화' 의식에 특별히 주목하면서 명조와의 견고한 문화·제도적 연계를 부각하고, 다른 한편으로는 명이 망하고 청이 흥한 뒤 '이하대방夷夏大防'을 엄수해온 조선의 원심적 경향을 강조하면서 청대 동아시아 세계에 이미 지역 정체성 인식이 사라졌다고 생각한다. 이 두 가지 해석은 근대 300여 년 동안 한반도의 중원에 대한 모순이 뒤얽힌 심리 상태를 분명히 드러낸다. 그 안의 정치문화적인 암시는 명·청 왕조 교체가 동아시아의 지역 정체성 인식에 지대한 변화를 가져왔다는 것이다.

이러한 이해는 물론 그 의의가 있지만, 반드시 보충할 필요가 있다. 우리는 조선 등에서 갖고 있는 '중화'에 대한 문화적 태도와 지역질서에 대한 정치적 태도를 구분해야 한다. 적지 않은 학자들이 17~18세기 중국 바깥 사인의 원심력적 심리를 지역 관계사의 특징으로 간주하고, 그 특정 조건하에서의 단절성을 강조한다. 그러나 그것을 더 긴 역사의 시간대로 돌려놓으면, 곧 사실은 그것에 매우 강한 연속성이 있으며 그다지 새로운 현상이 아님을 알 수 있다. 17세기 이후 지역 정체성 인식이 더 이상 존재하지 않았다고 강조하는 것은, 어떻게 보면 현재의 주권국가 체제하의 외교 현실을 감안한 역사적 대답을 탐색하는 것이다. 그러나 그것은 의식적 무의식적으로 현대 국가 간의 관계(즉, 주권 외교 관계)를 모형으로 삼아 동아시아 국가 간의 전통적인 관계 형식(종번 관계)을 현대와 단절해 처리하는 것이다. 이렇게 따질 수 있다. 만약 조선에서 정말 17~18세기에 이미 지역 정체성 인식이 사라졌다면, 왜 조선 조정은 청일전쟁이 일어나기 전까지 줄곧 청조의 가장 충실한 속국을 자처했는가?

왜 19세기 말기까지도 조선의 보수파 관료와 유생은 청과의 종번 관계로부터 이탈(심지어 개혁)하기를 그렇게 원하지 않았는가? 바꿔 말해, 상층 엘리트의 심리에서 만주 정권에 대한 배척과 국가 사회 전반의 지역 등급 질서에 대한 견지, 이 양자 사이의 긴장은 어떻게 이해해야 할까?

이것은 이 지역의 국가 간 관계에서 기반이 되는 주요 요소가 과연 무엇인지와 관련된다. 문화, 제도, 심리 등인가? 아니면 실력과 지정학 구도인가? 더 중요한 문제는 많은 학자들에 의해 '조공 체제'로 지칭된 전통 동아시아 질서와 현대 주권국가가 구성하는 국제관계는 완전히 이질적인 질서인가? 그리고 전통 질서는 유럽의 견고한 함선과 정교한 대포 아래 철저히 무너지고 반드시 '현대'의 조약 체계에 의해 대체되어야 하는가?

동아시아 세계는 역사적으로 대부분의 시기에 하나의 초강대국(일반적으로 중원 정권)과 실력·규모가 상대적으로 작은 몇몇 국가로 구성되었다. 이 점은 세력균형을 주요 특징으로 하는 유럽 근대사에서 국가 간 관계와 매우 다르다. 구체적으로 중원과 한반도의 관계를 가지고 말하자면, 양자의 규모·실력 면에서 비대칭성과 지정학적인 접근은 상호 관계의 기본 구도를 구성한다. 만약 우리가 현실주의적 국제관계 이론의 기본 판단을 믿는다면, 일국이 유독 강대한 권력 구조 속에서 약소국의 이성적 선택은 대국과 맹약을 맺고 기존 권력 구도 아래 자신의 안전을 보장받으면서 최대 이익을 모색하는 것이다. 큰 구도가 바뀔 때, 예를 들어 대국이 내부 분열하거나 새로운 강한 권력이 부상하여 유일한 강대국의 구도에 도전할 때, 약소국도 자연히 자신의 연맹 책략과 대상을 바꿀 수 있다. 역사적으로 한반도 정권과 중원 정권(신라와 당, 고려와 원, 조선과 명·청)의 관계는 바로 이와 같았다. 권력관계는 정치적인 정체성 인식으로 직접 전화하지 않지만, 안정적인 권력관계가 지속되면 정치적 정체성 인식에 매우 큰 영향을 끼칠 수 있다. 고려의 귀족은 명 초에 여전히 몽골과 친밀했고, 조선 사인은 청 초에 여전히 명조를 숭배했다. 그 속에는 권력관계가 가져온 문화적 관성이 있었다.

이러한 권력관계는 결코 일방적으로 강화되지 않으며 쌍방이 함께 구축한 것이라는 점을 강조할 필요가 있다. 일강이 홀로 큰 구도 속에서 상대적으로 약소한 쪽은 흔히 대국보다 더 질서의 안정성에 의존하며, 또한 도의적 책임을 더 강조하여 대국의 권력을 제약한다. 이는 바로 원래부터 존재해온 자주 의식의 체현이다. 구체적인 이익의 각축 속에서 대국은 더욱더 제한적인 실리의 양도를 통해 정치적 승인을 바꾸는 쪽으로 더 기울게 된다. 이는 동아시아 종번 체제에서나 현대 국제관계를 막론하고 모두 마찬가지다.

명·청과 조선은 모두 송명이학宋明理學을 공식 이념으로 삼았고, 이학의 포장 아래서 양자의 권력관계도 종번 예제禮制의 언어로 묘사되었다. 이러한 이데올로기 속에서 자신이 정통을 점한다고 강조하는 것은, 곧 조선 정권이 딛고 선 기반이었다. 따라서 이른바 '소중화' 인식은 조선이 '중화'의 지맥支脈이 되는 것을 기꺼워했다기보다는 조선이 '중화'를 자인했으며 단지 규모가 조금 작았을 뿐이라고 해야 한다. 조선의 '소중화' 인식은 청조 이후에 비로소 생겼다고 여기는 경향이 있다. 그러나 기실 일찍이 명 후기 베이징에 사행한 조선 사인은 이미 누차 명조는 예악이 붕괴되고 인심이 예와 같지 않다고 경멸하는 표현을 했다. 그들은 특히 당시 명의 유학자들이 추앙한 왕양명王陽明의 심학心學을 몹시 거슬려 했으며 그것을 가짜 학문 그릇된 주장(위학사설僞學邪說)이라 배척하고, 정주이학程朱理學의 정통은 조선에서만 마음을 다해 유지·보호되고 있다고 여겼다. 이 시기에 '소중화' 인식은 이미 존재했다. 만주가 중원을 차지하자, '화·이 관계의 비정상적 변화(화이변태華夷變態)'는 더욱 엘리트 사인의 문화적 위기감과 문화적 우월감을 자극했다. 여기서 '중화'는 먼저 국가적 의미의 중국이 아니라 이학 도통을 지칭하는 것임을 알 수 있다. 조선 내정의 관점으로 다시 생각해보면, '소중화' 이념은 늘 조선의 서로 다른 정치집단 간 내부 투쟁의 담론 무기였으며, 반드시 현실 속의 (이익의 관점에서 출발한) '사대' 정책 및 지역 정체성 인식과 그리 긴밀한 대응 관계가 있지 않았음을 볼 수 있다.

정치적 이데올로기와 지정학 구도는 결코 상호 배척하지 않는다. 이데올로기적인 정통을 자임하는 것은 표면적으로는 원심력이 작동하는 듯 보이지만, 실제로는 지역의 권력 등급 관계에 대한 재확인이다. 바꾸어 말해 조선 사인의 심리에서 '중화'는 변이가 발생했지만, 천하 구도(중원의 일국이 초강국)와 이 구도 속에서 조선의 도통은 변하지 않았다. 오히려 조선은 사대 종번 예제를 더 엄수하고 권력 구도의 안정성을 유지하며, 이 예제 속에서 자신의 우월성과 독특한 위치를 보증하고 최대의 이익을 유지하려고 했다. 사대의 방침은 현실주의적 필요이며, 종번 예제는 현실 정책에 이론적 지침을 제공했다. 반면 청조 또한 '자소字小'(대국이 소국을 회유)로서 조선에 호응하여 권력관계 속에서 자신의 책임을 맡았다.

종번 예제의 가장 전형적 표현 형식의 하나는 이른바 '조공-책봉' 제도이다. 청조와 조선의 관계를 예로 들자면, 조선은 매년 수차례 베이징에 들어가 조공했으며 왕실 성원의 정식 명호도 베이징으로부터 책봉을 거쳐야 했다. 사행로, 사신의 활동, 관서와 역참(館驛), 접대 규범 등에 관해서도 모두 명확한 규정이 있었다. 그러나 봉공封貢 활동은 예禮를 표현하는 일종일 뿐으로, 그 자체가 종번 관계의 전부는 아니었다. 종번 제도와 연결된 것으로 무역 진입 허가나 변시邊市 왕래 등 일련의 물질적 교류 및 안전보장 등이 있었다. 따라서 '조공'으로 동아시아 세계의 국가 간 관계를 개괄하는 설명은 엄격히 말해 정확하지 않다. 의례 외에 다른 형식이 있었으며, 그 배후에는 바로 권력과 이익의 상호작용이 있었다.

청일전쟁 이전 수백 년 동안 종번 제도는 동아시아 범위 내에서 보편적인 제도였다. 역내 많은 국가들이 모두 이를 대외 교류의 원칙으로 삼았고, 그 가운데는 오랜 시간 동안 중원의 천자를 최고 권위로 여기지 않은 일본도 포함되었다. 중원의 이 핵심을 제외하고, 몇몇 국가는 자신을 하위 지역의 핵심으로 간주하기도 했다. 그들은 한편으로 중원 왕조가 반포한 역법을 받들면서, 다른 한편으로는 자기보다 더 작은 정치체와 등급 질서를 건립했다. 예를 들어 조선은 여진에게, 베트남은 참파·크메르·라오스 등에게 그러했다.(베트남은 심지어 대내적으로 황제를 자칭했다) 설령 중원을 상국으로 여기지 않은 일본도 이러한 체제를 가져다가 류큐 등 지역에서 시행했다. 이러한 의례 제도는 공식 무역의 권리와 직접적인 관련이 있기 때문에, 유럽의 국가와 회사도 초기에 동아시아 시장에 진입하기 위해서는 반드시 이 제도에 참여해야 했다. 이는 오늘날 하나의 국가가 이미 성숙한 전 지구적인 무역 메커니즘(예컨대 WTO)에 가입하여 이 안에서 모든 국가가 함께 신봉하는 각종 제도적 규범을 준수해야 하는 것과 조금 비슷하다.

명의 제도를 계승한 청대에 대외 교류를 주로 책임진 직능 부문은 6부 가운데 예부禮部였다.(단 내륙아시아와 러시아에 대해서는 이번원理藩院이 관리했다) 따라서 우리는 종번 관계하의 교류를 예부의 '외교'로 간주할 수 있다. 여기서 외교에 작은따옴표를 표시한 까닭은, 그것이 결코 현대 주권국가에서 의미하는 외교가 아니기 때문이다. 그것은 종번 제도의 확대로, 종주국과 번국은 비록 각기 별개로 통치되지만 결국 군신의 등급 속에 자리하게 되는 것이다. 그러므로 19세기 조선은 여러 차례 "임금과 신하(人臣) 간에는 외교가 없다"는 것을 이유로 구미 국가의 통상 요구를 거절했다. 이는 구미 국가를 매우 곤혹스럽게 했는데, 자주적이지만 신속臣屬하고 불평등하지만 예속적이지 않은 조선의 이 같은 청조에 대한 태도를 어떻게 정의해야 할지 몰랐다.

그러나 예부 '외교' 역시 분명 일종의 외교 메커니즘으로, 현대 외교와 마찬가지로 국가 간에 어떻게 교섭해야 하는지를 규범한 일련의 제도와 원칙이다. 두 가지 메커니즘의 배후에는 세계 구도에 대한 상이한 상상이 있다. 예부 '외교'는 '천하'가 예제를 둘러싸고 건립된 하나의 등급 질서라고 인식하며, 현대 외교는 '국제'를 주권국가가 공법의 원칙에 따라 구성한 평등 체계라고 인식한다. 두 가지 구상은 모두 단지 이상적인 상태를 묘사할 뿐, 현실 속의 권력관계와는 완전히 부합하지 않는다. 이 점에서 양자는 매우 큰 유사성이 있으며, 또한 아마도 어느 제도가 더 문명·선진이고 어느 것이 더 우매·낙후한지 말할 수 없는 것이기도 하다.

02

내륙아시아 제국 : 만주·몽골·티베트 정치·신앙공동체

종번 체제는 이론상 가족종법 제도가 내정과 외교로 확대된 것이다. 청은 동아시아 이웃 나라들과 몇몇 역외 국가에 대해 명의 종번(조공) 제도를 계승했다. 바로 앞에서 말한 '예부 외교'다. 그러나 이와 나란히 또 다른 일련의 제도를 활용해 내륙아시아 변강(즉 오늘날의 몽골, 칭하이靑海, 티베트, 신장新疆 및 서남 지구)을 관리했다. 그 책임 기구는 설립 초에 '몽고아문蒙古衙門'(1636)으로 불렸는데 후에 '이번원理藩院'(1639)으로 바뀌었다. 순치 연간 이번원은 예부에서 벗어나 외번 사무를 전담하는 독립 부문이 되었다. 이번원으로 내륙아시아에 대한 통치를 실시한 것은 청이 명과 다른 매우 큰 특징이며, 오늘날 중국이 '중국'으로 될 수 있도록 한 중요한 걸음이었다.

최근 몇 년간 미국의 '신청사新淸史' 학파가 돌연 국내의 관심을 받으면서, 대체로 학술적 의제로부터 공공의 화제가 되어가는 추세이다. '신청사'의 주장은 요컨대 청사 연구에서 중원의 시각을 전환해, 만·몽 등 언어 사료를 채용하여 청조를 한화漢化(Sinicized)한 왕조로 보는 시각을 비판하고 하나의 내륙아시아 제국으로 파악하는 것이다. '신청사'와 '한화론'은 1990년대 미국 역사학자 로스키(Evelyn S. Rawski)와 허빙티何炳棣의 '한화'에 관한 논쟁으로 처음 맞부딪혔다. 근년의 추세는 한편에서는 (한족을 중심으로 하는) 민족주의 사관에 대한 비판을 견지하면서, 다른 한편에서는 (일본 학계에서 발원한) '만주·몽골(신장·티베트) 비지나론非支那論'의 권토중래를 엄격히 차단하는 것으로 변화했다. 사실 논리 면에서 볼 때 다소 각기 자기 말을 하는 감이 있다. 로스키 등은 만인滿人이 중원의 성교聲敎를 매우 많이 수용했다는 점을 결코 부정하지 않았고, 허빙티도 청조가 창건한 것이 다족군多族群 제국이라는 점을 부인하지 않았다. 만약 토론을 학술적 범위에 한정한다면, 청대 중국을 연구하는 두 시각은 각각의 가치가 있으므로 허빙티가 말했듯이 서로 배척할 필요가 없는 것이다.

또 다른 문제는, 청조의 성격에 대한 논쟁에서 통치 집단이 만주어와 기마궁술로 표상되는 '만주의 법도(滿洲之道)'를 더 숭배했는지, 아니면 유가의 성교를 핵심으로 하는 '중원의 법도(中原之道)'를 더 숭배했는지에 과도하게 집중할 때, 이러한 만한滿漢의 이원 대립에 의해 또 다른 차원의 중요한 국가 건설 과정이 경시되기 쉽다는 점이다. 말하자면 만주 정권이 몽골의 정치와 신앙 체계를 참조·융합·개조하여 분열된 북강北疆과 서역을 새로운 국가공동체에 포함시켰다는 점이다. 이러한 건설 방법은 중국 학자 리친푸李勤璞에 의해 '몽골의 법도(蒙古之道)'로 지칭되었다. 그는 만주 정권이 특히 전기에 '몽골화蒙古化(Mongolization)'의 정책적 지

향을 갖고 있었으며, 이는 같은 정권이 취한 '만주의 법도', '중원의 법도'
와 매우 다르면서도 모순 없이 병행될 수 있는 것이었다고 한다.

현대 중국은 청대 국가를 직접 계승했기 때문에, '몽골의 법도'를 인
식하는 것은 청이 어떻게 현대 중국의 판도와 통일 의식의 기반을 다졌
는지, 그리고 이 기초 위에서 이루어진 현대 중국의 민족 건설과 그 문제
를 이해하는 데 아주 중요하다.

홍타이지가 차하르의 링단칸을 물리치고 강희~건륭 연간 준가르 몽
골과 지정학적 쟁탈을 벌였던 것처럼, 어떤 확장과 통치든 모두 권력투
쟁과 군사 정복을 수반한다는 것은 두말할 필요도 없다. 그러나 단지 폭
력과 강압에만 의지해서는 결코 새로운 국가에 대한 동일시가 생겨날 수
없다. 만주 정권의 또 다른 중요한 책략은 정치 체계와 종교 신앙 두 측
면에서 자신과 몽골을 혼일混一한 것이다. 이 전제 아래 그들은 다시 군
사·무역·이민 등의 방식을 덧붙여 영토와 인구를 견고히 하고, 아울러
맹기盟旗, 자삭紮薩克, 주차대신駐扎大臣* 등의 제도를 활용해 각 부 영지
에 대한 관리를 강화하고 공고히 했다. 그들은 고유한 유목의 방식을 개
조하여 초원 내부의 오랜 분쟁 상태를 종식하고, 최종적으로 몽골 상층
엘리트가 대청에 대해 동일시의 자각에 이르게 했다. 이 외에 '혼일한 몽
골'을 만들어낸다는 요구로부터 티베트 지구와 오늘날의 신장도 제국의

---

* 맹기盟旗는 청조가 몽골족을 분할하고 그 상층 귀족을 통제하는 데 활용했던 정치제
  도이다. 청은 내몽골 지역의 몽골인을 24개 부部와 49개 기旗로 분할했다. 몽골의 기
  는 팔기와 구별하기 위해 보통 '몽기蒙旗'로 지칭되는데, 청조는 각 기에 자삭(jasak)
  이라는 집정관을 두어 관리하도록 했다. 또한 49개 기의 상위에는 6개의 맹盟을 두어
  정기적으로 회맹을 개최하도록 했다. 주차대신은 청조가 외몽골, 칭하이靑海, 티베트,
  신장新疆 등 번부 지역에 파견한 군정 장관의 직함이다.

정치 시야에 포함하여 화북과 서역의 연계는 전에 없이 강화되었다.

칭기즈칸이 창건한 몽골제국은 일종의 부족연맹국가였다. 그의 사후 몽골 세계는 분열에 빠져들었다. 장기간의 내분을 거쳐 대원 황제는 마침내 몽골 대칸의 지위를 획득했으나 다른 4대 칸국에 대해서는 실질적인 통치 권력이 없었다. 원과 그 뒤의 몽골 세계에서 실력이 있는 칸 혹은 대칸은 각 부족국가를 통합할 수 있었지만, 강력한 인물이 사망하고 실력이 와해되면 병립해 있던 부족국가는 이탈하거나 독립할 수 있고 새로운 연맹의 결성을 선택할 수 있었다. 몽골어에서 '울루스(ulus)'란 단어는 바로 이런 종류의 '국가'를 지칭하는 것으로 각 '국' 간에는 통일적인 정치적 동일시가 결핍되었고, 심지어 언어와 문자도 서로 통하지 않았다. 미국 학자 엘버스콕(Johan Elverskog)은 16~19세기의 몽골 사료에 대한 연구를 통해 이렇게 느슨한 정치체제(그는 'ulus/törö 제도'라고 지칭)가 몽골 정치의 중요한 특색이며, 몽골 부족은 처음에 바로 이 제도의 틀에서 자신들과 만주 국가의 관계를 인지했다고 지적했다.

만주어의 '구룬(gurun, 국가)'은 '울루스'와 의미가 일치한다. 커얼친, 카라친 등의 부족이 링단칸을 이탈하여 만주에 투항했을 때, 그들은 이를 두고 자신들의 울루스와 만주 울루스의 연합이라고 여겼다. 링단칸에 불만을 가진 수많은 몽골 부족민은 만주의 굴기를 환영하고, 또한 만주와 새로운 국가를 결성하여 차하르에 맞서기를 원했다. 이는 초원 국가의 정치 이념과 구조에 완전히 부합했다. 그리고 만주인이 신봉하는 정치 합법성의 최종 근원인 '천天'은 몽골인이 신봉하는 '탱그리(長生天, Tengri)'와 기본적으로 일치했다. 홍타이지가 내몽골 전체를 정복하고 '전국옥새'를 획득하자 만주와 연맹한 몽골 부족민은 홍타이지가 천명이 귀속된 바를 체현했다 여기고, 그를 새로운 울루스의 영수, 칭기즈칸의 계승자로 추대했다. 홍타이지는 몽골 대칸의 신분으로 각 부部를 체제에 편입했고, 이를 통해 몽골의 각 국가/울루스를 대청 국가(daicing ulus) 관할하의 행정단위 또는 번속으로 점차 개편하기 시작했다. 이러한 변화 과정은 백 년 이상 지속되었다.

이와 동시에 만주 정권은 통혼을 통해 혈연적으로 몽골 상층과의 연계를 강화했을 뿐 아니라 몽골인에게 큰 영향력이 있는 티베트 불교(藏傳佛教)를 받아들이고, 나아가 겔룩파 지도자(달라이 라마와 판첸)와 직접 접촉하여 밀접한 정교 관계를 건립했다. 몽골 상층은 원대부터 티베트 불교를 신봉하기 시작하여 정교합일의 티베트에 영향을 가했다. '달라이 라마'와 '판첸'이라는 명호도 몽골에서 온 것으로, 전자는 1578년 투모터우 부의 알탄 칸이 쇠남갸초(Soinam Gyaco, 제3대 달라이 라마)에게 하사한 칭호이고, 후자는 1645년 코슈트 부의 구시 칸이 로쌍최끼개짼(Lobsang Qoigyi Gyaicain, 제4대 판첸)에게 하사한 칭호다. 티베트 불교는 몇 개 파벌이 있어 상호 경쟁했고 서로 다른 몽골 부족민과 동맹을 건립했으며, 몽골과 티베트는 서로 상대방 내부의 정치투쟁에 개입했다. 여진/만주는 일찍부터 티베트 불교의 영향을 받기는 했으나 홍타이지 시대에 이르러서야 진정으로 아득히 멀리 있는 티베트가 북방과 서역 전체에 거주하는 몽골 여러 부족에 중대한 영향을 끼치고 있다는 사실을 인식했다.

종교를 통해 몽골과의 연맹/종번 관계 강화에 착수한 것은 만주 정권이 찾아낸 내륙아시아 지배의 법보法寶였다. 기실 명조 정부도 몽골에 대한 불교의 중요성을 인식하고 여러 차례 라마를 중원과 몽골의 관계를 연결하는 사자使者로 이용했다. 더욱이 영락제는 그 자신이 티베트 불교의 열렬한 신봉자였다. 그러나 명조는 청조처럼 티베트 불교를 숭배하는 것을 수단으로 티베트의 중심 지역에 대해 계통적·직접적으로 정치적 관리를 수립하지는 않았다. 청 통치자의 불교 숭배는 단지 지배의 필요성에서뿐 아니라 자신의 정신적 필요에 따라 이루어진 것이기도 했다. 입관 전에 홍타이지는 성경盛京에 대규모 토목 사업을 일으켜 티베트 불교 사원을 건축했다. 오늘날 선양의 유명한 황사皇寺와 4탑4사四塔四寺는 홍타이지 시대에 황명으로 세워진 것이다. 입관 후 청 조정은 베이징, 열하熱河 등 각 지역에 사원을 세우고 고승을 공양했다. 불교는 완전히 황가와 국가 생활 속에 녹아들었다.

물론 그 속에 담긴 정치적 고려도 매우 분명했다. 청 황제는 표면적으로 티베트 불교의 몇 개 큰 종파들을 모두 중시했지만 실제로는 의도적으로 겔룩파의 지위를 높여서 황교黃敎 지도자가 몽골·티베트 승도의 정신적 지도자가 되는 것을 지지했다. 본래 파벌이 분립했던 북강北疆과 서역에서 달라이 라마(전장前藏), 판첸 라마(후장後藏), 창카 후툭투(Changkya Khutukhtu, 외몽골), 제쭌담바 후툭투(Jebtsundamba Khutuktu, 내몽골), 이 4대 겔룩파 활불이 독존적인 지위를 갖게 된 것은 대청의 지원이 컸기 때문이다. 겔룩파의 시각에서 보자면, 이는 청 황제와 동맹을 결성하여 자신의 영향력을 확대하려는 것이기도 했다. 1652년 5대 달라이 라마의 순치제 회견, 1780년 6대 판첸 라마의 건륭제 회견은 훗날 만주-티베트 관계에서 가장 상징적인 의미를 갖는 사건이 되었다.

언급해야 할 점은, 청조 통치자가 통치에 유리한 각종 종교·가치 체계를 강력히 육성한 것이 티베트 불교뿐이 아니었다는 사실이다. 황제에

5대 달라이 라마의 순치제 회견

서 고관에 이르기까지 매우 많은 만인들이 티베트 불교에 불만도 가지고 있었다. 황족은 만인 제실에서 샤먼 의식을 거행했으며, 라마교 사원에서는 예불을 했고, 불교와 도교 활동에 적극 참여했다. 이러한 활동들은 청 황제의 다원적인 역할을 각별히 구현해주었다. 그는 중원 및 동아시아 제국에 대해서 천자였고, 만주에 대해서는 부족의 수령과 가장이었으며, 몽골에 대해서는 대칸이었고, 티베트 지역에 대해서는 문수보살의 화신이었다. 다원적 이데올로기가 청에서 하나로 섞이는 것은 두 가지 조건에 달려 있었다. 하나는 이러한 이데올로기가 장기간의 적응을 거쳐 상호 포용하면서 배척하지 않게 되는 것이고, 또 하나는 이러한 모든 정치 합법성의 자원들이 모두 '천명天命' 관념에 대한 숭배로 통합되는 것이다. 바로 이로 인해, 청 치하의 한漢·만滿·몽蒙·장藏(티베트)은 모자이크 같이 제각기 운영된 것이 아니라 '천명을 받드는' 아래 다원이 하나로 혼합된 것이다.

청 제국은 70여 년의 전쟁을 거쳐 1758년 마침내 오이라트 몽골 준가르부에 대한 군사적 승리를 거두고 최후의 적대적인 유목칸국을 소멸시켰다. 이 과정에서 외몽골에서 톈산남북로天山南北路에 이르는 광대한 지역을 통제했다. 1771년 오이라트에 함께 속한 토르구트부土爾扈特部는 수령 우바시渥巴錫의 지휘 아래 러시아를 벗어나 여러 번 좌절을 겪은 끝에 청조에 투항했다. 청 제국은 몽골 초원의 재통일을 기본적으로 완성했다. 이는 청의 다원 정책과 함께 몽골 부족 대부분의 국가에 대한 지지와 승인에 기댄 결과였다. 어떤 학자는 심지어 몽골이 현대의 통일적인 '민족' 신분으로 된 것은 사실 청대에 비로소 충분조건이 형성되었다고 인식한다.

18세기 몽골이 청 치하에서 통일된 것은 특수한 지정학적 정치 조건 하에 실현되었다. 준가르를 패배시키고 토르구트가 투항한 것은 지구사적으로 또 다른 중대한 사건과 연관되어 있는데, 이는 곧 러시아의 부상과 동쪽으로의 확장이다. 내륙아시아에서 유라시아 대륙의 양대 제국, 즉 청과 러시아의 만남은 현대 중국과 동아시아에 어떤 충격을 가져다주었는가?

03

청과 러시아의 충돌 :
유럽−아시아의 만남 속 '중국'의 재구성

청 초 순치제·강희제 두 황제의 재위 기간에 안보 형세는 매우 엄준했다. 남방에서는 먼저 남명 정권의 저항이 있었고, 이어 삼번의 난과 정씨鄭氏 정권의 해상 대치가 있었다. 서북에서는 준가르 칸국이 이리伊犁를 근거지로 강하게 부상하여 남으로 동으로 확장해와서 청과 남강南疆, 티베트 및 외몽골(할하)에 대한 주도권을 놓고 경쟁했다. 이와 동시에 훗날 지구사적 의미를 갖는다고 여겨지는 또 다른 충돌이 흑룡강 유역에서 발생했는데, 이는 바로 러시아의 동진이 야기한 청−러시아의 충돌이다. 이 몇몇 방면의 쟁탈은 서로 뒤얽히며 영향을 끼쳤다. 청러전쟁은 비록 규모가 크지 않았지만, 유라시아 양대 제국의 만남과 그 뒤의 제도적 배치는 전통 동아시아 세계질서에 새로운 요소를 더해주었다.

청과 유사하게 러시아는 차르국이 성립한 뒤 이데올로기적으로 역시 중앙제국을 자칭했다. 로마노프 왕조가 수립되기 전에 러시아 세력은 이미 우랄산맥을 넘기 시작했다. 1578년 840명의 카자크 용병이 예르마크 티모페예비치(Yermak Timofeyevich)의 인솔 아래 동진하여 1582년에 시베리아 칸국을 공격해 함락했다. 이는 러시아의 본격적인 시베리아 척식拓殖을 상징했다. 이후 러시아는 주요 강줄기를 따라 부단히 동쪽으로 밀고 나가면서, 한편으로는 현지 주민으로부터 공물을 수취하고 또 한편으로는 거점을 만들었다. 1647년 러시아인은 오호츠크(오늘날 하바롭스크의 북부)에 보루를 건립했다. 이는 그들이 태평양 연안에 만든 최초의 거점이었다. 예르마크가 시베리아 칸국을 공략한 지 불과 65년의 시간이 흐른 때였다.

러시아의 확장은 처음에 결코 영토 확충을 목적으로 한 것이 아니라 경제적 수익, 특히 모피 무역이 동기였다. 예르마크가 이끈 카자크는 차르에 직접 고용된 것이 아니며 스트로가노프(Stroganov) 상인 가문이 차르의 명의로 상업 척식을 진행한 것이었다. 16~18세기 담비가죽(貂皮)이나 수달가죽(水獺皮) 등 진귀한 모피에 대한 수요가 초기에 전 지구적인 무역 네트워크가 형성된 주요 동력이었다. 이는 당시 소빙하기가 지구 한랭화를 야기한 기후변화와 관련이 있다. 심지어 이 기후변화로 명 말의 빈번한 재해, 기민飢民의 반란 및 유목 정권의 남침도 설명될 수 있다고 여기는 견해가 있다. 이러한 연관성들이 정말 직접적인 영향이 있었는지의 여부와 무관하게, 이 시기 유럽 시장에서 모피에 대한 수요는 분명히 기후변화로 인해 급격히 상승했으며 진귀한 모피는 '소프트 골드'로 불리기까지 했다. 누르하치도 명과의 모피 무역을 독점하며 급속히 재부를 축적했다.

대항해시대가 가져온 아메리카 개발, 그리고 러시아의 시베리아 척식, 이들 사건의 배후에서 매우 큰 동력은 모두 새로운 모피 산지를 확보하려는 것이었다. 북아메리카와 시베리아는 급속히 가장 중요한 두 개의 모피 산출지가 되었고, 이로부터 전 지구적인 공급·판매 체인이 연결되었다. 그 속에서 제일 큰 이익을 거둔 곳은 네덜란드와 러시아였다. 모피로 얻는 이윤은 러시아라는 농업국에게는 특히 중요했다. 역사학자 앨런 우드(Alan Wood)는 표트르 대제의 재정 개혁 이전에 해당 항목의 이윤은 러시아 전국 수입의 10%를 점했다고 계산한다. 심지어 그 비율보다 더 높았다고 평가하는 학자도 있다. 그런데 모피 무역을 통한 이익 획득은 결코 유럽 국가의 최종 목적이 아니었다. 해당 항목 수입의 상당히 많은 부분은 계속 이어진 지리적 탐험에 사용되었고, 그 목적은 전통적인 유라시아 상업 루트를 가로막은 오스만제국을 돌아 동방(인도, 중국, 동남아시아)과 통하는 새로운 무역 통로를 찾는 일이었다. 서유럽 국가의 해상 탐험과 달리, 러시아의 육상 동진은 모피도 확보하고 동시에 상로도 개척하는 일석이조의 일이라고 할 수 있었다.

시베리아에 대한 식민 과정 중에 러시아 세력은 중앙아시아, 몽골 초원, 동북아시아까지 확장하여 현지의 족군, 특히 퉁구스 집단 및 몽골 부족과 충돌하고 융합하면서 다민족 제국의 초보적인 기초를 다졌다. 1650년대에 이르러 러시아인은 흑룡강 유역에 진입하여 청에 납공하는 다우얼 등 부족을 약탈했고, 그리하여 청 제국과 30여 년의 쟁탈이 시작되었다. 이와 동시에 러시아는 누차 베이징과의 상업 관계 수립도 시도했지만, 흑룡강 유역에서 벌어진 양측의 충돌로 인해 달성될 수 없었다. 1680년대 이르러 강희제는 마침내 삼번의 난을 평정하고 타이완을 치하에 두게 되면서 북방의 변경 소요를 처리할 여력을 가질 수 있었다. 그는 여러 차례 군대를 보내 알바진(Albazin)[*]과 네르친스크를 포위 공격하여 결국 러시아인을 담판의 자리에 앉도록 압박했다.

1689년 8월 러시아 대표 표도르 골로빈(Fyodor A. Golovin) 백작은 청 측 대표 송고투索額圖, 통귀강佟國綱과 네르친스크에서 처음으로 만나 경계 획정과 도망인 귀환 등에 관한 사안을 담판했다. 부분적인 교류에 몽골 통역을 쓴 것 외에, 주요 담판은 러시아의 폴란드 통역 안드레이 비엘로보키(Andrei Bielobocki)와 중국 측의 포르투갈인 예수회 선교사 토마스 페레이라(Thomas Pereira, 중국 명: 서일승徐日昇), 프랑스인 장 프랑수아 제르비옹(Jean-Francois Gerbillon, 중국 명: 장성張誠) 사이에 라틴어로 진행되었다.

적지 않은 연구들이 모두 이 담판의 대등성을 지적한다. 두 제국은 모두 상대방을 자신이 받드는 등급 질서 속에 포함하지 않았고, 담판 방식, 수단, 언어는 물론이고 좌석마저 평등하게 하려고 애썼다. 더 중요한 점은 청-러 담판 양측의 인원 구성도 국제적이었는데, 러시아 측에는 러시아·카자크·몽골·폴란드인이 있었고, 청 측에는 만주·몽골·한인 및 유럽 선교사가 있었다. 담판 과정은 자못 어렵고 막중해서 쌍방은 종종 강경했고 타협도 있었지만, 그들이 의거했던 담판 정신은 당시 유럽에서 막 초기 형태가 출현한 국제법 원칙이었다. 두 예수회 선교사가 이에 대

---

* 알바진(러시아어 표기: Албазин)은 흑룡강 북안의 러시아 요새이다. 러시아인이 도래하기 전에 몽골족 다우얼에 속했던 땅이며, 솔론 칸국(Solon Khanate)의 수도로 '알바즈(Albaz)'에서 유래했다. 후에 17세기 약시(Yagsi)로 알려진 왕국의 중심이었다.(만주어의 로마자 표기로는 yaksa이고, 중국어 간체자로는 雅克薩, 러시아어로는 Якса이다) 이곳에 러시아인이 다우얼과의 각축 끝에 1651년 요새를 구축했다.

해 중요한 역할을 했다.

마지막에 양측이 결국 협의에 도달하도록 재촉하고 조약 형식으로 국경을 확립하게 한 요인은 유라시아 대륙의 다변적인 지정학 경쟁이었다. 러시아는 서쪽 변방에 여전히 폴란드 등 강적의 위협이 있어 더 많은 자원을 흑룡강 유역에 투입할 수 없었다. 청 측은 준가르의 할하 몽골에 대한 확장에 직면해 준가르부와 러시아를 동시에 적으로 삼는 상황을 원치 않았다. 8월 27일 청-러는 네르친스크 조약尼布楚條約(Нерчинский договор)에 서명하여 변계를 획정하고, 인원 왕래의 원칙도 규정했다. 러시아는 흑룡강에서 물러났지만 바이칼호 동쪽의 영토를 보유했고, 청과 무역하는 권리를 획득했다.

미국 학자 피터 퍼듀가 보기에 네르친스크 조약은 쌍방의 협약이 아니라 다양한 요인과 다변의 경쟁에 의해 달성된 것이었다. 동아시아에서 중앙아시아에 이르는 지정학 구도를 놓고 말하자면, 청-러가 조약을 체결하고 통상하며 협력 관계를 이룬 직접적인 결과는 바로 준가르 몽골의 생존 공간을 한층 더 압박하여 준가르부가 이후 다시 청-러 경쟁 속에서 이익을 거두는 것을 매우 어렵게 만들고, 결국은 청-러시아-준가르의 삼각 경쟁 구도에서 탈락시켰던 것이다.

중국에 대해 말하자면, 네르친스크 조약은 처음으로 유럽 국가와 모종의 국제법 원칙에 준해 대등한 방식의 담판으로 달성한 평등조약이었다. 더 중요한 점은 오늘날의 시각으로 볼 때, 네르친스크 조약은 대청을 가리켜 최초로 '중국'이라는 단어를 명확히 사용한 국제법 문건이라는 사실이다. 여기에서 '중국'은 분명히 중원만을 지칭하지 않고 몽골과 동북을 포함한 전체 청 제국이다. 러시아 측 대표는 '보그다 칸博格達汗', 즉 몽골인의 청 황제에 대한 칭호로 강희제를 지칭했지만, 청 측이 대표한 것은 결코 청 제국하의 몽골(혹은 동북) 부분이 아니라 국가 전체였다.

이 문건은 처음 만들어질 때 한어漢語로 작성되지 않았다. 네르친스크 조약은 라틴어·만주어·러시아어를 공식 텍스트로 했으며, 라틴어가 기준이었다. 만주어 문서에서는 다이칭 구룬(daicing gurun, 大淸國)이라는 단어가 아니라 두림바이 구룬(dulimbai gurun)을 사용했으며, 이는 한어 '중앙지국中央之國'의 직역이다. 조약에서 영토 획정에 관한 표현도 어디 어디는 "중국에 속한다"였다. 조약(라틴어와 만주어 텍스트)에서는 그밖에 라틴어와 러시아어, 중문中文(만주어 dulimbai gurun i bithe)을 사용해서 경계비에 새길 것을 규정했다. 이듬해 완성된 비는 한 면이 라틴어와 러시아어로 새겨졌고, 다른 한 면은 만·한·몽 세 가지 문자로 새겨졌다. 이에 대해 역사학자 자오강趙剛은, 청 측이 가리킨 중문이란 단일한 문자가 아니라 만·한·몽 세 언어를 포함하는 복수의 중국 문자임을 설명한다고 지적한다.

조약 체결 전에 청이 러시아와 만주어로 교신하면서 이미 빈번히 '중국'이라는 낱말을 사용하기는 했지만, 국제조약에서 '중국' 개념을 다언어 텍스트로 만·몽·한 여러 지역을 포함하는 국가라고 고정한 것은 네르친스크 조약이 첫 번째 사례다.

1689년 이후 만문 또는 한문 문헌을 막론하고 '중국'과 '대청'은 점점 호환할 수 있는 개념이 되어갔다. 청의 다원제국 건립은 '중국'이라는 단어에 대한 재구성 위에 최종 표현되었다고 할 수 있다. 우선 이는 대청의 자기 정체성 인식에 대한 변경이었다. 이러한 변화는 입관 전의 다각적 상호작용 속에서 시작되었으며, 강희제 시대에 이르러 이미 '대청'은 명확히 '중국'과 동일시되었다. 동시에 이는 중국 개념의 한 차례 큰 진화였다. 그 외연은 명대의 중국을 크게 초월했고, 내용은 한·만·몽·장 등의 정치문화체를 포함했다. '중국'에 대한 청의 이러한 해석은 청조가 멸망하는 그날까지 줄곧 유지되었다. 선통제의 퇴위 조서는 여전히 "만滿·한漢·몽蒙·회回·장藏 5족의 완전한 영토를 합쳐 하나의 큰 중화민국으로 한다"고 분명히 썼다. 현대의 '중국' 개념은 바로 청이 만들어낸 중국관에서 왔다.

현대 중국을 만들어낸 청조는 결코 유럽적 의미의 현대 민족국가는 아니었다. 이러한 모순도 네르친스크 조약을 체결하는 행위 속에 명확히 보인다. 조약 방식으로 국경을 확정하고 인적 왕래를 규제하는 것은 일반적으로 주권국가 체제의 특허라고 여겨진다. 그러나 네르친스크 조약을 체결한 쌍방은 둘 다 이른바 현대 민족국가가 아니다. 이에 대해 왕후이王暉는 "국경 개념, 주권 개념(상호 승인하는 주권을 포함), 그리고 무역 진입 허가 문제는 모두 '해양 시대'의 특별한 산물이 아니며 민족/국가의 배타적 특징으로 볼 수도 없음을 증명한다"고 생각한다.

세계사의 시각에서 볼 때 네르친스크 조약은 가장 이른 현대 조약이라고 할 수 있다. 조약문은 예수회 선교사를 통해 매우 빠르게 유럽으로 전달되었다. 이는 청대 중국이 '현대' 조약 체제로부터 스스로를 멀리하지 않았을 뿐 아니라 오히려 일찍이 바로 그중의 일부였음을 시사해주는 것은 아닐까? 우리는 물론 그것이 단지 특수한 역사적 조건하에서의 특수 사례일 뿐이며, 결코 중국이 이미 '현대'화한 표지(여기서 '현대'는 협의의 유럽적 의미에서)는 아니라고 말할 수 있다. 그러나 주권 조약 제도는 청이 주도한 '천하' 제도에 받아들여질 수 있었으며, 이는 바로 이른바

'현대'와 '비현대' 사이에, 민족국가와 전통 제국 사이에 기실 하나의 뚜렷한 경계가 존재하지 않는다는 점을 설명하는 것이 아닐까?

1727년 청-러 양측은 또 캬흐타 조약 등 일련의 조약을 체결하여 북변의 경계를 확정했으며, 베이징에서 러시아 상인의 무역을 허가하고 캬흐타에 변시邊市를 개설했다. 캬흐타와 마이마이청買賣城(현 알탄불라크 Altanbulag)은 유라시아를 잇는 중요한 상업항이 되었다. 전 지구적 무역의 자극 아래 자유무역 체제도 청-러 관계 속에 도입되었다. 그리고 일찍이 1684년 청조는 곧 해금을 풀어 동남 연해에서 사인私人의 대외무역 종사를 허가했다. 이러한 대외적 제도 배치는 전통적인 조공과 다르며, 종번 제도가 주도하는 '천하'를 더 다원적이고 융통성 있는 면모로 전개되도록 했다.

発现东亚

04

'중화'의 초점을 잃은 '천하'

16세기 말에서 17세기까지 조선전쟁과 만주의 굴기가 가져온 지역의 동요는 정치권력과 이데올로기 두 측면에서 동아시아 지정학의 새로운 구도를 열었다. 그 가운데 주권국가로서 중국, 일본, 조선/한국을 포함한 현재의 동아시아는 이 구도를 매우 많이 계승했다. 만약 이를 동아시아 세계 초기 현대의 한 기점으로 상정한다면, 이때를 기준으로 과거와 가장 크게 단절된 면은 대체로 이렇게 설명할 수 있다. 중원을 '중화'로 한 명대의 그 '천하'는 변이되고 새로운 세계질서가 '천하' 기제를 계승·개조하면서 크게 확충했다. 그리고 '중화'는 다원 질서 속에서 이미 더 이상 유일한 참조 체계와 중심이 되지 못했다.

동아시아 초기 현대의 질서를 인식하는 데는 두 개의 차원을 동시에 주목해야 한다. 하나는 '중화' 이념의 탈중심화이고, 다른 하나는 '천하' 구도의 유지와 재구성이다. 두 추세는 상반된 듯 보이지만 오히려 상호 보완적인 관계에 있다.

　적어도 명대에 중원과 중화는 기본적으로 일체였다. 명 왕조는 오랜 시간 이학 도통과 지역질서의 핵심을 대표했다. 명이 망하고 청이 일어선 뒤 이러한 일치성은 계속되기 어려웠다. 물론 중원의 사인은 여전히 도통을 지키기 위해 노력했다. 변발을 하고 옷을 바꿨어도 유학 전적으로 돌아와서 고증으로 진리를 탐구하는 것을 방도로 삼아 도통의 근원을 탐색했다. 그런데 한인 사인에 대해서, 만주 신정권은 명조의 계승자를 자처하고 송명이학의 권위를 극력 보호하면서도, 자신이 덕으로 천명을 이어받았음을 더욱 강조하고, '이적夷狄'에 상대되는 '중화'를 초월하기 위해 고심했다. 이 점은 후에 대부분의 사인들에게 점차 수용되었다. 몽골과 티베트에 대해 말하자면, 중원은 더 이상 '중화'의 중원이 아니라 대칸 국가의 강역으로 통합되어 들어갔고, 대청의 정체성 인식도 이 기초 위에서 점차 강화되었다. 조선·일본·베트남 등 주변의 유림 사회는 모두 '소중화'를 자처하며 다양한 요구에서(특히 내정의 요구) 중원이 더 이상 '중화'의 합법적인 대표가 아님을 선언했다.

　바꿔 말해, 새로운 '천하'는 '중화'와 분리되었다. '천하'는 다원화한 제국과 세계질서가 되고, 더 이상 명조의 의미로서 '중화'를 이데올로기의 핵심으로 삼을 필요가 없었다. 변강과 주변의 각 정치체는 자신이 이해하는 방식으로 이 '천하' 속에 참여했다. 유가 세계(중원, 일본, 조선, 베트남)의 사인은 여전히 수시로 '중화' 담론을 채용했지만, '중화'의 실체가 무엇인지에 대한 설명은 제각각이었다.

　존 페어뱅크(John King Fairbank)의 견해에 따르자면 '중화중심주의(Sinocentrism)'는 전통 동아시아 질서의 주요 특징이다. 그런데 적어도

17세기에 이 특징은 이미 근본적으로 바뀌었다.

그러나 다른 한편으로 제각각 설명하는 다원多元은 새로운 천하질서를 승인하는 데 결코 영향을 주지 않았다. 이는 정치, 군사, 경제, 이데올로기가 다양하게 뒤얽힌 지역 내의 권력관계에 의해 결정되었다. 이 지역질서에 대해서는 대략 '중화'가 초점을 잃은 '천하'로 개괄할 수 있다.

매우 긴 시간 동안 우리는 중원의 시각으로 청조를 이해하면서 청이 어떻게 국가 통치술을 운용하여 제국과 주변을 통합했는지에 대해 강조했다. 예를 들어 이학으로 중원을 통치하고, 티베트 불교로 몽골을 통합하고, 조공 제도로 조선·베트남·류큐를 통제했는지 등. 그러나 제국을 중심으로 하는, 위로부터 아래로의, 이러한 일방적인 서술 방식은 민족주의 시대에 이르러 필연적으로 반작용에 직면하여 상반된 서술 구조에 부딪쳤다. 즉, '피통치' 혹은 '주변' 족군이 현재의 국가 혹은 민족이 되면서 '청(중국) 제국주의' 압박에 어떻게 저항했는지에 따라 현대로의 이행이 진행되었다는 것이다. 이처럼 자기 주체성을 돋보이게 하는 서술 논리는 오늘날 몽골, 베트남, 한반도에서(심지어 한동안 중국 국내에서) 모두 성행했다. 오늘날 많은 학자들은 신문화사로의 전환에 영향을 받아 주변으로부터 거대 서사의 해소를 주장하고, 대일통 논리를 비판한다. 시각을 전환하여 지나치게 단일한 대일통의 서사 구조를 해체하는 연구 방식은 가치가 있다고 말해야 한다. 그러나 단지 반대를 위해 반대하고, 모순과 충돌과 대항을 덮어놓고 강조하는 것, 이는 사뭇 다원적인 역사를 단순히 갈라놓고 선형의 논리를 벗어나지 못하는 것이다.

여기서 간과할 수 없는 하나의 중요한 차원이 있다. 그것은 바로 청 제국과 동아시아 천하의 구축은 만인 또는 한인 엘리트에 의한 위로부터 아래로의 노력에만 기댄 것이 아니라는 점이다. 방대한 다족군 복합 제국, 다각적인 지역질서는 그것을 유지하고 공고히 하는 데 반드시 그 내부의 모든 중요 족군과 정치 단위의 상호작용에 기대야 한다. 만약 충돌하는 가운데 상호 의존하는 기제가 결여되어 있다면 다원 제국과 그 지역질서는 구축될 수 없다. 이는 주변 정치체 스스로의 주체 의식 제고와 절대로 모순되지 않는다. 앞에서 문제 제기했듯이, 조선 군신이 청에 대해 크나큰 적대감을 가졌다고 한다면, 왜 청과 조선의 관계는 전체 종번 체제에서 오히려 가장 견고한 양자 관계를 형성했던 것인가? 밑으로부터 위로, 그리고 주변에서 출발한 논리는 단지 대항 하나만이 아니라, 뒤에 독립한 정치체가 바로 자신의 수요에서 출발하여 이 질서에 기대 새로운 관계를 건립하고 그 속에서 상응하는 이익을 도모했다는 점도 보아야 한다. 그들은 청 제국이 주도하는 지역질서를 조성·발전·유지하는 데 중요한 역할을 했다.

청대는 3세기 가까이 지속되었고 많은 분야에서 중국 역사상 미증유의 절정에 도달했다. 만약 단지 일방적인 강압이나 몇몇 국외 학자가 말하는 식민주의·문화확장주의·제국주의뿐이었다면, 그것이 갖는 의미는 아마도 매우 제한적일 것이다. 강조하건대, 제국 내외의 구성 요소들이 지역질서에 대해 승인하고 참여했음을 지적하는 것은 결코 대일통의 시각으로 돌아가야 한다는 뜻이 아니다. 정반대로, 아래로부터 위로 질서가 조성되는 것은 다변의 교류 속에서 형성되는 것이며, 또한 동태적이기도 하다. 이 과정에 대한 각 주체의 인식은 분명 통일되지 않았으며 일치하지도 않는다. 예를 들어 청 정권에 대한 몽골과 티베트의 해석, 종번 질서에 대한 각 조공국의 이해는 청조 당국이 조성한 모습과 꼭 같지는 않다.(심지어 청조 당국의 공식적인 서술과 다른 언어 텍스트 속에서 완전히 일치하지 않는다) 각자의 주체성에 대한 긍정은 동아시아 지역질서의 유연한 일면, 곧 서로 다른 정치 담론과 실천을 수용했음을 보여준다.

민족주의의 선형적 서사는 한漢 민족주의 혹은 다른 민족주의를 막론하고 모두 역사의 다원적인 상호작용을 제거한다. 그 영향을 받으면 역사 연구는 당대 정치의 민감한 문제가 되기 쉬우며, 변강·민족·외교 등의 소재를 다루는 연구는 큰 제약과 곤란을 겪게 된다. 이에 대해 우리는 마땅히 문화적 자신감을 견지하고, 개방적이며 포용적인 학술 논의에 집중하여 궁극적으로 더욱 풍부한 시야와 성과를 가져올 수 있도록 해야 한다.

요컨대 17세기 동아시아에서 '중화'의 참조 체계는 모호해졌으나 '천하'질서는 줄곧 존재하면서 부단히 새로운 내용을 포함했다. 유학 세계의 숭앙을 받았을 뿐 아니라 내륙 초원 세계도 신앙하던 '천도'·'천명'과 같은 개념이 동아시아 지역을 통합했다. 역외와 왕래하는 속에서 '중국'의 다족군 단일국가로서의 신분은 점점 뚜렷해졌다. 우선 평등조약 방식으로 러시아와의 변계를 명백히 구분했고, 종번 원칙으로 조선 및 베트남 등과 경계를 획정했다. 지역 내 국가의 주체 의식도 상응해서 강화되었다. 또 지역질서 속에 조약이나 대외무역 등 전통적 종번 예제 바깥에 있던 내용이 더해졌다.

동아시아에서 시야를 벗어나 동시대인 17세기에 유럽 기독교 세계도 한 차례 큰 진동을 겪었다. 만주 정권이 중원을 지배한 지 4년 뒤인 1648년 독일의 베스트팔렌 지역에서 수십 개 유럽 국가와 신성로마제국 내의 여러 국가는 일련의 조약을 체결했다. 이로써 30년 전쟁(그리고 스페인과 네덜란드 간의 80년 전쟁)이 종결되었다. 이 일련의 조약은 후에 베스트팔렌 조약(Westfalischer Friede)으로 통칭되었다. 그것은 민족국가의 시작이며, '현대' 국제체제 건립의 상징으로 여겨진다. 그 중요한 유산은 국가의 주권 지위, 각국 간의 평등 관계, 종교적 자주(각국이 프로테스탄트 혹은 가톨릭 신앙을 스스로 결정하는 것을 가리킴), 상호 내정불간섭 등을 포함하여 몇 가지 기본적인 정치 원칙을 도출한 것이었다. 동아시아 지역의 진동과 마찬가지로 주권/민족국가의 흥기는 이미 흔들흔들 무너질 것 같은 유럽의 '도통'(교권과 황권)을 더욱 중요치 않게 만들었다. 교황 또는 신성로마제국 황제는 더 이상 국가 정체성 인식의 참조 체계가 아니었고, 각국 자체의 주체성이 전에 없이 강화되었다. 전쟁 기간, 유랑하던 네덜란드인 휘호 호로티위스(Hugo Grotius)는 일련의 국제법 저작을 출판했다. 이는 조약과 이후의 국제관계 수립에서 널리 행해진 원칙이 되었다. 조약 체결 수년 뒤 영국인 홉스(Thomas Hobbes)는 사회계약 정신으로 국가 절대 권위의 내재적 원천을 논증했고, 『리바이어던(Leviathan)』에서 국가에 대한 종교의 제약에서 벗어날 것을 대담하게 주장했다.

종교와 정치의 오랜 충돌 속에서 탄생한 주권/민족국가 체제는 결코 사전에 구상이 끝난 거창한 문명의 청사진이 아니라, 복잡하게 뒤얽힌 권력 구도 속에서 각 방면이 한편으로 싸우고 한편으로 흥정한 산물이었다. 일련의 조약 체결에 참여한 각 방면의 대표들은 같은 방에 있을 기회조차 없었고, 더욱이 어떤 선진적이고 초연한 관념의 수립을 말할 나위가 못 되었다. 만약 이 일련의 행위 배후에 어떤 일관된 논리가 있었다면, 그것은 바로 프랑스 수상 리슐리외(Richelieu)가 몸소 보여준 국가이

뮌스터 협의(Vrede van Münster)**의 확인**
뮌스터 협의는 베스트팔렌 조약의 일부로 간주된다. 이 그림은 베스트팔렌 조약의 가
장 대표적인 시각 자료다.

익(raison d'état)이라는 지상 원칙이었다. 30년 전쟁 중 프랑스는 합스부르크 왕조에 대항하는 신교 국가를 암암리에 자금으로 지원했으며, 동시에 독일의 통일·강화를 엄중히 방비했다. 나중에 그는 끝내 프랑스가 천주교 국가임을 고려하지 않고 신교 국가 진영에 공개적으로 가입함으로써 국가를 종교 법통 위에 올려놓았다.

베스트팔렌 체제는 '천하' 질서와 마찬가지로 지역성의 제도 배치일 뿐이었다. 유럽 국가는 이념으로든 실천으로든 무엇이라도 그것을 전 지구의 보편적 제도로 확장할 뜻이 없었다. 주권 평등이 해결한 것은 기독교 세계 내부의 세력균형 문제였다. 일단 기독교라는 '천하'에서 벗어나자 대체로 식민주의적 논리만 남았다. 페어뱅크 등 학자는 동아시아 질서의 '현대화'를 (본토의, 등급제적인) 조공 체제가 19세기에 (외래적, 평등한) 조약 체제로 대체된 것이라고 간주한다. 그러나 이러한 대체가 의존한 것은 주권 평등의 원칙이 아닌 무수한 불평등조약에 의해 분명히 드러난 식민주의 원칙이었다. 그 최종 목적도 중국을 평등한 '정상 국가'로 변화시키려는 것이 아니었다.

중국 또는 동아시아는 정말 주권/민족국가 체제에 의해 철저히 개조되었는가? 미국 지역 연구의 지도적 인물인 한학자 루시안 파이(Lucian W. Pye)는 일찍이 주목되는 논단을 펼친 바 있다. "중국은 단지 민족국가 체제에 속하는 또 다른 국가가 아니다. 중국은 하나의 국가로 가장假裝한 하나의 문명이다.(China is not just another nation-state in the family of nations. China is a civilazation pretending to be a state)" 이 말은 매우 깔끔하면서 또 매우 오해를 살 수 있는 것으로, 마치 '국가'가 단지 주권/민족국가라는 형태만 있는 듯하다. 설사 1648년부터 셈하더라도 주권/민족국가의 존재는 300여 년의 시간에 불과하다. 그것이 진정으로 일종의 전 지구적 체제가 된 것은 훨씬 늦은 제2차 세계대전 종결 이후다. 1955년의 반둥회의를 지표로 삼아 식민에서 벗어난 광대한 제3세계 국가는 마침내 주권 평등의 원칙을 실행할 기회를 가졌으며, 중국은 바로 가장 중요한 추진력의 하나였다. 그러나 이때 냉전은 이미 시작되었고, 양극의 패권이 경쟁하면서 명목상의 주권 평등은 실질적으로 유명무실해졌다. 냉전이 종식되자마자 현대 민족국가를 탄생시킨 유럽은 오히려 초超주권/민족국가 정치체(유럽연합)의 건설에 속도를 올렸다. 그러니 '보편' 제도로서 주권/민족국가가 존재한 시간은 실로 너무 짧다. 중국이 무슨 필요로 '가장'했겠는가? '가장'을 지적하는 것은 어쩌면 '현대'를 향해 나아가는 과정에서 역사의 연속성이 결국 단절성보다 크다는 점을 이해할 수 있게 한다.

유럽과 아시아 두 지역에서 17세기에 시작된 변화는 비교할 수 있는 지점이 상당히 많다. 그러나 짧았던 유럽의 '현대' 표준으로 중국 혹은 동아시아를 측량하는 것보다는 그들 각자가 진화해온 역사적 요소와 동력을 탐구하는 편이 낫다. '현대'는 하나의 목적이 설정해놓은 방향 또는 역사를 다루는 어떤 단일한 방법일 수 없으며, 유럽으로부터 전 지구로 확장된 기제는 더욱 아니다. '현대' 자체는 다원적이며, 서로 다른 '현대' 간의 상호 영향은 또 그들 간의 상호 배척보다 훨씬 중요하다.

5장

예수회 선교사 : 유럽과 아시아의 만남

01

화원, 신하, 선교사 : 카스틸리오네의 사명

오래도록 우리의 관념 속에서 16~19세기의 동아시아는 폐쇄적이고 보수적인 세계였다. 중국은 '폐관閉關', 일본은 '쇄국鎖國', 조선은 곧 '은 자의 나라(隱士之國)'였다. 이러한 수사는 기실 근대 유럽에서 기원했으며, 식민 확장을 이론적으로 지원하는 데 제공되었다. 또한 그것들은 후에 견고한 함선과 정교한 대포, 자본 침투로 인해 유럽중심주의의 그림자 아래 동아시아인이 자신을 인식하는 모종의 방식과 공통 인식이 되었다. 1980년대 이래 점점 더 많은 연구자들이 이 견해에 대해 반성하고 질문을 던지고 있지만, 깊이 뿌리박힌 역사적 편견을 철저히 고치는 일은 쉽지 않다.

2013년 영국의 유명한 『이코노미스트(The Economist)』는 커버스토리로 중국이 단지 경제를 개혁했을 뿐 정치 개혁은 없었다는 오랜 논조를 되풀이하는 글을 게재했다. 그 글은 서두에서 역사를 가지고 현실을 훈

위: 〈청고종건륭제조복상〉 주세페 카스틸리오네,
1736년 작
아래: 『이코노미스트』 2013년 5월 발행판 표지

계한다. "1793년 영국 사절 매카트니(Lord Macartney)는 중국 황제의 조정을 방문하여 영사관 개설을 희망했다. …… 당시 청국의 GDP는 전 지구의 1/3을 점했고, 건륭 황제는 그를 내쫓았다. …… 영국인은 1830년 돌아와 총과 대포를 사용해 무역 개방을 강행했고, 중국의 개혁 노력은 붕괴, 치욕 ……으로 끝났다."

"네가 관문을 닫았기 때문에 맞을 만하다"는 식의 논리는 문자상으로 직설적이었을 뿐 아니라 시각적으로 더 직접적으로 표현되었다. 표지 그림은 청조 황제의 조복상朝服像을 패러디했으며(조복 위에 고층 빌딩, 항공모함, 고속철도를 그려 넣었다), 제목은 「Let's party like it's 1793」였다. 오늘의 중국을 '보수적이고 낙후한', '선진 문명'을 거부했던 그 시대와 연관지어 보여주고 있었다.

『이코노미스트』의 역사 논리는 잠시 접어두고, 먼저 그림의 문제를 살펴보자. 1793년이라면, 분명 표지에 패러디한 것은 건륭제의 조복 초상이다. 건륭제는 일생 동안 이런 표준 초상이 적지 않은데, 그 구도, 자태, 복식이 대동소이하다. 그 가운데 매우 유명한 한 폭은 앞 141쪽의 위 그림인 청년 시기 초상이다.

질문을 하나 하겠다. 표지 디자이너는 초상화 배후의 이야기를 알았을까?

청년 건륭제에게 초상을 그려준 사람은 중국 화원이 아니라 유럽인 주세페 카스틸리오네(Giuseppe Castiglione, 중국 이름: 낭세녕郎世寧)다. 그는 청 조정의 어용 화원으로서 강희제·옹정제·건륭제 3조를 지냈고, 특히 건륭제의 총애를 받았다. 오늘날 카스틸리오네는 그림으로 세상에 널리 알려져 있다. 그의 작품은 유럽과 중국 전통 회화의 특색을 절충했고,

많은 그림에서 투시법과 명암 기법을 볼 수 있으며, 골법용필骨法用筆과 기운생동氣韻生動도 돋보인다.* 제재題材상으로도 매우 파격적이다. 전반적으로 보면 그의 작품은 중국 회화, 특히 궁정회화 전통에 더 접근해 있다. 그러나 전형적인 원체화院體畵나 문인화와는 명확히 구별되며, 일종의 외래적인, 이전과 판이하게 다른 신선한 시각, 표현 방식, 제재 범위를 펼쳐 중국의 궁정회화를 완전히 새로운 모습으로 끌어올렸다.

카스틸리오네의 가장 중요한 공헌은 예술 방면에 있지만, 단지 예술가의 시각으로만 그를 바라볼 수 없다. 그는 예술가인 동시에 대청의 신하이고 천주교 예수회의 선교사였다.

카스틸리오네는 1688년 이탈리아 밀라노에서 태어났고, 어려서 그 지역의 저명한 예술가 작업실에 들어가 그림을 배웠다. 19세에 예수회(Society of Jesus)에 소집되었으며, 후에 교단의 파견을 받아 화원 신분으로 중국에 갔다. 포르투갈에 수년 머문 뒤, 1715년 마카오에 도착하여 한어와 중국 문화를 학습했다. 1715년 중국으로 와서 1766년 사망하기까지 카스틸리오네는 청 조정에 반세기를 복무하며 중용되었다. 그는 평생 명을 받아 황족들의 감상을 위해 화조花鳥, 길짐승(주수走獸), 산수山水, 원림園林, 인물(초상화 포함) 그림들을 대량으로 창작했고, 원명원圓明園의 서양 건축군 설계를 주관했으며, 황가의 생활(예컨대 수렵)과 (서역 평정과

---

* 골법용필과 기운생동은 중국 육조 시대 남제南齊의 사혁謝赫이 지은 화론畵論인 『고화품록古畵品錄』에 나오는 말로, 여섯 화법에 속한다. 골법용필은 필력, 곧 붓의 능숙한 사용법을 말하며, 기운생동이란 그림이 아름답고 생동감이 넘쳐서 보는 사람으로 하여금 감탄사가 절로 나오게 그린 그림이다. 육법六法의 나머지는 응물상형應物象形(소묘), 수류부채隨類賦彩(색채·농담), 경영위치經營位置(구도·구성), 전이모사傳移模寫(표현)이다.

같은) 군사 정벌을 그림으로 기록하는 책무를 맡았다. 보통의 어용 화원에게는 결코 관함官衔을 주지 않았는데, 건륭제는 카스틸리오네를 각별히 아껴 일찍이 그에게 정3품의 내무부內務府 봉신원경奉宸苑卿 직을 수여했다.

청 조정에서 카스틸리오네의 성공이 전부 그의 출중한 예술 수준에 의해 좌우된 것은 아니었다. 더 중요한 점은 그가 자신의 예술적 기교를 활용해 청 조정의 심미적 관심을 표현해냈다는 사실이다. 카스틸리오네와 같은 시대의 중국·서양의 화원들은 누구도 그처럼 많은 영예와 높은 지위를 얻지 못했다. 그의 그림이 미술사적으로 가장 걸출하다고는 할 수 없지만, 청조 전성기 여러 황제의 품위와 기백을 제일 잘 반영했고 그 화풍도 50년 동안 명확한 변화 과정을 겪었다. 바꿔 말해 동서양의 서로 다른 회화 전통을 융합한, 동양의 풍격을 위주로 하면서도 유럽 회화의 시각을 겸비한 표현 방식, 그리고 전에 없던 풍부한 주제, 이런 것들은 예술가로서 카스틸리오네의 개인적 선택이라기보다는 예술 스폰서로서 청조 황제가 장려했던 선택이었다.

1766년 그가 사망했을 때 건륭제는 은휼恩恤을 하의하고 시랑 직함을 서훈하면서, '근신勤愼'이라는 두 글자로 그를 평했다. '근'은 그가 수십 년 붓을 멈추지 않았던 것을 묘사한 글자이고, '신'은 이 수사修士의 품행에 대한 칭찬이다. 당시 중국은 이미 천주교를 금한 지 수년으로, '신' 자는 아마도 그가 신앙·정치·직업 간의 관계를 합당하게 처리해왔음을 긍정한 표현일 것이다.

중국에 주재한 예수회 선교사에 대해 말할 때, 일반인의 인상으로 그들의 가장 주요한 임무는 선교이며 그 목적은 중국을 천주교 국가로 변

〈취서도聚瑞圖**〉**

주세페 카스틸리오네 1723년 작. 타이베이 고궁박물원 소장. 1725년에 그린 다른 한 점은 상하이박물관에서 소장하고 있다.

화시키는 것이다. 이 때문에 특별한 시기에 그들의 행위는 문화 교류가 아니라 심지어 문화 침략으로 이해되기도 했다. 그러나 모든 예수회 선교사가 선교의 사명을 띤 것은 아니었다. 예수회의 내부 등급 속에서 카스틸리오네는 줄곧 그저 위계가 비교적 낮은 보좌 수사(Brother Coadjutor)였고, 정식 선교를 할 수 있는 신부(Father)와는 거리가 멀었다. 카스틸리오네가 관직을 수여받았을 때 많은 동료들은 이를 두고 천주교를 선전할 좋은 기회라고 여겼다. 그러나 그는 그렇게 생각하지 않았는데, 왜냐하면 예수회 내에서 자신의 임무가 단지 화원일 뿐 결코 선교의 직무는 없다는 것을 명확히 알았기 때문이다. 물론 예수회는 재예才藝를 수단으로 삼아 궁극적으로는 중국 황제가 천주교를 받아들일 수 있게 되기를 희망했으며, 이는 문제될 것이 없다. 그러나 선교사를 매개로 한 동서 문화 교류의 과정에서 많은 부분을 점했던 것은 종교가 아니었다. 오늘날에도 가장 성공적인 부분은 종교가 아니다.

이는 예수회가 선교사로서 카스틸리오네를 긍정적으로 평가하는 것과 그리 배치되지 않는다. 교단은 카스틸리오네를 기리는 기념문에서 그가 화예畵藝 및 "성결한 생활과 도덕"으로 "경건한 교도와 우수한 예술가"로서의 경모를 동시에 받았다고 언급하는 것을 잊지 않았다. 게다가 그의 '근신' 덕분에, 당시 청 왕조는 금교를 하고 있음에도 여전히 그를 통해 유럽에서 온 문화적 요소를 흡수했다.

카스틸리오네의 창작은 분명 중국의 시각예술에서 전에 없던 구성 양식을 개창했다. 그러나 이러한 구성 양식의 형성은 단지 그 자신의 꾸준한 탐색으로만 이루어진 것이 아니라 더 많은 부분은 이러한 구성 양식에 대한 시대와 환경의 요구에 힘입은 바가 크다. 그러므로 그의 작품이 배후에 구현하고 있는 것은 오로지 미학만이 아니라 바로 정치다. 이는 청조의 국내 정치 및 천하제국으로서 청의 대외적 자리매김까지 포함한다.

카스틸리오네가 중국 조정에 복무했던 유일한 유럽인은 아니었다. 그는 교회의 파견으로 중국에 온 수많은 선교사 중 한 사람이었다. 이들 가운데 많은 이가 선교의 책무를 지지 않고 예술가·과학자·엔지니어·측량사 등의 신분으로 조정에 봉직했다. 명 말에서 청조에 이르는 근 200년 동안 유럽 천주교회 가운데 예수회 한 개 교단만 470여 명이 중국에서 복무했다.

17~18세기 예수회를 대표로 한 유럽 선교사는 청 중앙정부에서 수없이 중요한 역할을 담당했다. 그들은 관직을 맡고 흠천감欽天監과 내무부內務府 등 중요 부문에서 일했다. 그들은 역법 제정, 토지 측량, 지도 제작, 무기 설계의 책임을 졌고, 러시아와 변경 담판을 하는 자리에서는 외교관의 역할도 담당했다. 농업이 사회의 기반이며 군사 업무를 중시했던 하나의 제국이 주도적으로—아편전쟁 이후처럼 강요당한 것이 아니라—이같이 중요한 부문과 직책을 신앙도 다르고 문화도 다른 '외국인'에게 위임한 것은 동시대의 유럽은 물론 오늘날에도 상상하기 어려운 일이다.

말하자면 『이코노미스트』가 패러디한 건륭제 초상의 배후에 반영된 것은 바로 당시 청조 정부의 봉쇄와 보수가 아니라 외래문화에 대한 개방과 포용이다. 물론 이런 표현은 사실 그다지 엄밀하지는 않다. 봉쇄 또는 개방은 근래에 비로소 만들어진 이데올로기적인 언사이며, 그것은 역사적 진상 및 사람들이 특정 조건하에서 취한 선택과 정말로 그렇게 관련 있지 않았다.

　동아시아에서 예수회 선교사의 활동은 16~18세기 유라시아 대륙의 동서 양단 간 사상적 교류를 이해하는 데 매우 독특한 시각을 제공한다. 이 시기는 통상 '초기 현대'로 지칭된다. 이 시기 이후 서유럽과 동아시아 간에는 곧 '거대한 분기(Great Divergence)'가 출현했다. 서유럽은 강한 형세로 부상했고 동아시아는 상대적으로 쇠락했다. 그러나 바로 이 시기에 양자는 처음으로 서로를 체계적으로 이해해가고 있었다. 기왕에도 물론 교류가 존재했지만, 예수회 선교사가 오면서 양측에 체계적 인식의 기반이 비로소 세워지기 시작했다. 그들은 유럽과 아시아 두 지역에 모두 풍부한 사상적 유산을 남겨놓았다. 더 중요한 점은 이 문화 교류의 기반이 뒷날 여러 원인으로 인해 붕괴되고 유라시아 교류에 심각한 역행이 출현했다는 것이다. 그렇다면 이 붕괴의 원인은 무엇인가? '동아시아의 봉쇄와 보수의 전통'이라는 한마디로 해석할 수 있는 것인가? 동아시아에서 초기 예수회의 운명을 간략히 정리해보면, 아마도 우리가 동아시아의 현대 노정을 새롭게 인식하는 데 도움이 될 듯하다.

02

도주범과 성도 : 동아시아가 천주교를 만나다

기독교가 동아시아 세계에 전해진 시기를 가장 이르게 볼 때 당대唐代 이전 서역에서 온 경교景敎(시리아의 네스토리우스파에 기원)까지 소급할 수 있다. 그러나 각 교파는 원 말 이후에 쇠미해졌고, 그것이 현대 동아시아에 끼친 영향은 16세기 해로를 통해 유럽에서 온 천주교에 크게 미치지 못했다. 이제 천주교와 동아시아의 만남, 그리고 그로부터 야기된 양자 간의 애증에 관한 이야기를 두 사람의 만남으로 시작하려 한다. 두 인물, 한 사람은 기독교 역사에서 저명한 성인인 스페인 출신의 프란시스코 사비에르(Francis Xavier)이고, 다른 한 사람은 일본의 도주범 안지로彌次郞(Anjiro 또는 Yajiro)이다.

오늘날 우리는 안지로의 생애나 심지어 생몰 연도도 상세히 알지 못한다. 그는 규슈九州 남단의 가고시마鹿兒島에서 살았으며, 원래 사쓰마번薩摩藩의 사무라이武士로 문화 수준은 높지 않았다. 어느 날 그는 사람을 죽이고 도망쳤다. 그때 포르투갈 상선은 이미 규슈와 접촉하고 있었고, 1543년 포르투갈인에 의해 화승총이 최초로 다네가시마를 통해 일본으로 들어왔다. 이후 규슈 연안에는 포르투갈 상선의 왕래가 빈번했다. 안지로는 여기서 한 포르투갈 선장을 만났다. 당시 일본인에게 포르투갈인은 '남만南蠻'으로 간주되고 있었지만, 이 선장은 의외로 안지로가 일본에서 도주하는 것을 도우려고 했을 뿐 아니라 그를 위해 추천서도 써주었다. 그러나 안지로는 편지를 가지고 실수로 다른 포르투갈인 조르즈 알바르스(Jorge Alvares)의 배에 잘못 탔다. 이 일은 안지로의 삶의 행로를 바꾸었으며 역사의 한 토막이 되었다.

우리는 안지로가 알바르스(최초로 중국에 도착한 포르투갈 탐험가와 동명이지만 동일인이 아니다)와 어떻게 소통했는지 알 수 없다. 알바르스는 안지로에게서 경위를 듣고 곧 그를 포르투갈이 이미 점령한 말라카로 데려갔고, 그곳에서 한창 현지 선교를 하고 있는 예수회 선교사인 사비에르에게 찾아가볼 것을 제안했다. 그는 사비에르가 명망 있는 인사이므로 안지로의 고해를 듣는 데 더 적합할 것이라고 말했다. 안지로는 수행원을 이끌고 기분 좋게 말라카에 도착했지만, 공교롭게도 사비에르는 그곳을 떠난 뒤였다.

하는 수 없이 안지로는 배를 구해 일본으로 돌아갈 수밖에 없었다. 그러나 폭풍우를 만나는 바람에 배가 떠밀려서 중국 연안에 도달했다. 인간사 새옹지마라고 그는 그곳에서 다른 포르투갈인 선장을 만났고, 선장은 그에게 사비에르가 말라카로 귀환했다고 알려주면서 전심으로 도를 찾는 이 일본인 일행을 함께 태워 다시 말라카로 향했다. 마침내 1547년 12월 일본 도주범은 오래도록 흠모해온 유럽 선교사를 만났다.

안지로는 자신이 배운 약간의 피진* 포르투갈어(Pidgin Portuguese)를 사용하여 사비에르에게 가르침을 구했고, 반대로 그에게는 일본을 소개했다. 아마도 안지로에게 사비에르가 강술하는 기독교가 상당히 신선했던 듯하다. 적어도 그에게 익숙했던 일본 불교와는 매우 달랐다. 안지로는 사비에르를 추종하기로 작심하고 그와 함께 당시 예수회의 아시아 대본영인 인도 고아로 갔다. 거기서 안지로는 포르투갈어와 기독교 교의를 더 학습했으며, '믿음이 충만한 바울(Paulo de Santa Fe; Paul of the Holy Faith)'이라는 세례명을 받고 사료에 기재된 일본 최초의 천주교도가 되었다.

그런데 이 만남이 사비에르에게 준 충격은 어쩌면 안지로가 받은 충격보다 컸던 모양이다. 포르투갈 상인이 수년 전부터 일본을 접촉했지만, 경전에 박식하고 의지가 확고한 이 선교사는 이제껏 세상에 이런 매력적인 국가가 존재한다는 사실을 들어본 적이 없었다. 사비에르가 기록한 안지로의 설명에 따르면, 일본은 하나의 국왕이 통치하고 질서가 정연하며 법도가 엄중하고 문명이 창성했다. 사람들은 교양을 갖추었고 사리에 밝으며, '종교'를 신봉하고 정기적으로 '교당'에 가서 '선교사'와 교류했다. 일본인의 '종교'는 기독교처럼 창세신을 숭배했다. 이 종교 창시자(Xaqua, 釋迦)는 예수 기독교의 경우와 유사하게 역시 신탁몽으로 태어나서 성인으로 자란 뒤 사방에 전교하여 사람들이 옛 신을 포기하고 새로운 종교로 개종하도록 했다. 또한 1천여 년 동안 지속되어온 본국인의

---

* 피진(pidgin)은 서로 다른 언어의 화자가 의사소통을 위해 자연스럽게 형성한 혼성어를 말한다.

신앙을 바꾸게 했을 뿐 아니라 중국인을 개종시키는 데 성공했다. 새로운 종교는 곧 중국에서 일본으로 전해졌다. 로마와 마찬가지로 오늘날까지 그곳에는 여전히 고대 종교의 우상을 볼 수 있다. 그 밖에, 이 창시자는 유일한 창세신이 5조의 계율(살생하지 말고, 도둑질하지 말고, 간음하지 말고, 구제할 수 없는 일에 집착하지 말고, 상해를 너그럽게 용서하라)을 세웠다. 사비에르가 이 말을 기록할 때 아마도 모세의 10계와 매우 가깝다고 여긴 듯하다. 그는 분명 안지로가 말한 그 신국神國(Chenguinquo)이 바로 눈앞에, 그가 머물던 인도에 있다는 것을 알지 못했다.

안지로는 사비에르에게 일본인이 이성을 숭상하며 한마음으로 귀화하여 6개월을 넘기지 않고 모두 세례를 받게 할 수 있을 것이라고 약속했다. 왜냐하면 일본의 경서는 율법에서 만법이 귀일한다고 규정하고 있으며, 일본 민중은 하나의 선법善法으로 그들의 현행 율법을 대체해주길 진정으로 원하고 있기 때문이라는 것이다. 그가 보기에 어떤 율법도 기독교보다 더 완미한 것은 없었다. 그는 신으로부터 지대한 복을 받고 온 마음이 행복한데 이는 그 자신이 신의 선택을 받았기 때문일 뿐이라고 하면서, 기독교 선교사를 일본에 데려가려고 했다. 게다가 안지로를 도왔던 알바르스 선장도 사비에르에게 일본은 문명 수준이 매우 높은 지역이라고 보고했는데, 이러한 회신은 안지로의 말과 부합했다.

이렇게 해서 사비에르는 반드시 일본에 가서 자신의 사명을 완수하기로 결정했다. 그는 예수회와 이 교단을 후원하는 포르투갈 국왕에게 일본이 인도보다 더 중요하다고 설명하는 데 한동안 시간을 보냈다. 사비에르는 허락을 얻은 뒤, 안지로와 다른 두 명의 예수회 선교사 그리고 두 명의 시종을 데리고 곧바로 떠났다. 1549년 8월 가고시마에 상륙하여

〈프란시스코 사비에르상〉

일본 고베神戸시립박물관 소장.

일본에서 선교를 시작했다.

안지로의 경우와 달리, 사비에르와 그의 일본행에 관해서는 수백 년 동안 연구 기록이 대단히 많다. 일반적으로 기독교의 동아시아 전래를 말할 때 모두 사비에르를 중요하게 다룬다.

사비에르는 1506년 나바라 왕국(Navarra: 후에 스페인 왕국에 병합되었다)의 한 귀족 가문에서 태어났지만 가계가 쇠락하여 아주 어려서부터 수도원에 들어가 수도했다. 19세에 파리대학에 들어가 신학을 연수했다. 거기서 그는 스페인에서 온 또 한 명의 귀족 자제인 이그나티우스 로욜라(Ignatius of Loyola)와 룸메이트가 되었다. 로욜라는 군인 출신으로 천주교와 교황의 신성한 지위를 보위하는 데 뜻을 세운 전사였다. 훗날 이 룸메이트는 예수회를 창립했고, 그의 영향을 받은 사비에르는 예수회 교단 최초의 6명 창시인 가운데 한 사람이 되었다.

예수회를 설립한 직접적인 목적은 당시 유럽에 불처럼 일던 신교개혁운동에 대항하기 위해서였다. 마틴 루터(Martin Luther)는 '이신칭의以信稱義(justification by faith)'를 선양하고 천주교회를 비판하는 「95조 논강」을 발표했는데, 지지자에 의해 독일어로 번역된 뒤 그즈음 새롭게 출현한 구텐베르크 인쇄술 덕분에 사방으로 전파되어 독일인들의 생각을 바꾸었다. 로욜라와 사비에르가 파리대학에서 공부하기 시작했을 때, 장 칼뱅(Jean Calvin)은 막 그곳을 떠났고 수년 뒤 그가 세운 개신교(改革宗)가 서유럽을 석권하고 천주교의 도통을 더욱 크게 동요시켰다.

예수회는 로마교회의 정통성을 고수했지만 처음에는 로욜라 등도 교황청 내부의 부패를 보면서 체제 내 개혁을 주장했다. 그들은 한편으로 교황의 신성 권위를 전력으로 보위했고, 다른 한편으로 인문주의운동의 성과를 수용하여 천주교가 새로운 면모를 발산하게끔 했다. 로욜라는 예수회를 군대 방식으로 관리하여 기율이 엄격하고 명확했다. 회원은 극히 엄격한 신학 훈련을 거쳐야 했을 뿐 아니라 과학 및 인문학의 훈련까지 통과해야 했다. 모든 입회자는 안빈·수절·복종을 선서했다. 마지막으로 정식 신부가 되면 교황에 대한 충성을 선서했다. 예수회 선교사는 실천을 중시했다. 그들은 학교를 널리 설립하고 적극적으로 해외 선교 활동을 전개해 천주교의 새로운 판도를 개척함으로써 유럽에서 날로 확대되는 신교의 영향력에 맞섰다.

이때 대항해시대는 이미 시작되었다. 유럽 각국은 오스만제국을 우회해서 동양으로 가는 상업 루트를 찾아 탐험 사업에 대규모의 투자를 했다. 콜럼버스는 본래 인도 항로를 개척하려고 했는데 뜻밖에 아메리카를 '발견'했다. 이는 당시 양대 해상 강국인 스페인과 포르투갈을 자극하여 해외 식민지에 대한 쟁탈이 날로 격렬해졌다. 이슬람 세계의 부상 때문인지 중세 유럽에는 사람들 사이에 하나의 전설이 퍼져나갔다. 즉, 오스만의 동쪽에는 제사장 요한(Prester John)이 통치하는 기독교 신국이 존재하고 있는데, 이 나라를 찾는다면 동서가 힘을 합쳐 오스만을 저지할 수 있다는 것이었다. 요컨대 다양한 현실의 이해와 이데올로기가 뒤얽힌 가운데 로마교황청과 양대 해상 강국은 긴밀한 동맹을 맺고 유럽 바깥의 세계에서 공동으로 식민지를 개척했다. 교황의 조정을 거쳐 1494년과 1529년, 스페인과 포르투갈은 토르데시야스 조약(Treaty of Tordesillas)과 사라고사 조약(Treaty of Zaragoza)을 체결하여* 지구를 거의 동서 절반

* 토르데시야스 조약은 1494년 6월 7일 포르투갈과 스페인 간에 유럽 바깥의 새로운 정

으로 분할했다. 스페인은 아메리카와 태평양 서부(필리핀 포함) 개척을 맡고, 포르투갈은 아프리카와 아시아 대부분을 포함하여 브라질 동부의 동쪽에서부터 인도네시아 군도에 이르는 지역을 가졌다.

이리하여 예수회의 아시아 사업은 교회 쪽에서 로마교황청의 지지를 얻었고 세속 쪽에서는 포르투갈의 후원을 받았다. 1510년 포르투갈은 인도 서안의 고아를 점령하고 인도양에서 가장 중요한 식민 거점을 건설했다. 이듬해에는 말라카를 함락하여 동인도제도의 전략 기지로 삼았다. 곧 포르투갈 상선은 중국 남부 연해를 순항했고, 16세기 중엽에는 마카오와 일본 규슈로 진출했다. 이후 유럽 예수회 선교사가 동아시아로 갈 때는 모두 먼저 포르투갈에 머물다가 나중에 고아, 마카오 혹은 말라카를 거쳐 중국과 일본으로 향했다.

사비에르는 예수회 최초의 해외 선교사였다. 그의 임무는 고아로 가서 식민 당국을 위해 종교 봉사를 제공하는 것이었다. 그러나 현지에서 식민주의자들의 타락한 행실을 보자 사비에르는 혐오감을 느꼈다. 그의 이상은 처음부터 끝까지 새로운 천주교 국가를 개척하는 일이었다. 따라서 1542년에 도착한 뒤 그는 현지 민중, 특히 하층 민중에 대한 선교에 열중했다. 그는 하층민의 환영을 받았지만 카스트 등급이 엄중한 인도에

복 지역에 대한 지배 영역을 분할하기 위해 체결된 조약이다. 경계선은 카보베르데(Cape Verde) 섬 서쪽 서경 47도 지점을 기준으로 그 동쪽은 포르투갈이, 서쪽은 스페인이 차지했다. 사라고사 조약은 1529년 4월 22일 포르투갈과 카스티야(Castile) 간에 아시아에서 양국의 세력권을 규정하기 위해 맺어진 조약이다. 1494년의 토르데시야스 조약이 동양 지역에서의 경계를 분명히 규정해놓지 않았기 때문에, 양국은 1520년 태평양에 도달한 뒤 말루쿠제도(Maluku islands)를 둘러싸고 영역 분쟁을 벌였다. 따라서 사라고사 조약은 직접적으로는 '말루쿠제도 문제'를 해결하기 위한 것이었다.

서 끝내 통치 계층을 설복하는 데 성공하지 못했다. 인도에서 그는 현지 언어로 선교해야 한다고 생각해본 적이 없었다. 기독교를 수용하는 것은 곧 (언어를 포함한) 유럽 문명을 전반적으로 수용하는 것이라 보았다. 이로 인해 현지 엘리트층은 기독교에 대해 흥미를 갖지 못했다.

아쉬움을 품고 1545년 그는 인도를 떠나 말라카와 말루쿠제도로 가서 2년 동안 선교했다. 바로 이 기간에 그는 안지로를 만났다. 고도로 발달하고 또 종교 정신을 가진 이 일본이라는 국가의 존재에 대해 들었을 때, 사비에르의 마음속에 치열한 종교적 열정과 동방 기독교 국가에 대한 환상이 바로 점화되었으리라는 것을 상상할 수 있다. 그는 인도에서 맡은 지위를 포기할지언정 일본으로 가야 했다.

그렇다면 현지 언어를 전혀 알지도 못하고 기본 상황조차 파악하지도 못한 사람이 어떻게 이 낯선 국가에서 선교했을까? 의문의 여지없이 초기에는 안지로에게 전적으로 의지해야 했다. 안지로의 고향인 가고시마에서 사비에르는 현지인의 따뜻한 접대를 받았다. 안지로의 통역을 거친 교의에 민중도 꽤 승복하는 것 같았다. 또한 안지로가 말한, 본토 종교에 대한 현지 민중의 불만도 분명히 사실이었다. 이제까지 오랫동안 일본의 불교 종파와 정치집단은 상호 개입하고 의기투합하면서 권력과 이익을 다퉈왔다. 백성들은 진정한 정신적 위안을 가져다줄 새로운 신앙을 기대하고 환영했다. 현지 상황과 일본어에 대해 조금 이해하게 된 뒤에 사비에르는 비로소 문제가 무엇인지를 발견했다. 안지로는 말라카와 인도에서처럼 기본적으로 기독교를 불교 개념으로 이해했다. 예를 들어 가장 중요한 '신神'(주主), 라틴어 데우스(Deus)는 안지로에 의해 다이니치 (Dainichi, 일본어 '大日')로 번역되었다. '다이니치'는 일본 민중에게는 너무 잘 이해되는 개념이었다. 이는 바로 진언종眞言宗에서 늘 말하는 '대일여래大日如來', 곧 석가모니의 화신이 아니던가? 게다가 사비에르는 인도에서 왔으니, 일본인은 직접적으로 그를 천축고승天竺高僧으로 간주하고 새로운 불교 종파를 전파하기 위해 왔다고 여겼다.

사비에르는 다시금 곤혹스러워졌다. 일본은 너무 복잡하며 그가 상상한 것과 완전히 달랐다. 때는 전국시대라, 사비에르는 일찍이 교토京都로 가서 '국왕'을 면회하려고 했으나 오히려 '국왕'은 결코 그런 일을 기대할 수 없는 존재라는 사실을 깨달았다. 일정 시간이 지나면서 선교는 성공을 거두었지만, 사비에르는 또 새로운 생각을 떠올렸다. 그는 일본의 문장文章 체제가 중국을 본딴 점이 많다는 사실을 알아챈 뒤, 만약 중국을 천주교 국가로 변화시키는 데 성공할 경우, 근원이 바르면 그 흐름도 맑듯이 일본의 기독교화는 저절로 이루어지지 않겠는가? 이리하여 2년을 머문 뒤, 사비에르는 다시 행장을 갖추고 출발했다. 중국으로 가는 도중, 배가 광둥廣東 상촨 섬上川島에 도달했을 때 그는 병에 걸려 다시 일어나지 못하고 1552년 사망했다.

기독교의 동아시아 전래를 이야기할 때 사비에르는 언제나 절대적인 주인공이다. 그러나 문제는, 기독교를 정말 사비에르가 일본과 중국에 '전해준' 것이라고 할 수 있는가? 관점을 바꾸어보자면, 안지로가 천신만고 끝에 주도적으로 기독교를 '가져와서' 고향을 구제한 것은 아닌가? 그렇지만 안지로의 일생에서 가장 의미 있는 일은 자신이 도주범으로서 사비에르를 우연히 만난 일일 것이다. 사비에르는 사후 시신이 부패하지 않고 지금까지 여전히 고아에 놓여 참배를 받는다. 그의 사적도 빠르게 신격화되었고, 1622년에는 성인으로 봉해졌다. 안지로의 결말에 대해서는 알려진 바가 별로 없다. 혹자는, 사비에르가 일본을 떠나고 2년여 뒤 안지로도 종교 박해로 다시 탈출하여 해도海盜가 되었다가 후에 중국에 서 왜란倭亂으로 죽었다고 말한다.

发现东亚

03

예수회의 성공학

사비에르는 일본에 2년여간 머물렀지만, 이 동안 일본에 초기 예수
회의 성공을 다져놓았다. 그의 선교 전략은 동아시아에서 천주교의 초기
운명을 결정했다. 그것은 유럽과 아시아 간 문화적 융합의 가능성을 탐
색했을 뿐 아니라 양자의 잠재적인 긴장 관계를 드러냈다.

사비에르의 활동은 처음에 그리 순조롭지 않았다. 사쓰마 번의 다이
묘 시마즈 다카히사島津貴久는 처음에 그가 선교할 수 있도록 허가했지만
1년 후 불교 사원의 압력으로 다시 금지했다. 사비에르는 교토로 가서
'국왕'을 알현했으나 전혀 성과가 없었다. 이 기간에 그는 일본의 역사·
정치·문화를 알아보기 시작했다. 그는 이같이 경제와 문화가 발달하고
사회통제가 상대적으로 엄밀한 국가에 자신이 유럽과 인도에서 얻은 경
험을 이식하기 어렵다는 사실을 알아챘다. 예를 들어 과거에는 안빈·수
절을 강조하고 하층 민중과 한 덩어리가 되려고 했지만, 거리에서 말로

만 교리를 떠드는 것만으로는 많은 사람의 마음을 움직이기가 너무 어려웠다.(그가 사쓰마에 있던 만 1년 동안 겨우 100명이 개종했다) 그렇지만 현지 엘리트(다이묘, 사무라이, 승려)는 사회적으로 거대한 영향력을 갖고 있으며 천주교의와 유럽의 최신 자연과학 지식에 큰 관심을 갖고 있어, 일단 상층 인사가 천주교를 수용하면 하층 민중은 쉽게 따라왔다.

그래서 교토에서 남방으로 돌아온 뒤 사비에르는 예전 방식을 철저히 버렸다. 그는 가난하고 초라한 사제복을 벗어버리고 정갈한 의복으로 머리부터 발끝까지 새롭게 치장했다. 재차 야마구치山口에 가서 영주 오우치 요시타카大內義隆를 알현할 때 그는 똑같이 산뜻하게 차려입은 수십 명의 종자를 거느리고 자신을 특사로 칭하면서 인도 총독과 고아 주교의 서신을 올리고, 아울러 신기하고 귀중한 예물을 바쳤다. 말투나 행동거지에서도 그의 귀족 신분과 교양을 곳곳에 드러내보였다. 생각했던 대로 오우치 요시타카는 과연 사비에르에 대한 인상을 바꾸고 바로 자신의 영지에서 선교하도록 허가했다. 사비에르는 나중에 예수회에 보낸 서신에서 이렇게 기술했다. "2개월 내에 …… 우리는 야마구치에서 약 500명의 사람에게 세례를 베풀어주었고 사람 수는 매일 증가하고 있다."

더 중요한 것은, 사비에르가 일본어로 일상 교류와 선교를 전개하려고 노력했다는 사실이다. 그는 현지인에게 익숙한 언어와 개념을 사용하여 천주교를 본토 문화와 연결시켰다. 그는 일본인이 총명하고 배우기를 좋아하며, 사물의 발생, 운행 규율에 지대한 관심을 갖고 있음을 발견했다. 그는 동양인 가운데 일본인이 가장 '이성'적이라고 생각했다. 비록 그들에게 천주교의 기본 지식(예를 들어 신의 은혜 혹은 지옥)을 바로 수용하도록 하는 일은 쉽지 않았지만, 그들은 자연 지식에 대해서 강렬한 호기심을 갖고 있었다. 사비에르는 그들에게 지구구형론, 세계지리, 천체 운행, 심지어 천둥과 강우까지도 소개했다. 이러한 신선한 지식은 지금까지 일본인이 익히 아는 중국 경전이나 인도 불경에는 실리지 않은 것으로 수많은 의문에 해답을 주었을 뿐 아니라, 사비에르가 일본 지식인에게서 존중을 얻는 계기도 마련해주었다. 사비에르는 물론 이 기회를 빌려 천주교를 선양하는 일을 잊지 않았고, 만물의 궁극적인 규율은 모두 창세의 주로부터 연유한다고 말했다. 그는 유럽의 동료에게 이렇게 보고했다. ―해박한 지식이 일본인의 마음속에 기독교의 씨를 뿌릴 수 있으며 선교에 길을 열어준다.

사비에르의 전략은 16세기 일본 엘리트가 외부 세계에 대해 품은 관심과 영합했다. 전국시대 기존 질서는 붕괴하고 영주들은 서로 공벌攻伐했다. 군사 경쟁이 궁극적으로 치열하게 각축을 벌인 것은 무기와 재부였다. 사비에르는 이 무렵 일본으로 왔고, 그가 대표한 것은 단지 새로운 정신적 인도뿐만 아니라 일본의 봉건 영주들이 절실하게 필요로 했던 유럽과의 무역 기회였다. 수년 전 서쪽으로부터 철포의 도래는 이미 유럽 화승총의 명성을 열도에 멀리 전파했고, 중국과의 공식적인 감합무역이 중단된 뒤 포르투갈 상선은 풍부한 해외무역의 이윤을 가져다주었다.

분고노쿠니豊後國의 다이묘 오토모 요시시게(소린)大友義鎭(宗麟)는 사비에르를 중히 여겼다. 그는 사비에르에게 분고로 오길 청했는데, 사비에르를 통해 포르투갈 국왕과 친교를 맺으려는 목적이 있었기 때문이다. 그는 포르투갈 통치자에게 보내는 서신과 정중한 선물을 사비에르가 전달해주기를 바랐다. 또한 그는 사비에르에게 분고노쿠니의 사자使者를 데리고 인도로 가서 인도의 포르투갈 총독에게 호의를 보이도록 요청했다. 오토모 요시시게는 그 대가로 자신의 영지 내에서 선교사와 교도를 보호해주겠다고 약속했다. 이는 사비에르에게는 당연히 매우 좋은 소식이었다. 그는 생전 예수회에 보낸 마지막 서신에서 흥분하며 이렇게 예측했다.

> 예수 그리스도의 은혜를 입고 우리는 이 제후국들에서 큰 수확을 거둘 수 있었고, 나는 이에 지대한 희망을 품고 있다. 이렇게 지혜롭고 온화하며 갈망에 이끌리면서 정확한 이성에 의해 인도되고 또 그 외의 우수한 소질을 겸비하고 있는 민족은, 마치 그것이 지금껏 그랬듯이 마땅히 큰 과실이 주렁주렁 열릴 것으로 기대하는 옥토가 될 것이다.

사비에르의 예언은 빠르게 실현되었다. 그가 일본을 떠날 때 이미 800명의 일본인이 세례를 받고 기독교도(일어 음역으로 吉利支丹〔キリシタン〕, 기리시탄Kirishitan)가 되었다. 이후 예수회 선교사가 끊임없이 일본에 들어갔다. 그들 가운데 다수는 사비에르와 같은 방식을 취했다. 그들은 사회적 영향력을 확대하는 동시에 상층 노선을 더 중시 여겨 각지 다이묘와 친교를 맺고, 예수회와 포르투갈 간의 협력 관계를 이용하여 그들에게 무역과 무기 수입 면에서 편리를 제공했다. '기리시탄' 세력은 포르투갈과의 무역이 빈번한 남방에서 신속히 확대되었다. 1563년 규슈 섬의 다이묘 오무라 스미타다大村純忠가 세례를 받고 최초의 기리시탄 다이묘가 되었다. 1570년 그는 나가사키長崎라고 부르는 관할 지역을 교회에 봉헌했다. 이로부터 나가사키가 개항됨으로써 예수회와 그 외 유럽인은 일본에 근거지가 생겼고, 나가사키도 일본과 유럽의 무역 왕래에서 가장 중요한 항구가 되었다.

뒤이어 아리마 요시사다有馬義貞, 오토모 요시시게大友義鎮, 아리마 하루노부有馬晴信, 고니시 유키나가小西行長 등 일군의 다이묘가 세례를 받았다. 봉건 영주의 개종은 영지 내 민중이 대거 추종하는 상황을 이끌었다. 오무라 스미타다는 영지 내 인구가 전부 개종하도록 명령하여 한번에 6만 명이 '기리시탄'이 되었다. 1582년까지 규슈의 천주교도는 13만 명에 달했다. 천주교 세력은 점차 북쪽으로 번져갔다. 오사카大坂 부근의 다이묘 다카야마 우콘高山右近도 세례를 받고 저명한 천주교 다이묘가 되었는데, 그는 역내에 교권의 확장을 급속히 추진했으며 심지어 일본이 금교령을 내린 뒤에는 영지를 버리고 필리핀으로 떠났다.

그러나 처음부터 모든 예수회 선교사가 사비에르의 현지화 노선을 관철했던 것은 아니다. 1579년 또 다른 중요 인물인 예수회 극동사찰원 알레산드로 발리냐노(Alessandro Valignano, 중국 이름: 범례안范禮安)가 일본에 도착했다. 전임 예수회 일본 책임자는 일본의 언어와 문화를 멸시하고 현지의 성직자를 양성하지 않았으나, 그는 방식을 바꾸어 엄격한 규칙을 정했다. 즉, 일본에 오는 모든 예수회 선교사는 반드시 일본어를 학습하고 일본어로 선교해야 한다는 것이다. 이와 동시에 그는 교회에 현지 성직자를 적극적으로 훈련·양성하고 그들을 유럽 선교사와 차별 없이 대할 것을 요구했다. 이뿐만 아니라 그의 추진으로 몇 개의 신학교가 일본에 설립되었다. 그는 또 기리시탄 다이묘들을 설득하여 4명의 천주교 소년을 로마에 사절로 파견하기 위해 힘썼다. 역사가들이 '덴쇼 유럽 파견 소년사절단(天正遣歐少年使團)'이라고 지칭하는 이 방문단은 스페인·포르투갈·이탈리아 등지를 방문하고, 유럽의 선진적인 인쇄 기술을 가지고 돌아와 기독교 문헌이 일본에 전파되도록 기여했다. 그런데 발리냐노는 현지화 전략을 너무 극단적으로 추진하여 예수회 선교사의 활동, 복장, 행동거지를 반드시 일본의 등급 질서에 맞춰 현지 사회에 융화되게 하려고 했다. 결과적으로 고급 성직자의 생활은 사치스럽고 화려해져서 나가사키에 외출할 때조차 시종을 대동하는 폐단이 생겼다.

발리냐노의 융화 정책은 일본에서만 시행되지 않고 중국에서도 활용되었다. 그는 마카오에서 선교사는 중문中文을 학습해야 한다고 주장했다. 1582년 그는 인도 고아에서 몇 명의 젊은 예수회 선교사를 소집해 중국으로 가서 선교하도록 했다. 그중에는 동서 문화 교류의 상징적 인물인 '서양 유학자(泰西儒士)' 마테오 리치(Matteo Ricci, 중국 이름: 이마두利瑪竇)도 있었다.

당연히 현지 문화와의 연결은 몇 가지 문제를 발생시키기도 했다. 예를 들어 앞서 언급했던 바, 사비에르의 선교 초기에 안지로는 God(Deus)를 '다이니치大日'로 번역했는데 그 효과는 좋았어도 잘못된 번역이었다. 보통의 일본인은 사비에르의 신과 부처가 똑같다고 여겼고, 불가의 진언종 세력은 심지어 그가 와서 선교하는 것을 환영했다. 사비에르는 나중에 데우스(デウス, Deusu)로 라틴어 Deus(신)를 음역하여 바로잡았고, 사람들은 그제야 그가 말하는 신이 진언종과 아무런 관련도 없을 뿐 아니라 신도信徒 및 정치 자원을 놓고 불교와 다툰다는 것을 알게 되었다. 자연히 이는 승려들의 강렬한 저항을 만났다. 그들은 데우스(Deus)가 사실은 바로 다이우소(Daiuso: 큰 거짓말)라고 말했다.*

---

* 일본어 '다이우소大嘘'는 터무니없는 새빨간 거짓말이라는 뜻으로, 大의 음독은 '다이

이런 종류의 모순은 기실 서로 상반되는 양면이 있다. 일부 엘리트층의 지지를 상실하는 것은 천주교 전파에 장애가 될 수 있지만, 다른 한편으로는 또 적지 않은 반불교 인사로 하여금 새로운 종교의 수용을 더욱 원하게 할 수 있었다. 사비에르는 예수회에 보낸 서신에서 꽤 긴 지면을 할애하여 승려의 타락과 일본 평민의 불만을 묘사하고, 야마구치에서 세례를 받은 기독교도들이 승려들의 '속임수와 기만'을 매우 열심히 폭로한다고 말했다. 이러한 상황은 문예부흥 초기에 로마교회에 대한 유럽 지식인의 조롱과 상당히 유사했다.

불교와의 경계를 분명히 구분한 것은 오히려 천주교가 불안정한 일본 전국시대에 발을 붙이고 일정한 공간을 획득하게끔 만들어주었다. 우선 일본의 불교 종파는 정치집단과 서로 뒤엉켜 권력투쟁에 깊이 개입하여 그 조직이 지휘하기 어려울 정도로 방대해졌고, 따라서 전국 후기의 몇몇 맹주인 오다 노부나가, 도요토미 히데요시, 도쿠가와 이에야스는 모두 정도는 다르지만 불교에 반대하는 천주교에 대해 관용의 태도를 가졌다. 일찍이 히에이산比叡山 엔랴쿠지延曆寺를 불태운 오다 노부나가는 특히 불사佛寺가 정치에 끼어드는 것을 몹시 적대시하며 예수회 선교사들(특히 발리냐노)과 잦은 왕래를 했다. 일부 다이묘는 세례를 받은 뒤 그 종교 사상이 극단으로 치달아 불교에 대해 크게 숙청과 박해를 가했다. 전형적으로 오무라 스미타다 같은 경우는 역내의 불사와 신사神社를 철저히 금지하고, 급기야 개종을 거부하는 평민과 승려를 살해했다.

(だい, Dai)', 嘘의 훈독은 '우소(うそ, Uso)'이다. 즉, 발음의 유사성을 가지고 천주교의 신 Deus를 비꼰 것이다.

전반적으로 말해서 예수회의 이러한 일련의 엘리트화·현지화 전략은 천주교가 초창기 동아시아에 진입하는 데 효과적인 경로를 개척했고 일본 근대사에 천주교 세기를 열었다. 그렇지만 이러한 전략은 양날의 칼이기도 해서 뒷날 일본과 중국이 금교禁敎하게 되는 화근을 심었다. 이는 나중의 얘기다.

04

마테오 리치 규칙

"일본의 맞은편은 중국. 광활하고 평화를 누리는 제국이다." 예수회 선교사 프란시스코 사비에르는 1552년 이렇게 썼다. "포르투갈 상인이 우리에게 알려주길, 중국은 공정·공평을 실행하는 면에서 모든 기독교 국가보다 낫다. 내가 일본과 그 외 다른 지역에서 목격하고 알게 된 중국 인은 일본인처럼 피부가 하얗고 기민하며 지식을 추구한다. 그들은 지식 면에서 일본인보다 우월하다. …… 나는 올해 중국에 가고 나아가 황제 를 면회하길 희망한다. 중국은 이러한 왕국이다. 즉, 복음의 불씨가 일단 뿌려지면 요원의 불길로 번져갈 것이다. 또한 만약 중국인이 기독교 신 앙을 받아들이면 일본인은 곧 중국인으로부터 배운 교조를 버릴 수 있을 것이다. …… 나는 신부가 빨리 우리 예수회와 전 교단에게 중국에 진입 할 통로를 제공하여 옥토의 땅이 모든 경건하고 신성한 사람에게 개방되 길 바라는 마음을 품기 시작했다."

사비에르 본인은 그 큰 소망을 이루지 못하고 광저우 외해의 상촨 섬에서 사망했다. 바로 같은 해 마테오 리치가 이탈리아에서 태어났다. 30년 뒤 이 젊은 예수회 사제는 발리냐노의 파견으로 중국에 도착해서 마카오와 광저우에서부터 여러 지역을 경유하며 곧장 북상하여 마침내 1601년 명 신종神宗 만력萬曆 황제를 만났다. 이후 마테오 리치는 베이징에서 10년 동안 살다가 사망했다. 마테오 리치는 단지 중국에 기독교 교의를 전파하겠다는 사비에르의 염원을 완성하는 데 그치지 않았다. 더욱 중요한 점은 그가 동서 문화 교류의 교량을 구축해서 유럽 문예부흥 이후의 문명적 성과를 중국에 소개해주었을 뿐 아니라, 중원 문화의 경전을 유럽에 소개하여 유럽의 인문주의운동을 촉진하기도 했다는 것이다. 그의 시범 이래 줄리오 알레니오(Giulio Aleni, 중국 이름: 애유략艾儒略), 요한 아담 샬 폰 벨(Johann Adam Schall von Bell, 중국 이름: 탕약망湯若望), 페르디난트 페르비스트(Ferdinand Verbiest, 중국 이름: 남회인南懷仁), 조아킴 부베(Joachim bouvet, 중국 이름: 백진白晉), 주세페 카스틸리오네 등 많은 예수회 선교사와 그 외 교파의 선교사들이 계속 뒤를 이어 중국-서양 간 문화 교류에서 탁월한 공헌을 했다. 명·청 교체의 커다란 동요도 이러한 교류를 중단시키지 못했다. 16~18세기는 동아시아 역사에서 서학동점西學東漸, 유럽 역사에서 동학서점東學西漸의 큰 시대가 되었다. 양자 간의 상호 학습은 강희제 시기에 정점에 달했다.

일본의 '천주교 세기'와 달리, 이 시기 중국은 장기간의 분열 상태에 있지도 않았고 위에서 아래까지의 관료 체제가 비교적 온전했다. 남방의 각 성이 해외무역에 몰두하고 있긴 했어도, 전국적 범위에서 말하자면 포르투갈에 대한 무역 수요는 분명히 일본의 할거한 제후들처럼 강렬하

마테오 리치 초상화

지 않았다. 그런 까닭에 중국에서 예수회의 활동은 일본에서처럼 해외무역과의 관계가 그렇게 긴밀하지 않았고, 정치투쟁에 대한 개입도 그렇게 심하지 않았다. 더욱이 영주의 명령에 따라 수만의 민중이 집단으로 세례를 받는 상황도 나타나지 않았다. 이런 각도에서 보자면, 중국과 천주교의 대화에서 더 많은 부분을 점했던 것은 문화와 기술과 이념적 차원이었다.

관련 연구가 이미 매우 많으므로 여기서 예수회(그 외 다른 교단)가 중국에 가져온 풍부한 과학, 기술, 문예, 종교 지식, 그리고 이로 인해 촉진된 새로운 세계관을 상세히 늘어놓을 필요는 없다. 단지 한 가지만 언급한다. 마테오 리치가 번역하고 복제한 세계지도(곤여만국전도坤輿萬國全圖)를 통해 '아시아亞細亞'라는 단어가 처음으로 한어 문헌 속에 출현했다. 뒤이어 '아시아'는 다른 몇 가지 새로운 지리 개념과 함께 일본과 조선에 전해졌다. 동아시아의 지식인은 자신이 서 있는 세계, 나아가 이 세계 속에서 자신의 위치에 대해 아주 새로운 개념을 갖게 되었다. 물론 우리는 아직 이 시기의 동아시아인이 아시아의 정체성 인식을 가졌다고 말할 수 없다. 16~18세기 선교사들이 가져온 아시아와 세계 개념은 아직은 단지 하나의 새로운 공간 인식의 틀이었을 뿐이다.

초기 현대의 아시아와 유럽 간 문화 교류는 우리로 하여금 이 기간의 역사를 되돌아보는 종합적인 판단을 하게 한다. 교류가 잘 통하게 된 것은 두 가지 중요한 조건에 힘입었다. 첫째는 중국이 외래의 지식 체계에 대해 전반적으로 개방적·수용적 태도를 갖고 있었다는 점이다. 이 점은 중국을 폐쇄적·보수적이라고 여기는 전통적인 인식과 상당히 다르다. 둘째, 당시 중국에 온 천주교 인사, 특히 예수회 선교사가 현지 문화에 대해 역시 상대적으로 개방적이고 포용적인 태도를 취했다는 점이다. 두 개의 조건이 동시에 충족되어야만 비로소 교류가 가능한 것이다.

일본에서 사비에르의 초기 실천을 거친 뒤 발리냐노에 의한 현지화·엘리트화 노선은 예수회가 동아시아에서 펼치는 중요한 선교 원칙으로 확립되었다. 마테오 리치는 바로 이 원칙의 확고한 실천자였다. 현지에서 어떻게 상층 인사를 끌어들이고 천주교의 적절한 위치를 찾을 것인가? 중국에 온 초기에 마테오 리치는 다수의 선교사와 마찬가지로 기독교를 불교에 억지로 끌어다 붙였다. 그는 승복을 입고, 자오칭肇慶에 건립한 선교 장소를 '선화사仙花寺'로 명명했으며, 조용하고 신중하게 행동했다. 나중에 그는 현지 문인과 깊이 교류하게 되면서 중국 사회에 유학자가 미치는 영향이 막대하며 불교는 대다수 유학자에게 그다지 흡인력이 없다는 사실을 깨달았다. 발리냐노의 재가를 얻은 뒤 그는 승복을 벗고 수염을 길러 완전히 유생의 모습으로 치장하고, 자신이 중국 문화를 앙모하여 배움을 구하러 왔다고 말했다.

이 같은 활동은 과연 효과를 보았다. 이전에 수학·천문·지리 등 그의 해박한 지식과 놀라운 학습·기억 능력을 본 지식인은 아직 소수뿐이었다. 그러나 그가 유학자를 자처하면서 유창한 한어와 우아한 글로 사람들과 교류하자, 지식인 사회에서 그에 대한 칭찬이 빠르게 전해져 나중에는 그가 가는 곳마다 문인과 학생들이 다투어 만남을 청하고 그의 모습을 보려고 몰려들었다. 마테오 리치는 '서양 유학자泰西儒士'라는 이름으로 교제 범위를 크게 확장하고 여러 고관 및 귀족 자제와 사귀었다. 그가 명 신종을 알현할 수 있었던 것은 바로 그들의 도움 덕분이었다.

중국 문화와 기제에 대한 깊은 이해를 통해 마테오 리치는 천주교와 유교·불교·도교 3교의 관계를 매우 기교적으로 처리했다. 그의 선택은 매우 명확했다. 불교와 도교는 "천주 교리와 큰 차이가 있기 때문에 중시할 수 없다"는 것이었고, 유학자를 대면할 때는 되도록 천주교의 배타성을 약화함으로써 그들이 이단으로 보지 않게끔 피하려고 했다. 더 나아가 그는 유교와 천주교는 본래 하나이며 유가 세계가 숭상하는 천天은 천주교의 유일신과 본질적으로 크게 다르지 않다고 공언했다. 천주교 교의는 단지 '천도'의 또 다른(더 우수한) 표현 방식일 뿐이다. 동시에 교단의 동료 선교사들에게는 천주교 원칙으로 유교의 공자 제사나 조상 제사 의식을 부정할 수 없으며 그것은 단지 풍속일 뿐 종교 의전이 아니라고 강조했다. 중국 중원 지역의 가장 중요한 사회–정치–문화 체계에 대해 그가 취한 수용적·융합적 태도는 후에 청 강희제에 의해 '마테오 리치 규칙'으로 칭해졌다.

마테오 리치 규칙은 근본적으로 말하자면 이질적인 두 문화가 만났을 때 좋은 측면에서 일어나는 상호작용이며, 상호 적응을 시도하는 노력이다. 이는 중국 역사에서는 그리 신선하지 않지만, 줄곧 이슬람의 부상을 위협으로 보고 또 바야흐로 신교의 충격을 받은 천주교 유럽의 입장에서 보자면 하나의 대담한 조치였다. 바로 이러한 태도에 이끌리는 가운데 천주교의 몇몇 기본 개념은 한어 맥락에 뿌리를 심기 시작했고 그에 따라 몇몇 한어 어휘도 기독교화했다.

예를 들어 마테오 리치는 '천주天主'나 '상제上帝' 같은 현지 어휘를 채용하여 기독교의 유일신(God/Deus)을 번역했다. 이 전략은 그가 고취하고자 했던 것을 뚜렷하게 보여준다. 기독교 교의는 중국에서 보기에 결코 외래 사상이 아니고 일찍부터 중국 고전 속에 존재했던 것이다.

마찬가지로 그는 '성경聖經'이라는 단어로 기독교의 기본 경전을 번역했다.(영문 Bible이라는 단어는 라틴어와 코이네 그리스어에서 기원한 것으로, 본래 의미는 '책'이다) 이 역시 분명 유가의 어휘를 그대로 사용한 것이다. 물론 그의 이러한 번역은 당시뿐 아니라 후세에도 논쟁(마치 사비에르가 Deus는 '다이니치大日'와 같지 않다고 지적한 것과 같은)을 야기했다. 그러나 장기간의 시험과 실천 및 탐색을 거쳐 이러한 단어는 현재 모두 고정적인 번역어가 되었다. 더 중요한 점은 원래 한어의 맥락 속에 오로지 기독교적 의미만 있지 않았던 단어들, 예컨대 상제·천주·성모·성경 등의 단어가 현재 이미 기독교화되었다는 것이다.

그의 영향을 받아 중국의 사대부 일군이 유럽 과학을 접촉하기 시작했고, 또한 이로부터 천주교를 수용하고 세례를 받아 교도가 되었다. 가장 유명한 인물로는 후세에 '중국 기독교의 세 기둥(聖敎三柱石)'으로 일컬어지는 서광계徐光啓, 이지조李之藻, 양정균楊廷筠이다. 그중 서광계는 내각차보內閣次輔 관직에까지 오른 명 후기의 중요한 정치적 인물일 뿐 아니라, 천문·역법·농정·수리·수학·병학 등 여러 방면에 매우 조예가 있는 백과전서식의 과학자였다. 그는 마테오 리치의 영향을 깊이 받았다. 두 사람이 함께 번역한 유클리드의 『기하원본幾何原本』*은 한어 수학계에서 오늘날까지 계속 쓰이는 개념들을 창조했고, 이후 중국 수학의 연구 방향을 바꾸었다. 서광계도 사뭇 천주교와 유교가 상통한다고 여겼다. 1616년 한 관원이 천주교가 백련교와 연관되었다고 탄핵 상소할 때, 서광계는 상서해 변호하면서 천주교는 오히려 "왕의 교화에 도움이 되며

---

* 우리나라에서는 일반적으로 『기하학원론』이라고 한다.

유술儒術을 보좌하고 불법佛法을 바로잡고 현 조정에 이익이 된다"고 말했다.

현지화 전략이 가장 먼저 대면한 난제는 과연 현지 인사가 받아들일 수 있을지 여부였다. 천주교에 대한 중국 유학자의 태도는 줄곧 매우 복잡하고 다양했다. 서광계처럼 융합을 주장한 사대부는 그 가운데 한 부류일 뿐이었다. 천주교가 크게 성장해가자 많은 사람이 그로 인해 유학의 근본이 동요될 수 있다고 감지하고 엄중히 경계하기 시작했다. 후에 그런 생각을 지닌 정치 세력이 조정에서 점점 확대되었고, 결국 격렬한 반대를 불러 모았다. 충돌의 절정은 청 초 양광선楊光先이 일으킨 중국-서양 역법 논쟁이다. 양광선은 유교와 천주교 양자가 서로 용납될 수 없는 관계라 굳게 믿고 유학의 정통으로 천주교의 '사론邪論'에 대항하려고 했다. 그는 논란을 일으켰지만 정작 과학적인 기초가 없어 결국 아담 샬의 유럽 역산曆算 지식에 완패했다. 양광선이 "중하中夏에 좋은 역법이 없게 되더라도 중하에 서양인을 있게 할 수는 없다"고 말한 것은 중국 지식인의 보수성을 대표한다기보다 명·청대 여러 이데올로기와 정치 세력 간 투쟁의 격렬함을 반영한다. 최후에 예수회 쪽이 획득한 승리는 사실 그 과학 방면의 선진성으로 잠시 이데올로기적 모순을 덮어 감춘 것이었다.

1692년 청 강희제는 '용교령容敎令'으로 불리는, 천주교 선교를 윤허하는 조칙을 반포했다. 거기에서 서양인에 대해 이렇게 말했다.

성화聖化를 앙모하여 만 리를 항해하여 왔다. 요사이 역법을 정리하고 군대를 운용할 때 병기와 화포를 힘써 제조하고, 러시아로 파견되어 성

심으로 힘을 쏟아 일을 성사시키는 데 공적이 매우 많다. 각 성省에 서
양인이 거주하면서 악을 행하거나 어지럽게 행동하는 바가 없고, 사도
(左道)로 대중을 현혹하거나 이단으로 말썽을 일으키는 일이 없다. 라마
승과 승려가 있는 사원에서는 지금껏 사람들에게 향을 사르고 참배하
도록 허용했다. 서양인이 결코 위법적인 일을 하지 않는데, 오히려 금
지하는 것은 적절하지 않은 듯하다. 마땅히 각 지역의 천주당을 모두
그대로 남겨두고 무릇 향을 사르고 참배하는 사람도 그대로 전처럼 하
도록 하고 금지할 필요가 없다.

이때까지 중국과 서양은 서로 상생하는 국면이었다. 청 황제의 눈에
서양 학문은 국가의 이기利器였고 천주교도가 사달을 일으키지 않고 성
의를 다해 힘쓰기만 한다면 그 종교는 제국의 다원적 이데올로기 아래
새로운 요소가 될 수 있었다. 천주교도, 특히 예수회 선교사에 대해서 말
하자면, 그들의 학문은 비록 선교의 수단이지만 그것이 만들어낸 효과는
훌륭했다. 중국 황제는 정식으로 하교하여 기독교의 합법적인 지위를 승
인했다. 사비에르가 세상을 뜬 지 100년 뒤에 그의 이상은 어느 때보다
더 실현에 가까워졌다.

05

역전의 밤: 일본 천주교의 궤멸

发现东亚

16세기 후반 천주교는 일본에서 빠르고 무서운 기세로 발전했다. 수십 명의 다이묘가 천주교로 개종했고, 기리시탄 신도 수십 만은 규슈와 혼슈本州 남부에 두루 퍼졌을 뿐 아니라 점차 혼슈 중부와 동북으로 확장했다. 예수회 선교에 대한 관용 정책은 오다 노부나가의 사후에 도요토미 히데요시도 유지했다. 그는 더욱이 1583년 친히 오사카에 토지를 구획해서 그 일부를 예수회에 주어 교회당을 건립하는 데 쓰도록 했다. 일본 간파쿠關白와 수 명의 예수회 상층 선교사 간에도 괜찮은 사적 관계가 이어졌다.

그런데 도요토미 히데요시의 태도는 마치 하룻밤 사이에 완전히 뒤바뀐 듯했다. 여기서 '하룻밤 사이'란 결코 수사적 표현이 아니다. 1587년 7월 23일 규슈를 막 통일한 직후 도요토미 히데요시가 하카타博多 지역에 왔다. 그는 그곳의 한 포르투갈 상선 위에서 예수회 일본 교구의 책임자인 가스파르 코엘류(Gaspar Coelho)를 재차 회견했다. 손님과 주인의 대화는 매우 즐거웠으며, 도요토미는 하카타 성에서 예수회에 토지를 하사해주겠다고 다시금 승낙했다. 코엘류는 도요토미에게 포르투갈의 좋은 술을 선물했다. 그런데 한밤중에 코엘류는 갑자기 도요토미의 사신이 깨우는 바람에 허둥지둥 일어나서 무섭게 몰아붙이는 몇 개의 문제에 당장 대답해야 했다. 너희는 왜 타인의 개종을 강박하는가? 왜 불교와 신도神道 사원을 파괴하는가? 왜 말이나 소 같은 유익한 가축을 먹는가? 왜 포르투갈인은 일본인을 해외에 노예로 파는가?

코엘류는 어리둥절해서 어찌해야 할지 모르는 채로 대답했다. 선교사는 지금까지 폭력적인 수단으로 일본인에게 종교를 믿도록 강박한 적이 없다. 이따금 소고기를 먹은 것 외에 말은 먹은 적이 없다.(앞으로는 소고기조차 먹지 않을 수 있다) 그리고 불교와 신도 사원을 파괴한 일은 천주교 다이묘의 탓으로 돌렸다. 또, 예수회는 포르투갈 상인의 노예 매매를 지지하지 않는다고 말했다. 이러한 대답은 분명 별 소용이 없었다. 도요토미가 물어본 문제는 본질적으로 질문이 아니라 질책이었다.

다음 날 도요토미 히데요시는 곧 유명한 '바테렌 추방령伴天連追放令'(伴天連[バテレン]은 신부神父라는 뜻을 지닌 포르투갈어 Padre의 일본어 표기임)을 하달했다. 이 추방령의 문구는 시작부터 바로 일본은 신국이며 천주교는 사교라 말하고, 모든 선교사는 20일 내에 출국하라고 명했다. 그러나 동시에, 포르투갈인은 계속 일본에 와서 무역할 수 있다고 말했다. 이 명령은 시행하기 곤란한 문제 때문에 엄격히 받들어 실시되지 않았지만(유럽 선교사들은 이후에도 계속 일본에 오랜 기간 있었다), 어쨌든 이후 일본에서 실행된 일련의 금교 행위의 시작이었다.

왜 일본에서 천주교의 운명은 하룻밤 사이에 역전되었는가? 도요토미 히데요시가 내세운 표면적인 이유, 즉 불교·신도의 배척, 소고기 섭취, 노예 거래 등은 당연히 주된 원인이 아니었다. 일설에 따르면 그날 밤 측근 야쿠인 젠소施藥院全宗가 그의 주의를 환기시켰다. 천주교 세력이 나날이 확대되고 있는 데다 다카야마 우콘 같은 유력한 다이묘의 옹호까지 받는다면 조만간 위협이 될 수 있을 것이라 했다. 추방령의 문장은 바로 일찍이 불교도이자 다카야마의 정적인 야쿠인의 손에서 나왔다.

그러나 도요토미의 갑작스런 변화는 단지 근신 간의 내홍에 기인한 것만도 아니었다. 실제로 천주교에 대한 도요토미의 불신임은 일찍부터 생겨나기 시작했고, 그 의심은 바로 코엘류로부터 비롯되었다. 1년 전 코엘류는 오사카에서 도요토미를 알현했는데, 그때 도요토미는 그에게 조선과 명을 공격할 뜻을 시사하고 자신이 두 척의 포르투갈 전함을 손에 넣을 수 있게 되기를 희망했다. 그에 대한 보답으로 예수회는 조선과 중국에서 선교할 수 있을 것이었다. 비위 맞추기에 급급했던 코엘류는 한마디로 응락했을 뿐 아니라 더 허풍을 떨면서 자기가 인도의 포르투갈 군대를 옮겨와서 도울 수 있다고 말했다.

코엘류의 허풍은 본디 아첨에 불과했지만 듣는 사람은 마음에 새겨두었다. 오다 노부나가와 마찬가지로 도요토미 히데요시도 전국시대 일본 불교 세력이 정치에 개입하는 것에 매우 민감했다. 그는 당연히 천주교 역시 새로운 정치 종파로 발전하는 것을 바라지 않았다. 규슈를 평정한 뒤 통일 대업이 최종 완성에 가까워졌고, 당시의 일본은 더 이상 우두머리 없는 무리로 사분오열되어 있지 않았다. 권력이 점차 한곳으로 집중되자, 통일 과업을 이룬 이 사람은 내부에서 분란이 발생하는 사태를 각별히 경계했다. 도요토미는 각 다이묘에 대한 통제를 강화했을 뿐 아니라 전국에 '가타나가리刀狩令'를 하달하여 민간의 사적인 무기 소장을 금지했다. 앞서 언급했듯이 천주교가 일본에서 세력을 키울 수 있었던 배경은 사실 분열의 덕을 본 측면이 컸다. 각 다이묘는 상호 경쟁하면서 천주교와 예수회를 포르투갈 제국의 대리인으로 보고 선교를 위해 편의를 제공했다. 바로 이 때문에 예수회의 초기 성공은 최대의 잠복된 위험이기도 했다. 왜냐하면 그들로서는 일본의 내외 정치 세력과 맺은 관계를 내던져버리기 어렵고, 게다가 해외무역이나 무기와 직접 연계되어 있기 때문에, 그들이 위협으로 간주되는 것은 매우 자연스러운 일이었다. 결국 코엘류의 아첨은 도요토미의 가장 민감한 지점을 자극했다.

일본에서 예수회 및 포르투갈이 거둔 성공은 스페인과 그 지지 교단을 시샘하게 만들기도 했다. 스페인은 필리핀을 식민한 뒤 대일 무역이 열리기를 절실히 희망했다. 도미니크 수도회(Dominican Order), 아우구스티노 수도회(Augustinians), 특히 프란체스코회(Franciscan Order)도 일본에서 교단 세력을 확대하려 도모했다. 마닐라와의 관계를 개척하려는 목적을 지닌 도요토미 히데요시는 필리핀 총독을 대표하여 방문한 프란체스코회 선교사에게 상당히 정중하게 대했다. 한순간 예수회와 그 외 몇몇 교단이 서로 충돌했고, 유럽과 천주교 내부의 정치적 경쟁을 일본에 끌어들였다.

1596년 10월 마닐라에서 멕시코로 운항하던 상선인 산 펠리페(San Felipe)호가 폭풍우를 만나 일본 도사土佐까지 떠밀려 왔다. 도요토미 히데요시는 사람을 보내 상선을 검사하고 압수한 뒤 선원을 심문했다. 이때 결국 입이 가벼운 선장은 심문에 답하며, 전 세계에서 스페인이 이룬 식민 업적을 과시하고 선교사는 어쨌든 정복의 선도자라고 넌지시 말했다. 이제 도요토미 히데요시는 일본에서 천주교 전파 활동의 배후에는 스페인과 포르투갈의 일본에 대한 식민 야심이 있다는 것을 한층 군게 믿게 되었다. 그는 명령을 내려 교토와 오사카에서 26명의 선교사와 신도를 체포하고, 다음 해 2월 금교령 위반을 구실로 그들을 기독교 대본영인 나가사키에서 공개 처형했다. '나가사키 26인 순교 사건'은 천주교에 대한 일본의 대규모 숙청·박해의 서막을 열었다.

1598년 도요토미 히데요시가 병사했다. 권력 재편 과정을 한바탕 거쳐 일본은 점차 도쿠가와 이에야스에 의해 수습·통일되었고, 1603년 에도 막부 시대가 시작되었다. 도쿠가와 이에야스는 무역을 고려하여 천주교에 대해 엄격히 금지하지 않고, 오히려 스페인과 포르투갈 양국에서 지원하는 천주교 교단들이 비교적 느슨히 발전하는 환경을 누릴 수 있도록 했다. 그러나 이 시기 일본의 국내·국제 형세는 전국시대와 완전히 달라졌다. 국내적 측면에서 도쿠가와 이에야스는 한 걸음씩 정권을 공고히 했다. 정치적으로 견해가 다른 사람을 배제했고, 대외무역에 대한 관리도 강화했다.(예를 들어 대외무역에 종사하는 상선에 특허 무역 허가증인 슈인죠朱印狀를 발급했고, 중요한 개항지 상점을 조직하여 포르투갈 상선의 생사 매입가를 통일했다) 이 과정에서 일본 국내의 몇몇 천주교 다이묘와 무사는 반대편으로 배제되어 정치투쟁이 종교적 색채를 띠게 되었다. 이데올로기 영역에서 도쿠가와 이에야스는 유가 이학을 정통으로 세우고 온갖 공격을 받아온 불교 세력을 점차 회복시켰으며, 동시에 유교·불교·신도 간에도 상호 합류하게 했다. 이 모든 조치는 천주교에겐 좋은 소식이 아니었다.

국제적 측면에서 스페인과 포르투갈 외에 영국과 네덜란드도 일본과의 무역 통로를 열었다. 신흥 신교 국가로서 영국·네덜란드는 스페인·포르투갈과 정치 및 무역에서 적대적으로 경쟁했다. 1600년 한 척의 네덜란드 상선이 일본에 상륙했는데, 이 배에 함께 승선했던 영국인 윌리엄 애덤스(William Adams)는 막부에 배를 건조해준 공을 세워 도쿠가와의 외교 고문이 되고 무사로도 봉해져 '미우라 안진三浦按針'이라는 이름을 사여받았다. 애덤스는 도쿠가와에게 기독교 안에는 천주교 외에 신교도 있으며 신교 국가는 결코 선교에 열중하지 않는다면서, 종교와 무역의 관계가 끊어졌음에도 천주교 국가는 종종 선교를 통해 다른 나라를 정복한다고 알려주었다.

　　이런 상황에서 일본 집정자는 천주교에 대해 예전처럼 용인하거나 격려하지 않았고, 점점 정치에 너무 깊이 개입하는 기리시탄 세력을 안보의 잠재된 위협으로 간주했다. 몇 차례 우연한 사건을 겪고 나서 막부는 마침내 금교를 결심하고, 각지에서 천주교 선교사와 교도를 체포하는데 속도를 올리며 여러 건의 박해 사건을 만들었다. 1620년 2대 쇼군 도쿠가와 히데타다德川秀忠의 집정 기간, 슈인죠를 지닌 일본 상선 한 척이 타이완 해역에서 영국·네덜란드 연합함대에 나포되고 화물을 몰수당했다. 쌍방은 소송을 나가사키로 가져왔다. 본래 영국과 네덜란드가 해상에서 교묘한 명목과 힘으로 일본 상선의 화물을 탈취한 사건이지만, 오히려 일본 상선 안에 두 명의 선교사를 감추고 있던 일로 인해 정치적 사건으로 비화했다. 결국 1622년 선주 히라야마 죠친平山常陳과 선교사는 처참하게 화형을 당했고 선원은 참수되었다. '히라야마 죠친 사건'을 도화선으로 해서 한 달 뒤에는 55명의 선교사와 교도가 나가사키에서 사형에 처해졌다. 역사는 이를 '겐나 대순교元和大殉教'라고 칭한다.

이후 막부의 금교는 더욱더 엄해졌다. 선교가 불법이 되었을 뿐 아니라 신자도 반드시 종교를 포기해야 했다. 사회통제를 강화하기 위해 막부는 '데라우케寺請—단카檀家 제도'*를 추진했는데, 각지에 두루 퍼져 있는 불교 사원을 이용하여 현지 인구를 등기하고 지역사회를 감시·통제했다. 하지만 천주교가 가장 빨리 전해지고 가장 오래 스며들었던 남방에서 그 영향은 짧은 시간 안에 일소되기 어려웠다. 1637년 규슈 시마바라島原 지구의 민중은 영주의 잔혹한 착취를 견디지 못해 마침내 반기를 들고 일어났다. '시마바라의 난'은 일본 최대 규모의 농민 봉기였다. 비록 순수하게 종교적 동기로 일어난 봉기는 아니지만 거사자 다수는 기리시탄이었고, 지도자도 종교를 기치로 내걸었기 때문에 이 변란은 자못 종교전쟁의 성격을 띠었다. 1638년 막부는 10여만 대군을 징발 배치하여 진압했고, 그 결과 약 3만 7,000명의 반란인들 가운데 요행히 살아남은 자는 드물었다.

이 대규모 반란은 천주교와 막부 간에 어떠한 완화의 여지도 철저히 차단했다. 막부의 금교는 더욱 단호해졌다. 이와 맞물려서 스페인·포르투갈과의 왕래를 단절하고, 일본인의 개별적인 출항을 금지하는 등 일련의 정책이 시행되었다. 1644년, 로마에서 예수회에 가입하고 신부 직위

---

* 데라우케寺請 제도는 에도 막부가 종교 통제의 일환으로 시행한 제도로, 민중에게 데라우케 증서를 받는 것을 의무로 부여하여 기리시탄이 아님을 증명하는 제도다. 필연적으로 민중은 데라우케를 발급해주는 사원의 단카檀家(시주를 통해 절의 재정을 돕는 집이나 사람)가 되기 때문에 데라우케—단카 제도로 병칭되기도 한다. 단카 제도는 일정 사원이 각 단카의 장제葬祭 공양을 독점적으로 집행하는 것을 조건으로 맺는 사원과 단카의 관계를 말한다.

를 획득한 고니시 만쇼小西マンショ(천주교 다이묘인 고니시 유키나가의 외
손자)가 체포당해 순교했다. 이로부터 일본에서 다시는 신부가 나오지 않
았고, 안지로와 사비에르가 가져온 일본의 '천주교 세기'는 정식으로 종
료되었다. 마음속으로 종교를 포기하려 하지 않은 교도는 지하로 숨어들
어 천주교 세기와 동떨어진 2세기 이상 선대의 신앙을 몰래 전하면서 메
이지 유신 시대에 이르렀다.

06

숨은 기리시탄

发现东亚

2016년 말, 마틴 스콜세지(Martin Scorsese)의 영화 〈사일런스(Silence)〉가 마침내 미국에서 상영되었다. 많은 영화팬이 이 영화를 기다린 지 이미 10년이 다 됐으며, 당초 확정한 출연진은 모두 바뀌었다. 스콜세지는 1988년 〈그리스도 최후의 유혹(The Last Temptation of Christ)〉에서 대담하면서도 깊이 있게 인성과 신성 간의 관계를 탐구했다. 이제 그는 17세기 일본 천주교를 배경으로 한 이 영화에서 또 어떤 고민할 문제를 제시하는가. 종교와 정치? 신앙과 배반? 아니면 동방과 서방?

〈사일런스〉는 일본 작가 엔도 슈사쿠遠藤周作가 1966년에 출판한 동명 소설인 『침묵沈默』을 각색한 영화다. 세상에 나온 지 50여 년 동안 『침묵』은 엔도의 가장 유명한 작품으로 공인될 뿐 아니라, 일본, 나아가 세계 문학계에서 제일 충격적인 종교문학작품의 하나로 손꼽힌다. 일본과 기독교의 관계에 대해 말할 때, 이 길지 않은 소설은 돌아서 갈 수 없는 텍스트다.

『침묵』은 줄거리가 허구이기는 해도 실존 인물과 역사적 사건에 기반을 두고 있다. 이야기의 출발점은 17세기 초 포르투갈이 일본에 파견한 예수회 고위 선교사 페헤이라(Ferreira)의 종교 포기 선언이다. 페헤이라는 예수회에서 학문이 넓고 의지가 강인하기로 유명했기에, 그의 학생들은 이 소식을 도저히 믿을 수 없었다. 그래서 호드리게스를 중심으로 한 몇몇 청년 선교사가 위험을 무릅쓰고 일본으로 가서 이 미스터리를 풀려고 했다. 소설은 바로 호드리게스 등이 일본에서 걸어간 노정을 실마리로 삼았다. 가는 길에서 그들은 시마바라의 난 이후 천주교도에 대한 막부의 엄밀한 수색 체포와 잔혹한 학대를 목도했다. 그들은 현지의 숨은 교도들로부터 보호를 받기도 했지만 고발로 인해 체포되기도 했다. 극단적인 상황에서 호드리게스는 마침내 페헤이라를 만났고, 그가 종교를 포기했을 뿐만 아니라 이름을 사와노 주안澤野忠庵으로 고치고 막부 금교의 도구가 된 것을 발견했다. ⋯⋯

중국과 조선에 비해, 일본에서 19세기 전의 기리시탄(切支丹/吉利支丹)이 당한 박해는 훨씬 더 처참했다. 끊임없이 계속되고 나날이 잔혹해진 도쿠가와 막부의 금교 과정에서 선교사와 성직자는 붙잡혀 형벌을 받았고, 일반 교도라도 일단 붙잡히면 종교 포기를 강요당하고 포기하지 않을 경우에는 가혹한 형벌로 박해를 받았다. 『침묵』 속에 묘사된 혹형들은 그 시대 일본에서 실제로 존재하던 형벌들이다. 예를 들어 끓는 온천수를 몸에 끼얹는 것(운젠지고쿠雲山地獄), 사람을 기둥에 묶어 바다 가운데 둔 채 만조로 바닷물이 입과 코에 다다르기까지 두는 것(스이타쿠水磔) 등. 형벌의 목적은 죽이려는 데 있지 않고 천천히 고통을 주어서 수형자가 극도의 공포와 피폐 그리고 고통으로 인해 결국 굴복하게 만드는 것이었다.

가장 끔찍한 형벌은 '아나즈리穴吊り'다. 발목을 묶어 거꾸로 매달아 머리는 더러운 구덩이 속에 두고, 귀 뒤에는 작은 상처를 내서 피가 천천히 흘러나오게 하여 빨리 죽지 않게 하는 벌이다. 수형자가 종교를 포기하지 않으면 며칠간 울부짖다가 숨이 끊어지게 된다. 역사상의 페레이라 신부는 아나즈리를 다섯 시간 이상 당한 뒤 결국 종교를 포기했다고 한다. 〈사일런스〉 속의 장면은 더 마음을 아프게 한다. 신부는 교도가 형벌을 당하는 모습을 직접 눈으로 보도록 강요당하고, 자신이 종교를 버린다는 것을 선언하고서야 비로소 무고한 사람을 구할 수 있었다.

종교 포기의 의식은 성모와 예수상을 발로 밟는 것으로, '후미에踏繪'라고 불린다. 막부는 교도들이 모인 지역사회의 길목에 성모상을 놓고 사람들로 하여금 후미에를 하도록 시키고, 이를 통해 교도와 비교도를 뚜렷이 구분했다. 이에 더해 도쿠가와 막부가 초기에 만든 데라우케-단카 제도는 불교 사원을 통해 현지 인구를 감시·통제하여 국가-사회가 손잡고 기리시탄이 빠져나갈 구멍을 없애버렸다.

엔도 슈사쿠의 『침묵』은 영혼의 고문이라고 볼 수 있다. 그는 책 속에서 서로 다른 인물의 입을 빌려 간절히 묻는다. 하나님은 왜 일본 교도가 엄청난 심신의 고난을 겪을 때 여전히 침묵을 지키는가? 그는 역사상 수많은 교도의 희생에 대해 그 의미를 찾으려고 한다. 마지막에 소설은 독자에게, 주의 진의는 바로 종교 포기 속에 숨겨 있으며 굳은 믿음의 힘은 배반 뒤에 숨어 있다고 알려준다. 일본의 천주교는 17세기에 잠잠해졌지만 신앙은 사그라지지 않았다. 이것은 20세기 천주교도의 신분으로 엔도 슈사쿠가 이 고통의 역사에 대해 한 해석이다.

현실 속에서 분명 일본 천주교도들의 일부는 잔혹한 소탕에 직면하여 겉으로는 종교를 포기하고, 몰래 자신의 종교를 위장한 채 많은 불교 신봉자 속에 숨어 단절되고 비밀스런 상태에서 신앙을 전수했다. 이런 사람들이 200여 년간 숨어 있다가 메이지 유신에 이르러 기독교가 합법화된 뒤 비로소 신분을 공개했다. 그들은 나중에 '숨은 기리시탄(隱れキリシタン)'으로 일컬어졌다. 1930년대 그들의 수는 대략 3만 정도로, 규슈의 나가사키 일대에 많이 거주했다.

20세기 '숨은 기리시탄'은 사회학·인류학 학자들이 매우 몰두한 연구 대상이다. 학자들이 궁금해한 것은 그들의 조직 형식과 선교 체계뿐만 아니라 그들이 신봉한 그 신앙 체계가 극도로 엄혹한 환경 속에서 어떻게 생존, 전환, 변형, 유지되었는가이다.

금교 이후 일본 상층에는 더 이상 교도가 있을 수 없었고, 잔존한 신자는 대부분 하층의 농민 또는 어민이었다. 그들은 외해의 작은 섬(규슈의 고토五島 같은)에 단체로 피신했거나, 혹은 다른 지방에 소규모로 모여 살았다. 성경이나 다른 인쇄물을 소지할 수 없었기 때문에 교의와 의궤는 대부분 가족 내에서 입에서 입으로 전해졌다. 오랜 세월이 지나서 기독교는 숨은 사람들에게 이미 외래 종교가 아니었고 가족 전통과 조상 숭배 속에 뒤섞였다. 그리고 모든 주민은 적어도 표면상으로는 사원에서 불사를 거행하고 신사의 제사에 참여해야 했기 때문에, 불가피하게 기독교 신앙은 불교나 신도神道와 상호 융합되었다.

매우 전형적인 예는 성모마리아 형상의 전화다. 숨은 기리시탄 집단 속에서 마리아는 관음보살의 형상과 다를 바 없어 보이며, 마리아와 그

일본의 숨은 기리시탄 유물

일본의 기리시탄에게 마리아는 관음보살의 형상과 다를 바 없었다. 이 관음보살상 광배에도 작은 십자가가 새겨져 있다.

녀 품에 안겨 있는 예수 그리스도는 마치 '관음이 아들을 보내주는(觀音送子)' 이미지와 같다.* 어쩌면 눈에 띄지 않는 곳에 작은 십자가가 있어 이 우상의 실제 신분을 암시하고 있을 수도 있다. 이러한 변형은 자기 보호의 필요에서 생겨났을 수도 있고, 아마도 폐쇄된 환경에서 현지화된 결과이기도 할 것이다. 마찬가지로 종교의식도 이러한 조건하에서 변형된 방식으로 이어졌다. 예를 들어 성찬례 중에 그리스도의 피와 살을 나타내는 붉은 포도주와 빵은 세슈淸酒와 쌀밥으로 대체되었다. 세슈와 쌀밥은 신도神道의 제사에서도 늘 사용된다.

몇 가지 내용은 온전히 보존된 것도 있다. 한 일본 학자가 숨은 기리시탄의 미사 찬송가를 오래 연구했는데 처음에 그 출처를 도저히 찾을 수 없는 곡이 있었다. 훗날 다년간 유럽 방문을 통해 그는 마침내 그 곡이 16세기 스페인 어떤 지방의 찬송가라는 사실을 발견했다. 말하자면 400년 전에 그 지역 출신의 한 선교사가 일본에 왔고, 그가 가져온 노래가 숨은 신자들에 의해 한 세대 또 다음 한 세대로 이어지면서 면면히 구두로 전승되었던 것이다. 물론 그들은 그 의미를 몰랐지만.

금교한 일본에서 상층 엘리트—예수회가 처음 의존한 대상—는 혹 압박을 받아 종교를 포기하거나 혹 자원해서 종교를 포기했는데, 왜 하층민들은 이처럼 꿋꿋하게 신앙을 끌어안았는가? 엔도 슈사쿠의 『침묵』 속 중요 인물인 기치지로吉次郎는 바로 이러한 풀뿌리다. 그는 소심하고

---

* 중국에는 아이를 안고 있는 특이한 관음보살이 있다. 바로 송자관음送子觀音이라고 하는데, 아이를 낳지 못하거나 남자아이 생산을 원하는 백성들이 후사를 얻기 위해 소원을 비는 불교 신이다. 불경에는 나오지 않으며 민간에서 믿는 신이다.

유약하며 비천한 인물로, 호드리게스를 팔아먹고 도리어 번번이 그 신변으로 되돌아와서 계속 추종한다. 아마도 상층 인물이 더 많이 본 것은 기독교가 가져온 권력과 이익이었겠지만, 비천한 농민과 어민들에게 초기 기독교가 가져온 정신적 위안은 일찍이 없었던 것으로서 그 때문에 대대로 지켜왔을 듯하다. 바로 부인되고 거절되는 가운데서도 기독교는 이러한 약자들을 통해 어려움 속에서 질기게 살아남아 일상생활 속에 융화되었다.

오늘날의 일본에는 물론 더 이상 종교 박해가 없다. 그러나 숨은 기리시탄의 후대는 오히려 다른 문제에 맞닥뜨렸다. 그들의 신앙은 완전히 공개되었다. 그러나 이 신앙은 도대체 무엇인가? 종교사회학자들에게 그들의 종교적 실천은 기독교에서 특별한 가치가 있다. 하지만 일본에 다시 온 교회와 선교사의 눈에 이러한 실천은 조상 숭배, 불교, 도교와 불분명하게 뒤섞인 명백한 이단이다. 숨은 기리시탄의 입장에서 자신들의 종교 생활은 지금까지 교회와 떨어져 독립되어 있었으며, 하나님을 섬기는 일은 조상을 공경하는 일과 일체였고, 게다가 2~3세기 동안 현지 생활과 연결되어 있었다. 교회가 그들을 받아들이길 원한다고 해도 그들이 '회귀'를 바랄까? 이는 일종의 이중적 난제이다. 종교가 자유의 이름으로 다시 규범화되는 시대에 숨은 기리시탄 집단은 다시 주변화되었다. 현대의 생활 방식이 펼쳐지면서 그들의 수는 나날이 감소하고 있다.

작가 장청즈張承志는 숨은 기리시탄에 대해 이렇게 말한다. "비록 오라시온(Oracion)*을 낭송하지만 그들도 불사를 한다. 거기에는 우란분盂

---

* 영어 prayer에 해당하는 스페인어로, 기도·기도문·기도회 등의 뜻을 갖고 있다.

蘭盆(ullambana), 수야守夜,* 피안彼岸, 불교의 의례가 마찬가지로 빠질 수 없다. 그들은 오라시온을 낭송하지만 관음을 떠날 수 없다. 그들은 자신이 숨은 기리시탄임을 중시하지만 보통의 일본인임을 더 마음에 두고 있다." 그러나 사비에르와 안지로의 시대부터 현재까지 '일본인'과 '기독교도'라는 이 이중 신분은 한결같이 마치도 어떤 장력을 가지고 있는 것 같다. 엔도 슈사쿠의 작품은 바로 역사를 빌려 그 마음속 깊은 곳에 있는 신분적 불안을 비춰 보여준다. 또 다른 저명한 기독교 사상가 우치무라 간조內村鑑三는 더 직접적으로 '두 개의 J'를 가지고 이러한 긴장을 표현한다. "내가 사랑하는 것은 이 두 개의 J뿐이다. 하나는 예수(Jesus), 하나는 일본(Japan)이다. 나는 예수 혹은 일본, 누구를 더 사랑하는지 모른다. 내 동포는 나를 미워한다. 왜냐하면 예수 신앙이 밖에서 왔기 때문에. 외국 선교사는 나를 싫어한다. 왜냐하면 일본 민족의 협애함 때문에. …… 예수와 일본, 내 신앙은 동심원이 아니라 두 개의 중심이 있는 타원이다."

스콜세지의 새 영화는 이러한 다중적이고 복잡한 모순적 난제를 풀어냈는가? 영화를 본 뒤 관중들 스스로 각자 평가할 수 있을 것이다. 이러한 난제는 단지 일본에만 있지 않고 동아시아의 다른 지역에도 정도는 다르지만 존재한다.

---

* 일본의 장례는 불교 방식을 취하는 경우가 대다수다. 장례의 대략적인 순서는, 사후에 우선 머리맡에 불경을 놓고 신체를 정결히 닦은 뒤 관 속에 넣고, 이어 수야를 행한다. 수야는 현생에서 사자의 마지막 밤에 친우들이 함께 모여 사자를 추도하며 석별의 정을 표하는 의식이다. 장례는 다음날 추도회, 사령辭靈, 화장 순으로 진행된다.

07

문밖의 사람이 집안일을 토론하다 :

중국-서양 간 교류의 요절

도쿠가와 막부가 천주교를 엄혹하게 탄압하던 무렵은 바로 만주가 굴기하고 천하 구도가 재구성되는 시기였다. 중원의 예수회 선교사들은 변화하는 국면 속에서 융통성 있는 입장을 취했고, 훌륭한 과학·기술 재능으로 청 정부의 신임을 얻었다. 천주교는 일본에서 거의 자취를 감추었지만 중국에서는 점차 좋은 국면으로 접어들었다. 1692년 강희제의 용교령容敎令은 최고 통치자가 기독교 신앙을 인가하고 그에 따라 기독교가 새로운 천하 구도 속에서 정식으로 한자리를 차지했음을 보여준다.

근대 중국의 피침략·피식민의 역사 때문에 많은 사람이 중국의 실패 이유에 대해 눈과 귀를 막고 우물 안의 개구리처럼 선진 문명과 교류하지 않은 청대 통치 집단의 탓으로 돌렸고, 이로부터 '폐쇄적이고 보수적인 중국'론이 나왔다. 그리고 청이 문명 교류를 가로막았다는 주요한 예증으로 드는 것은, 후에 유럽 선교사의 활동을 엄히 금지하여 명 말부터 시작된 현대 과학기술의 수입을 강제로 중단시켰다는 것이었다.

그렇다면 왜 청 조정은 용교容敎에서 금교禁敎로 변했는가? 중국인(혹은 만주인)의 보수와 오만 때문인가? 중국의 근대 운명, 나아가 현대 중국과 외국의 관계 형성 및 진행을 이해하는 데 도움이 되도록 그 안의 원인과 경과를 간단히 정리해보자.

1693년, 강희제가 서양인은 "결코 사도로 대중을 현혹하거나 이단으로 말썽을 일으키지 않는다"라며 칭찬하고 용교를 하의한 이듬해, 사건이 발생했다. 천주교 푸젠 대목구代牧區(라틴어: Vicariatus Apostolicus)의 종좌대목宗座代牧(라틴어: Vicario Apostolic)이자 파리외방전교회(Missions étrangères de Paris)의 선교사 샤를 메그로(Charles Maigrot, 1652~1730, 중국 이름: 염당閻璫 또는 안당顏當)는 푸젠에서 교도들이 조상에게 제사하는 것과 공자를 공경하는 것을 금지하고 사서오경을 읽는 것도 불허하는 명령을 내렸다. 그는 또 두 명의 선교사를 로마로 보내 교황에게 보고를 올리는 한편, 파리대학의 신학 교수들에게 그 일에 대한 권위적인 판단을 내려주길 요청했다. 그는 중국의 예수회 선교사가 하늘 숭상과 조상 제사를 용인한 것이 기독교 교의에 위배된다고 질책했다. 이에 예수회 선교사는 강희제에게 상서하여, 중국의 하늘 제사, 조상 제사, 공자 공경은 풍속이며 미신과 관련이 없다는 점을 황제 본인이 확인해주길 청했다. 수긍을 얻은 뒤 그들은 중국 황제의 회답을 로마로 보내서 질책에 응답했다. 샤를 메그로가 벌인 이 일은 현지 교도 내부에 불만을 야기했을 뿐만 아니라 본래 천주교 내부에서 토론하던 '중국 전례典禮 문제'를 공개화했다.

이른바 중국 전례 문제는 사실 전부터 존재했었다. 마테오 리치가

Deus를 '천주' 또는 '상제'로 번역하고 유교와 기독교가 융합할 수 있음을 증명하기 위해 힘쓸 때, 예수회 내부에서는 그에 대한 반대 의견이 있었다. 다만 수차례의 토론과 협상을 거치면서 중국에 대해 깊이 이해한 예수회 선교사들은 전반적으로 마테오 리치 규칙, 특히 중국의 의례가 교의에 위배되지 않는다고 여기는 쪽으로 기울었다. 따라서 천주교가 중국에 들어온 초기에 전례 문제는 비교적 완화되어 있었다.

신흥 교단으로서 예수회는 포르투갈과 교황청의 동맹에 기대 유럽과 해외 식민지에서 갖는 영향력이 한동안 중천에 뜬 해처럼 정점에 달했다. 그러나 17세기 후기에 이르러 예수회는 천주교 내부에서 배척당하기 시작했다. 포르투갈의 국력이 점차 약화되면서, 프랑스가 교황청의 신임을 가장 두텁게 받는 국가가 되었다. 로마는 해외 선교의 임무를 프랑스 국적의 선교사에게 위탁하기 시작했고, 그들은 차츰 나중의 파리외방전교회를 형성했다. 이 선교사들은 전반적으로 프랑스에 복무한다는 의식을 지니고 있는 데다, 본래 예수회에 불만을 갖고 있던 도미니크 수도회 및 프란체스코회 등 오래된 수도회와 합류하여 천주교 내부의 반예수회 세력이 되었다. 어떤 의미에서 '중국 전례 문제'는 본질적으로 천주교 세계의 쟁탈·알력의 수단으로, 표면적인 신학 논쟁의 배후에는 예수회 내부, 예수회와 다른 교단, 그리고 천주교 국가 간의 복잡한 정치적 이해의 갈등이 있었다.

샤를 메그로 이전에도 도미니크 수도회와 프란체스코회 수사들 사이에서는 유사한 전례 금지의 움직임이 있었다. 그들도 각기 로마에 소송을 제기하여 교황청이 중국 전례 문제에 대해 판단해주기를 기대했다. 그러나 교황마다 예수회에 대한 태도가 달랐고, 규정들은 서로 저촉되는 것이 많았다. 샤를 메그로가 1693년에 일으킨 파란은 1700년 계위한 새로운 교황 클레멘스 11세(Pope Clement XI)로 하여금 이 문제를 해결할 결심을 하도록 만들었다. 마침내 교회 내부의 논쟁은 로마교황청과 청 조정 간의 충돌로 변화했다.

클레멘스 11세는 측근인 찰스 토마스 메일라드 드 투르농(Charles-Thomas Maillard De Tournon)을 특사로 중국에 파견했다. 투르농은 프랑스인의 보호를 받으며 포르투갈을 우회하여 인도와 중국으로 항해했다. 사절단은 1705년 봄 마카오에 도착했고 곧장 북상하여 교단과 청 조정의 환대를 받았다. 강희제는 이번 특사의 방문을 매우 중시했다. 투르농이 베이징에 도착한 뒤 몸져눕자, 강희제는 그의 병세에 관심을 갖도록 여러 차례 명하고 사람을 보내 문안하며 선물도 하사했다. 1705년 베이징에 도착해서 다음 해 8월 떠날 때까지 특사는 여러 차례 강희제의 부름을 받아 만나며 함께 정원을 거닐었다. 그러나 양측은 내내 신뢰를 구축하지 못했다. 황제는 특사에게 전례 문제로 왔는지에 대해 수차례 질문하는 한편, 조상 존숭은 결코 미신이 아니라고 적극적으로 설명했다. 투르농은 중국을 방문한 목적을 감히 사실대로 알리지 못했다. 왜냐하면 1704년 말 교황청은 이미 조상이나 공자에 올리는 교도들의 제사를 금지하고 '천주' 이외에 '천'·'상제' 등의 단어 사용을 금지한다는 것을 결정했으며, 이 일은 마닐라를 통해 투르농에게 통지되었다.

1706년 6월 투르농은 이 논쟁을 일으킨 샤를 메그로를 푸젠에서 베이징으로 불러들여 예수회 선교사들과 토론하게 했다. 쌍방은 격론 속에서 전혀 공통 인식을 찾아내지 못했다. 메그로가 베이징에 오자, 강희제는 그에게 열하熱河 행궁으로 와서 알현하도록 명하고, 중국 경서를 어떻게 해석하는지 설명할 것을 요구했다. 메그로는 원치 않았지만 하는 수 없이 명을 따르고, 두 명의 중국 교서教書 선생의 수행을 받았다.

알현은 매우 희극적이었다. 샤를 메그로는 민난어閩南語만 할 줄 알아서 대답은 다른 선교사가 통역해야 했다. 강희제는 자리 뒤에 써붙여 있는 '경천법조敬天法祖'(하늘을 받들고 조상을 본받는다) 네 글자를 가리키면서 "너는 알아보겠느냐?"라고 물었다. 메그로는 한 글자만 알아볼 뿐이었다. 수행한 교서 선생이 무릎 꿇고 아뢰기를, 메그로가 경서를 해석할 때 그들의 말을 듣지 않고 한 서양인의 말만 들었다고 말했다. 황제는 다시, 일찍이 당신은 유학과 천주교의 차이를 논했는데 그 의미가 무엇인지 물었다. 메그로는 답할 수 없었다. 강희제는 당연히 화가 나서 회견 후에 하명하며 꾸짖었다. "우매하여 글자도 모르면서 멋대로 감히 중국의 도를 망령되게 논하는구나." 다음 날 또 투르농에게 훈계하기를 "메그로가 글자도 모르고 중국말도 잘하지 못하며 대화는 통역이 필요한데 이런 사람들이 감히 중국 경서의 도리를 말하다니, 마치 문밖에 서서 집에 들어와본 적 없는 사람이 집안의 일을 토론하는 것처럼 하는 말이 조금도 근거가 없다."라고 말했다.

이미 돌이킬 여지가 없음을 스스로 깨닫고 투르농은 베이징을 떠날 수밖에 없었다. 뒤이어 메그로 등도 쫓겨나 귀국했다. 투르농은 난징南京으로 남하한 뒤 선교사들에게 교황청의 금령을 전달하고, 이를 거역하는 자는 교회에서 제명될 것이라고 엄중히 경고했다. 그는 나중에 마카오로 쫓겨나 포르투갈인에 의해 수감되어 1710년에 사망했다. 그의 명령은 중국에 있는 교도들에게 심대한 불안을 야기했는데, 예수회 선교사들 중에는 집행을 거부하는 이도 나타났다 강희제는 화가 나긴 했으나 이때까지만 해도 아직 금교할 생각이 없었고, 투르농 등이 그저 중국의 국정國情을 잘 이해하지 못할 뿐이라고 생각했다. 오해를 풀기 위해 그는 1706년과 1707년에 4명의 예수회 선교사를 사절로 삼아 교황청에 파견했다. 그들에게 조서를 들려 보내서 해명하도록 한 것이다. 그러나 그 가운데 두 사람은 해난으로 죽고, 다른 두 사람은 교황을 만났지만 도리어 연금을 당했다. 1715년 클레멘스 11세는 「그날부터(Ex Illa Die)」라는 회칙을 반포하여 다시금 중국 교도가 '상제'·'천' 등의 단어를 사용하는 것을 불허하고 '경천敬天' 편액을 거는 것을 허락지 않았으며, 공자 제사와 조상 제사를 금해 장례도 행할 수 없도록 했다. 이 일을 들은 강희제는 아직 인내심을 유지하면서, 중국에 있는 선교사들에게 다양한 경로(러시아 포함)로 소식을 전달하여 수년 전 로마로 파견했던 사절을 찾을 것을 명했다. 교황청은 이즈음 전례 금지의 명령이 엄중한 결과를 야기했음을 이미 알아챘고, 사절을 찾고 있다는 강희제에 관한 소식을 듣고는 중국에 다시 사자를 보낼 필요가 있다고 느꼈다. 1719년 교황은 카를로 암부로조 메자바르바(Carlo Ambrogio Mezzabarba)를 임명하여 대규모 사절단을 이끌고 중국을 방문하도록 했다. 교황은 그가 구체적인 방식에서 조금 변통하는 것을 허용했지만 금령 원칙은 바꾸지 못하도록 했다.

강희제는 사절단에게 각별히 예우하며 카를로를 13차례 접견하고 친히 유가의 의례에 대해 설명했다. 그리고 만약 교황청이 전례 금지를 고집한다면 너희 선교사도 중국에 머물 필요가 없다고 명확히 말했다. 첫 번째 회견에서 강희제는 의도적으로 물었다. "내가 너희들 서양화를 보니 긴 날개가 달린 사람이 있더구나." 카를로가 답하길 "그것은 하느님이 날개가 있는 것처럼 빠르다는 점을 비유할 뿐, 정말로 이런 사람이 있지는 않습니다."라고 말했다. 강희제가 이어서 말했다. "중국인은 서양 글자의 의미를 알지 못하니 너희 서양의 사리를 판별하지 않는다. 너희 서양인은 중국 글자의 의미를 알지 못하면서 어찌 중국 도리의 시비를 함부로 논하는가? 짐의 이 질문은 바로 이런 뜻이다." 그러나 관계가 조금 완화되었을 때 강희제는 교황청의 금령을 조목조목 통역해 읽고 깊은 실망을 느껴서 친필로 비답해 말했다.

> 이 고시를 살펴보니 서양 사람들은 소인이라고밖에 말할 수 없다. 어찌 중국의 큰 도리를 말할 수 있겠는가. 하물며 서양 사람들은 한 사람도 중국 책을 알지 못하는 자들이 시비를 말하니 가소로운 것이 많다. 지금 사신의 고시를 보니 의외로 화상도사和尙道士·이단소교異端小敎와 같다. 서로 아무 말이나 하는 것이 이보다 더 심하지는 않을 것이다. 앞으로 서양인은 중국에서 선교를 행할 필요가 없으며 많은 일이 생기는 것을 면하도록 금지함이 좋겠다.

이후 카를로는 원만히 변통하려고 애썼지만 결국 강희제의 마음을 움직이지 못했다. 금교령은 처음에는 집행이 엄하지 않았다가 옹정제 시기에 이르러 조금 엄격해졌고, 건륭제 시기에 이르러 다시 때론 엄해지고 때론 느슨해졌다. 지방에서 여러 박해 사건이 일어나기는 했으나, 청황제는 도쿠가와 막부처럼 선교사와 교도를 함부로 잡아 죽이지는 않았다. 1715년 중국에 온 주세페 카스틸리오네처럼 적지 않은 선교사가 청조정에 계속 임용되었다. 그렇지만 어쨌든 본래 있던 문화 교류는 의심

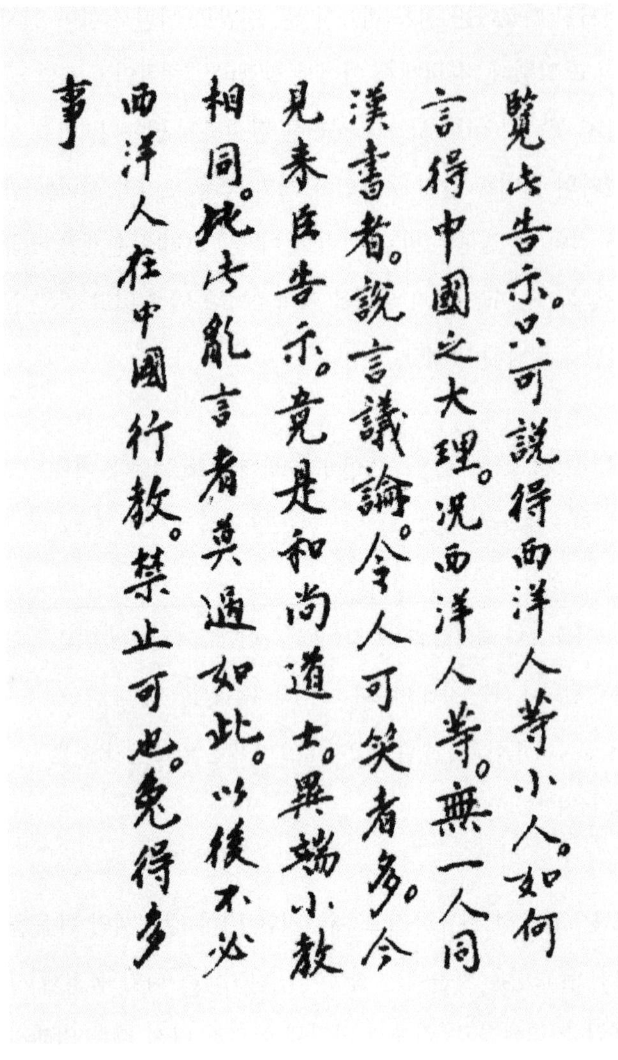

覧此告示。只可説得西洋人等小人。如何
言得中國之大理。況西洋人等。無一人同
漢書者。説言議論。令人可笑者多。今
見來臣告示。竟是和尚道士。異端小教
相同。彼此亂言者甚過如此。以後不必
西洋人在中國行教。禁止可也。免得多
事

강희주비|康熙朱批

『강희여라마사절관계문서영인본康熙與羅馬使節關系文書影印本』에서.
199쪽에 인용문으로 제시한 "이 고시를 살펴보니 서양 사람들은 소
인이라고밖에 말할 수 없다. …… 앞으로 서양인은 중국에서 선교를
행할 필요가 없으며 많은 일이 생기는 것을 면하도록 금지함이 좋겠
다."라고 쓴 글이다.

할 것 없이 중단되었고, 이는 중국·유럽 양측에게 모두 매우 아쉬운 일이었다.

냉정히 말해서, 청 황제는 기독교에 대해 보기 드문 개방과 관용을 보여주었다. 청 황제가 우려한 부분은 단지 그것이 사교 이단으로 빠져서 중생을 미혹하여 문제를 야기할 수도 있다는 점이었다. 청 황제는 여러 가지 종교 예법에 대해 최고 권위를 겸했음을 알아야 한다. 만주인의 샤먼, 몽골·티베트의 불교, 그리고 중원의 유교·도교는 모두 제국의 정교政敎에 극히 중요한 지주였다. 천주교가 불교·도교 및 민간신앙을 극단적으로 배척했음에도 불구하고 일찍이 샤먼과 티베트 불교를 숭배하는 청 황제에게 수용될 수 있었던 것은 부분적으로 마테오 리치와 그 추종자들이 구사한 유교와의 융합 전략 덕택이며, 더 크게는 통치자의 포용적인 도량이 체현된 것이다. 앞에서 언급했듯이, 청대 천하의 다원성, 그 전제는 다원 간에 서로 배척하지 않으면서 동시에 '천명'에 대한 숭배 아래 통일될 수 있는 것이었다. 그런데 중국 전례 문제에서 교황청은 유교를 근본적으로 이단으로 간주하고 동아시아 세계 속 '천'의 합법성을 부인했다. 이는 동아시아의 다원적 문화 전체를 근본적으로 부정하는 것과 같았다.

강희제의 금교는 교황청과 누차 시도한 소통이 성과를 거두지 못한 뒤 어쩔 수 없는 반응이었다. 그는 처음부터 내내, 문제를 일으킨 자는 단지 "중국 글자를 50자도 모르는" 샤를 메그로로서 분명 그가 로마로 도망친 뒤 시비를 부추겼음이 틀림없으며, 바로 그렇기 때문에 교황의 훈령이 메그로의 당시 발언과 한 글자도 다르지 않았던 것이라고 생각했다. 강희제는 메그로에 대해 "바로 천주교의 중죄인이며 중국의 반역자

······ 중국 모두를 실망시켜 비로소 불교·도교의 각종 이단과 같음을 알게 되었다"라고 질책했다. 말 속에 몹시 애석해하는 뜻이 느껴진다.

강희제는 로마와 베이징 사이에 발생한 분쟁의 실마리가 천주교 세계 내부의 정치투쟁에서 비롯된 구실에 불과하다는 사실을 생각해낼 수 없었다. 예수회가 구축한 교류의 플랫폼은 완전히 사라져버렸고, 선교사는 자기 자신조차 지키기 어려워졌다. 1773년 스페인과 프랑스의 압력 아래서 로마교황청은 예수회를 단속했다. 일찍이 유럽과 아시아를 교류케 하는 데 큰 공헌을 했던 이 교단은 그 뒤 약 40년 동안 자신이 충성을 맹세한 교황에 의해 불법으로 지정되었다.

08

북당의 불청객 : 조선 말기의 천주교

1784년 1월 베이징의 북당北堂. 프랑스 예수회 선교사 장 드 그라몽 (Jean de Grammont, 중국 이름: 감약한甘若翰)에게 이해 겨울은 꽤 길고 지루했다. 로마교황청이 예수회 해산을 선포한 뒤, 그는 줄곧 자신을 대신할 선교수도회(Congregation of the Mission) 선교사가 와서 이곳 예수회의 자산을 인수해주길 기다렸다. 그렇지만 그들은 늦도록 도착하지 않았다. 음력 신년 무렵에 오히려 불청객이 왔다. 한 젊은 조선인이었다.

젊은이는 자신을 이승훈李承薰이라 소개하며 이해 조선 동지사冬至使를 따라 베이징에 왔다고 했다. 그의 부친 이동욱李東郁은 동지사 여정의 견문을 기록하는 서장관書狀官의 책무를 맡았는데, 이번 사절단에 아들의 한직閑職을 마련해주었다. 그러나 이승훈의 마음속에는 다른 목적이 있었다. 그는 친우 이벽李檗의 당부를 받고, 이 기회를 이용해 베이징의 천주교 선교사를 심방하여 배움을 구하고 진리를 찾으려 했다. 그는 당시 이름이 더 널리 알려져 있던 베이징 남당南堂에 먼저 갔으나, 그곳은 화재로 인해 중수를 하고 있는 중이었다. 북당이 또 있다는 소리를 듣고 그는 서둘러 건너왔다. 신부는 이 조선 청년을 맞이하여 천주 교의를 전수하고 해설해주었다. 사절단이 머문 수십 일은 이승훈의 신학이 속성으로 양성된 시기가 되었다. 그는 이때 세례를 받았고, 오늘날 대다수는 그를 조선 최초의 천주교도라고 지칭한다.

그러나 엄격히 말해서 이승훈을 '최초'라고 하기는 어렵다. 일찍이 2세기가량 앞서 천주교가 한반도에 도래했다. 그 무렵은 도요토미 히데요시의 조선침략전쟁 시기로, 기리시탄 다이묘인 고니시 유키나가가 군사를 이끌고 거침없이 쳐들어온 때다. 고니시의 수하 장병들 중에는 그를 따라 입교한 자들이 많았는데, 군대의 사기를 위무하기 위해 그는 두 명의 예수회 선교사를 종군하게 했다. 이 두 선교사가 지역민에게 전교했다는 사실을 증명할 증거는 없지만, 일군日軍에게 약탈당한 평민들과 조선인 포로들이 천주교를 접촉했을 가능성은 크다. 전쟁이 끝나갈 때쯤 적지 않은 수의 조선인이 철수하는 일군에게 끌려갔는데, 그들 가운데 일부는 세례를 받고 최초의 조선인 교도가 되었다. 1622년 '겐나 대순교' 때 수 명의 순교자는 바로 조선인이었다. 막부가 금교한 뒤, 조선은 일본 방면을 통해서는 천주교를 다시 접촉하기 어려웠다. 그러나 중국 방면의 침투는 실처럼 끊어질 듯하면서도 끊어지지 않았다.

1636년 홍타이지가 두 번째로 조선을 침입했을 때, 그는 조선으로 하여금 명조와의 종번 관계를 단절하고 청을 상국으로 받들도록 압박했다. 조선의 소현세자昭顯世子와 동생 봉림대군鳳林大君(훗날 효종)은 선양瀋陽에서 인질로 구류되었다. 청군이 입관한 뒤 소현세자는 베이징에서 수

개월 머물렀는데, 그 기간에 예수회 선교사 아담 샬과 자못 친분이 있었다. 그는 서양 과학기술과 기독교에 흥미를 나타냈다. 아담 샬에게 보낸 서신에서, 자신이 확보한 과학·교리 서적을 귀국한 뒤에 간행해 보급하려 한다고 썼다. 1645년 청은 세자를 송환했다. 소현세자는 귀국하면서 아담 샬로부터 선물받은 서적과 예물을 가지고 갔을 뿐만 아니라 세례를 받은 전 명조의 환관과 궁녀를 수 명 거느리고 갔다. 애석하게도 세자가 귀국하고 얼마 되지 않아 급사하여 그가 들여온 서적 등도 당시 조선에 영향을 주지 못했다.

기독교 교의는 후에 청조에 파견된 조선사절단을 통해 '천학天學'이라는 이름으로 반도에 수입되었다. 조선이 빈번히 사절을 보낸 중요한 목적 중 하나는 중원의 정보와 서적을 수집하기 위해서였다. 명·청 시기 예수회 선교사가 가져온 천문·지리·역산曆算 등의 지식과 함께 그들이 편찬하거나 번역한 천주교 문헌(마테오 리치의 『천주실의天主實義』를 포함해서)은 당연히 연행 사절단의 날카로운 시선을 비껴갈 수 없었다. 게다가 청조는 서양 선교사를 중용하고 중원 지식계에서는 많은 영역에서 유럽의 방식을 끌어들이는 것이 현저한 신경향이었다. 조선의 문인 사대부는 유럽의 과학기술을 접한 뒤 서양 선교사들에 대해서도 흥미가 가득해져 일단 베이징에 갈 기회가 생기면 선교사들을 방문하여 얘기를 나누고자 했다. 내왕이 계속되면서 점차 조선 사인은 이른바 '천학'이 일종의 새로운 학술일 뿐 아니라 그 뒤에 완정하고도 새로운 우주관과 가치관이 더 있다는 사실을 인식해갔다.

일본·중국의 사인들과 마찬가지로 조선인도 과학 지식에 대한 관심으로 천주교를 접촉했지만, 두 나라와 달리 조선에서는 최초로 형성된 천주교 단체가 완전히 자생 조직이며 유럽 선교사가 그들에게 포교하거나 교리를 강해해주지 않았다. 그들의 집회는 문인들의 아회雅會 같은 성격도 약간 있었는데, 유가 경전을 토론하면서 동시에 서학도 토론했다. 그 가운데 이벽李檗은 가장 먼저 천학을 접하지는 않았지만 후에 천학 단체의 핵심 인물이 되었으며, 이승훈李承薰, 정약전丁若銓, 정약용丁若鏞, 권일신權日身 등이 그 속에 집결했다. 그들 다수는 당쟁 가운데 배제되어 정치 면에서 상대적으로 주변에 처한 인물이었다. 사상 의식의 면에서는 공허하고 추상적인 성리학의 철리哲理에 대해 논하기를 줄이고, 현실에 유익한 학문으로 정치와 사회 문제를 풀어내려는 지향이 있었다. 주류 사인들과 달리 그들은 더 이상 청조를 간단히 오랑캐(胡虜)로 간주하지 않고 청조(뿐만 아니라 서양)에게서 배워야 한다고 주장했다. '천학'이 이들 사인 속에서 환영을 받은 것은 이른바 실학 의식이 조선에서 일어난 것과 상보적 관계로 이루어진 일이었다.

1784년 이승훈이 이벽의 부탁을 받고 베이징에 가게 되면서, 이 사람들 가운데 최초로 세례를 받은 교도가 생겨났다. 이승훈은 귀국한 뒤 다시 이벽에게 세례를 해주었고, 이렇게 천주교 무리가 점차 확대되었다. 이듬해 그들은 집회 장소를 이벽의 집에서 명동에 있는 다른 교우의 집으로 옮겨 '명례방明禮坊'이라고 이름했다. 이곳은 훗날 천주교 서울 교구 명동성당의 소재지가 되어 한국 천주교의 탄생지로 인식된다.

동아시아의 다른 두 국가와 마찬가지로 조선 정부 측에서도 서양 지식을 배척하지 않았으나, 천주교의 이념에 대해서는 매우 경계했다. 조선은 유가 이학으로 나라를 세워 사상 면의 관리 통제가 매우 엄격했다. 엄혹한 정치투쟁은 종종 이학 투쟁의 모습으로 나타났고, 이학에 대해 의심을 품는 어떠한 언론도 이단시되었다. '천학'이 본래 유학의 논리와 맞지 않는 부분을 포함하고 있는 데다 천학 단체 시인의 당파적 경향도 분명했기 때문에, 검열을 당하고 이단의 이름으로 억압을 받는 것은 매우 당연한 일이었다. 명례방은 곧 고발되어 짓부서졌다. 얼마 후 이벽은 우울하게 죽었다.

이후 이승훈이 조선 천주교의 지도적 인물이 되었다. 그는 자신의 깊지 않은 교리 지식을 가지고 현지 교회를 만들어 스스로 주교와 신부를 임명하고 교회 의식을 거행했다. 나중에서야 그들은 이러한 방법이 교회 규정에 위반된다는 사실을 알았다. 1789년 전라도 출신의 교우 윤지충尹持忠은 그들의 부탁을 받고 베이징에 가서 주교 알레산드르 드 구베아(Alexandre de Gouveia, 중국 이름: 탕사선湯士選)에게 도움을 구했고, 과연 구베아는 그들이 단지 세례만 줄 수 있으며 의식은 거행할 수 없다고 답변했다. 다시 두 해가 지나고 윤지충이 어머니 상을 당했는데, 그와 같은 교도인 처남 권상연權尙然이 천주교 방식을 고수하여 상례도 그에 따라 행하고 조상의 위패도 태워버렸다. 이 행동이 지닌 유가에 대한 부정적 의미는 너무나 분명했고, 당연히 조선 당국의 단호한 탄압을 야기했다. 윤지충과 권상연 두 사람은 종교를 버리는 것을 거부하고 사형에 처해졌다.

이런 상황 아래서 구베아는 한동안 감히 경솔하게 조선에 신부를 파견하지 못했다. 1794년에서야 그는 마침내 파리외방전교회의 중국 국적 신부인 주문모周文謨를 조선인으로 변장시켜 반도에 잠입해 비밀 선교하도록 했다. 주문모의 입국은 교회 체계가 없던 조선의 국면을 바꾸었다. 주문모는 양반·중인·상민·천민의 구분을 타파하고 신도를 광범위하게 확장시켜 조선 교도의 수가 일시에 급속히 증가했다. 조선 정부는 "아비도 없고 군주도 없는(無父無君)" 천주교를 사교邪敎로 간주하고, 주문모를 강력히 수사하여 체포했다. 1801년 이미 압록강 변까지 달아난 주문모는 수백 명의 교도가 그로 인해 체포되었다는 소리를 듣고 차마 견디지 못해 결국 한성으로 돌아와 자수했다. 그와 이승훈 등이 참수되었고, 정약용 등 많은 사람들이 유배를 당했다. 이 교난敎難을 역사는 '신유사옥辛酉邪獄'이라고 부른다.

신유교난 중에 발생한 가장 극적인 상황은 아마도 '황사영 백서黃嗣永帛書'일 것이다. 황사영은 진사로 1791년 세례를 받았다. 1801년 체포된 주문모와 조선의 많은 교도들을 구출하기 위해서 26세의 황사영은 베이징의 구베아 주교에게 장편의 백서를 보내려 시도했는데, 뜻하지 않게 발각되고 말았다. 이 밀서의 글자 수는 1만 3,300여 자에 달하며, 그 속에 과거 여러 해 동안 조선의 금교 사건과 이번 교난의 당쟁 배경을 상세히 고발했다. 가장 심각한 문제는, 종국엔 교황으로 하여금 군대를 파견시켜 조선이 종교를 받아들이도록 강박해주기를 건의한 것이다.

이 나라의 병력은 본래 가냘프고 약해서 모든 나라 가운데 제일 끝인데다 태평한 세월을 200년간이나 계속해왔으므로 백성들은 이제 군대가 무엇인지 모릅니다. 위로는 뛰어난 임금이 없고 아래에는 어진 신하가 없어서 자칫 불행한 일이 있기만 하면 흙더미처럼 와르르 무너져버리고 기왓장처럼 부서질 것이 틀림없습니다. 만약, 그럴 수만 있다면 전선 수백 척과 정병 5만~6만을 얻어 대포 등 날카로운 무기를 많이 싣고, 이와 함께 글 잘하고 사리에 밝은 중국 선비 서너 명을 데리고 바로 이 나라 해변에 이르러 국왕에게 이렇게 글을 보내 말해주십시오. "우리는 서양의 전교하는 배(舶)로서, 자녀나 재물 때문에 온 것이 아니라 교황의 명령을 받아 이 지역의 생령을 구원하려는 것입니다. 귀국에서 한 사람의 선교사를 용납하여 기꺼이 받아들인다면 우리는 그 이상 더 많은 것을 요구하지 않을 것이며, 한 방의 탄환이나 한 대의 화살도 쏘지 않고 티끌 하나 풀 한 포기도 건드리지 않을 것이며, 영원한 우호 조약만 맺은 뒤 북 치고 춤추며 돌아갈 것입니다. 그러나 만약 천주님의 사자를 받아들이지 않는다면, 마땅히 주님이 주시는 벌을 받들어 행하고 죽어도 발길을 돌리지 않을 것입니다."

이 서신이 발각되었을 때 천주교의 위협은 의례나 이념 차원의 그렇게 간단한 문제로 치부할 수 없게 되었음을 미루어 알 수 있다. 그것은 결국 한 명의 사인으로 하여금 외국과 내통하여 반역을 도모할 수 있게 할 만큼 엄연한 안보의 대환大患이었다. 천주교에 대한 조선의 정책은 점점 더 단호히 '척사斥邪'에 놓일 수밖에 없었다.

중국·일본과 비교해볼 때 초기 근대의 조선은 유럽과 접촉하는 통로가 가장 제한적이었으며 가장 보수적으로도 보이는 듯하다. 그러나, 그럼에도 불구하고 기독교와의 관계라는 각도에서 볼 때 조선은 결코 오로지 봉쇄된 '은자의 나라'가 아니었다. 오히려 접촉 수단의 한계로 인해, 서학과 천주교에 대한 몇몇 조선 사인의 태도는 피동적으로 받아들이지 않고 더 주동적으로 나아가 취하는 것이었다. 조선의 지식인은 중국의 도움에 힘입어 많은 유럽 문화와 사상을 흡수했다. 또한 현대 조선의 신분 인식 형성에서 명·청 교체의 충격을 제외하면 서학으로부터 받은 자극이 더 중요한 하나의 유인이었다.

　19세기 후기에 조선은 강요에 못 이겨 중국과 이어져오던 종번 정치적 유대를 단절하고, 이어 일본에 병탄되었다. 이때 외래의 기독교(천주교와 신교를 포함해서)는 일종의 저항적 태도로 독립운동과 민족의식의 형성에서 매우 큰 역할을 했는데, 많은 반일 독립 인사들이 기독교 배경을 깊이 가지고 있었기 때문이다. 기독교와 한국 민족국가 건설의 과정은 긴밀히 연결되어 있으며, 이후 민주화운동에서도 중요한 역할을 했다. 1784년 북당에서 조우한 지 200년 뒤, 한국은 동아시아 세계에서 가장 기독교화한 국가가 되었을 뿐 아니라 세계적으로 가장 선교에 열중하는 국가이기도 하다.

09

'쇄국' 신화의 배후

　　이제까지 16~18세기의 유라시아 교류를 말할 때 중심은 모두 유럽인이 갖가지 목적을 갖고 동방으로 왔다는 것이고, 그 반대 방향의 여정은 매우 적게 언급되었다. 이는 물론 전체 모습이 아니다. 이 시기에 구미를 방문한 일본인이나 중국인은 상대적으로 많지 않고 공식 기록도 적지만, 유라시아의 왕래는 결코 일방적이지 않았다. 그 가운데 두 차례 공식 사절의 파견은 특별히 언급할 만하다. 하나는 17세기 초 일본이 파견한 하세쿠라 쓰네나가支倉常長 사절단이고, 다른 하나는 강희 연간 번수의樊守義의 여행이다. 한 사람은 동쪽으로 태평양을 건너서, 또 다른 한 사람은 서쪽으로 인도양을 가로질러, 모두 아메리카 식민지를 경유하여 유럽에 이르렀다.

　　하세쿠라 쓰네나가(1571~1622)는 혼슈本州 도호쿠東北 출신이며, 센다이仙台 다이묘인 다테 마사무네伊達政宗의 가신으로, 젊은 시절에 일찍이 도요토미 히데요시의 조선침략전쟁에 참여했다. 그는 1613년 명령을 받아 유럽을 방문하고 1620년 일본으로 되돌아왔다. 이 방문의 배경은 당시 날로 친밀해지던 스페인과 일본 사이의 무역 관계였다. 포르투갈에 비해 스페인은 일본 시장 개척에서 후발 주자로, 자연히 처음부터 견제가 적지 않았다. 그렇지만 초기 도쿠가와 막부는 포르투갈과 예수회 선교사 세력의 균형을 맞추기 위해, 그리고 필리핀 및 멕시코(당시 뉴스페인으로 불림) 등 서구 식민지와의 무역을 넓히기 위해 의도적으로 스페인 세력을 끌어들였다. 1611년 막부는 프란체스코 수도회의 한 수도사를 사절로 임명해 일본인들을 이끌고 뉴스페인에 방문하여 현지 총독에게 문안하게 했다. 총독도 사절을 파견하여 답방했는데, 그 사절이 귀로에 폭풍을 만나 할 수 없이 일본으로 되돌아왔다. 막부는 그를 돌려보내기 위해서 다테 마사무네에게 선박을 건조하고 사절단을 보내 수행하도록 하는 책임을 맡겼다. 그런데 이 사절단의 목적지는 뉴스페인만이 아니고 스페인 본토와 로마에도 가는 것이었다. 이 임무는 바로 다테의 근신인 하세쿠라 쓰네나가에게 내려졌다.

1612년 최초 출항이 실패한 뒤, 이듬해 10월 하세쿠라 쓰네나가는 약 180명가량의 사절단(22명의 일본 무사, 120명의 일본 상인과 선원, 약 40명의 스페인인과 포르투갈인)을 이끌고 마닐라를 거쳐 아메리카로 항행했다. 종교는 이번 사명에서 중요한 중개 역할을 했다. 다테 마사무네는 교황에게 보낸 서신에서 일본과 멕시코의 통상을 희망한다는 내용과 함께 자신의 영지 내에서 선교를 위한 편의를 제공할 것을 허락했다고 썼다. 부사副使를 맡은 스페인 프란체스코 수도회 수도사 루이스 소텔로(Luis Sotelo, 중국 이름: 색특락素特洛)가 보기에, 다테는 세례를 받지는 않았지만 이미 교의를 받아들이고 있었으며, 이번 사절이 파견되는 목적은 주로 종교적인 측면에 있었다.

3개월여의 항행을 거쳐 하세쿠라 사절단은 1614년 1월 멕시코의 아카풀코(Acapulco)에 도착했다. 그곳에서 반년 머문 뒤 다시 출항하여 4개월 가까이 고생스런 여정 끝에 스페인에 도달했다. 하세쿠라는 국왕 펠리페 3세(Philip Ⅲ)에게 무역을 요청하는 다테 마사무네의 서신을 직접 건넸다. 체류 기간에 하세쿠라는 세례를 받고 '펠리페 프란시스코(Don Felipe Francisco)'라는 세례명을 얻었다. 1615년 11월 하세쿠라는 프랑스를 거쳐 이탈리아로 간 뒤 로마에서 교황 바오로 5세(Pope Paul Ⅴ)를 알현하고 재차 통상과 선교사 파견을 희망하는 요구를 전달했다. 사절단은 도착하는 곳마다 열렬한 관심을 받았는데, 유럽인이 보기에 몇몇 사소한 생활 모습(예를 들어 젓가락을 사용하고 종이로 코를 푸는 것 같은)도 새롭고 흥미진진한 이야깃거리가 되었다.

하세쿠라는 2년 동안 유럽에 머물다가 1617년 여로에 올라 스페인과 멕시코를 거쳐 귀국했다. 그가 해안에 도착했을 때는 1620년이었다. 그때의 일본은 7년 전 그가 떠났을 때와 많이 달라져 있었다. 그가 출발한 바로 이듬해 막부는 금교를 명문화하여 공포했으며, 스페인과의 무역 관계도 이로 인해 영향을 받았고 이후 철저히 단절되기에 이르렀다. 시세의 전환 때문에 하세쿠라는 일본을 변화시키는 인물이 될 수 없었지만, 그의 사행은 마침내 유럽이 일본을 대면해서 이해하도록 했으며, 근세 일본이 세계에 대해 품은 진취적 태도를 충분히 드러내주기도 했다.

강희 황제가 유럽에 사절을 파견한 일은 하세쿠라 사절단이 유럽을 방문한 지 거의 1세기 뒤에 발생했다. 천주교의 유교 제례에 대한 용납

여부 문제를 놓고 로마교황청과 청조의 입장이 팽팽히 맞섰고, 강희제
는 여러 예수회 선교사를 연이어 로마로 파견하여 교황청과 소통하고 해
명하기를 희망했다. 그렇게 파견된 한 사신이 프랑스 예수회 선교사 조
제프 안토니 프로바나(Joseph-Antoine Provana, 중국 이름: 애약슬艾若瑟)였
다. 프로바나와 동행하여 유럽에 간 사람은 산시山西 핑양平陽 출생의 중
국 천주교도 번수의樊守義(1682~1753)였다.

그들 일행은 1707년 마카오를 출발하여 포르투갈이 점령한 보르네
오·말라카·수마트라에 먼저 도착했고, 이후 쭉 삼사 개월 인도양을 가로
질러 서쪽으로 항해하여 희망봉에 다다랐다. 유럽으로 항해하는 도중에
물 부족으로 인해 브라질의 바이아(Bahia, 살바도르Salvador)에 정박했다.
번수의는 나중에 쓴 여행기에서 당시 바이아의 물산, 건축과 인문 상황
을 기술했다. 그는 비록 최초로 유럽 선박을 따라 아메리카에 도달한 중
국인이라고 할 수는 없지만, 그의 기록은 아마도 중국 최초의 아메리카
관련 문헌일 것이다. 그들은 이후 포르투갈로 가서 국왕 주앙 5세(John
V of Portugal)의 열렬한 접대를 받고, 다시 스페인과 프랑스를 거쳐 이
탈리아에 도착했다.

강희제의 사명을 받았기 때문에 프로바나와 번수의는 교황 클레멘스
11세를 접견할 수 있었다. 번수의의 기록은 이렇다. "교황을 접견하고 우
대를 받았으며 궁전을 참관했다. 안팎의 많은 건축이 높고 크며 기이하
여 예상하기 어려웠다." 그런데 그가 쓰지 않은 것으로, 그에게 맡겨진
사명, 즉 교황에게 중국의 의례를 해명하는 일은 거의 이뤄지지 못했다.
프로바나는 자신이 가지고 간 강희제의 서신에 옥새가 찍혀 있지 않다는
이유로 의심을 받고 로마에 2년여 연금되었으며, 이후 다시 밀라노와 토

리노에 각각 3년간 갇혀 있었다. 수년 뒤 강희제가 사자를 찾는다는 소식이 전해지자 교황은 비로소 프로바나가 중국으로 돌아갈 수 있게 허가하면서, 아울러 그에게 병으로 지체되었을 뿐이라 말하라고 신신당부했다. 한편, 이 기간에 번수의는 이탈리아의 유명 도시들을 두루 구경하면서 신학을 연구하고 예수회에 가입했으며, 졸업 후에는 신부(司鐸)로 승진했다.

돌아오는 길에 프로바나는 희망봉에서 사망했다. 번수의는 프로바나의 유해를 호송하여 1720년 광저우에 상륙했다. 강희제는 프로바나를 사절로 보낸 일을 매우 중시했으므로 이 신부를 후장厚葬하라 명하고, 번수의에게는 교황이 파견한 카를로 사절단과 함께 열하로 와서 알현하도록 하여 자세한 사정을 알아보았다. 수많은 왕공과 대신은 번수의가 두루 여행하며 넓힌 견문에 흥미를 느끼고 그를 부추겨 편폭이 그리 길지 않은 여행기 『신견록身見錄』을 서술하도록 했다. 이는 초기 중국-유럽 교류를 증명하는 중요한 한문 문헌이다.

하세쿠라 쓰네나가와 번수의, 이 두 사람이 처했던 시대는 공교롭게 양국에서 천주교의 운명이 역전되던 때였다. 그들에게서는 외부 세계에 대한 동아시아의 폐쇄와 배척을 알아보기 어렵고, 오히려 주도적으로 소통하려 했던 노력이 더 많이 보인다. 그렇다고 해도 금교를 계기로 초래된 교류의 중단은 19세기 이래의 주류 서술에서 여전히 지속적으로 동아시아 국가의 일방적인 '폐관閉關'·'쇄국鎖國'으로 묘사되고 있다. 이러한 수사는 도대체 어떻게 온 것인가?

'쇄국'이라는 단어는 일본에서 기원했다. 1633년부터 도쿠가와 막부는 일련의 금령을 반포하여 스페인·포르투갈과의 관계를 단절하고 네덜란드와 중국의 상선만 나가사키에서 무역할 수 있도록 허가했다. 이 금령은 막부 말기까지 내내 유지되었다. 주의할 필요가 있는 것은 일본은 나가사키 외에 쓰시마섬, 사쓰마 번, 마쓰마에松前 번을 통해 조선·류큐·에조(에미시蝦夷)와의 왕래를 유지하면서 동아시아와 동남아의 무역권을 연결하고 있었다는 점이다. 유럽 국가 중에는 네덜란드(그리고 일정 시기의 영국) 외에 러시아인도 동쪽으로 태평양까지 확장한 뒤 여러 차례 일본을 방문했다. 바꾸어 말하면 금령이 겨눈 것은 천주교 및 그 배후의 스페인과 포르투갈 양국뿐이었다. 목표와 실질을 막론하고 모두 스스로 가둔 것(자아봉쇄)은 아니었다. 그러나 이러한 특정 대상을 겨눈 정책은 후세에 '쇄국령'으로 지칭되었다.

개념 뒤에는 이데올로기가 있다. 18세기 독일인 엥겔베르트 캠페르(Engelbert Kaempfer)는 자신이 네덜란드 동인도회사의 일본 방문에 참여했던 경험에 근거해, 유럽에서 심대한 영향을 끼친 3권의 『일본사』를 출판했다. 그는 이 책에서 일본이 외국과의 교통이 단절된 국가라고 단언했다. 19세기 초 일본 난학자 시즈키 다다오志筑忠雄는 이 유럽인의 일본에 대한 얕은 이해를 번역할 때 '鎖國(さこく)'이라는 단어를 처음으로 만들었다. 미국이 견고한 함선과 고성능 대포를 가지고 일본을 강제로 개방시킨 뒤, 종래 어떤 정령政令 속에도 출현한 적이 없던 '쇄국'이라는 단어는 에도시대 일본의 '자아봉쇄'에 대한 고정 인식이 되었고, 이후로 전근대 동아시아 세계 전체에 대한 '상식적' 묘사로 더 확대되었다.

일본은 당연히 '쇄국'한 적이 없었다. 특정 국가와 관계를 단절한 것은 안보 위협에 직면했을 때의 징벌 수단이었다. 일본이 '쇄국'했다고 한다면, 막부가 해외 정보에 보인 강렬한 관심, 해외무역에 대한 지속적인 갈망, 그리고 나중에 '난학'으로 지칭되는 서학의 대두를 설명할 수 없다. 그러나 아마도 '쇄국'을 신화화하고 동아시아 세계가 이전에 폐쇄적이었다고 굳게 믿는 것만으로 이후 영미가 동아시아를 강제로 '개국'시킨 기점의 의의를 대칭적으로 드러낼 수 있었기 때문이었을까? 동아시아의 역사를 곧 '쇄국'과 '개국'이라는 기본 논리로 삼아 파악하는 것은 구미가 주도하는 '현대' 서술을 구성하는 요소가 되었다.

이렇게 반문해보자. 만약 천주교에 대한 반대가 자아봉쇄를 의미한다면, 역사상 다른 문화를 용인하지 않으려 했던 이는 도대체 누구인가? 금교를 집행한 옹정 황제는 일찍이 선교사의 간청을 대면하고 반문한다. "만약 라마승 한 무리를 당신들 국가에 보내서 그들의 교의를 전파하도록 한다면 당신들은 어떻게 말하겠는가? 당신들은 어떻게 그들을 접대할 것인가?" 20세기 영국 사학자 제프리 허드슨(Geoffrey F. Hudson)이 『유럽과 중국(Europe & China)』에서 쓴 일단의 평가는 마침 200년 전 옹정제의 이 질문에 대한 답변을 구성한다.[*]

> 17세기에 그들이 제한적인 관용을 얻는 데 완전히 성공했다는 바로 그 사실은 중국이 그 시기에 종교 문제에서 천주교 유럽보다 더 자유로웠다는 증명이다. 당시 기독교 선교사는 스페인이나 이탈리아 혹은 유럽의 어느 지역에서도 받아들여지지 않았다는 것은 분명하다. 극동의 천주교 선교사들이 중국에서 그들의 선교를 위해 관용을 구할 때, 알바

---

[*] 인용문에 대해 원서에서는 "아래는 리선李申 등이 번역한 중국어판으로 인용한 글이다."라고 괄호 안에 주석으로 달아놓았지만, 본서에서는 영문판 원서의 해당 부분을 역자가 직접 번역했다.

(Fernando Alvarez de Toledo, 3rd Duke of Alba)는 네덜란드의 신교도를 살육하는 데 분투했고, 화형은 종교재판소가 세속 재판에 '풀어준' 희생자를 태워 없애고 있었다. 1692년 프랑스 예수회가 강희제로부터 기독교 포교의 자유를 윤허하는 칙령을 얻었을 때, 위그노(Huguenot)는 불과 수년 전 악명 높은 용기병 박해(dragonnade)*를 당하고 프랑스에서 추방되었다. 멀리 19세기에 이르기까지 천주교 교회는 자신들의 영토 내에서 이단을 제거하는 일이 천주교 세속 권력의 책임이라는 것을 끊임없이 선포했다. 따라서 천주교 선교사가 어떤 원칙에 근거하여 자신들에 대한 관용을 요구했는지는 불분명하지만, 그들의 저술을 통해 볼 때 그들은 자신들의 개종을 방해하는 어떤 시도도 악의적인 행위로 여겼다.

---

* 용기병의 박해는 가톨릭교도인 프랑스 왕 루이 14세가 '용기병(Dragoon)'이라 불린 보병 부대를 동원하여 위그노, 즉 프랑스 개신교 신자들을 가혹하게 탄압한 사건이다.

6장

초기 지구화 : 동아시아의 중요한 역할

01

하얀 은, 검은 사람

"중국은 줄곧 세계에서 가장 부유한 나라였다. …… 그렇지만 오랫동안 정지된 상태로 정체된 듯하다." 영국의 고전경제학자 애덤 스미스 (Adam Smith)는 『국부론(The Wealth of Nations)』에서 이렇게 말했다. 그는 또 중국이 대외무역을 전혀 중시하지 않는다고 특별히 지적했다. "대일 무역을 제외하고 중국인은 자신이 직접 혹은 자기 선박을 이용한 국외 무역을 극히 적게 경영하거나 전혀 경영하지 않았다. 외국 선박의 출입을 허가한 항구도 한두 개에 불과했다. 따라서 중국에서 국외 무역은 좁은 범위에 국한되었다."

여태껏 역사는 단지 과거에 발생한 사실일뿐 아니라 과거에 대한 주관적 서술이었다. 현대에 왕성히 제기된 '쇄국' 담론은 유럽 조약 체제의 도래를 분수령으로 동아시아 역사를 '봉쇄에서 개방으로'라는 논리에 따라 허리를 절단한 것이다. 이 담론은 식민주의 '문명' 논술을 구성하는 중요 부분으로, 그 속에는 두 개의 큰 기둥이 있다. 하나는 정신과 신앙의 자유로 그 본질은 기독교 신앙의 자유이고, 다른 하나는 무역과 시장의 자유이다. 스페인과 포르투갈이 유럽을 제패하던 시대에 이 두 기둥은 포개져서 긴밀히 합쳐 있었다. 그러다가 네덜란드와 영국이 패권을 다투는 시대에 이르러, 종교적 요소는 무대 뒤로 숨고 무역 개방이 무대 위로 올라와서 한 지역의 '문명'을 가늠하는 중요한 표준이 되었다. 이는 수많은 역사 서술에서 왜 아편전쟁이 늘 청조의 자유무역 거부와 긴밀히 연결되는지와 인과관계를 구성한다. 그리하여 근대 동아시아에는 '쇄국'과 나란히 '폐관閉關'이라고 하는, 문명의 등급을 암시하는 또 다른 라벨이 붙여졌다. 초기 기독교가 일본에서 어떤 애증을 받았는지에 대해 거론하지 않고 그저 '쇄국'이라는 단어로 일본이 서양 문화를 거부했다고 지탄하는 것과 마찬가지로, '폐관'도 역사의 장기성·변화성을 무시하고 극히 간단한 개념으로 중국과 세계의 대립을 형성해놓았다.

영미 사학계에서 동아시아 '폐관쇄국론'은 1970~1980년대 이래 문제 제기와 비판을 받아, 엄정한 학자들은 일찌감치 전근대 동아시아의 고립·보수·정체라는 논법을 거부했다. 그럼에도 불구하고 사회 여론 속에서 전근대 동아시아의 폐쇄·수구라는 형상은 여전히 큰 시장을 갖고 있다. 이러한 논리에 따르면, 중국, 일본, 한반도는 대항해시대 이래의 지구화 흐름으로부터 오랫동안 스스로를 멀리해왔다. 동아시아에 깊이 뿌리박힌 전통문화와 아시아 생산방식에 사로잡혀 자본주의는 내부에서 생장할 수 없었으며, 반드시 유럽 문명이 도래해야만 동아시아는 비로소 세계에 '받아들여지고' 역사가 마침내 이곳에서 시작될 수 있었다.

설령 우리가 지구화의 시작을 (유럽인이 주도한) 대항해시대에 있다고

정하고 (유럽) 자본주의의 기반 형성과 전개를 근대 세계체제 형성의 주요 동력으로 간주한다고 해도, 다음과 같은 질문을 피할 수 없다. 즉, 만약 동아시아(및 아프리카, 아메리카) 세계의 참여가 없었다면 새로운 생산 방식과 교환 방식이 어떻게 단기간에 전 지구에 새로운 땅을 개척하고, 그것들이 향하는 곳마다 풍미할 수 있었을까? 사실 나중에 '동아시아'로 지칭되는 지역은 지금까지 스스로를 세계로부터 멀리하지 않았을 뿐만 아니라 무역 지구화의 중요한 추동자 가운데 하나였다. 16세기 이래 전 지구적 무역 체제의 급속한 신장은 바로 동아시아 지역의 정치 구조가 재구성되는(일본의 통일과 만주의 부상을 포함해) 것과 동시에 진행되었다. 양자는 상호 영향을 끼치면서 상당 정도로 이 지역에서 지구화의 면모를 만들었다.

대항해시대의 도래는 기후, 환경, 지정학, 자원, 기술 등 수많은 요소의 영향을 받았다. 그리고 인류 사회의 다양한 상품에 대한 수요는 곧 해외 탐험을 촉진하는 주체적 동력이다. 초지역적인 상품 교환과 인적 이동은 결코 현대의 무슨 현상이 아니다. 유라시아 대륙 및 인도양 지역에서 중국, 일본, 중앙아시아, 남아시아, 아라비아 지역의 상인은 일찍이 방대한 초지역적 무역 네트워크를 개척하고 주도했다. 유럽인은 아메리카와 아프리카를 식민지로 삼고 대서양에서 태평양에 이르는 무역 통로를 건립하여 인적·물적 왕래의 범위와 경로와 규모를 크게 제고했다. 하지만 유럽 식민주의자들은 동양 해역에서의 무역에 이르러서는 상당 부분 인도양-태평양에 걸쳐 일찍부터 존재해온 무역망의 도움을 빌리는 데 그칠 뿐이었다.

초기 지구화 가운데 환영을 크게 받은 상품은 총·주류·실크·귀금속·

모피·설탕·향신료·차·도자기 등이었다. 그중 동아시아의 현대 역사에 특수한 영향을 끼친 상품은 백은白銀이었다. 학계에서 백은의 유통사 연구는 이미 상당히 깊이 진행되었으며, 그에 따라 초기 지구화에서 동아시아 세계의 중요한 역할도 재인식되고 있다.

백은은 위에 언급한 다른 상품들과 다르다. 그것은 일종의 상품이기도 하고 일종의 화폐이기도 하다. 16세기 무렵 백은은 점차 동아시아 경제권 내부 및 유럽과 동아시아 사이에 가장 주요한 무역 결제 수단이 되었다. 그것의 생산과 전파와 소비는 아메리카, 유럽, 중앙아시아, 동아시아 등지를 연결했고, 전 지구적 무역의 유기체를 흐르는 혈액이 되었다. 일본 학자 하마시타 다케시濱下武志의 설명에 따르면, 백은 공급이 16세기 이래 갑자기 높아진 까닭은, 예컨대 아메리카·일본·유럽에서 은광 산지의 증가, 수은 정제법이 가져온 생산량 확대 등 몇 가지 측면의 역사적 진전이 결합한 결과였다. 백은의 공급은 황금, 동, 수은 등 다른 금속과의 비교 가격에 영향을 받았다. 또한 수요 측면에서, 송宋·원元 이래 백은이 역외로부터 부단히 유입됨에 따라 중원 지역에서 은 소비가 지속적으로 증가했다. 명대 재정과 부세賦稅 개혁(특히 일조편법一條鞭法)은 중원에서의 화폐화를 더욱 가속화했다. 백은은 상품경제가 상대적으로 발달한 연해와 강남 지역에서 대량으로 사용되었고, 나아가 변경 지대에도 유입되어 서남 소수민족 사회에서 중요한 의례 물품이 되었다. 중국이 도대체 얼마나 많은 액수의 아메리카 백은을 흡수했는지에 대해서는 학계의 추산이 일치하지 않지만, 당시 중국이 세계 백은의 최대 유입지라는 데는 의문의 여지가 없다.

중국 자체는 결코 산은국産銀國이 아니며 동아시아 전체는 일본을 제외하고 산은 능력도 강하지 않았지만, 아메리카 백은은 사회생활의 각 방면에 침투하여 없어서는 안 되는 것이 되었다. 16세기 이래 중국 및 동아시아 사회의 번영과 안정이 일찍부터 역외 상품의 수입, 특히 백은의 수입과 밀접한 연관이 있으며, 이 지역에서 대외무역이 점하는 중요성은 숨길 수 없는 사실이었음을 알 수 있다. 이 점에만 근거해 보더라도 근대 초기 중국의 대외무역이 피동적·일방적이었다고 간단히 단언할 수는 없을 것이다.

애덤 스미스는 그 뒤의 헤겔과 같이 유럽 현대사상의 창설자이다. 그들의 역사 해석은 인류의 발전 과정에서 유럽의 핵심적 역할을 부각하고, 유럽과 비유럽 세계를 마주보는 거울처럼 서로 단절시켰다. 그들은 일부 '문명'의 주도성을 강조하고, '현대'를 형성하는 역사 과정 속에서 전 지구의 각 지역이 상호작용하는 전체 네트워크를 주목하지 않았다. 이런 서사 가운데 아시아는 문명의 계보 속에서 주변이 되었으며, 아프리카와 아메리카도 그러했다.

아메리카 백은 외에 초기 지구화에는 여러 바다를 멀리 건너온 또 다른 하나의 특수한 상품이 더 있었다. 노예, 특히 서아프리카에서 온 흑인 노예였다. 자본, 상품, 노동력의 전면적 이동은 근대적 의미의 지구화를 구성하는 주요소들이다. 노예는 노동력일뿐 아니라 상품이기도 했으며, 어떤 의미에서는 자본이기도 했다. 대서양에 걸친 삼각무역 네트워크 속에서 유럽 상선은 주류와 총 등을 아프리카로 운송해서 현지인이 포획한 흑인 노예와 교환했다. 노예선은 아프리카에서 출항하여 연이어 수천만에 달하는 인구를 아메리카의 농장으로 수송하고, 다시 농장에서 생산한 면·자당蔗糖·담배 등을 유럽에 싣고 돌아갔다. 이러한 삼각관계는 15

세기에 시작되어 수백 년간 유지되었다. 노예무역은 19세기에 이르러서야 중지되었다.

　사람을 노예와 근본적으로 구별하는 것은 자유주의 경제 논리와 정치 논리의 중요한 기초다. 자유주의는 자유시장 조건하의 노동력은 반드시 자신에 대해 충분한 지배 능력이 있는 '자유인'이라고 강조한다. 따라서 각지의 노동력을 말하면서 가장 먼저 따져야 하는 것은 그들을 자유인으로 보는가, 아니면 노예로 보는가이다. 노예는 사람으로서의 권리를 누리지 않으며, 재산이나 토지, 심지어 자신에 대한 지배권도 없다. 이러한 논리의 지배 아래 18~19세기 유럽의 문명 서술 속에서 아프리카 노예, 아메리카 및 오스트레일리아 토착인은 사람으로 간주되지 않았고, 동양 세계(중국 포함)의 사람들도 전반적으로 노예 또는 반노예 상태에 많이 처해졌다. 왜냐하면 그곳 사람들은 '자유'를 모르기 때문이다. 이러한 담론은 종족주의 낙인을 찍으면서 문명의 외피로 약탈·도살·압박을 합리화했으며, 동시에 근대 동방 지식인의 자기 역사에 대한 인식에 심각한 영향을 끼쳤다.

　백은과 흑인 노예는 아메리카와 아프리카에 대한 유럽인의 척식에서 유래한 것으로, 초기 지구화의 중요한 촉매제였다. 동아시아 세계는 백은 무역과 더 긴밀히 연계되어 있었지만, 역시 불가피하게 노예무역의 영향을 받았다. 포르투갈과 스페인의 상선이 마카오나 나가사키 등지에 진출할 때 아프리카 흑인 노예를 데리고 왔을 뿐 아니라 현지인을 노예로 노략질해 가기도 했다. 그해 도요토미 히데요시가 돌연 천주교 선교사를 쫓아냈을 때, 그 이유 중 하나는 바로 포르투갈인이 함부로 일본인들을 해외로 판다는 것이었다. 그러나 중국과 일본 노예는 규모 면에서 흑인 노예와 비교할 수 없기 때문에 그들에 대한 관심은 상대적으로 많지 않다. 19세기 후반에 이르러 중·일의 수많은 쿨리들이 계약노동자의 명목으로 아메리카로 건너갔을 때도 여전히 '그들이 사람인지 아니면 노예인지'라는 문제를 놓고 쟁론이 야기되었는데, 이는 결국 뒷날 배화排華 풍조의 기원이 되었다.

동아시아에 온 아프리카 흑인 노예에 대해 중국과 일본 사료 속에 기록이 남아 있다. 17세기 일본 회화 속에 흑인 노예가 '남만무역南蠻貿易'을 따라온 모습이 있어, 우리에게 구하기 어려운 시각 자료를 제공한다. 그런데 가장 기이한 이야기는 아마도 오다 노부나가의 흑인 가신인 야스케彌助(약 1556~?)일 것이다.

야스케가 일본에 오기 전의 경력에 관해서는 기록이 분명치 않다. 어떤 이는 그가 모잠비크에서 온 무슬림이라 추측하고, 또 어떤 이는 그가 유럽 어느 왕공王公에 고용된 아프리카 용병일 가능성도 있다는 의견을 냈다. 확실히 알 수 있는 것은 그가 우람한 체구이며, 1579년 예수회 선교사 알레산드로 발리냐노의 시종으로 일본에 도착했다는 사실이다. 앞서 언급했듯이 발리냐노는 예수회의 극동 사무를 책임진 최고 성직자이며, 프란시스코 사비에르 이후에 천주교의 일본 전파에서 중요한 역할을 한 인물이기도 하다. 발리냐노는 예수회가 일본에서 상층 노선으로 정치적 위상을 얻어야 한다고 확신했다. 그는 당시 최고 실력자인 다이묘 오다 노부나가와 상당한 개인적 친분이 있었다. 1581년 3월 발리냐노가 노부나가를 알현하는데 교토 민중들이 그의 흑인 시종을 앞다퉈 보려다가 끝내 밟혀 죽는 자가 생겼다. 오다 노부나가는 소란을 전해 듣고 곧한번 보기를 요구했다. 일본 사료는 이 흑인이 스물예닐곱 살이며 키가

에도시대 일본-유럽의 무역 왕래가 나타나 있는 〈남만병풍〉(일부)

가노 나이젠狩野內膳(1570~1616)의 작품. 포르투갈 국립고대미술관(MNAA) 소장. 아래 그림은 위 그림의 왼쪽 하단 부분을 확대한 것이다. 코끼리 옆·뒤로 흑인이 보인다.

188cm 정도로 "10명에 맞먹는 강한 힘을 가졌으며 몸이 소처럼 검다"고 기록한다. 노부나가는 매우 놀라 그 자리에서 그에게 옷을 벗고 몸을 씻으라 명하여 그 피부가 선천적인 것이라는 걸 확인했다. 발리냐노는 그를 노부나가에게 넘겨주었고, 노부나가는 즉시 그에게 야스케라는 이름을 하사했다.

당시 야스케는 이미 일어를 잘 알았던 듯하며, 다이묘의 깊은 신임을 얻었다. 매우 빠르게 그는 노부나가의 근신近臣이 되었고 무사 신분을 사여받았다. 이는 역사에 기록된 최초의 비일본인 무사다. 1582년 오다 노부나가의 가신 아케치 미쓰히데明智光秀가 모반하여 혼노지의 변本能寺の變을 일으켰다. 야스케는 그때도 혼노지에 있었는데, 영주가 죽은 뒤 오다 노부나가의 맏아들 오다 노부타다織田信忠에게 의탁했으나 최후에는 버티지 못하고 잡혔다. 아케치 미쓰히데는 그가 짐승처럼 무지하고 일본인이 아니라고 말하며 교토의 난반지南蠻寺로 보냈다. 그 뒤 그의 행방은 모른다.

어떤 학자는 16세기 일본인이 흑인을 결코 차별하지 않았다고 한다. 왜냐하면 당시 다이묘에 고용된 다른 아프리카인이 더 있었으며, 지위가 높은 자는 심지어 일본인을 가노家奴로 가질 수 있었기 때문이다. 야스케의 이야기도 초기 지구화 속에 아시아-아프리카 왕래의 한 에피소드로 볼 수 있다. 물론 일본의 금교에 따라 이러한 왕래도 점차 사라졌다.

02

차는 서방에서, 담배는 동방에서

1773년 12월 16일 보스턴의 그리핀 부두. 영국령 매사추세츠 식민지의 수천 민중은 자칭 '자유의 아들(Sons of Liberty)'이라는 반영 비밀조직의 주도 아래 앞서 20일 동안 이곳에 모여 영국 동인도회사의 차茶 운송선인 다트머스(Dartmouth)호의 하역을 저지해왔다. 이날 밤 수가 분명치 않은 시위자들(수십에서 150명 사이로 추산)이 세 조로 나뉘어 각기 다트머스호와 뒤늦게 도착한 엘리노어(Eleanor)호, 비버(Beaver)호 세 척의 상선에 올라가서 갑판 위에 쌓여 있는 총 340여 개의 차 상자를 모두 바다에 쏟아 버렸다. 그들 가운데 몇몇은 처벌을 면하기 위해 그 지역 모호크(Mohawk) 인디언의 모습으로 분장했다. 당시 31세의 제화공 조지 휴스(George Hewes)는 다트머스호에 올라, 선장에게 차 상자의 열쇠를 달라고 요구했다. 뒷날 그의 회고에 따르면 모든 차를 남김없이 바다에 쏟아 버리는 데 거의 세 시간이 걸렸다. 이 와중에 그는, 혼란을 틈타 사익을

THE DESTRUCTION OF TEA AT BOSTON HARBOR.

보스턴 차 사건

취하고 차를 은닉하는 사람들을 저지해야 했다.

유명한 보스턴 차 사건은 후대에 '보스턴 티 파티(Boston Tea Party)'로 지칭되었다. 이 일은 런던과 북아메리카 식민지의 대립을 크게 격화시켜 미국 독립전쟁을 야기했다. 의의가 심대한 이 항의는 일반적인 설명에 따르면, 식민지 인민이 정치적 권리를 갖지 못한 상황에서 자신들에게 징세하는(소위 "대표가 없다면 과세도 없다[No taxation without representation]") 영국에 불만을 품은 데서 기인했다. 그렇지만 실제 배경은 매우 복잡해서 아주 여러 겹의 모순이 연관되어 있다. 우선, 영국 동인도회사는 유럽의 차 무역에서 본국의 세금 징수, 밀수의 범람, 경쟁자인 네덜란드 동인도회사 등의 공세로 인해 대량의 차가 쌓이는 적체에 이르렀다. 둘째, 동인도회사의 부담을 완화해주기 위해 영국 국회는 회사가 수입하는 차에 대해 다시 세금 전액을 돌려주고, 또한 처음으로 북아메리카에 직접 투매하는 것을 허가했다. 셋째, 런던이 식민지에서 소액 차세茶稅의 징수를 보류한 것이 현지민의 불만을 야기했다.(그러나 기실 중간상인의 고리가 줄어들었기 때문에 차 가격은 오르지 않고 오히려 떨어질 수 있었다) 넷째, 북아메리카의 차는 원래 밀수가 대부분이며, 동인도회사가 세금 환급과 직접 투매의 정책적 우세를 가지고 장차 저가로 독점할 것이 분명하기 때문에 밀수 상인과 소매상이 취할 몫을 직접적으로 건드렸다. 북아메리카 13개 식민지의 많은 거상들은 모두 밀수에 기대 사업을 일으켰다. 티 파티 운동 지도자의 한 사람인 존 핸콕(John Hancock)은 보스턴의 유명한 밀수 상인이었다. 그는 나중에 미국 「독립선언」의 첫 번째 서명자이기도 했다.

그런데 더 거시적인 배경은 바로 유럽과 북아메리카의 음다飲茶 열기와 초기 지구화 속에 격렬했던 차 무역 경쟁이다. 이는 초기 지구화 가운데 중국과 동아시아의 핵심적 위치 및 동서양 무역의 역사 전개 방향에 대한 중대한 영향과 연관되어 있다. 미국의 독립 건국, 네덜란드의 해상 군림, 영국의 지구 제패는 결코 고립적으로 발생한 서양사의 사건이 아니며, 동아시아와 매우 긴밀한 관련이 있었다고 할 수 있다.

보스턴에서 쏟아 버린 약 340상자의 차는 전부 중국 남방에서 왔다. 그 가운데 큰 몫을 점한 것은 당시 비교적 염가에다 판매량도 가장 좋은 푸젠福建의 무이홍차武夷紅茶로, 모두 240상자가량이었다. 푸젠에서 함께 생산된 또 다른 홍차로 15상자의 공부홍차工夫紅茶와 10상자의 정산소종正山小種도 있었다. 이 밖에 안후이安徽에서 생산된 두 종류의 녹차로 15상자의 희춘熙春과 60상자의 송라松蘿가 있었다. 대비해 보면 녹차는 비중이 작지만 가격은 오히려 높았는데, 특히 상품上品으로 간주된 희춘이 그러했다. 동인도회사는 이 차의 가치를 9,659파운드 정도로 추산했다. 오늘날의 화폐가치로 환산하면 대략 200만 달러에 가깝다.

가격이 낮지는 않았지만 이 차들은 사실 이미 여러 해 묵은 오래된 물건이었다. 그것은 2~3년 전에 채취하고 덖은 뒤 멀고 험한 길을 거쳐 광저우에 도달했고, 다시 수개월 동안 바다를 건너 런던에 도착하여 창고에 적재된 채 해를 보내다가, 마침내 1773년 10월 보스턴으로 운반되었다. 푸젠과 안후이의 차 재배 농민이 1770년 혹은 1771년에 채취한 이 보통의 차들이 수년 뒤 종내 세계의 다른 한 끝에서 혁명의 세찬 물결을 들썩이게 했던 것이다.

실크나 청화자기에 비해 차가 서방에 진입한 시기는 비교적 늦었다. 그것의 전 지구적 유통은 대항해시대의 산물이다. 16세기 예수회 선교사가 유럽에 회신한 문헌 속에 차가 언급되어 있다. 포르투갈과 네덜란드의 상선이 중국 또는 일본에서 출발해 차를 리스본·암스테르담·파리로 수송했으며, 러시아도 육로로 대량 수입했다. 그들의 뒤를 따른 영국은 윗자리를 차지하면서 유럽 최대의 차 소비국이 되었다. 유럽에 처음 전해질 때의 차는 귀족이 전유한 음료로, 영국에서 차의 1파운드 가격은 일반인의 수개월치 급료에 달했다. 17세기에 이르러 영국 동인도회사가 부상하여 아시아에서 네덜란드 동인도회사의 무역 패권에 도전함에 따라 차 가격은 대폭 하락했고, 음다는 보통 사람도 능히 향유할 수 있는 시대 풍조가 되었다. 이에 더해 영국인은 음다 습관을 북아메리카 식민지로 가져갔는데, 그 결과 영국령 북아메리카에서 차 소비량은 매우 빠르게 영국 본토를 뛰어넘었다.

차와 대항해시대를 따라 유행한 다른 한 종류의 음료—북아프리카 원산의 커피—는 조금 달랐다. 유럽인은 아라비아 세계의 커피 독점을 깨기 위해 동남아와 남아메리카에 커피 모종을 시험 재배하여 매우 빠르게 성공했다. 그러나 중국 바깥에서 차를 재배하는 실험은 19세기에 접어들어 인도에서 겨우 성공했다. 따라서 그때까지 중국은 오랫동안 전 지구의 상품 생산과 일차 도매시장을 확실히 독점해왔고, 차 역시 중국과 세계무역 네트워크를 연결하는 중요한 방식의 하나가 되었다.

16세기에 시작된 유라시아, 아메리카, 아프리카 간 물산의 대규모 이동은 사람들의 생활 방식을 크게 변화시켰다. 예를 들어 우리가 비교적 익히 아는 작물로 아메리카가 원산인 감자·옥수수·고구마·고추·땅콩 등은 명대 중·후기 유럽인을 통해 동아시아에 전해졌다. 이러한 작물들이 점차 보급되면서 작물 생산 지역의 인구 증가를 상당히 자극하고, 본래 제한적이었던 토지는 더 많은 노동력을 부양하게끔 했으며, 동아시아인의 식단과 미각을 풍부하게 만들어주었다. 오늘날의 중국인은 아마도 고구마·땅콩·고추가 없는 세계를 상상하기 매우 어려울 것이다.

차는 이러한 음식들과 다르다. 차는 경제 작물이고 음다는 일종의 여가 방식으로, 소비자의 사회적 속성 및 계급 속성과 직접 연관된다. 차는 처음에 귀족 음료였다가 나중에 점차 신흥 부르주아지와 시민에 공급되었으며, 아울러 도자기 또는 '중국풍'의 유행을 이끌었다. 그것이 가져온 더 강한 충격은 문화적·사회적·정치적인 것이었다. 구미에서 차의 전파는 그에 대한 비판을 수반하기도 했다. 초기에 일부 의사들은 병리학적 각도에서 차의 유해성을 증명하려고 했다. 이 같은 배경에는 유럽 지식인들이 고가의 무용한 음료가 도덕 파괴와 국고 낭비를 초래할 것이라 우려한 사정이 있었다.

북아메리카 식민지에서 워싱턴(George Washington)과 해밀턴(Alexander Hamilton) 등 개국공신들은 차를 즐겨 마셨지만, 차는 식민지에 대한 종주국의 억압을 대표했기 때문에 독립전쟁 폭발 전후 음다에는 '비애국非愛國'의 라벨이 붙여졌다. 급진적인 독립 인사는 음다를 배척하고 커피로 대신하여 북아메리카에서 차 판매량은 한동안 격감했다. 미국이 건국된 뒤 광저우와 직접 무역 교류를 하면서 음다는 다시 '탈정치화'했다.

아메리카에서 동아시아로 수입된 작물 가운데 차와 비견할 만한 하나의 물건이 있는데, 그것은 담배다. 동아시아인이 담배를 접한 것은 16세기 이후다. 스페인인이 먼저 아메리카 인디언이 애호한 담배를 필리핀에 가져왔고, 이후 동남아를 거쳐 동아시아 지역으로 전해졌다. 역사학자 우한吳晗은 담배가 동아시아 대륙에 수입된 경로를 세 개로 파악한다. 하나는 타이완을 통해 푸젠으로 가서 점차 북상하는 경로이고, 또 하나는 베트남으로부터 광둥에 이르는 경로이며, 마지막으로 일본에서 조선에 전해진 뒤 다시 요동으로 진입하는 경로다. 담배는 처음에 약용으로 쓰였지만 매우 빠르게 그저 기호품이 되었다. 가장 보편적인 용법은 코담배와 담뱃대로 흡연하는 것이었다. 담배의 재배와 무역은 신속히 동아시아 각지로 보급되었고, 그 상업적 가치는 일반 작물을 크게 뛰어넘었다.

차가 처음 유럽에 전해졌을 때처럼 담배도 동아시아에서 각기 다른 정도의 배척에 직면했다. 초기 문헌에 이미 담배가 유독하다는 기록이 있지만, 당시 각국 정부가 담배를 금지한 이유는 오늘날 지적되는 것처럼 흡연이 건강에 해롭기 때문이 아니라 경제·사회적인 또는 정치적인 고려에 기인한 것이었다.

가장 앞서서 금연령을 반포한 것은 일본 도쿠가와 막부다. 2대 쇼군 도쿠가와 히데타다는 흡연이 사치스럽고 화재를 잘 일으킨다고 하면서 1609년 법령을 반포해 담배의 재배와 매매를 불허하고, 위반한 자에 대해서는 재산을 몰수했다. 그렇지만 번번이 금연령을 내려도 효과는 좋지 않았다. 일본 근대문학의 거장 아쿠타가와 류노스케芥川龍之介는 일찍이 『담배와 악마煙草と悪魔』라는 소설에서 도쿠가와 시기 일본의 세태를 풍자한 시 한 수를 언급했다. "효과 없는 것은 담배 금지령, 엽전 유통령, 임금님 목소리에 돌팔이 의사."* 소설에서 아쿠타가와는 담배와 유럽 천주교의 수입을 연관 지었는데, 천주교를 따라온 마귀가 도요토미 히데요

---

* 원서는 원제쥐文潔若의 중문 번역을 인용했으나, 본서에서는 하태후의 한글 번역을 인용했다. 하태후 옮김, 『담배와 악마』, 박문사, 2019.

시와 도쿠가와 이에야스, 이 두 사람의 금교를 거쳐 마침내 일본을 떠났지만 그것이 남겨놓은 담배가 전국 각지에 널리 퍼졌다고 말했다. 그리고 메이지 이후 마귀는 다시 일본에 왔다. 이는 물론 20세기 초 서구 현대성의 충격에 맞닥뜨린 일본 지식인의 일종의 저항적 태도를 표현한 것이다.

명 말 숭정 황제는 일찍이 흡연을 두 차례나 금했지만 역시 실행되기는 어려웠다. 요동에서 후금과 전투한 홍승주洪承疇는 상서上書에서 "요동의 병사는 이를 죽도록 애호한다"고 말했다. 동북의 명군 장병만 담배 중독이 심했던 것이 아니고 여진 귀족들도 흡연을 즐겼다. 요동의 담배는 조선에서 수입되었는데 값이 비쌌다. 장춘우張存武 선생의 연구에 따르면, 홍타이지가 조선을 남침하여 많은 인구를 잡아간 뒤 나중에 조선 측으로 하여금 재물로 몸값을 치르도록 허가했는데, 조선이 제공했던 가장 주요한 물품이 바로 담배였다. 흡연으로 금전이 과도하게 낭비되는 상황을 염려한 홍타이지는 일찍이 평민과 관원의 흡연을 금지하는 명령을 내렸다. 그 뒤 강희제와 옹정제도 경제적인 문제를 고려하여 흡연을 금지했다. 그러나 도쿠가와 막부와 마찬가지로 금령은 그리 큰 효과가 없었다.

담배는 조선에서 남령초南靈草 또는 남초南草로 불렸다. 경작이 보급된 뒤에 대외무역의 중요한 상품 중 하나가 되었으며, 일정 기간 조공에 포함된 예물이었다. 위로는 양반 문인에서 아래로 기방의 기생까지 많은 사람이 모두 한 대씩 쥐고 연기를 삼키고 구름을 피워 올렸다. 1797년 조선 정조(1776~1800 재위)는 일찍이 금연을 착수할 생각이었다. 정조 본인은 젊을 적 흡연을 좋아하여 원래 남초에 꽤 호감을 갖고 있었다. 그러나 대신과 토론하는 가운데, 그는 우선 담배를 심은 양전良田은 곡물 경작으로 돌려 양식 생산을 늘려야 한다고 생각했고, 더 중요한 것은 담배가 국운과 연결된다고 판단했다. 이 조선 국왕은 담배가 서양으로부터 온 것으로 서양의 학문과 마찬가지로 (만주인 치하의) 중국에서 그 도가 성행했는데, 이것이 대략 "서양의 풍기가 늦게 열린" 것과 매우 관련이 있다고 여겼다. 정조 시기는 천주교가 중국을 거쳐 들어와 한동안 유학 정통에 충격을 주었던 때라는 점을 알 필요가 있다. 조선 왕정은 이때 이러한 오랑캐의 사설邪說을 적극적으로 금절하고, 서양으로부터 전해온 모든 것들에 정치적으로 민감한 의미를 부여했다.

그럼에도 불구하고 담배는 마치 차가 구미 사회에 깊이 파고든 것과 마찬가지로 동아시아 삼국 모두에서 사회생활 속에 깊이 파고들었다. 두 작물의 전파는 모두 자본의 이익이 구동한 것으로, 16세기 이래 신흥 자본주의 경제체제 아래 동서양 간의 조밀한 상호작용을 미시적 차원에서 증명한다.

북아메리카에서 차가 그랬던 것과 같은 정치혁명을 담배는 동아시아에서 직접 끌어내지 못했다. 그러나 그것을 흡입하는 방식은 모종의 기제 아래서 중국 현대의 전개 방향을 전환시켰다. 중국인은 흡연하면서 다른 향료나 약물을 섞는 것을 좋아했다. 후에 어떤 약을 담배에 섞어 흡입했더니 매우 만족스럽다는 것을 발견했다. 그것은 바로 아편이었다. 본래 내복하던 아편은 흡연과 결합되면서 점차 전문적인 연구煙具(흡연 도구)를 통해 '들이마시는(吸)' 것으로 발전했다. 이는 중국인의 독창이며 또한 전 지구적인 담배 전파 과정에서 의외의 부산물이기도 했다. 아편이 약품에서 마약으로 변한 뒤 영국 동인도회사는 그것에 상업적 기회를 조준하고, 벵골에서 아편을 대량생산하는 한편 아삼에서는 차 농원을 개간하여 재배했다. 이를 통해, 과거에 차 수입으로 형성된 대중국 무역 수지의 적자를 갑절로 되갚았다. 결국 이로 인해 중영전쟁이 야기되었을 뿐만 아니라 종국에는 중국의 차 독점이 무너졌다. 물론 이는 나중 이야 기다.

03

해금 시대의 동아시아 바다

대항해시대의 시작과 그것이 이끈 유럽 자본주의의 전 지구적 확장 때문에, 근세 이래 많은 학자들은 세계의 몇 개 큰 문명 지역을 대륙과 해양으로 구분했다. 동아시아는 전형적인 대륙 문명으로 인식되었다. 이는 동아시아인이 내륙을 지향하는 경영을 더 중시하고, 15~16세기의 유럽인처럼 해양의 척식에 큰 힘을 쏟지 않았다는 의미였다. 가장 전형적인 예증으로 드는 것은 명·청 이래 중국의 '해금海禁', '폐관', 그리고 일본의 '쇄국'이다. 그러나 이미 논증한 바와 같이, 오늘날 점점 더 많은 학자들은 이른바 '쇄국'에는 구체적인 의도가 담겨 있으며 절대로 단순히 바다를 등지고 눈과 귀를 닫아버린 것이 아니었다. 역사상 중국과 일본의 '해금' 정책도 외부와의 소통을 거부하는 것과 등치할 수 없다.

중국 명·청조는 일찍이 해금을 실시했지만 시간적으로 명조의 해금이 청조에 비해 길었다. 두 정부가 바다를 닫았던 배경의 계기는 비슷했는데, 모두 연해 지역의 안보 문제 때문이었다. 일반적인 설명은 명대 동남 연해가 오랫동안 소위 '왜구倭寇'의 침요를 받았고, 더욱이 푸젠·저장(閩浙) 일대는 민民과 해구海寇가 분명치 않아서 해금책으로 안과 밖이 내통할 상황을 방비했다는 것이다. 그러나 효과로 볼 때, '작은 널빤지조차 바다로 나갈 수 없게' 하는 정책은 지방 경제를 타격하고 연해 백성의 생계를 끊어놓아 도리어 더 많은 상인과 백성으로 하여금 모험을 감행하고 무장 해상海商 집단에 가담해 도적이 되도록 했다. 왕직王直, 안사제顔思齊, 이단李旦, 정지룡鄭芝龍 등 앞뒤로 몇 대에 걸쳐 해상海商·해도海盜 수령들은 동아시아의 다각적 무역 속에서 엄청난 재부를 모았고, 중국·일본·포르투갈·스페인·네덜란드 등 큰 세력 사이에서 주위를 맴돌며 동해에서 남해에 이르는 최대의 해상 군사 집단이 되었다. 이들은 해금 시대 일본, 중국, 동남아의 여러 섬에서 시암에 이르는 무역 루트를 통제했다.

청조는 순치제와 강희제 초기에 매우 엄준한 해금을 시행했다. 그 주요 목적은 정성공鄭成功과 정경鄭經 등 해상의 반청 무장 세력을 제어하는 것이었다. 그렇지만 이 정책은 정씨가 타이완으로 물러나 대치하면서 점차 느슨해졌고, 마침내 강희제가 타이완을 평정한 이듬해에는 전면 폐기되었다. 바다를 열고 닫는 일이 다소 반복되기는 했지만 해외무역에 대한 청 정부의 태도는 전반적으로 명조에 비해 더 적극적·신축적·개방적이었다.

역사상 중국의 바다 봉쇄와 개방은 국가와 해상海商 집단 간의 역량 각축이 서로 길항하며 소장消長했다는 사실을 분명히 보여준다. 그 배후에 존재하는 논리는 해양무역에 대한 거부라고 하기보다는 해양무역의 통제권에 대한 쟁탈이라고 해야 한다. 국가와 상인은 절대로 항상 대립적이지 않았다. 해상 집단은 전형적인 초국적 세력으로, 무릇 세력이 커진 자는 주변의 국가 및 비국가 정권과 미묘하고 복잡한 관계를 가졌다. 해금 시대의 동아시아 해역은 조금도 쓸쓸하거나 적막하지 않았을 뿐 아니라 오히려 번화하고 시끌벅적한 역사 극장이었다.

극장을 말하자니 극劇 하나를 언급하지 않을 수 없다. 1715년 11월 15일 일본 오사카 성 안의 다케모토자竹本座 극장, 여기서 닌교조루리人形浄瑠璃*로 〈국성야합전國性爺合戰〉이 처음 상연되었다. 이 극은 저명한 극작가인 지카마쓰 몬자에몬近松門左衛門의 창작으로, 정성공의 항청抗淸 이야기를 소재로 삼아 중·일 혼혈의 영웅 와토나이和藤內가 일본에서 바다를 건너 난징을 수복하고 타타르韃靼를 몰아낸 이야기를 허구로 꾸민 것이다. 이 극은 큰 성공을 거두어 연속 17개월 동안 공연하는 기록을 세우고, 에도 일본 시대물(역사극)의 고전 작품이 되었다.

정성공의 이야기는 동아시아 일대에 널리 전해지며 칭송되지만, 국가의 시각에서 보는 정성공에 대한 이해는 각기 매우 다르다. 〈국성야합전〉에서 표현하고 있듯이, 일본인은 그가 대의충군大義忠君으로 중화의 정통을 굳게 지켰다고 치켜세운다. 어쩌면 그가 절반은 일본 혈통이기 때문일 것이다. 근대 중국의 항쟁 사관은 그가 타이완의 네덜란드 식민자를 쫓아낸 사실에 치중하며 타이완을 수복한 '민족 영웅'임을 강조한다. 타이완으로 패퇴한 뒤의 국민당 정권은 그가 전 왕조에 충성을 다했고 중원 회복에 뜻을 두었음을 표창했다. 그리고 이른바 '타이완 독립'

---

* 닌교조루리 또는 분라쿠文樂는 일본의 전통 나무인형극으로, 가부키歌舞伎, 노能, 교겐狂言과 함께 일본 4대 무대예술의 하나다.

사관은 타이완을 20년간 통치한 정씨 정권을 사실상 독립한 정권으로 간주한다. 들쭉날쭉한 역사 해석의 이면에는 물론 당대의 이데올로기가 뒤엉켜 있다.

어떤 한 국가의 시각으로부터 출발하지 않는다면 아마도 오히려 더 분명해질 수 있다. 정씨 해상 집단은 해금 시대 동아시아에서 가장 성공한 해상의 초국적 무역/군사 집단이며, 또한 가장 마지막의 그것이기도 하다. 그 흥기와 쇠락은 초기 지구화와 근대 동아시아 구조의 재구성을 특별히 직접적으로 나타냈고, 이 지역 역사의 진행 방향에 거대한 영향을 끼쳤다.

정씨 집단은 정성공의 부친 정지룡鄭芝龍으로부터 부상했다. 정지룡은 1604년 푸젠 취안저우泉州에서 출생했으며, 아명은 일관一官으로 서양 문헌에는 Iquan으로 기재된 경우가 많다. 그는 젊은 시절 마카오에서 장사를 배웠고 천주교 세례를 받았다. 세례명은 니콜라스. 나중에 마닐라를 거쳐 일본 히라도平戶로 가서 대해상 이단李旦의 수하가 되었다.

당시 동아시아 해역은 이민이 빈번하여 히라도, 마닐라, 베트남 등지에 모두 화인華人 이민 사회가 형성되어 있었으며, 일본인 이민도 남양군도南洋群島 및 인도차이나반도에 두루 퍼져 있었다. 이러한 초국가적 활동은 공식적인 조공무역과 함께 동아시아 해상무역의 가장 중요한 네트워크를 구성했다. 포르투갈, 스페인, 네덜란드, 영국도 백은·실크·향료 및 차의 무역 이윤에 흡인되어 잇따라 들어옴으로써 동아시아 해역은 여러 세력이 협력하고 각축하며 그 이해관계가 뒤엉켜 복잡한 장소가 되었다. 명조의 해금으로 인해 화상華商은 기지를 일본이나 남양 등지로 옮겨갔다. 이단은 일본 당국과 관계가 양호하여 해외무역을 특별히 허가해준

슈인죠를 획득해서 해상의 지도자가 되었으며, 히라도도 중국 해상의 활동 중심지가 되었다. 이런 상황이 바로 정지룡이 일본에 왔던 배경이다.

장기간 여러 곳을 두루 돌아다니는 사이, 정지룡은 다양한 지역과 많은 나라의 언어(중국 북방어[官話], 민난어[閩南話], 포르투갈어, 일어, 스페인어, 네덜란드어)를 익혀 통달했을 뿐 아니라 점차 자기 세력을 키워갔다. 이단이 죽은 뒤 정지룡은 다른 해상들을 굴복시키고 이단이 창건한 해상왕국海商王國을 계승했다. 그는 도쿠가와 막부에 성의를 다해 막부의 지지와 신임을 얻었고, 번번이 히라도의 관부官府를 이용해서 네덜란드 등 상대방을 공격했다. 1623년 그는 일본인 다가와田川 씨를 부인으로 삼아 이듬해 아들 복송福松(후쿠마쓰), 곧 훗날의 정성공을 얻었다. 이후 그는 명조에 귀순하여 자신의 기지를 푸젠으로 옮기고 강대한 해군력으로 중-일-동남아시아 간의 무역망을 철저히 통제했다.

정성공은 여섯 살 때 히라도를 떠나 푸젠으로 가서 유가 교육을 체계적으로 받았다. 14세 때 수재秀才에 합격했고, 20세에 난징 국자감에 들어갔다. 이해 청군이 입관하여 곧장 남하했다. 정지룡 등은 푸저우福州에서 주율건朱律鍵을 추대하여 칭제하고 '융무隆武'로 개원했으니, 이것이 남명南明이다. 남명 정권은 군권을 장악한 정씨 집단에 의지하여, 마침내 정씨에게 국성國姓 '주朱'를 사성하고 지룡의 아들에게 '성공'이라는 이름을 주었다. 정성공의 이름과 '국성야國姓爺'라는 칭호는 여기서 유래한다. 서구 문헌에서 정성공이 Koxinga으로 표기된 것은 곧 '국성야'의 민난어 발음이다.

정지룡은 본디 해상으로, 자신의 무역 왕국에 대한 관심이 그 어떤 정권에 대한 충성보다 우선이었다. 취안저우 출신으로 동향인 홍승주洪

承疇의 권유를 받고 정지룡은 청조에 투항했다. 정성공이 만류했으나 이루어지지 않았고, 결국 자신이 금문金門을 나섰다. 정지룡은 본래 청 조정이 자신에게 남방 3성을 관할하게 해줄 것이라 생각했지만, 기대와 달리 청군 우두머리는 약속을 어기고 그를 베이징으로 압송했다. 정성공의 모친 다가와 씨는 전란 중에 사망했다.

이후 정성공은 정지룡의 가업을 이어받고 반청복명反淸復明에 뜻을 두어 광둥·푸젠 연해 일대에서 청군과 부단히 얽혀 싸웠다. 당시 정성공은 동아시아에서 가장 강대한 해군력을 보유했다. 그는 제해권을 이용해 상업 루트를 관리·통제하며 산해오상山海五商 체계를 건립했다.* 그는 동서양을 연결하는 무역 네트워크에서 거액의 이윤을 거둬들여 군대를 부양하고, 일본 당국과의 양호한 관계를 이용하여 무사를 모집하고 일본제 투구·갑옷·무기를 구매했다. 또한 여러 차례 히라도의 중국 이민자들(그 가운데는 명이 망한 뒤 도래한 유민이 적지 않았다)로 하여금 도쿠가와 막부에 도움을 청하도록 했다. 그의 조직에는 그 밖에 유럽 및 아프리카 고용병도 적잖이 있었다.

1659년 정성공은 군대를 이끌고 북벌을 전개해 장강(양쯔강)을 따라 올라가면서 잇따라 수 개의 진鎭을 함락하여 강남이 진동했다. 이듬해에는 샤먼 전투廈門之戰를 지휘하여 청조의 수군에 심각한 타격을 입혀 청조는 충밍다오崇明島에서 광둥 후이저우惠州에 이르는 남방 해안선이 거

---

* 정성공은 무역 조직을 인仁·의義·예禮·지智·신信의 오상五常 개념을 바탕으로 한 '산오상山五商'과 금金·목木·수水·화火·토土의 오행五行 개념을 근거로 한 '해오상海五商'으로 편제했다. 산오상은 항저우杭州를 주요 거점으로 삼아 도매 상업을 경영했으며, 해오상은 샤먼廈門을 주요 거점으로 두고 선대船隊를 운영했다.

의 수비 능력을 상실했다. 이런 상황에서 청조는 정씨 군대의 항장降將 황오黃梧의 건의를 받아들여 산둥에서 광둥에 이르는 연해 주민을 내지로 수십 리 강제 이주시켜 정씨 군대가 연해 지역으로부터 보급품을 얻을 수 없도록 견벽청야堅壁淸野하고, 정씨 집단과 중국 내지의 무역 연계를 차단했다. 이는 청대 해금의 정점이었다.

육상 기지를 상실하자, 정성공의 상업·군사 네트워크는 곧 기반을 잃었다. 그는 급히 바다에서 공격과 수비에 모두 적합한 근거지를 찾아야 했다. 바다를 사이에 끼고 푸젠성과 서로 바라보고 있으며, 동남아시아와 동아시아 해로의 허브에 위치하고 있는 타이완은 바로 우선적 선택이 되었다. 타이완은 당시 네덜란드 동인도회사에 점령된 상태였다. 네덜란드인은 1624년 명군에 의해 펑후澎湖에서 쫓겨난 뒤 바로 방향을 바꿔 타이완 서부를 경영하고 일본과의 무역에서 중요 거점으로 삼았다. 이즈음 정지룡은 타이완에 파견되어 네덜란드인의 통역을 맡았으며, 타이완으로부터 이단의 상업 무역 네트워크를 접수하여 관리하기 시작했다. 정성공 시대에 정씨 선대船隊는 일찍이 여러 차례 네덜란드 동인도회사의 함대와 충돌하며 대일 무역의 특권을 놓고 쟁탈했다. 1661년 정성공은 타이완에 출병하여 수개월 동안 악전고투한 끝에 마침내 1662년 초 네덜란드인을 몰아냈다.

타이완을 점령하고 오래지 않아 정성공은 세상을 떠났다. 그 아들 정경鄭經이 권력을 장악한 뒤 한편으로는 타이완에 주둔하면서 개간하고, 다른 한편으로는 일본 및 영국 동인도회사와 장사를 계속하면서 정씨 정상政商 집단을 20년간 더 유지했다. 이 기간에 청 조정은 점차 연해 지구에 대한 통치를 공고히 하고 중앙집권을 날로 강화했으며, 해외무역을 조금씩 회복했다. 1683년 청군은 타이완을 공격했고, 저항할 힘이 없던 정경의 아들 정극상鄭克塽은 청조에 투항했다. 반세기 이상 동아시아 해역을 주름잡던 정씨 해상 집단은 끝내 역사 속으로 소멸했다. 이후 청조는 바다를 열었지만, 해상무역은 일본과 마찬가지로 점차 국가에 의해 통제되었다.

주목해야 할 점은 청대 해금의 시간은 길지 않았다는 것이다. 강희제가 바다를 연 뒤 해강海疆은 견고했고, 더 이상 무장 사상私商 집단의 침요가 없었다. 그에 따라 중국의 대외무역은 관방무역과 사인무역을 막론하고 모두 장족의 발전을 했다. 해상 집단의 각도에서 보면, 일본과 중국이 잇달아 해양무역에 대한 국가의 제어와 독점을 완성했기 때문에 과거에 사상에게 남겨주었던 활동 공간은 날로 축소되었다.

뒤돌아보면 소위 두 문명(대륙과 해양)에 차이가 있다는 주장은 사실 건실한 역사 기초가 결여되어 있다. 현대 초기의 유럽은 동쪽에서 부상한 오스만투르크에 막혀 막대한 투자를 무릅쓰고라도 해상의 새로운 상업 루트를 개척하지 않으면 안 되었고, 결국 대항해시대를 열었다. 여기까지는 무난했다. 그러나 이제 동아시아 세계가 바다로부터 스스로를 단절하고 해양무역의 동력이 결핍되었다고 굳게 믿었다. 이는 아무래도 과도한 해석이었다. 동아시아 국가는 서구같이 국가적 역량으로 바다 영토를 개척하지 않았다. 16~17세기에 동아시아의 정치 구도가 재구성되고 중·일 모두 통일에 따른 장기적인 안정으로 나아가면서 해외무역에 대한 국가의 관리·통제를 강화하여 안보상의 잠재된 위험을 제거했다. 유럽과 아시아 두 지역이 해양에 대해 진행한 서로 다른 개척은 문명적 차이라기보다는 오히려 역사적 우연이라고 할 만한 것이었다.

04

소란스런 항구

청조가 타이완을 평정한 이듬해인 1684년에 강희 황제는 28년간 실시해온 해금을 전면 해제했다. 이후 청 조정은 윈타이산雲臺山, 닝보寧波, 장저우漳州, 광저우廣州에 각기 장江, 저浙, 민閩, 위에粵의 4개 해관海關(장해관江海關은 나중에 상하이로 옮김)을 나누어 설치하여 호부戶部에 예속시키고, 과거의 시박사市舶司를 대신해 해외무역 사무를 관장하게 했다. 중국의 근대 해관 체계는 이로부터 건립되었다.

만약 해금이 결코 자아봉쇄의 표징이 아니라면 해양무역을 대하는 청대 통치자의 진정한 태도와 정책 방향은 무엇이었는가? 이 문제에 대한 답으로 전통적인 '폐관·쇄국'론은 더 이상 견지될 수 없을 것이다. 그러나 과거 관점의 잘못을 지적하기 위해 청대 중국이 자유무역을 완전히 포용했다고 말하는 것 역시 지나치게 단순하며 반대의 관점을 극단으로 유도하는 것이다. 역사상의 어떤 정책에 대한 평가는 당시 정황으로 돌아가 이해하는 것이 가장 바람직하며, 오늘날의 이데올로기를 그대로 적용해서 단장취의하거나 당면한 과제를 위해 역사적 좌증을 찾는 것이 아니다.

바다를 열기 전에 강희제는 일찍이 대신과 토론했다. 그는 물었다. "전에는 해구로 인해 해금을 풀지 않는 것이 옳았다. 지금은 바다 정세가 일소되었는데 더 무엇을 기다리겠는가?" 그리고 나서 또 변방의 신하(邊臣)가 사사로운 이익 때문에 민생을 막고 있다고 비판했다. "변강의 대신은 마땅히 국가경제와 민생(國計民生)에 마음을 두어야 한다. 비록 줄곧 해금을 엄히 했지만 사인무역이 언제 끊어진 적이 있었는가? 무릇 해상무역은 안 된다고 의론하는 것은 총독과 순무가 스스로 이익을 도모하기 때문이다." 이 말에는 청 황제의 두 가지 인식이 드러나 있다. 첫째, 해금 여부는 변강의 안전과 긴밀히 연관된다. 해역의 정세가 좋지 않다면 마땅히 해상 왕래를 제한해야 한다. 둘째, 해양무역은 국가경제와 민생에 연관된 것이고 사상私商은 이제껏 진정으로 중단된 적이 없으며, 변경 문제가 해소된 상황에서 되도록 빨리 백성에게 이익이 돌아가도록 해야 한다. 바로 이러한 중층적인 고려가 청대 해양 정책의 윤곽을 그려냈다. 실제로 아편전쟁 전 해양에 대한 청 조정의 태도는 시종 안전과 이익 사이의 조정이었다. 중국뿐만 아니라 도쿠가와 막부 역시 나가사키를 유일한 대유럽 무역 항구로 삼고 안전과 이익 사이에서 일종의 균형을 찾았다.

청대의 대외무역 관리는 명조에 비해 더 개방적이고 유연했다. 명조는 간헐적으로 몇 곳에 시박사를 설립했지만 대체로 대외무역을 조공 제도 아래 포함했다. 명 후기에 이르러서는 웨강月港(현 푸젠 장저우漳州) 한 곳에서만 상인들이 바다로 나아가 교역하는 것을 허가했다. 그렇지만 강희제의 방식은 동남 연해를 전면 개방하는 것이었다. 아시아와 유럽의 상선이 상하이, 닝보, 딩하이定海, 원저우溫州, 취안저우泉州, 차오저우潮州, 광저우 혹은 샤먼에 정박할 수 있었다. 제도 면에서 사인무역의 장려나 해상 관리를 막론하고 모두 기존의 조공 체제를 한층 넘어서서 외교 교류에 새로운 내용을 더해주었다.

아마도 만인滿人은 중농경상重農輕商 색채가 상대적으로 그리 농후하지 않았기 때문인지, 누르하치와 홍타이지로부터 시작해 후금·청 정권은 무역을 배척하지 않았다. 여진의 각 부족 가운데 약했던 건주建州가 강해진 이유는 상당 부분 '척서勅書' 특허제도가 명에 대한 무역 특권을 강화해준 상황을 이용한 것이었다. 외부 세계에 대한 강희제의 개방적 태도는 흔히 청대 황제 가운데 특별한 일례로 간주된다. 그러나 바다를 여는 일은 단지 강희제 개인 의지의 체현은 아니다. 그는 만년에 해양무역을 금하는 명령을 내렸지만, 옹정제가 즉위하고 불과 4년 뒤 그 방침을 바꿔 해금 해제에 힘을 썼다. 건륭제 시대에 이르러 다시 남양 무역을 금지하는 논의가 출현했는데, 건륭제 역시 개해開海 방침을 고수하며 바꾸지 않았다. 황제 외에, 강희제·옹정제·건륭제 시대의 많은 만한滿漢 관리들, 예컨대 요계성姚啓聖, 모천안慕天顔, 근보靳輔, 이위李衛, 고기탁高其倬, 진굉모陳宏謀, 경복慶復, 남정원藍鼎元 등은 해상무역이 국가와 민생에 적극적인 역할을 한다고 강조하면서, 개해의 중요성을 건의하는 상서를 했다. 당시 정치의식의 흐름이 상당 부분 무역을 장려하는 쪽으로 기울어 있었음을 알 수 있다.

그러므로 청 조정의 해관 제도 건립은 새로운 형세에 조응한 것이었다. 해금의 해제는 자유시장을 포용하는 것이 아니라 해상무역에 대한 국가의 관리를 강화한 것이었다. 적극적인 개입의 결과는 해양무역의 전면적인 진흥이었다. 일본으로 간 선박은 4년 내 7배 증가했고, 남양에 대한 무역도 전례 없는 절정에 이르렀다. 서구 각국은 다투어 동해·남해의 무역 네트워크에 진입하려고 각축했다. 또한 그와 비교해 중국 민간의 범선 무역도 수량과 종류에서 결코 뒤처지지 않았다. 중국 동남 해안선은 초기 지구화에서 가장 소란스럽고 붐비는 장소였다.

해로 외에 중국을 둘러싼 육로 무역 네트워크도 빠뜨릴 수 없다. 전통적인 변시邊市·공사貢使·상대商隊 무역은 계속 한반도, 중원, 중앙아시아, 서남아시아에서 동남아시아에 이르는 광대한 지역을 연결하고 있었다. 1727년 중-러 캬흐타 조약의 혜택을 받아 캬흐타/알탄불라크는 호시互市를 열어, 화북에서 몽골을 거쳐 러시아에 이르는 상업 루트, 즉 장자커우張家口-쿠룬(현 울란바토르)-알탄불라크를 잇는 상인의 흐름과 시진市鎭의 발흥을 진작했다. 18세기 초 스코틀랜드 의사 존 벨(John Bell)이 러시아 사절을 따라 중국을 방문했는데, 그가 볼 때 중국의 대외무역에 대한 개방 정도는 영국이나 네덜란드에 결코 뒤지지 않았다.

여기까지 말하고, 오독하기 쉬운 몇 가지 지점에 대해 명확히 할 필요가 있다. 우선, 강희제가 장·저·민·위에의 4개 해관을 설립한 것이 곧 대외 통상 항구가 오로지 4개였다는 의미는 아니다. 청대의 세관은 해관 외에 하관河關과 노관路關도 있었으며, 이른바 '사구통상四口通商'은 단지 해상무역에 대한 것이지 대외 통상 전체를 대표하는 것이 아니었다. 또한 4대 해관은 4성의 크고 작은 모든 해관 관구關口의 총칭일 뿐으로, 각 총관總關의 아래에는 10여 개에서 수십 개에 달하는 항구들이 따로 있었다. 그러므로 서양 무역의 항구는 절대 4개만 있지 않고 단지 모든 항구의 징세 등 사무를 4대 해관이 맡아 관리했던 것이다.

둘째, 해금 해제 이후의 정책에 변화가 있기는 했어도 이는 해금으로 되돌아간 것과는 달랐다. 1717년 강희제는 중국 상선이 남양 무역에 나아가는 것을 금지하는 명을 내려, 네덜란드인이 점령한 바타비아(현 자카르타)와 스페인이 점령한 루손에 연해 주민이 왕래하지 못하도록 막았다. 어떤 학자는 이 명령 속에, 청 조정이 북변에서 군사를 부려 준가르 부를 공격할 때 내지와 해외 반청 세력이 결합하여 남방에서 소란을 일으키는 상황을 우려하는 고려가 담겨 있다고 생각한다. 이 명령은 오직 남양 무역에 한정했으며, 그 외에는 상관치 않았다. 단지 중국 상인의 출항을 금했을 뿐 서양 상인의 내항을 막지는 않았다. 더욱이 지방 경제에 실제로 영향이 미쳤기 때문에 금령은 수 년 뒤 휴지 조각이 되어버렸다. 1723년 바타비아로 간 중국 상선의 수는 이미 해금 전의 규모를 훨씬 넘어섰다. 옹정제는 곧 1727년 해금 해제를 명령했다.

셋째, 가장 흔히 보이는 오독이기도 한데, 건륭제가 1757년 '사구통상'을 '일구통상一口通商'으로 바꾼 정책이 청조의 철저한 폐관을 보여준다고 여기는 것이다. 이른바 '일구통상'이란 다른 3개 해관을 폐지하고 광저우 한 곳만 남긴다는 의미가 아니다. 장·저·민 3개 관의 서양 업무를 모두 위에粵 해관에 귀속시킨다는 뜻이었다. 해당 나라의 진출입 선박은 여전히 장·저·민을 출입할 수 있었다. 일본, 조선, 류큐, 안남, 러시아 등과의 공·사무역도 영향을 받지 않았다. 그러므로 '일구통상'이라는 표현은 오해를 불러일으킬 수 있다. 이 정령政令의 가장 주요한 목적은 서양 무역에 대한 관리를 통일하고 직능을 더욱 집중시키며, 또 위에粵와 저浙의 두 해관이 서로 방해되는 업무를 피하려는 것이었다.

광저우는 줄곧 대유럽 무역의 최대 항구였으며, 다른 3개 해관은 본래 서양 선박의 왕래가 적기 때문에 업무 메커니즘이 위에粵 해관만큼 완비되어 있지 않았다는 점을 알 필요가 있다. 1755년 말 영국 상인은 저장浙江으로 갔는데, 첫 번째 이유는 차와 생사 구매의 편의를 꾀하기 위한 것이고, 두 번째 이유는 저浙 해관의 징세가 상대적으로 적고 수속이 간단하기 때문이었다. 그러나 건륭제는 인구가 밀집한 닝보에 서양 배가 출입하여 서양인과 중국인이 뒤섞이면서 사달이 일어날 것을 염려하여 따로 광둥아문을 하나 설치했는데, 이로써 "앞으로 광둥에서만 정박하고 교역하는 것을 허가한다"는 훈령이 내려졌다. 지적해야 할 점은, 한 곳으로 통합한 뒤에 서양 무역이 줄어들지 않고 오히려 증가했다는 사실이다. 1757년에서 아편전쟁까지 약 80년 동안 위에 해관의 연평균 세수는 42만 6천여 냥에서 136만 5천여 냥으로 2.2배 이상 증가했다. 다른 세 해관에서 국내 상선으로부터 세금을 징수해오던 일은 이 정책 변화와 무관했으므로 영향을 받지 않았다.

그러나 영국 동인도회사의 선장 제임스 플린트(James Flint)는 불복하고 관원들의 설득을 무시한 채 톈진으로 배를 몰아 곧장 베이징에 들어가서 닝보 무역의 개방을 요청했다. 그가 내세운 가장 중요한 이유는 위에 해관 관리의 뇌물 요구가 너무 심하다는 것이었다. 건륭제는 뇌물을 요구한 관리를 교체한 뒤, 제임스 플린트에게는 금령을 거역하고 간민奸民과 결탁했다는 죄목으로 광둥아문 감금 3년형을 선고했다. 유사한 사건이 재연되는 것을 방지하기 위해 건륭제는 방범외이조규防範外夷條規를 승인하여, 광저우로 와서 무역하는 서양 상인들에게 상당한 인신 제약을 가하였다.

위에뿐 해관에 부정부패가 늘어나고 있던 것은 분명한 사실이라는 점을 마땅히 인정해야 한다. 그것의 주요 원인은 국가가 광저우에서 일정 수의 행상行商을 지정한 '십삼행十三行' 제도를 실행하여 대외무역을 독점하게 했으나, 갖가지 세비가 번다하고 상인에 대한 관리가 가혹했기 때문이었다. 행상은 특허 경영권에 기대 거대한 재부를 거머쥐기는 했어도 경제·정치·관리상의 지대한 위험을 감수해야 했으며, 조정의 명령에 반드시 따라야 했다. 위에 해관은 명의상 호부戶部에 속했지만 감독직은 제도 개혁 후 오로지 내무부 관원에게 맡겼고, 해관 수입의 일부는 내무부로 직송되어 '천자의 남쪽 창고(天子南庫)'로 불렸다.

역사적으로 볼 때 특허 경영은 당시 국외 무역에서 통용되던 제도로, 전 지구적 무역 네트워크가 형성되는 데 매우 큰 추진력으로 작용했다. 네덜란드와 영국의 동인도회사같이 광저우 교역에 큰 고객도 모두 국가 특허 독점이었다. 그전의 지구적인 운영은 시장 원리에 기댄 것이 아니라 전쟁, 식민, 진압, 담판 그리고 타협과 협력를 포함한 국가 행위에 가까웠다. 그들도 새로운 '자유시장 메커니즘'을 가져올 생각이 없는 것은 아니었다. 그렇지만 십삼행에 대한 청 조정의 엄격한 관제는 도리어 서양 상인들로 하여금 큰 위험을 피하면서 많은 이익을 거두게 했다. 행상 제도는 또한 초기 자본주의국가가 금융 확장에 간여하도록 자극했다. 1829년 미국은 '안전기금법안(Safety Fund Act)'을 통과시켜 뉴욕 은행에 공동출자로 기금을 설립하도록 요구하여 개별 은행의 도산으로 인한 채무 분규가 야기되는 것을 방지했다. 이런 방식은 광저우 행상의 연좌 상호보증 메커니즘에서 기원했다.

오늘날의 자유무역 이데올로기로 볼 때 국가가 광저우 무역에 간여

19세기 초 광저우 항구에 드나드는 외국 상선을 묘사한 그림

하고 독점하는 방식은 매우 큰 문제가 있는 듯하다. 그러나 당시의 정치적 각도에서 말하자면, 동아시아 세계의 내외 관계는 '천하 체제'라는 큰 틀에 한정되어 있었다. 청조 황제는 이 예법 제도의 중심에 위치했고, 주변 국가는 이 제도 속에서 이익을 얻었다. 서양 무역은 이 틀에 부속되어 자연히 기존의 구조 속에서 운용되어야 했으며, 이 틀에서 독립하거나 이를 초월할 가능성은 존재하지 않았다. 같은 이치로 19세기 중기 이전의 서유럽은 네덜란드와 영국을 막론하고 역시 국가가 무역을 주도했고, 결코 추상적인 자유개방시장을 표준으로 받들지 않았다. 바꾸어 말하면 구체적인 상업 이데올로기에서 유럽과 아시아는 19세기 이전에 차이가 크지 않았다.

무역 개방 자체는 독립적인 가치판단의 기준이 아니며, 그것은 단지 치국이민治國理民의 한 정책일 뿐이다. 정책인 이상 사회 상황의 변화에 따라 변화할 수 있는 것이다. 해외무역은 백성에게 혜택이 미치는 중요한 조치이며 국가 재정의 근원이기도 하지만, 안전상의 잠복된 위험을 초래할 수도 있다. 따라서 대외무역은 끊임없이 안전과 이익 사이를 오가며 때로는 느슨해지고 때로는 조여졌다. 분명 청대는 일찍이 해상 활동을 금하고 변경 지대 인구를 내지로 옮기는 조처를 취했으며 남양 무역을 제한했고, 광저우를 통해 서양 상선을 총괄적으로 관장하도록 했다. 그러나 제한하는 듯이 보이는 이러한 조치들은 모두 중국 대외무역의 큰 발전 가운데 삽입곡일 뿐이며, 중국을 지구화의 바깥으로 배제한 것이 아니었다. 광저우는 지역 무역의 중요한 허브로서 마카오, 나가사키, 바타비아, 마닐라, 부산, 류큐, 캬흐타 등과 함께 동아시아 초기 현대의 번망한 경관을 만들어냈다. 또한 16~17세기부터 중국인의 해외 이주가 대량으로 시작되어 점차 동아시아와 동남아시아 전 지역을 아우르는 해상 무역 네트워크를 형성했다. 20세기에 접어들어 동남아 화교는 손중산孫中山의 혁명과 항일전쟁에 거대한 지원을 제공했을 뿐 아니라, 화상華商 네트워크는 1980년대 개혁·개방의 성공도 크게 담보했다.

그렇다면 '중국의 폐관'이라는 이미지는 어떻게 유행하게 되었으며, 그것은 또 어떻게 '일본의 쇄국'과 함께 동아시아에 대한 판에 박힌 인식으로 변하게 된 것인가?

05

상징으로서 매카트니 사절단

앞서 카스틸리오네와 예수회에 관해 쓰면서, 2013년 영국 『이코노미스트』 잡지에 실린 한 단락의 역사적 수사를 제시한 바 있다. "1793년 영국 사절 매카트니는 중국 황제의 조정을 방문하여 영사관 개설을 희망했다. 매카트니는 새롭게 산업화한 영국에서 예물들을 선별하여 황제에게 가져다주었다. 건륭 황제—그의 국가의 당시 GDP는 전 지구의 약 1/3을 점했다—는 그를 내쫓았다. …… 영국인은 1830년대 돌아와 총과 대포를 사용해 무역 개방을 강행했고, 중국의 개혁 노력은 붕괴, 치욕 …… 으로 끝났다."

만약 아편전쟁이 없었다면 1793년 영국 사절의 중국 방문은 어쩌면 특별히 사건이 아닐 수 있다. 전해 10월 매카트니는 예물과 영국 왕 조지 3세의 국서를 가지고 런던을 출발하여 건륭 황제의 생일 축하를 한다는 명목으로 중국에 왔다. 그는 중국에서 영국 세력이 신장되길 희망한다며 무역 특권을 요구했다. 번잡하고 자질구레하며 쓸데없이 지루한 교섭(예컨대 알현 시 궤배례跪拜禮를 할 것인가 여부) 끝에 매카트니 등은 드디어 청더承德에서 건륭제를 만났지만, 청 조정은 그들이 요구한 특권을 완곡히 거절했다. 사절단은 중국 정보를 상세하고 철저하게 수집한 뒤 귀국했다. 영국에서든 중국에서든, 이는 당시 크게 주목을 끄는 일이 아니었다.

그러나 아편전쟁 이후 중국이 처했던 상황으로 말미암아, 1793년 중·영 간의 이 만남은 길고 긴 200여 년 동안 부단히 새롭게 해석되고 살이 붙여지면서 지구사적으로 의미가 있는 중대한 사건이 되었다. 20세기에 이르러 구미와 중국은 모두 이를 한 차례의 실패한 만남으로 간주했다. 즉, '보수적이고 폐쇄적인' 중국은 평등 외교의 관념이 결여되었기 때문에 세계에 융화될 기회를 놓쳤다는 것이다. 통속적인 역사 강의는 『이코노미스트』와 마찬가지로 그 만남을 아편전쟁과 연결 지어 뚜렷한 인과 고리를 만들어낸다. 중국이 폐쇄적이었기 때문에 매를 맞았다. 오로지 전쟁을 통해서만 비로소 중국이 자유무역을 받아들이게 할 수 있었다. 적지 않은 논자들은, 설령 제국주의와 식민주의에 비판적인 태도를 가지고 있다고 해도, 청대 중국의 허영과 거만이 국력의 쇠퇴를 초래했다고 여긴다.

매카트니 사절단은 점차 실제의 역사 상황을 떠나 특정한 이데올로기에 소재를 제공하는 상징과 신화가 되었다. 그에 대한 인식도 중·영 간의 구체적인 한 외교교섭으로부터 본질주의 색채를 가진 동서의 문화 충돌로 연역되었다. 1793년 사절단의 '실패'는 한결같이 '동양'의 상업 홀시, 허망한 자기 미혹, 전제주의 전통의 탓으로 돌려졌다. 청대 중국이 바다를 연 이후 결코 폐관하지 않았고, 해상무역에 대한 관리도 당시의 유럽 국가에 비해 절대로 더 보수적이지 않았으며, 또한 가장 중요하게는 중국–유럽 무역(중–미 무역을 포함해서)이 실제로 부단히 성장했음에도 불구하고 말이다. 바꿔 말해, 매카트니 사절단에 대한 해석에서 당시 중국과 영국의 구체적인 정치·사회·경제·외교 상황은 고의로 생략되었다. 이러한 것들은 모두 중요치 않았다. 중요한 것은 서양에 상대적인 '동양'의 이미지가 이 접촉을 통해 충분히 눈앞에 펼쳐지고 인증되었다는 점이다.

동양의 이미지에 대한 확정적 인식은 사실 진작에 시작되었다. 널리 알려진 풍자만화인 〈베이징 조정에서 외교사절단의 접견(The reception of the Diplomatique and his suite, at the Court of Pekin)〉을 보자.(260쪽 참조)

이 만화의 작가는 영국의 저명한 풍자화가인 제임스 길레이(James Gillray, 1756~1815)이다. 이 그림은 매카트니의 건륭제 알현을 표현한 모든 그림 가운데 아마도 가장 유명할 듯하다. 1793년 사건에 관한 무수한 소개들이 모두 이 만화를 인용한다. 이 만화는 이 시기 역사에 대한 영국 주류 여론의 인식을 대표한다. 그것은 중국 황제가 한쪽 무릎을 땅에 꿇은 매카트니를 대하면서 오만하고 우쭐거리며 업신여기는 어리석은 모습을 생생하게 묘사하고 있다.

사람들을 가장 탄복하게 한 것은 화가의 기교가 아니라 이 만화의 출판 시기인 1792년 9월 14일이다. 요컨대 매카트니 사절단이 그로부터 1개월 뒤에나 출발할 것임에도 화가는 그의 상상에 의거해 꼬박 1년 뒤의 회견 장면을 '예고'했다. 이 일에 대한 해석은 이 사건이 아직 발생하기 전에 이미 종결되었다! '역사의 인식'은 근본적으로 '역사'의 존재를 필요

〈베이징 조정에서 외교사절단의 접견〉
제임스 길레이(James Gilray, 1756~1815) 작, 1792년 출판.

로 하지 않았다.

화가는 물론 예언자가 아니다. 작품의 사상적 근원은, 하나는 그가 발 딛고 서 있는 현실이고, 또 하나는 18세기 이래 유럽이 아시아를 보는 새 로운 태도였다. 길레이는 영국 정치풍자화(caricatures)의 창시자로, 유럽, 특히 영국의 당시 정치 상황에 대한 그의 풍자는 1780~1790년대 대중의 정치 사조 변화를 구체적으로 드러낸다. 1783년 미국이 독립전쟁에서 승 리를 거두고, 영국의 해외 식민 사업은 막대한 타격을 받았다. 1789년 프 랑스대혁명은 유럽 전체의 왕권 체제에 충격을 주었다. 이에 영국은 식 민지 관리 체제를 강화하는 방식으로 대응했지만, 이를 통해 식민지 관 원이 올린 성과조차도 비난에 시달렸다. 이와 동시에 몽테스키외 이래 유럽 인문주의 지식인은 '동양적 전제주의'라는 거울을 발명하여 자본주 의 시대 유럽의 문화적·정치적 신분을 새롭게 자리매김하고, 중국의 정 체政體에 대한 태도를 찬미에서 강한 비판으로 전환했다.

길레이는 프랑스혁명을 반대하면서도 군권君權에 대해서는 극구 조롱 하며 영국 왕 조지 3세를 곧잘 풍자 대상으로 삼았다. 그의 그림은 런던 의 대중에게 판매되었고, 그는 이를 통해 시장에서 여러 시사에 대한 감 상이 어떻게 발굴되는지를 깊이 파악하고 있었다. 그러나 우리는 머잖아 출발할 매카트니 사절단에 대해 이 그림이 풍자한 것이 기실 여러 측면 이라는 사실을 주목해야 한다. 그것은 귀족 뒤 한 무리의 영국 관리·상 인의 황공함과 탐욕스러움을 표현했으며, 또한 매카트니가 가져온 예물 이 아무 쓸모도 없는 어린아이의 장난감으로 묘사되었다는 점이다. 물론 가장 돋보이는 것은 역시 동양 군주의 냉담함, 오만, 우스꽝스러움, 살만 피둥피둥 찐 무식한 모습이다. 이것이 하나의 예언이라면, 이 그림이 정말 보여주는 것은 이 방문이 여러 차원의 모순이 뒤얽힌 충돌을 포함하고 있다는 점이다.

결과적으로 이 예언은 진짜 '자아실현'되었다. 중·영의 첫 번째 공식 왕래가 실패한 원인에 대해 토론할 때, 유럽 논자들이 가장 많이 언급하는 것은 바로 알현 시의 의례 문제로, 마치 중국 황제가 영국의 통상 요구를 거절한 까닭이 단지 매카트니가 삼궤구고三跪九叩의 예를 행하길 거부했기 때문인 듯하다. 길레이가 고두례叩頭禮 시비를 예지했을 리는 없다. 그림에서 매카트니가 한쪽 무릎을 땅에 꿇은 것은 당시 유럽 왕궁의 표준적인 알현례일 뿐이다. 그러나 예언은 적중했고, '역사'는 사람들이 확신하는 방향으로 전개되었다. 매카트니의 알현례는 후대인의 눈 속에서 그림의 중심이 되었고 그 외의 것들은 덮어 감춰졌다. 이 밖에 흥미를 끄는 또 다른 하나의 화제는 건륭제가 영국 왕에게 주었다는 회신으로, 중국에는 없는 것이 없으며 영국과의 무역이 전혀 필요치 않다고 과시했다는 내용이다. 이 점도 매카트니가 가져온 '어린아이 장난감'에 대해 중국 황제가 하찮게 여기는 모습을 통해 여지없이 표현되었다.

그러므로 이 두 개의 이야기 구성은 매카트니 방문 전에 '설계'가 완료된 것으로, '역사'는 이 대본에 따라 한바탕 공연한 데 지나지 않았다. 모든 이해는 다 '우매한 동양'에 대한 비판을 이끌어냈다. 자신과 다른 자에 대한 선입견이 역사의 진행 방향을 좌우했다.

이 같은 해석 방식은 프랑스의 퇴역 외교관인 알랭 페이레피트(Alain Peyrefitte)의 『정체된 제국(L'empire Immobile)』에 이르러 절정에 달했다. 이 책은 1989년 출판된 뒤 빠르게 베스트셀러가 되었으며 1995년에 중국어판이 발행되었다. 그 무렵은 냉전이 막 종지부를 찍을 때라 서양이나 동양 어디를 막론하고 '낙후한 문명'에 대한 상상과 비판이 '역사적 종결' 시대의 구미를 상당히 돋우었다.

근래 매카트니 사절단에 대한 새로운 연구가 계속 나오고 있다. 학자들은 매카트니 사건을 당시의 사회·정치·문화적 맥락 속으로 환원하여 의례 제도, 과학기술, 지정학, 무역 상황, 번역 등 많은 새로운 시각에서 교류 실패의 원인을 밝히고, 추상적인 문화주의적 해석을 효과적으로 반박했다. 여기에서 이러한 관점들을 덧붙여 쓸 필요는 없으며, 우리는 다만 특정한 해석이 발생한 역사적 맥락을 주의하면 된다. 예를 들어 의례 문제에 관해 미국 학자 제임스 헤비아(James Hevia)는 18세기 이래 유럽 국제법의 새로운 외교 규범과 영국인이 궤배跪拜를 신복臣服, 계층, 노역 奴役, 성별 등의 기호와 연결하여 인식하게 된 것 등이 고두 문제를 민감하게 바라보게 된 원인이었다고 생각한다. 그러나 알현 의례는 1793년 중·영 회견의 장애가 아니었으며, 1816년 애머스트(William Amherst) 사절단의 중국 방문 때 가서야 격화되었다. 1840년에 이르러 미국 대통령 존 퀸시 애덤스(John Quincy Adams)가 중·영 간에 아편전쟁이 발생했던 주요 원인을 고두 문제라고 언급하면서, 이 문제가 비로소 끝없이 증폭되었다.

애덤스는 물론 의례를 빌미로 식민 침략을 합리화한 것이다. 우리가 설사 "문명인이 야만인을 훈계한다"는 것과 같은 논리를 따라 영국은 단지 주권국가의 새로운 개념에 비추어 중국에 그 평등한 지위를 승인해달라고 요구했을 뿐이라고 인정한다고 해도, 다음과 같이 추궁할 수 있다. 즉, 영국의 전 지구적인 식민이 여태껏 평등 원칙으로 약소국을 대하지 않았건만 무엇을 근거로 중국에 주권 평등을 요구했다고 할 수 있는가?

아편전쟁 후 영국이 '평등한' 외교 의례를 중국에게 수입하도록 한 것은
'평등한' 대중국 관계를 건립하기 위한 것이었는가?

　사실 황이눙黃一農 선생이 지적했듯이, 1793년 매카트니가 어떤 의
례로 알현을 했든 간에 건륭제는 영국 사신의 요구를 거절했을 수 있다.
이는 중국이 무역을 거부하기 때문이 아니라 이미 대외무역을 규범화해
서 관리해왔고, 모든 국가에 대해 차별 없이 대했지만 영국의 요구가 본
질적으로 중국이 장기간 실시해온 확립된 제도를 뒤집어버리는 것이었
기 때문이다. 그 요구는 다음과 같았다.—닝보寧波, 저우산舟山 등 지역
을 항구로 개방한다. 베이징에 영사관을 상설한다. 저우산 부근의 섬 하
나를 획정하여 영국 상인의 거주지와 창고로 제공한다. 영국 상인이 광
저우에 상주하는 것을 허가한다. 영국 배가 광저우와 마카오 수로에 출
입할 수 있도록 하며, 아울러 과세를 감면한다. 영국 선교사의 선교를 허
가한다.—우선 영국이 요구한 것들은 통상의 '보편적 권리'가 아닌 영국
일국에 대한 특수한 대우였다. 다음으로 어떤 요구들은 이미 식민과 차
이가 없었다. 청조가 대유럽 무역을 광저우로 통합하고 서양 상인의 출
행에 제한을 가한 것은, 전술했듯이 건륭제가 사회 안전을 고려하여 도
출한 정책 결정이었다. 입장을 바꾸어 누가 건륭제의 자리에 있다고 해
도, 아마도 이처럼 도발적인 요구를 승낙할 수 없을 것이다. 이 외에도
만약 영국이 자국의 어느 저명한 경제학자가 확신한 것처럼 '강도의 논
리'가 아니라 '시장 논리에 따라' 진정으로 상업 무역과 교류를 '희망'했
다면, 이렇게 질문할 수 있겠다. 중·영 무역을 주도하고 매카트니 사절단
을 후원하고 있던 영국 동인도회사가 따른 것은 시장 논리였는가?

　그러나 후세의 논술 속에서 매카트니의 요구와 배경은 늘 무시되거

나 희석되고, 반면에 건륭제가 영국 왕에게 보낸 회신은 반복적으로 언급되면서 중국의 우스꽝스러운 자만을 증명한다. 영어 문헌 속에 가장 많이 인용되는 구절을 쉽게 번역해보면 바로 이렇다. "천조天朝에는 없는 것이 없으며 …… 지금껏 정교한 제품을 중시하지 않았으니, 당신 국가의 제품은 조금도 필요치 않다." 사실 건륭제의 회신은 1896년이 되어서야 전체가 영문으로 번역되었고, 그 서신과 거기에 담긴 짧은 이 말은 19세기 전반에 걸쳐 어떠한 주목도 끌지 않았다. 이는 완전히 20세기의 '후견지명後見之明'(사후 확신 편향)이 이끈 새로운 발견이라고 할 수 있다.

더 중요한 점은 이 짧은 말이 단장취의되고 원문이 왜곡되었다는 것이다. 이 말의 문맥은 매카트니가 가져온 예물을 특칭한 것이지, 이미 여러 해 지속되어온 중·영 간의 무역에 대한 언급이 아니었다. "천조는 온 세상(四海)을 돌보며 오직 정신을 가다듬어 치세를 도모하고 정무를 처리하는데 기이한 보물은 그리 귀중하지 않다. 그대 국왕이 이번에 갖가지 보내준 물건은 멀리 보내준 진실한 마음을 생각하여 관아에 수납하고 관리하도록 특별히 분부했다. 사실 천조의 덕과 위엄은 멀리 미쳐 만국의 군주들이 보내준 갖가지 귀중한 물건들이 험한 길을 넘어 모두 모이니, 없는 것이 없다. 그대의 정사正使가 친견을 기다렸으나, (천조는) 지금껏 기교를 중히 여기지 않았으며 그대 나라가 제작한 물건이 더 필요치는 않다." 그러나 개별적인 어구들을 뽑아내고 치환하는 것만으로 중국 황제를 놀림거리로 만들 수 있었다. 이 말은 곧 '고두叩頭'와 함께 야만적인 '동양'은 맞아도 싸다는 근거가 되었다. 그것을 아편전쟁과 연결해서 식민 침략은 그렇게 수용하기 어려웠던 것이 아닐 뿐 아니라 그야말로 문명의 서광을 가져온 의거가 되었다.

아쉬운 것은, 많은 학자들이 이미 그 층층이 덧씌워진 의미들을 부정하고 있음에도 매카트니 사건은 여전히 완강하게 (중국과 그 외 지역의) 오리엔탈리스트가 기대하는 역할을 맡고 있다는 점이다. 『이코노미스트』가 결코 이 진부하고 상투적인 논조를 붙잡고 놓지 못하는 최후의 하나일 리 없다. 역사의 인식이 역사의 존재를 전혀 필요로 하지 않는 이상 (길레이의 만화처럼), 이 신화는 아마도 오랜 시간 계속될 것이다.

7장

새로운 천명 : 동아시아 현대사상의 흥기

01

사상 흥기의 계기: 강항과 주순수

    근세 동아시아의 명운을 다시 검토하는 데는 제도 면에서 '폐관·쇄국'의 신화를 깨뜨리는 일이 필요할 뿐만 아니라, 또 다른 차원에서 사상과 문화에 관한 정설을 되돌아보는 일 역시 필요하다. 폐쇄론과 같은 맥락에서, 20세기 이래 주류가 된 진보주의 역사관은 17~19세기 동아시아(청대 중국, 에도 시기 일본, 조선왕조 후기)에서 학술과 사유가 점차 지속적으로 정체되고 경직되어간 탓에 서구의 산업화, 새로운 기술, 새로운 사상이 현대에 준 충격을 막아낼 수 없게 되었다고 가정한다. 그에 따르면 동 시기 서구와 북아메리카에서 자유·민권 사조가 세차게 일었던 것에 비해, 동아시아의 세 사회는 고인 물이 가득한 못과 같았다. 송명이학宋明理學, 특히 주희의 이학 체계는 삼국의 공통된 공식 이데올로기였다. 예교는 천하를 통일하고 다른 의견과 인성을 억압했다. 청조는 더 나아가 만인滿人이 크게 일으킨 문자옥文字獄과 판에 박힌 과거제도로 인해

"만 필의 말이 모두 울지 않았다."*

19세기 말 20세기 초라면, 위와 같은 인식은 어쩌면 어느 정도 일리가 있을 듯하다. 그러나 20세기 후반 이래 동아시아 세계의 거대한 변화를 목도하게 되면서 우리는 곧 '정체되었다'라는 주장이 결코 전체 모습이 아니며 상당 부분 편파적이라는 것을 알게 되었다. 특히 동아시아 세계의 내핵은 전혀 '탈아입구脫亞入歐'의 논리에 따라 확대되지 않았고, 내재적인 사상 논리를 상당 정도 지속하고 있었으며, 또한 역사적 명제 속에서 현대의 도전에 응대할 길을 찾고 있었음을 발견하게 된다. 청대 중국, 에도 일본, 이씨 조선은 모두 참신한 사상의 출현을 결여하고 있지 않았다. 정치권력이 승인한 주류 학설 속에 위치하고 있는지의 여부를 막론하고 이러한 사상들은 모두 생장이 멈추지 않았으며, 나아가 19~20세기의 동아시아 세계를 만드는 데 지대한 역할을 했다. 그러므로 동아시아에서 현대의 '발견'을 고찰하려 한다면, 그 근원을 좇아 초기 현대의 사상적 상황에 대해 돌아볼 부분이 있다.

눈길을 다시 17세기로 되돌려, 먼저 가교적 역할을 한 두 명의 인물을 보자. 그들은 일본 근대사상에 깊고 오랜 영향을 끼친 두 명의 유학자로서, 조선의 강항姜沆(1567~1618)과 중국의 주순수朱舜水(1600~1682)다.

1597년 강항은 일군日軍의 2차 조선 침략 때 전라도 해상에서 포로로 붙잡혔다. 바로 며칠 전 조선의 명장 이순신이 명량해전에서 일본 수군

---

* "만 필의 말이 모두 울지 않았다(萬馬齊暗)"는 말은 모든 사람이 침묵하며 말하지 못한다는 의미로, 억압된 정치적 국면을 비유한다. 공자진龔自珍이 『기해잡시己亥雜詩』에서 소식蘇軾의 『삼마도찬三馬圖贊』 서序에 나오는 서술을 원용한 표현에서 유래한다.

의 선봉을 격파했지만, 결국 중과부적으로 일군의 계속된 북상을 저지할 수는 없었다. 강항은 본래 전라도에서 의병을 조직하여 저항했다. 그러나 대오가 사방으로 흩어지는 바람에 하는 수 없이 처자식과 함께 두 배에 나누어 타고 이순신을 찾아갔는데, 허둥지둥하는 사이에 다시 부친과 떨어졌다. 후에 자술하기를, 부친을 찾는 과정에서 일본 배를 만나 온 집안사람이 바다로 뛰어들어 도망했지만, 자신은 결국 붙잡히고 일가는 대책 없이 뿔뿔이 흩어졌다. 가장 끔찍한 것은 갓 태어난 막내가 백사장에 버려져서 "밀물에 떠올라 응애응애 우는 소리가 귀를 채우다가 한참 지나 그쳤다."

강항의 비참한 처지는 도리어 한 차례의 중요한 문화적 만남을 만들어냈다. 그는 적잖은 조선인과 함께 일본으로 압송되어 몇몇 지역을 전전했다. 그러다가 우연한 기회에 저명한 학자인 후지와라 세이카藤原惺窩와 교류하게 되었다. 후지와라는 젊은 시절 불교에 입문하여 공부했으며 그 뒤 조선통신사를 통해 주자학을 접하고 이로부터 유학 연구에 진력하면서 한동안 중국에 건너가 공부할 생각까지 했다. 강항과의 접촉을 통해 후지와라 세이카는 조선 유학 및 유가 의례 제도를 체계적으로 배웠다. 강항은 후지와라의 도움으로 마침내 조선으로 돌아갔고, 난중의 견문을 기술한 『간양록看羊錄』을 집필했다. 그는 책에서 후지와라와 교제한 일은 전혀 거론하지 않았다. 대신, 일본이 포르투갈·중국 등과 빈번한 해상 상업·무역 왕래를 하는 것에 대해 언급했다.

강항의 시대에 조선 유학은 이미 독자적인 체계를 갖추었다. 퇴계退溪 이황李滉과 율곡栗谷 이이李珥는 마치도 두 봉우리가 나란히 우뚝 서 있듯이 16세기 중·후기 매우 특색 있는 성리학파를 개창했다. 강항은 이황 학파의 영향을 깊이 받았으며, 이러한 영향을 후지와라 세이카에게 전해주었다. 후지와라는 당시 도쿠가와 이에야스에게 초빙되어 유학 교수를 전담하고 훗날 에도 막부가 주희의 이학을 국가의 정치 이념으로 확립하는 데 매우 중요한 역할을 했다. 그의 노력으로 일본 유학은 불교의 영향에서 벗어나 독립적으로 발전하는 학문이 되었다. 이런 이유로 후지와라는 일본 근세 유학의 개산비조開山鼻祖로 존중된다.

후지와라의 학생 가운데 후세에 가장 큰 영향을 끼친 인물은 단연 하야시 라잔林羅山이다. 하야시 라잔은 후지와라의 추천을 받아 도쿠가와 이에야스의 관리로 입사入仕하여 4명의 쇼군을 보좌하며 문서 편찬에 참여했고, 제도 법령을 제정하면서 학문을 정치적 실천과 결합했다. 그는 이학에 대한 스승의 해석을 계승하여 유교와 본토의 신도神道 사상을 조화시키고, 이를 통해 기독교를 배격하길 바랐다. 막부 관학에 끼친 하야시 라잔의 영향은 지대했다. 에도시대 전반에 걸쳐 '다이가쿠노카미大學頭' 직은 모두 하야시 일족이 담당했고, 하야시 가문은 세습적인 관학 지도자가 되었다. 하야시 라잔이 창립한 사숙은 나중에 막부 직할의 교육 기구인 쇼헤이자카가쿠몬죠昌平坂學問所로 발전했고, 무수한 명유名儒가 하야시가의 문하에서 나왔다. 주희의 사상은 이황의 해석, 강항의 전파, 후지와라 세이카와 하야시가의 자기 이해를 거쳐 도쿠가와 시대 일본 사상의 주류가 되었다. 만약 에도 막부가 주자학을 관학으로 받든 것이 그 이전 오랜 변란의 역사적 조건하에서 저울질한 선택이었다고 한다면, 강항과 후지와라 세이카의 만남은 바로 이 선택을 크게 촉진했다.

도요토미의 조선 침략이 강항을 일본에 포로로 잡히게 했다면, 만주의 굴기는 주순수朱舜水를 후소扶桑로 건너가게 했다. 그가 일본에 끼친 영향 역시도 심대했다. 주순수의 본명은 지유之瑜이고 순수는 60여 세 이후 일본에서 사용한 호다. 그러나 그의 주요 저작이 모두 일본에서 완성되어 유통되었기 때문에 '순수'라는 호가 오히려 더 유명하다. 그는 저장浙江 위야오餘姚 사람으로 1644년 이후 15년 동안 반청복명反淸復明에 힘쓰며 푸젠·저장의 연해와 일본, 안남, 시암暹羅 일대에서 분주히 활동했다. 안남 국왕은 일찍이 그에게 관직을 주어 애써 머물게 하려 했지만, 그는 신하의 예를 행하길 원치 않고 견결히 사양하며 나아가지 않았다. 1659년 그는 정성공이 강남을 공격하는 전투에 참가했고, 공략이 실패한 뒤 도움을 구하러 일본으로 갔는데 이후 바로 나가사키에 정주하여 학문을 전수했다.

처음에 주순수는 학생 안도 세이안安東省庵의 도움을 받아 생활했다. 1665년, 미토 번水戶藩의 2대 번주이자 도쿠가와 이에야스의 손자인 도쿠가와 미쓰쿠니德川光圀가 주순수의 학식을 앙모하여 그를 빈사賓師로 초빙하고 제자의 예를 행했다. 이에 주순수는 에도로 이주하여 명성이 날로 높아졌다. 현존하는 그의 저작은 많은 부분이 일본 지식인과의 서신 왕래와 문답으로 이루어져 있어, 일본인이 그의 자질구레한 글에 대해서도 매우 귀중히 여기고 상세히 정리했음을 알 수 있다. 그의 영향을 직접적으로 받은 저명한 학자로는 안도 세이안과 도쿠가와 미쓰쿠니 외에 아사카 단파쿠安積澹泊, 야마가 소코山鹿素行, 기노시타 준안木下順庵, 이토 진사이伊藤仁斎 등이 있다.

명조가 전복되고 과거에 '만이蠻夷'로 간주되던 만주가 뜻밖에 새로운 '중화'가 되자, 이 정치적 격변은 유교 세계 전체에 심리적·문화적으로 막대한 충격을 가져다주었다. 주순수는 동향인 황종희黃宗羲와 마찬가지로 명조의 정통을 고수하되 다른 한편으로는 명대 유학의 문제를 깊이 반성했다. 그는 명이 망한 근본 원인이 내부의 부패, 특히 독서인이 부패하여 강기綱紀가 피폐해지고 백성의 도덕이 무너진 데 있다고 여겼다. 그래서 강항과 달리 주순수는 정주程朱를 받들기는 했어도 명조 후기의 주자학이 공리空理에 빠져든 것을 비판했다. 그는 조선인이 혐오한 왕양명의 심학心學을 수용했지만, 후기 왕학王學의 공허함에 대해서는 불만을 갖고 학문은 마땅히 경세치용해야 한다고 강조했다. 이러한 실학사상은 일본 고학파古學派가 흥기하는 데 자극을 주었다.

그가 일본에 가져다준 유학은 강항이 전해준 것과 같은 체계를 갖춘 성리학이 아니라 망국의 침통한 한을 담고 있는 비판적 유학이었다. 그의 눈에 고국은 안팎으로 패망하고 이미 철저히 쇠락했으며, 반대로 그를 받아들인 일본은 문명의 주맥을 이을 희망이 보이는 곳이었다. 그는 이 섬나라에 마침내 어떤 이상을 기대하게 되었다. 그는 안도 세이안에게 보낸 편지에서 "귀국의 산천에는 신神이 강림하고, 재능과 현명함이 뛰어나며 성실하고 학문이 깊은 뛰어난 선비가 많다. 이와 같은 도량과 식견과 학문이 있는데, 어찌 공자나 안회가 중화에만 있으며 요순이 절역에서는 나지 않는다고 할 것인가?"라고 적었다.

그 이전에 중국 사대부의 눈에 비친 일본은 내내 만이왜종蠻夷倭種이었다는 것을 반드시 알아야 한다. 명이 망하고 청이 일어난 뒤 일본은 곧 도이島夷·왜구에서 역외의 요순으로 일변했다. 이와 같은 사상은 일본이 더욱 중화 문명의 전승 속에서 자신의 지위를 다시금 인식하도록 촉구했다. 유교는 본래 화이 질서를 강조하지만 만주라는 이적이 등장함으로써 일본이 도리어 이적의 신분에서 벗어났다. 주순수는 일본 유학자가 스스로 '중화'가 될 수 있음을 인식하도록 격려했다. 일본의 이른바 '중국을 벗어나는 중국화'가 여기서 펼쳐졌다.

명말청초의 절동학파浙東學派 학자는 치사治史를 매우 중시하여,* 장학성章學誠이 말한 바와 같이 "인성과 천명을 말하는 자는 반드시 역사를 탐구해야 한다(言性命者必究于史)"는 전통이 있었다. 주순수가 주창한 존왕양이의 사학 사상은 일본 근세 사학의 정신적 좌표였다. 도쿠가와 미쓰쿠니는 에도에 쇼고칸彰考館이라는 편사관을 설립하고 이후 『대일본사大日本史』를 편찬했는데, 그 일을 맡은 첫 번째 총재는 바로 주순수가 총애한 제자 아사카 단파쿠이고, 쇼고칸의 그전 6명 총재도 모두 주순수 문하(朱門)의 제자들이었다. 『대일본사』는 일본 미토학水戸學의 기초를 다진 역사서로, 그 사상의 주축은 황조皇朝 정통을 지킨다는 '대의명분'이다. 대의명분론은 19세기의 막부 타도 및 유신 때 '존황양이'의 정치 구호를 직접적으로 이끌어냈고, 이후 일본 아시아주의의 한 사상적 근원이 되기도 했다.

주순수는 하야시 가문 일파의 막부 관학과도 겹치는 부분이 있었다. 하야시 가문의 2대 계승자는 하야시 가호林春勝(鵝峰)이고, 그 아들 하루노부春信는 바로 순수에게서 수학했는데 아쉽게도 요절했다. 하야시 가호의 다른 아들, 후에 다이가쿠노카미를 계임한 하야시 호코林鳳岡는 기노시타 준안 등 주순수 문하의 유생과 자주 왕래했다. 하야시 가호와 하

---

* 협의의 절동학파는 황종희黃宗羲, 만사대萬斯大, 만사동萬斯同, 소정채邵廷采, 전조망全祖望, 장학성章學誠, 소진함邵晋涵 등 닝보寧波와 사오싱紹興을 중심으로 한 저장 동부 출신의 학자들을 가리킨다. 경세치용을 중시했으며, 경학과 사학을 겸했지만 훗날 사학에 끼친 영향이 컸기 때문에 따로 절동사학浙東史學이라고도 지칭한다.

야시 호코 부자는 자신들의 직무를 이용해 당시 나가사키에 도착한 상선으로부터 가져온 중국 정보를 수집·정리하고, 이 구술 자료의 모음을 『화이변태華夷變態』로 명명했다. 이는 일본 학자가 중국이 '화華가 이夷로 변하는 상태'라는 사실을 인식하게 된 것이 주순수의 사상과 고도로 맞물려 있는 것임을 매우 분명히 보여준다.

17세기 이래 '중화'·'이적夷狄'과 연관된 신분의 재구성은 동아시아 사상이 현대를 향해 나아가게 한 아주 큰 자극 요소였다. 도요토미의 조선 침략, 만주의 굴기, 서학의 수입을 통해 동아시아의 지식계는 시대와 함께 변화하면서 한 차례의 집단적 동요가 발생했다. 한중일의 사상가들은 시대적 충격을 대면해서 자신과 타자 그리고 역사를 재해석하며 해답을 구했다. 이 동요가 거의 동시에 발생할 수 있었던 이유는 해양 교류 네트워크의 확대와 인문人文의 충돌이 단기 내에 격증했던 데 있다. 강항·주순수와 일본의 만남은 우연에 속하지만 이 지역 초기 현대의 다층적 역사의 맥락을 하나로 연결시키고 있다. 그들의 만남은 동아시아 현대사상이 흥기한 계기가 되었으며, 이러한 맥락은 하나라도 빠뜨려서는 안 된다.

02

강남 풍격과 에도의 우키요

1759년 건륭 24년 쑤저우蘇州 출신의 궁정화가 서양徐揚은 〈성세자생도盛世滋生圖〉를 완성했다. 약 12미터 폭의 긴 두루마리에 그려진 이 그림은 건륭제가 두 번째 강남을 순행할 때 쑤저우 성城의 번성과 번화한 모습을 상세히 묘사했고, 이 때문에 〈고소번화도姑蘇繁華圖〉라고도 불린다. 거대한 화폭, 수많은 인물, 풍부한 장면, 다양한 점포로 구성된 내용은 북송 장택단張擇端의 〈청명상하도清明上河圖〉를 압도한다. 그림 속 약 260개의 각종 상점 가운데는 서적과 서예·그림을 전문 영업하는 곳이 적지 않고 연예演藝나 수업하는 장면도 많이 보인다. 도시 문화가 발달했음을 알 수 있다. 서양은 제발題跋에서 "세 자루의 촛불 불꽃이 동자童子의 마당에서 재주를 거루고, 만권의 책 향기가 선생의 자리에서 수업한다"고 묘사했다. '고소번화'는 당시 강남의 도시 공간과 사회생활을 연구하는 백과전화百科全畵이며, '성세자생'은 근대사상의 발생을 이끌어낸 본

〈성세자생도盛世滋生圖〉(일부)

질적 요소를 이해하는 하나의 열쇠다.

　17~18세기 동아시아의 사상적 격동을 이야기할 때 외재적 자극(도요토미의 조선 침략, 만주 굴기, 기독교의 동진, 해상 교통의 발달)은 중요한 발생 원인이지만, 외래적 요소는 내재적 환경에 작용해서 비로소 화학적 반응이 발생하는 것이다. 주순수를 예로 들자면, 그의 사상은 주희와 왕양명을 모두 받아들였지만 두 학파가 공론으로 흐르는 데 반대하며 경세치용을 강조했다. 이러한 창의적인 사상이 수도로부터 멀리 떨어진 강남 지역에서 형성되고 에도 시기의 일본에 널리 전파될 수 있었던 것은, 이 두 지역의 경제·사회 상황과 매우 밀접한 관련이 있다. 유럽 문예부흥 시대의 상황과 유사하게, 도시의 발흥, 특히 상업·무역도시의 큰 발전은

근대 동아시아에서 새로운 사상과 새로운 문화의 부화기였다. 역으로 새로운 사상 문화와 학술 활동도 도시의 면모를 엄청나게 바꾸었다.

당대 학자들은 줄곧 명·청 시대의 강남 지역을 특별히 주목했다. 각 학파는 정치·경제·지리·산업·환경·사회·인문의 시각에서 출발하여 중국이 근세로 나아가는 과정에서 이 역사 공간이 갖는 의미를 설명하려고 노력했다. 이 책에서 '강남'은 광의의 개념을 취해 장강 하류 유역의 도시군을 포괄적으로 지칭한다. 협의의 개념으로는 강남 이남의 쑤저우蘇州, 창저우常州, 항저우杭州, 후저우湖州 등 '팔부八府'를 포함하며, 또한 장강 이북의 양저우揚州와 상류로 거슬러 난징南京 등의 지역도 포함한다.

강남 공간의 독립성·독특성은 자연과 역사의 이중 작용으로 형성되었다. 장강 하류 평원의 풍부한 물산은 이곳을 일찍이 국가의 양식 창고로 만들었다. 인구의 부단한 증가는 수공업과 제조업을 농업 이외의 중요한 수입원으로 만들었다. 대운하가 남북을 관통하고 일련의 교통 결절점 위에는 점차 상업 무역의 요충지들이 형성되었다. 편리한 하도河道는 내륙을 연결했고, 범선 무역은 해외(특히 일본과 남양)를 연결했다. 고도의 공·상업 발달과 원활한 정보 유통은 도시화를 한층 더 확대되도록 자극했을 뿐 아니라 사상 문화의 창의와 전파에 필요조건을 제공했다. 수도와의 먼 거리는 상업 중심에 거주하는 문인 집단으로 하여금 정치투쟁의 중심으로부터 초탈하는 선택을 할 수 있게 했다. 그들 역시 국가 이데올로기의 영향을 받았지만 속박은 상대적으로 적었다. 상업·교통·사상의 거대한 활력은 자신만의 독특한 '강남 스타일'을 배태했다.

강남 풍격의 가장 큰 특징은 조정의 주류와 분립되었다는 점이다. 이러한 분립은 명대 중엽에 시작되어 청대에 성했다. 그것은 근본적으로는 학문 원리에 대한 사상적 반역으로, 판에 박힌 듯하고 허황한 송명이학에 대한 반동이었다. 또한 표현 형식 면에서는 학술에서부터 예술에 이르는 여러 방면을 포함했다. 후세에 청대 문화 사상의 발전을 논할 때, 강남 문인 집단의 영향은 정통 관학보다 훨씬 크게 평가된다.

서화를 예로 든다면, 곧 이러한 반역이 시각적으로 표현되고 있음을 직관적으로 이해할 수 있다. 청대 이래 서법과 회화에 가장 큰 영향을 끼친 인물은 아마도 명 말의 쑹장宋江 출신인 동기창董其昌을 꼽아야 할 것이다. 동기창은 선종 불교 가운데 남·북종의 분립을 화론畵論에 도입했는데, 남종 문인화의 흐름을 존숭한 반면 북종 궁정화를 낮게 평가했다. 그의 사상은 후에 청 조정의 추앙을 받았고, 문인 서화는 조야朝野에서 분화를 계속했다. 새로운 '재조在朝' 일파는 조정의 취향에 영향을 받아 엄격한 필묵의 규범을 강조하고 "전거 없이는 한 획도 그리지 않는" 옛것을 본받는 것(師古)을 숭상했다. 한편 강남 일대의 서화가들은 '재야在野'의 태도로, 판에 박힌 듯한 심미적 취향을 거부하고 개성이 뚜렷한 것을 중시하며 새로운 시대의 화풍을 열었다. 그들은 동기창의 재능과 학문을 강조하는 일면도 계승했지만, 호방하여 구애됨이 없으며 속마음을 솔직하게 표현하는 진순陳淳이나 서위徐渭 계열의 사의寫意 수묵을 더 숭앙하여 점차 민간에서 주류를 이루었다. 청 초 '사승四僧'(팔대산인八大山人, 석도石濤, 곤잔髠殘, 홍인弘仁)의 순박하고 한적함(野逸), 내키는 대로 하면서 별남(狂怪), 놀랍도록 간단함(奇簡)은, 관례에 따라 옛것을 본따고(因循摹古) 세밀하고 복잡(精致複雜)한 '사왕四王'(왕시민王時敏, 왕감王鑑, 왕휘王翬, 왕원기王原祁) 계통과의 대비 속에서 세상을 깜짝 놀라게 하는 혁명적 의의를 더 분명히 드러냈다.

팔대산인八大山人, **〈궐어도鱖魚圖〉**

팔대산인의 만년(강희 33년, 1694) 정품精品을 모은 『안만첩安晚貼』에 수록된 그림이다. 일본 교토 센오쿠하쿠코칸泉屋博古館 소장.

'사승' 등의 화풍이 하나의 독자적인 풍격을 형성한 것은 당연히 명의 멸망이라는 정치적 자극과 매우 큰 관련이 있다. 그러나 그들의 미학적 지향이 후세를 능히 이끌고 중국 현대미술의 발단이 된 데는 명 말 이후 남방 상업 사회의 기풍과 밀접한 연관이 있다. 바이첸선白謙愼은 부산傳山에 관한 연구에서, 시민 문화의 발흥 및 사상의 다원적 성장에 따라 17세기의 강남 도시에 일종의 '기묘함을 숭상(尙奇)'하는 심미적 취향이 형성되었다고 지적했다. 부산이 "졸렬할지언정 꾸미지 말고, 추할지언정 아첨하지 말고, 무질서할지언정 가볍지 않고, 솔직할지언정 의도적으로 안배하지 않는다(寧拙毋巧, 寧丑毋媚, 寧支離毋輕滑, 寧直率毋安排)"를 추구한 것은 바로 이러한 새로운 취향의 선언이었다.

또 다른 하나의 중요한 요소는 문화 시장의 발달이다. 서화와 시문 등은 과거에 단지 문인이 몸과 마음을 수양하기 위한 부업일 뿐이었지만, 이제 그것을 자립 기반으로 삼아 지탱할 수 있게 됨으로써 반드시 과거科擧의 길로 나아가지 않아도 되었다. 물론 문인의 그림 판매가 청대에 시작된 것은 아니었다. 그러나 그림 판매를 생업으로 하면서 직업적 문인화가 부류가 형성된 것은 바로 청대 강남의 번영한 시장 환경하에서 비로소 진정으로 형태를 이룬 것이다. 정판교鄭板橋는 관직에서 물러난 뒤 자신의 서화에 다음과 같이 윤필료를 매겼다. "대폭 6량, 중폭 4량, 소폭 2량, 대련 1량, 부채 글씨 5전. 예물이나 음식물을 보내는 것보다는 아무래도 백은白銀이 좋다. ……" 그는 판매에 대한 언급을 결코 수치스러워하지 않았다. 이는 예전에는 드문 일이었다. 양주팔괴揚州八怪* 는 풍

---

* 양주팔괴는 청 건륭 연간에 주로 양저우揚州 화단에서 활약했던 혁신적 화풍의 서화

격과 신분 면에서 모두 '재야'의 자세를 계승하여 '괴상함(怪)'으로 세속에 영합하는 것(媚俗)에 저항했다.

문인 창작의 상대적 독립은 학문·출판의 독립과 일치했다. 명 말 이래 강남의 장서·출판 풍조는 매우 왕성했고, 상업 운영과 문화 창작이 서로 자극하여 새로운 사상이 신속히 전파되었을 뿐 아니라 대량의 금서도 상점에서 은밀히 유통되었다. 이 시기 가장 급진적인 반역 사상가는 이지李贄를 꼽아야 한다. 그는 정주이학을 강력히 비판했고, 심지어 공맹을 조롱하고 이단을 자처했으며, 반면 마테오 리치를 대단히 높게 평가했다. 그는 생전에 『분서焚書』를 저술했는데, 이 책은 반드시 소각될 것이라는 의미였다. 명·청조는 확실히 그의 책을 금서에 포함했지만, 민간에서는 사사로이 간행하는 자가 끊이지 않아 "사대부는 서로 거듭 인쇄하여 일본에까지 널리 퍼졌다."(우위吳虞) 만약 체계적인 서적 출판업이 자체적으로 발달하지 않았다면 이러한 상황은 아마도 출현할 수 없었을 것이다.

문화 면에서 조야朝野 경쟁은 후세에 끼친 영향으로 볼 때 재야 일방의 완승이었다. 1773년, 〈성세자생도〉가 완성된 지 14년 뒤에 『사고전서四庫全書』가 편찬되기 시작했다. 이는 청대 문화 건설에서 가장 중대한 사건이다. 9년 뒤에 『사고』의 편찬이 완성되었다. 량치차오梁啓超의 말에

가를 총칭하며, 양주화파揚州畫派라고도 한다. 이에 속한 서화가는 반드시 8명이지는 않고, 논자마다 다르게 본다. 금농金農, 정섭鄭燮, 황신黃愼, 이선李鱓, 이방응李方膺, 왕대신汪士愼, 나빙羅聘, 고상高翔 등이 대표적인 인물로 꼽으나, 그 외에도 화암華嵒, 고봉한高鳳翰, 변수민邊壽民, 진찬陳撰, 민정閔貞, 이면李勉, 양법楊法 등을 포함하기도 한다.

따르면, 이는 송명이학에 반대한 강절학파江浙學派의 승리를 상징하는 것으로, "조정이 제창한 학풍은 민간에서 자연스럽게 발전한 학풍에 압도되었다."* 『사고전서』는 완성된 뒤 모두 7부를 필사하여 베이징, 청더承德, 성경盛京의 내정內廷에 4부를 수장하고, 나머지 3부는 모두 강남에 보관되었다.**

청대 강남의 발전과 대응하여 일본에서는 에도(현 도쿄)로 대표되는 상업도시가 출현했다. '성세자생'은 마찬가지로 근대 일본 사상이 흥기한 시대적 배경이기도 했다. 도요토미 히데요시 사후 도쿠가와 이에야스는 마침내 일본의 통일을 완성하고 1603년 에도에 막부를 설치했다. 당시 에도는 아직 작은 성으로, 인구 및 도시 규모가 교토와 오사카에 훨씬 못 미쳤다. 1635년 3대 쇼군 도쿠가와 이에미쓰德川家光는 '부케쇼핫토武家諸法度'를 제정하여 각지의 번주藩主 다이묘가 매년 반드시 에도로 와야 하며 정실과 계승인을 이곳에 상주시켜야 한다고 명확히 규정했다. 이것이 이른바 '산킨코타이參勤交代'다.(주순수를 초빙한 미토水戶의 도쿠가와 가

---

* 량치차오는 『사고전서』 편찬을 위해 설립된 사고관四庫館의 각 분야 300여 명의 학자에 대해 언급하면서 "노골적으로 말해 사고관이 곧 한학자의 대본영이며, 『사고제요』는 바로 한학 사상의 결정체다. 이 점에서 볼 때, 강희 중엽 이래 한학과 송학의 다툼은 사고관을 열면서 한학파가 완전한 승리를 점했다. 또한 조정이 제창한 학풍은 민간에서 자연스럽게 발전한 학풍에 압도되었다."라고 지적한 바 있다. 梁啓超, 『中國近三百年學術史』, 商務印書館, 2016, p. 26.
** 『사고전서』는 건륭 46년(1781) 12월에 최초의 판본이 완성되었고, 이후 3년에 걸쳐 4부를 필사하여 베이징 고궁의 문연각文淵閣, 성경(현 선양) 고궁의 문소각文溯閣, 베이징 원명원의 문원각文源閣, 하북 열하(현 청더) 피서산장의 문진각文津閣에 수장되었다. 이를 '북사각北四閣'이라고 한다. 또한 건륭 47년(1782) 7월부터 52년(1787)까지 다시 3부를 필사하여 강남 전장鎭江의 문종각文宗閣, 양저우의 문회각文匯閣, 저장 항저우의 문란각文瀾閣에 소장했다. 이를 '남삼각南三閣'이라고 한다.

문은 예외였지만 미토 번주는 에도에 장기간 머물렀으며, 이는 주순수가 후에 미토가 아니라 에도에 거주했던 이유이기도 하다) 산킨코타이는 막부가 중앙 집권을 강화하고 국가가 다시 분열하는 것을 방지하려는 제도였다. 막부는 각 다이묘에게 그들의 처자식을 인질로 에도에 올려 보내도록 강제로 명령하고, 또한 그들 자신의 왕복 경비를 스스로 부담케 하여 각 번의 재력을 약화했다. 이 정책의 사회경제적 결과는 전국 정치 엘리트의 생활과 소비의 중심을 에도로 이전시켰다. 교통의 원활한 소통, 도시 공간의 확대, 농민과 상인의 잇따른 유입에 따라 에도는 급속히 인구가 증가하고 상인이 운집하는 메가시티가 되었다.

다이묘는 '산킨', 즉 에도에 출사하러 가면서 가신과 수행원을 늘 거느렸으며 때로는 그 수가 수천 명에 달했다. 가신은 일반적으로 홀로 부임했고, 그 때문에 에도의 인구 구성은 무사 계층에 집중되었을 뿐 아니라 남녀 비율이 매우 불균형해졌다. 평화로운 시절이 계속되고 무사 계층이 소일거리를 찾으면서 연예업, 서비스업, 색정업의 발달이 촉진되었고, 가부키歌舞伎, 게이기(妓妓, 게이샤藝者), 유곽, 기생집(妓院) 등은 도시 문화의 중요한 구성 요소가 되었다. 도시의 발전은 일군의 거상巨商 계층을 만들어냈는데, 그들은 신흥도시 문화의 중요한 찬조인이자 소비자였다. 이러한 문화의 가장 저명한 대표적 형식은 17세기 후기에 출현한 '우키요에浮世繪'였다.

'우키요浮世'는 불교에서 온 말로, 현세의 번화와 공허를 의미한다. 초기의 우키요에가 표현한 것은 마음껏 성색聲色을 즐기며 때를 놓치지 않고 향락한다는 생활 미학이었다. 우키요에의 창시인으로 여겨지는 히시가와 모로노부菱川師宣는 에도의 요시와라吉原(유곽)를 소재로 대량의 풍

히시가와 모로노부의 우키요에

속화·미인도를 창작했다. 그의 작품에 담긴 색정적 정취와 세속 생활에 대한 애호는 에도 우키요에의 가장 좋은 주해다. 우키요에와 강남 문인화는 모두 상업 사회의 문화상품이고 궁정 문화에 대조되는 세속적 개성을 드러내고 있지만, 우키요에는 제작하는 데 복잡한 분업이 더 필요하며 자본주의 색채가 한층 농후하다. 에시繪師(화가)가 그림을 그리면 조코彫工(조각공)가 판을 새기고 수리시摺師(인쇄업자)가 찍어낸 뒤 상인이 판매를 하는 등 각자 자기 일을 한다. 문인화의 소장자는 상인과 사인을 포함한 반면, 우키요에의 서비스 대상은 주로 상인과 일반 대중이었다.

조선은 예교 제도가 가장 엄격했지만, 역시 새로운 세속적 문화 기풍이 땅 위로 뚫고 나왔다. 18세기 후기에 기방 풍경과 남녀 애욕을 잘 표현한 화가 신윤복申潤福, 풍속화로 이름을 떨친 김홍도金弘道가 출현했다. 김홍도의 대표작 『단원풍속도첩壇園風俗圖帖』은 민간의 생산·생활 장면을 25점에 담아낸 화첩으로, 조선시대 각 계층 사람들의 모습이 묘사된 귀중한 시각 자료다.

강남과 에도는 모두 동아시아 근세 사상 문화의 발원지로 동아시아의 새로운 사회경제 상황을 대표하는 전형적인 공간이었다. 두 공간은 또한 민간의 해상무역을 통해 연결되어 강남의 서적·서화가 끊임없이 토에이東瀛(일본)로 흘러들었고 에도 일본의 사상과 심미審美에 지속적으로 영향을 끼치고 있었다.

「단원풍속도첩」 중 〈씨름도〉

김홍도 그림, 한국국립중앙박물관 소장.

03

도통의 재건: 청학淸學의 논리

명을 대체하여 발흥한 만주는 한편으로는 주변의 신분으로 중원을 지배하면서, 다른 한편으로는 또 과거의 그 '천하'를 계승·확대했다. 이는 중화의 도통과 새로운 천하질서가 더 이상 엄밀히 대응하지 않게 했다. 이 때문에 '중화'에 대한 새로운 정의는 근대 동아시아 세계 전체의 사상적 변혁에서 시작점이 되었다. 한일 지식인이 '화이변태'에 대한 사고를 통해 자신을 새롭게 자리매김한 것은 19세기 이후 두 지역의 민족주의 사상에 중요한 원천이 되었다. 마찬가지로 중원 지역(특히 강남)의 지식인도 위기를 계기로 화하華夏를 다시금 사고하고 위기의 근원을 깊이 탐색함으로써 학술적으로 도통을 재구성하고 정치적으로 현실에 개입하는 모습을 보였다.

청조의 학술과 사상에 대한 평가는 지금까지 두 가지 상반된 경향이 있다. 하나는 사인士人에 대한 조정의 사상적 억압을 강조하는 것으로,

이학·과거·문자옥 등 겹겹의 문화 규제(文網)와 같은 압제 아래 문인들이 고서 속으로 숨어들어 정력을 모두 훈고·고증에 사용하는 수밖에 없었고, 그 결과 사상의 활력이 점차 상실되고 학술이 경직에 빠져 근대 중국이 바깥으로부터 치욕을 당하는 상황을 초래하게 되었다고 생각한다. 또 하나는 명말청초 사상가들의 혁명성을 부각하는 것으로, 그들이 변란 속에서 동시대 유럽과 유사한 민본·민권·민족 등의 이념을 제시하여 중국의 19세기 현대화 운동에 직접적인 영향을 끼쳤으며, 그 의미는 문예부흥이나 계몽주의에 비길 만하다고 여긴다. 사실의 차원에서 이 두 가지 평가는 다 어느 정도 일리가 있다. 그렇지만 그 결론이 뚜렷이 반대되는 것으로 보여도 실상 모두 서구의 역사 서술을 거울로 삼아 '보수' 대 '진보'의 이원적 계보로 중국 사상의 역사적 논리를 규정한 것이다. 다른 점이 있다면, 하나는 만주 굴기가 가져온 정치적 강압을 완전히 부정적으로 평가하며, 다른 하나는 '화이변태'가 실제로는 적극적인 변화의 발생을 자극했다고 여긴다는 것이다.

이 양극단의 서술에 내재하는 일치성을 풀어내려면 청대 중국의 사상적 변화를 현지 유학 자체의 발전 맥락 속에 놓을 필요가 있다. 우선 적폐가 무성하고 모순이 겹겹이 쌓이는 상황에 이르게 되면 그 사회에는 반드시 새로운 사상이 출현할 수 있으며, 이는 고금동서가 모두 똑같다는 점을 설명해야 한다. 이 같은 새로운 사상에 대한 평가에서 가장 바람직한 태도는, 그것이 사전에 가정한 모종의 '진보'의 궤적에 부합하는지 그렇지 않은지를 보는 것이 아니라, 그것이 당시 겨누었던 문제가 무엇인지, 누가 '적敵'인지를 명확히 하는 것이다. 사상 문화는 공중에 세워진 누각이 절대 아니며 구체적인 역사적 상황 속에서 발생하는 것이다.

량치차오는 명 말 이래의 학술 사조를 개괄하면서 "주관적 명상에 싫증을 내고 객관적 고찰에 기울었으며, 이론을 배척하고 실천을 제창했다"고 말했다. 그러나 누가 '주관적 명상'과 '이론'에 빠졌었다는 말인가? 분명히 만청 통치자는 아니다. 적어도 직접적으로는 그렇지 않다. 명말 청초의 사상가, 예를 들어 고염무顧炎武, 황종희黃宗羲, 왕부지王夫之, 주순수朱舜水 등이 반대한 것은 당시 주도적 지위를 점했던 송명이학이었다. 그들은 주희에서 왕양명에 이르는 일련의 도덕 학문이 지금껏 발전해오면서 이미 완전히 형이상학적 현학玄學이 되어 현실에 대한 지도적 의미를 상실했고, 따라서 반드시 개혁되어야 한다고 여겼다. 이러한 통절痛切이 주로 향했던 쪽은 명대 정치사회의 타락한 풍조였고, 나중에 국가가 전복되자 이 통절 속에 천하의 역색易色에 대한 분만憤懣이 또 더해졌다. 그들은 국변國變의 근원을 학술의 현실 이탈로 결론짓고, 이는 사림의 지식이 공허해진 결과라고 생각했다. 고염무는 이러한 지식 엘리트들을 비판하면서 "마음을 밝히고 본성을 본다는 공언空言으로 자신을 수양하고 타인을 다스리는 실학實學을 대신했으며, 신임하는 신하가 태만하여 만사가 황폐해졌고, 용맹한 신하를 잃어 사방의 나라들이 어지러워졌으며, 중원(神州)이 뒤집어지고 종사宗社가 폐허가 되었다"라고 신랄하게 말했다. 안원顔元에 이르러 지식인에 대한 비판은 더 가차 없어졌다. 그는 그들을 가리켜 "평소에는 팔짱을 낀 채 심성을 얘기하고, 위험에 직면해서는 죽음으로 군왕에 보답"하며 헛되고 답답한 도덕 이상과 가슴에 가득한 뜨거운 피를 제외하고는 어떤 실제적인 능력도 없다고 비웃었다.

현실 속에서 학문을 실행하는 것을 극히 강조한 이들 사상가는 대개 반만저항운동에 투신했다. 그런데 그들의 저항은 사실 일종의 정치와 문화 두 전선의 작전으로 이루어졌다. 주순수 같은 학자는 복명復明하는 데 투신했지만 남명의 관직을 받아들일 가치가 없다고 여겼고, 문화적 입장 과 정치적 입장의 분리를 명확히 표명했다. 그들은 청에 저항했지만 예 교禮敎에는 더 반대했다. 눈앞의 정치적 적은 만청이고 마음속의 문화적 적은 이학이었다. 저항운동이 실패한 뒤 눈앞의 적은 넘어뜨릴 수 없게 되었다. 그들은 결코 일종의 단순한 민족주의 논리로 명이 망한 근원을 청의 잘못으로 돌리지 않고 마음속의 적인 성리공담性理空談을 직접적인 목표로 겨누었다.

어떻게 성리공담에 반대할 것인가? 정치 방면의 실천은 실패했지만 학술 연구는 반드시 현실의 문제로 돌아가야 했다. 그래서 당시의 사상 가들은 학습의 방법에서 서재를 벗어날 것을 주장했다. 그들은 유학자의 수신은 마땅히 문무를 겸비해야 한다고 강조했다. 산천을 주유하고 들판 을 탐방해야 했다. 독서라고 해도 단지 몇 부의 경전에 만족할 수 없었 고, 천문·지리·역산 등을 두루 탐구해야 했다. 고염무는 매우 전형적인 사례에 속하는 인물이다. 그는 45세 이후 여기저기를 답사하면서 고적을 탐방하여 "굽이굽이 이삼만 리를 왕래"하며 문헌에서 비문에 이르기까지 읽지 않은 것이 없었다. 그의 치학은 문제로써 나아갈 방향을 삼고 사회 적폐의 해결을 강조했다. 황종희의 경우는 매우 강한 비판 사상으로 이 상사회의 정치 질서를 재구성하여 루소의 『사회계약론』에 비견되는 기서 奇書인 『명이대방록明夷待訪錄』을 저술했다. 그는 천문·수학·지리 방면에 도 매우 조예가 깊었는데, 이는 당연히 명 말 예수회 선교사가 가져온 서 학 풍조와 매우 큰 관련이 있다.

독서의 지향을 구체적으로 보자면, 그들은 송명 이래의 학술적 도통

道統을 부정하면서 송학을 버리고 한학을 추구할 것을 주장했다. 이 점은 분명히 문예부흥의 논리와 다소 닮아 있다. 당시 유럽의 학자와 예술가는 고대 그리스·로마 시대의 사상과 심미 '전통'으로 '회귀'해서 문명 '본래'의 면모를 새로이 인식해야 한다고 주장했다. 이른바 '전통'도 이러한 탐색 과정에서 발명되고 창조되었다. 역사적으로 회귀 운동은 흔히 볼 수 있다. 역사를 되돌아보고 근본을 바로잡는다는 것은 혁신과 개혁의 또 다른 표현으로, 과거를 새롭게 해석하는 것은 곧 현실과 미래를 지향하기 위해서다. 청 초 사상가는 송학을 혐오하여 주희와 왕양명 이래의 학술이 선禪·도교의 영향을 받아 양한兩漢~당唐 이후의 경학 전통을 추상적이고 공허한 성리의 학문으로 변질시켰다고 여겼다. 그래서 그들이 해야 할 일은 경학 전통으로 새로이 '회귀'하여 정해正解를 찾는 것이었다.

어떻게 경전으로 '회귀'해서 새롭게 해석하는가? 그들은 역사주의적인 태도를 많이 취했는데, 즉 고전 텍스트를 구체적인 콘텍스트에서 벗어난 정태적인 형이상학이 아닌 동태적인 시간 속의 산물로 간주했다. 설사 공자와 맹자 같은 '성인'일지라도 역시 역사의 일부분이고, 신학의 일부분은 아니었다. "육경이 모두 역사六經皆史"인 이상 자연히 가장 중요한 것은 자료를 분석하고 진위를 판명하는 일로, 그렇게 하지 않으면 텍스트에 대한 해석은 성립할 수 없다. 경전의 기나긴 계승과 유전 과정에서 언어·문자·의미 등은 복잡한 변화를 겪으며, 위작이 끝없이 나타나고 좋은 것과 나쁜 것이 뒤섞이는 것은 두말할 나위도 없다. 따라서 치학에서 가장 중요한 일은 당연히 갖가지 방법으로, 특히 역사언어학의 방법을 이용하여 텍스트를 교정하고 진위를 가리고 글의 뜻을 깊이 헤아리는 것이다. 그래서 고염무는 "구경을 읽는 것은 문자의 고증에서 시작되며, 문자의 고증은 고음古音의 이해로부터 시작된다(讀九經自考文始, 考文自知音始)"라고 강조했던 것이다.

고염무는 '청학의 시조(淸學之祖)'로서 엄격한 고증의 기풍을 열었다. 그 후 그의 영향을 받은 일군의 학자들, 예컨대 염약거閻若璩, 전대흔錢大昕, 단옥재段玉裁, 왕염손王念孫, 혜동惠棟 등이 이러한 역사언어학의 방법을 극도로 발휘하여 소위 건가학파乾嘉學派*의 성행을 끌어냈다. 주목해야 할 점은, 설령 고증으로 유명한 대가라 할지라도 고증을 위해 고증을 하는 태도를 갖는 일은 매우 드물었다. 고증 훈고의 배경에는 학술 도통을 전면적으로 정리한다는 웅대한 뜻이 있었고, 이러한 학술적 웅지를 지지하는 것은 선명한 정치적 동기와 강렬한 사회적 관심이었다.

건륭제 시기에 이르러 송학에 반대하는 한학 일파는 학술계에서 확고히 주류를 점했다. 비록 그 이데올로기에는 명확한 저항의 색채가 있었지만, 이론적 전제에서 명 말 학풍에 마찬가지로 반대하는 관변의 주자학과 일치하는 지점이 있었다. 청 조정도 자신의 정통성을 널리 표방하기 위해 학술을 이용하고 재편성할 필요가 있었다. 건가 고증학 일파는 점차 경직되었고, 후세에 이르러서는 낡은 문서 속에 머리를 파묻고 세상사를 묻지 않는 학문의 대명사로 수많은 비판을 받았다. 왜 이처럼 경세치용을 강조했던 청학淸學이 공리功利와 무관한 고증으로 위축되어

---

* 청 건륭乾隆·가경嘉慶 연간에 훈고와 고증을 치학 방법으로 삼은 학술 유파이다. 대표적인 학자로는 고염무를 비롯해 염약거, 전대흔, 단옥재, 왕염손, 왕인지王引之 등이 있다.

학문의 방법을 학문 자체로 간주하고 현실에 대한 관심과 비판을 상실했는가? 일반적인 해석은 역시 학술과 정치의 관계를 고찰하는 것이다. 하나의 생각은 문화 규제의 과밀함이 '자기 규제'의 사회적 분위기를 조성했으며, 이른바 "권력의 모세관 작용"(왕판썬王汎森)이 사상의 임팩트를 잃게 만들었다고 강조한다. 또 다른 생각은 강희제·옹정제 이후 제왕과 지식계 간의 대립 관계가 완화되고 변화되어, 도통을 쟁탈하는 과정에서 양자의 사상이 점차 "수렴(趣同)과 합류"(양녠췬楊念群)로 향해갔다고 여긴다. 말하자면 이상하다고 할 수도 없는 것이, 새로운 학파가 옛 학통을 전복하고 정점에 이르러 주도적 지위를 확립한 뒤에는 대부분 성과를 지키는 방향으로 나아가며, 이론으로 실천을 대체하고 새로운 경직된 보수로 변화하여 본래 정치성이 풍부했던 곳에서 탈정치화가 나타나게 된다. 그러나 우리는 나중에 나타난 규제와 합류 때문에 그것이 본래 내포했던 혁명성을 잊으면 안 된다.

유가 학설은 줄곧 "현실에 직면해서 환경을 개조하는 외재적 성격"(리쩌허우李澤厚)을 지켜왔다. 청학의 성격 속에 실제와 진실을 향한 추구는 중국 전체, 나아가 동아시아의 현대사상사에서도 중요한 역할을 해왔으며 당연히 '만 필의 말이 모두 울지 않았다'는 식으로 간단히 부정할 수 없다. 마찬가지로 그 흥기가 비록 유럽이 현대로 나아가기 전의 문예부흥 및 계몽운동과 유사한 점이 있지만(예를 들어 고전 복귀, 경전 재해석), 양측의 사회 정치 구조가 같지 않기 때문에 우리는 그것이 계몽주의와 같이 철저한 정치 변혁으로 전화될 것을 기대해서도 안 된다. 그럼에도 불구하고 경세치용·실사구시라는 청학의 핵심적인 추구는 200~300년 동안 지식인의 정신세계를 부단히 적셔주고 스며들어 전통 유학 속에 새로운 길을 열었을 뿐 아니라 19세기 이래의 정치적 격변과 자극하에 강력한 실천적 충동을 폭발시켜 중국의 현·당대 혁명과 개혁에 중요한 사상적 자원이 되었다.

发现东亚

04

일본의 재건: 에도 사상의 격동

1771년 봄, 한 노부인이 일본 에도의 고즈카바라小塚原 형장에서 처형되었다. 그녀의 진짜 이름은 확인되지 않고 아오차바바靑茶婆라 불린다는 것이 알려졌을 뿐이며, 대죄를 범해 죽을 때 50세였다. 죄수가 형을 받는 일은 본래 사적에 기재될 만한 사건이 못 된다. 그러나 그녀의 죽음은 호기심 많은 한 의사로 인해 에도시대 깊은 영향을 끼친 하나의 학술 조류를 열었다.

그해 스기타 겐파쿠杉田玄白는 38세. 그는 의사 집안에서 태어나, 나가사키로부터 온 네덜란드(아란타阿蘭陀; 하란荷蘭) 의사를 일찌감치 접했다. 당시 막부는 천주교를 금지한다는 목적으로 유럽인과의 접촉을 제한하고, 나가사키에서 네덜란드 동인도회사의 무역만을 허가하여 네덜란드는 일본–유럽 간의 유일한 교류 통로가 되었다. 스기타는 네덜란드 의학(蘭醫)에 깊이 심취했고, '아란타류'로 지칭되는 외과 요법에 특히 흥미

296 동아시아를 발견하다

를 느꼈다. 전통적인 일본 의학(和醫)이나 중국 의학(漢醫)과 비교할 때 이 신기한 의학은 방법이 독특할 뿐 아니라 인체 구조에 대한 기본적인 이해도 달랐다. 스기타를 포함한 몇몇 의사들은 서양의학 서적을 수집하기 시작했다. 아쉽게도 그들은 대부분 네덜란드어를 이해하지 못했고 단지 책 속의 인체해부도를 살펴볼 수 있을 뿐이었다. 그림 속의 장기는 전통 의학의 오장육부설五臟六腑說과 전혀 달랐다. 그들은 아마도 동양인과 서양인의 인체 구조가 본래 다를 것이라고 추측할 수밖에 없었다. 그러나 스기타는 실체를 대조해서 그림이 정확한지 여부를 검증해야 한다고 생각했다.

기회는 그해 봄에 곧 찾아왔다. 음력 3월 3일, 그는 다음 날 고즈카바라 형장에 가서 시체 해부를 관찰해도 좋다는 통지를 받고, 서둘러 마에노 료타쿠前野良澤, 나카가와 준안中川淳庵, 가쓰라가와 호슈桂川甫周 등 뜻을 같이한 사람들과 약속해 함께 갔다. 그때 90세의 한 늙은 백정이 칼을 가지고 죄수 아오차바바의 시신을 절개하여 그들과 함께 장기를 짚어가며 확인했다. 관찰자의 결론은 일치했다. 네덜란드 서적에 실린 내용과 털끝만큼도 차이가 없었다. 이전에 일본에도 시신을 관찰하고 내장을 기록한 의서가 있었지만(예를 들어 야마와키 도요山脇東洋가 1759년 출판한 『장지藏志』), 이번의 실체 확인은 스기타 등에게 충격을 주었다. 수년간 의료를 해왔음에도 인체의 기본 구조를 알지 못했다는 사실 때문이었다. 스기타는 몹시 수치스러웠고, 이후 반드시 "인체의 진리를 실증적으로 분명히 밝혀야만 비로소 세상에 의료를 행할 수 있다"고 결심했다. 몇몇 친구들도 손안의 그 네덜란드어판 해부학 저작인 *Anatomische Tabellen*(원작자는 프로이센 의학자인 요한 쿨무스Johann Kulmus)을 번역하여 세인이 읽을 수 있게 해야 한다고 결정했다.

문제는 이들 중 약간의 기초 지식을 가진 마에노 료타쿠를 제외하고 나머지 사람들은 모두 네덜란드어를 배운 적이 없었다는 점이다. 스기타 겐파쿠는 더욱이 알파벳조차 온전히 식별하지 못했다. 의서를 앞에 두고 "마치 노도 방향타도 없는 배를 타고 망망대해에 들어온 것처럼 망연해서 어찌할 수 없다"고 느꼈다. 그들은 하는 수 없이 그림과 글을 대조해가며 한 글자 한 구절씩 대역했다. 처음에는 매우 힘겨웠다. 예를 들어 '눈썹'의 해석인 "눈 위에 자라는 털"이라는 풀이를 놓고 하루 동안 애써도 여전히 무슨 말인지 몰랐다. 또 '코, verheffende'이라는 항목에서는 verheffende라는 단어가 무슨 뜻인지 몰랐다. 게다가 사전도 없었다. 마에노 료타쿠가 갖고 있는 소책자와 대조해 조사하니, 나뭇가지를 자른 뒤, 그리고 물을 뿌리고 청소한 뒤 곧 verheffende가 형성된다고 쓰여 있었다. 스기타는 골똘히 생각한 끝에 마침내 문제를 해결했다. 나무는 가지를 자른 뒤에 응어리가 솟아오르고, 정원에 물을 뿌리고 청소한 뒤에는 흙먼지가 모이니, 이 단어는 '퇴적, 부풀어 오름'의 뜻이라고 생각했다. 이와 같이 그들은 매일 예닐곱 차례씩 모여 티끌 모아 태산 식으로 하루에 열 줄을 번역해도 피곤한 줄 몰랐다. 2년의 시간이 걸려 책 전체를 번역했다. 그리고 1774년 『해체신서解體新書』라는 제명으로 출판했다.

『해체신서』는 일본 의학사의 이정표가 되었을 뿐만 아니라 일본 학술사에서 일대 사건이었다. 스기타 겐파쿠는 이로부터 '난학蘭學'이라는 이름, 즉 네덜란드로부터 전해 들어온 서양 과학을 처음으로 제창했다. 유럽의 과학을 도입한 것은 결코 『해체신서』로부터 시작되지는 않았지만, 이러한 지식인들의 제창으로 일본의 지식인은 하나밖에 없는 네덜란드

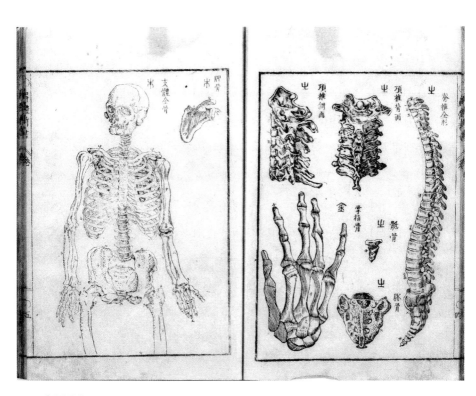

「해체신서」

라는 이 매개를 이용하여 에도시대에 집중적으로 의학에서부터 물리학·지리학·전기학 등 다방면에 걸쳐 유럽의 과학과 사상을 접했다. 19세기에 이르러 난학자들은 서양에 대한 일본의 급속한 개방과 학습을 더욱 추진했다.

1814년, 81세인 스기타 겐파쿠는 몸소 경험한 난학이 개시된 과정을 기록했다. 1869년, 메이지 유신의 중요한 사상가이자 난학자 출신인 후쿠자와 유키치가 이 원고를 『난학사시蘭學事始』라고 이름 지어 간행했다. 1921년 작가 기쿠치 간菊池寬은 이 사료에 근거하여 동명의 소설을 창작했고, 스기타 등이 시신을 보고 책을 번역한 이야기는 더욱 널리 사람들에게 알려졌다. 소설을 읽은 저우쭤런周作人은 1933년 『대공보大公報』에 동명의 잡문을 발표하고 청인淸人 왕청임王淸任도 시체를 직접 검사한 뒤 『의림개착醫林改錯』(1830)을 저술했음을 논급했다. 저우쭤런은 그것과 『해체신서』의 서로 다른 처지를 대비하고 탄식했다. "중국은 학술적으로 지식을 구하는 활동에서 일찍이 이미 패전하여 건가乾嘉 시대까지 계속 이어졌다. 그것을 비로소 아는 데 청일전쟁의 패전까지 기다릴 필요는 없었다." 이 비교법은 물론 검토해 봐야겠지만, 난학의 흥성은 우리가 에도 일본 사상의 개방과 활력을 직시하고 '쇄국'으로 간단히 부정해서는 안 된다는 사실을 일깨운다.

난학의 대표적 특징, 즉 옛것에 대한 의심(疑古)과 실증의 기풍은 사실 청대 학인이 제창한 것이기도 했다. 17~19세기에 이러한 기풍이 동아시아 세계 전체에 파급되었다. 일본 근대사상의 격동은 대체로 중국 청학의 흥기와 동 시기에 나타났다. 다만 서로 다른 점은, 청학의 변혁이 대부분 유학 체계의 안에 있었던 반면, 일본의 변혁은 일부가 유학의 안에 있었고(예컨대 미토학·양명학·고학) 또 일부는 그 바깥에 상대적으로 독립되어 있었다는 것이다. 유학 체계의 바깥에 있는 것 중에서 한 부류는 난학과 같이 유럽을 귀감으로 삼아 학습하여 본토의 지식을 수정했으며, 다른 한 부류는 국학國學과 같이 일본 고대의 전적을 빌려 일본이 일본이게 하는 특성의 증거를 찾았다. 에도시대의 사상은 매우 잡다한데, 만약 하나의 줄거리로 총괄해야 한다면 중원 유학, 일본 유학, 본토 신도, 그리고 유럽 지식을 대하는 방식에 따라 다르게 전개되었다고 할 수 있다. 그렇지만 결국 핵심 질문은 "일본은 무엇인가"이고, 학술적 사변으로 '일본'을 하나의 독립적인 주체로서 재구성하는 데 있었다.

유학 체계 내의 후지와라 세이카에서 하야시 라잔 가문에 이르는 주자학은 관학으로, 설령 중원이 이미 '화이변태'했다고 해도 여전히 명조를 '화華'로 간주했다. 그런데 주순수로부터 사상적 영향을 받은 미토학은 곧『대일본사』를 찬수하여 '대의명분' '존황양이尊皇攘夷'의 이론적 기조를 밀고 나가면서 일본의 황조 전통을 사고의 중심에 놓았다. 중국의 상황과 유사하게, 주자학은 에도시대에 매우 많은 반대자가 있었다. 그중 초기의 나카에 도주中江藤樹, 구마자와 반잔熊澤蕃山 등은 왕양명의 심학을 받아들이고 지행합일知行合一·경세제민經世濟民을 강조하며 막부의 현실 정책에 많은 비판을 했다. 이들 양명학 일파는 억압을 받았지만, 19세기 막부 타도 및 유신 때 크게 두드러졌고, 사쿠마 쇼잔佐久間象山, 요시다 쇼인吉田松陰, 사이고 다카모리西鄕隆盛 등과 같은 일군의 혁명적 실행가들을 배출했다.

주자학에 반대하고 개혁을 추구한 또 다른 부류의 유학자는 유학의 본의가 이미 후대의 해석 속에서 거의 상실되었다 여기고, 선진先秦으로 곧장 거슬러 올라가 '복고'를 통해 그 본의를 구할 것을 주장했다. 이 일파는 '고학古學'으로 통칭되며, 야마가 소코山鹿素行, 이토 진사이伊藤仁斎, 오규 소라이荻生徂徠가 대표적 인물이다. 그런데 이 세 사람이 선택한 경로는 그리 일치하지 않았다. 야마가는 요堯에서 주공周公에 이르는 정교政教 정통을 상대적으로 강조했다. 이토는 공맹의 원전 독해를 통해 도덕의 고의古義에 대한 해석을 중시했다. 오규는 고대 문사文辭와 문물제도에 대한 판명을 통해 육경의 의리義理를 탐구할 것을 주장했다. 청학과 마찬가지로 '복고'의 이면에는 현실에 대한 반역과 강렬한 정치적 요구가 있었다. 이는 유학의 내재적 발전 변화의 결과이기도 했고, 명·청 왕조 교체의 자극을 받은 것이기도 했다.

야마가 소코(1622~1685)는 일본 사상사에서 상징적인 인물이다. 그는 처음에 하야시 라잔을 따라 주자학을 학습했고 주순수와의 교류를 통해서도 배움을 얻었다. 40세 이후 반주자학의 입장을 취했다는 이유로 아코赤穂에 10년 동안 유배되었다. 그는 아코에서 체계적으로 책을 쓰고 이론을 세우기 시작했으며, 아울러 병학兵學을 전수하고 무사도武士道를 창도했다. 그는 유가의 충군 사상으로 무사 계급의 도덕 원칙에 깊이 파고들어 무사가 사회질서의 초석이라고 강조했다. 언급할 만한 것은 그의 학생 가운데 나중에 〈주신구라忠臣藏〉*로 세상에 널리 알려진 아코 번의 가노家老 오이시 요시오大石良雄가 포함되어 있다는 사실이다. 1703년,

* 주신구라는 에도 시기 1701~1703년간 발생한 겐로쿠 아코元禄赤穂 사건을 소재로 삼아 연출한 연극이다. 1748년 오사카 다케모토자竹本座 극장에서 닌교조루리人形浄瑠璃 형식으로 상연된 〈가나데혼추신구라假名手本忠臣藏〉가 대성공을 거두었다. 근대에 주신구라는 여러 차례 무대극(분라쿠·가부키), 영화, TV드라마로 개작되었다.

누명을 쓴 번주의 복수를 위해 47명의 아코 가신이 오이시의 인솔 아래 막부 하타모토旗本 기라 요시히사吉良義央의 관저로 쳐들어갔고, 일을 이룬 뒤 집단 할복자살했다. 이 일은 뒷날 무사도 충의 정신의 전범이 되어 무수한 문예 작품에서 반복적으로 연출되었다. 그 가운데 '의사義士'들이 야마가 병법의 북장단을 치며 진공하는 것을 꾸며낸 장면에서 야마가 사상이 무사도에 끼친 큰 감화를 충분히 볼 수 있다.

동시대의 야마사키 안사이山崎闇齋와 유사하게 야마가 소코는 유학을 본토 신도와 결합하여 종교화된 태도로 천하 가운데서 일본의 정치·도덕·문명 정통을 논증하려고 시도했다. 그는 1669년 한문으로 저술한 『중조사실中朝事實』이라는 책에서 일본이야말로 '중화' 또는 '중국'이라 선포하고 중국을 '외조外朝'로 칭했다. 유학자 신분의 그는 서문에서 일본인이 중원 문화를 동경하는 것에 불만을 나타내면서 "중화 문명을 낳은 땅, 그 아름다움은 알지 못한 채 오로지 외조의 경전을 애호하고 지나치게 그 인물을 동경한다. 어찌 마음을 놓고 있느냐! 어찌 뜻을 잃고 있느냐!"라고 말했다. 일본이 '중국'이 되는 까닭은 야마가가 보기에 바로 '천지자연天地自然의 세勢'였다. 그는 일본 최초의 역사책이며 신도神道 신화와 역사적 사실이 뒤섞인 『일본서기』를 군데군데 인용하면서, 아마테라스 오미카미天照大神가 "아시하라노나카쓰쿠니葦原中國에는 우케모치노카미保食神가 있고" 이 나라는 "신과 신이 상생하며 성스러운 임금이 이어지고 문물과 사물의 수려함이 실로 상응한다"고 말했다고 썼다. 그렇지만 일본이 여태껏 '200만 년' 동안 군주의 교화가 끊이지 않았던 것에 비해, '외조'는 강역이 너무 넓어 사이四夷가 이어지며 자주 "그 나라를 빼앗기고 그 성姓이 바뀌고 천하가 좌임左衽하는 일"을 겪었다. 야마가 소코에게서 유학의 존왕양이·화이지변은 신도의 천황신통天皇神統·만세일계萬世一界에 녹아들어 뒷날 '국체' 사상의 윤곽이 이미 어렴풋이 생겨나 있었다. 또한 동아시아 문명의 판도를 재정의하고 일본의 중심성을 구축하여 '손바닥만 한' 조선을 경시했을 뿐 아니라, 나아가 중국도 뛰어넘었다. 이는 곧 흡사 메이지 시대 대일본주의大日本主義의 사유 형태를 예고하는 것 같았다.

고학파의 복고적인 사유 방식은 거대한 영향을 발휘한 또 다른 한 사상 유파를 깨어나게 했다. 바로 국학이다. 고학은 사뭇 유가 경전에서 도움을 구했지만, 국학의 복고는 더 극단적이었다. 그것은 유학·불교·기독교를 포함하여 모든 '비일본'적 사상 요소를 배격하고, 유교와 불교가 전해 들어오기 전의 고적古籍 속으로 돌아가서 본토 정신을 찾을 것을 주장했다. 국학파의 대표적인 인물은 가다노 아즈마마로荷田春滿, 가모노 마부치賀茂眞淵, 모토오리 노리나가本居宣長, 히라타 아쓰타네平田篤胤이다. 그들이 의지한 텍스트는 일본 최초의 사서인 『고사기古事記』와 『일본서기』, 문학작품 『만요슈萬葉集』와 『겐지 모노가타리源氏物語』 등이었다. 국학자들은 순수하게 일본에 속한 정신 자원은 바로 이러한 고대 텍스트 속에 보존되어 있다고 여겼다. 그들의 저작은 모두 이 같은 텍스트에 대한 상세한 설명이다. 그들은 신도와 불교, 유학이 섞이는 것에 반대하고 '신도神道의 복고'로 일본의 독존적인 신성神性을 표방했다.

모토오리 노리나가(1730~1801)가 해석한 일본 정신은 『겐지 모노가타리』를 해독하면서 언급한 '모노노아와레物哀' 개념이 가장 대표적이다. 그는 유학자들이 '권선징악'의 도덕적 훈계로 『겐지 모노가타리』를 해석하는 것을 부정하고, 헤이안 시대의 이 소설이 표현하는 것은 '모노노아와레'라고 지적했다. 모토오리가 창안한 이 단어는 정의하기가 쉽지 않다. 다만 후에 통상적으로, 아름다운 사물이 흘러가는 것을 목도할 때(벚꽃이 흩날리는 것 같은) 자연의 무상함에 대한 내심의 감개를 묘사하는 데 사용되었다. 국학의 콘텍스트 아래서 '모노노아와레'는 일본만이 가진 심미 정서로 일본 정신과 문화의 본질을 대표한다. 물론 은닉된 정치 이상(일본의 독특성을 추구하는)을 심미에 호소할 때 심미도 곧 정치가 된다. 국학 사상 속의 뚜렷한 신비·신도 색채, 그리고 강렬한 문화본질론은 훗날 메이지 정부의 불교 배척과 신도 국교화에 직접적인 영향을 끼쳤을 뿐 아니라 침략 전쟁에 대한 심미화와 탈도덕화를 간접적으로 지지했다.

에도시대는 유학, 고학, 국학을 막론하고 모두 이전과 다른 일본의 자주성을 의도적으로 강조했다. 일본 주체에 대한 이러한 재구성은 종종 타자(특히 중국)를 거울로 해서 실현되었다. 그러나 배타적인, 순수 주체에 대한 추구는 실제적으로 타자를 벗어나서 존재할 수 없었다. 말하자면 '탈중국적 중국화'였다. 이러한 모순적인 결합은 19~20세기의 '아시아주의' 논술로 발전해가는 가운데 곧 '탈서구적 서구화'로 전화되었다. 고학과 국학에서 난학에 이르기까지, 우리는 현대 일본의 여러 사상과 정신이 에도시대에 이미 발단되어 형성되고 있었음을 볼 수 있다.

05

경세 : 동아시아에서 실학

유럽에서 전해진 Economy라는 단어는 오늘날 중국어, 일어, 한국어에서 똑같이 '경제經濟'로 번역된다. '경제'는 '경세제민經世濟民'의 축약으로, 본래 의미는 국가 사회에 대한 관리, 민중에 대한 구제다. 오늘날 경제라는 단어의 함의와 다르게, 그것은 결코 재부와 시장에 집중하지 않았으며, 공급과 수요, 손익만을 토론하고 나날이 수학화되는 Economics(경제학)와는 더더군다나 그 취지가 크게 다르다. 17~19세기 동아시아의 맥락에서 '경세'는 동아시아 정치사상의 현대를 향한 내재적 전화를 대표한다.

1712년 58세의 강희제는 하나의 신정新政을 선포했다. "인구가 늘어나도 영원히 부세를 늘리지 않는다.(滋生人丁, 永不加賦)" 앞으로 국가가 거두는 인두세는 전해 등기된 인정人丁 수를 기준으로 고정하고 다시 증감하지 않겠다는 뜻이다. 나중에 옹정제는 이 정책을 '탄정입무攤丁入畝'로 발전시켜 인두세(丁銀)를 지세(田賦)에 통합하여 징수했다.* 어떤 측면에서 인구는 더 이상 세금을 정하는 지표로 간주되지 않았다. 이는 중국이라는, 이 천년 농업 제국의 국가 관리에서 중대한 개혁이었다.

이 정책을 공포한 배경은 청 제국의 정권 안정, 사회 발전, 시장 번영이다. 태평 시절이 오래가면서 인구가 자연히 증가했다. 그러나 인구의 증가는 필연적으로 유한한 경지와의 사이에서 긴장 관계를 가져왔다. 강희제 시대에 대량의 인구는 숨기고 보고하지 않거나 유동하며 정착하지 않았다. 인구-토지 관계의 이완은 농업 국가 통치에서는 큰 도전이다. 하지만 신정의 실시를 통해 인구 증가가 가져온 사회 정치적 문제가 크게 완화되었다. 이어 18~19세기 100여 년 동안 중국 인구의 규모는 급속히 확대되어 청 초의 9,000여만 명에서 19세기 초에는 일약 3억 명에 이르렀다. 아편전쟁 전에는 다시 4억을 초과했다.

인구 폭발은 청조에만 있던 현상이 아니다. 도요토미의 조선 침략, 만주의 굴기 이후 동아시아 세계에는 전체적으로 다시 대규모의 전란이 없었다. 일본과 조선의 인구 규모도 17~19세기에 미증유의 상태에 달했다. 에도 막부 시대 일본인은 곱절 이상 증가하여 17세기 초의 1,200여만에서 막부 말기(19세기 중기) 2,600여만에 도달했다. 조선 인구도 17세기 초기 850여만에서 19세기 초 1,500여만으로 증가했다. 실제 인구 규모는 아마도 이 수치를 크게 넘어설 듯하다. 예컨대 조선 사회에서 대량의 천

---

* 탄정입무는 탄정입지攤丁入地 또는 지정합일地丁合一이라고도 한다. 인두세를 지세에 통합한 이 부세 개혁은 토지가 없거나 적은 농민의 경제적 부담을 경감하여 인구 증가를 촉진한 측면이 있다.

민은 공식 통계에 포함되지 않았다. 또한 동 시기 중국과 일본은 모두 연해 지역의 수많은 인구가 동남아로 이주했지만, 이런 인구도 계산에 들어가지 않았다.

인구 증가는 경제 발전의 징표이지만 일련의 새로운 문제들도 가져다주었다. 토지가 고정되어 있는 상황에서 혹은 제한적으로 증가하는 상황에서, 어떻게 새로 늘어난 인구를 부양할 것이며, 어떻게 거주지와 일자리를 마련할 것인가, 또 어떻게 새로운 이익원을 개발할 것인지는 국가 수입과 관련된 (협의의) 경제적 문제였을 뿐 아니라 나아가 정치적 문제였다. 실제적인 문제에 기반한 이러한 사고는 동아시아의 지식인 속에서 '실학'으로 통칭할 수 있는 실용적인 토론의 기풍을 만들어냈다. 이른바 실학은 유학 체계 안에서 정주이학에 대한 비판 및 반성과 부합했으며, 또한 16세기에 전해진 유럽 과학기술의 도움을 받았다. 실학의 맥락에서 '경세'는 학문이 옛날의 범주를 초월하여 실천을 검증의 표준으로 삼아야 한다고 강조하는 데 그치지 않고, 이성을 숭상하고 상업·공업·과학기술·군사 등 지식을 중시하면서, 그것들을 다시 유가 도덕 및 정치와 대립시키지 않았다.

청 중·후기 실학 정신은 진굉모陳宏謀, 홍양길洪亮吉, 공자진龔自珍, 위원魏源 등 관료 학자들에게서 두드러지게 나타났다. 진굉모는 청 중기의 모범 관료로, 변경·강남·베이징을 두루 편력하며 많은 저술을 남겼다. 그는 생전에 사상가로서 그다지 숭앙을 받지 못하다가 사후에야 그 정치와 치국治國 이념이 비로소 중시되어 정리되었다. 하장령賀長齡과 위원이 편집한 『황조경세문편皇朝經世文編』에 수록된 진굉모의 저술은 그 수에서 고염무 다음으로 많다. 진굉모는 학자들이 실무에 관심을 가져야 한다며 강조하고 번쇄한 고증에 반대했다. 그는 가는 곳마다 수리水利를 돌보고 농잠을 권하고 민풍民風을 살피고 학교를 일으켰으며, 여성에 대한 교육을 각별히 강조했다.

미국 사학자 윌리엄 로우(William T. Rowe)는 진굉모에 관한 유명한 연구에서 '경세'는 일종의 지식인의 기호가 아니라 "하나의 특정한 정치 어젠다나 정치적 태도"이며, 그 속에는 "반드시 지행합일해야 한다는 신념, 경전의 교조로부터가 아니라 구체적인 시간과 공간의 맥락에서 문제를 사유하는 사고방식, 실천하는 가운데 세부적인 사안에 대한 세심한 관심, 다양한 영역(주로 정치·경제 영역)에서 전문적 기술의 특·장점에 대한 관심, 유행·풍속·관습에 대해 부단히 개혁을 진행하는 신념" 등을 포함한다고 개괄해서 말했다. 진굉모의 경세는 현대로 진입해가는 중국 사상의 내재적 논리를 대표한다.

홍양길은 갈수록 부각되는 인구 문제에 대해 최초로 관찰하여 논술한 인물이라고 할 수 있다. 1793년 그는 『의언意言』 20편을 저작했고, 그 가운데 「치평편治平篇」에서 인구에 대해 전적으로 논하며 '인구 출생(生人)'과 '인구 부양(養人)' 간의 모순을 지적했다. 그는 자연재해가 인구를 감소시키는 것 외에 국가는 마땅히 "들에는 쉬는 밭이 없게 하고, 백성에게는 남는 힘이 없게 하며, 강토의 새로 개간한 곳에는 백성을 이주시켜 살게 하고, 부세가 가중한 것은 고금을 참작하여 감해주어야" 하며, 또한 낭비를 금하고 겸병을 억제하며, 기근에는 진휼해야 한다고 생각했다. 요컨대 토지·노동력의 개발과 분배 정의의 면에서부터 손을 대야 한다는 것이다.

대비할 만한 것은 5년 뒤 영국인 토머스 맬서스(Thomas R. Malthus)

가 『인구론(An Essay on the Principle of population)』을 발표하여 마찬가지로 '인구 출생'과 '인구 부양'의 딜레마를 지적한 일이다. 그는 추상적인 수학의 시각으로 출발하여, 출로는 오직 인구수를 통제하는 데서 착수해야 한다고 여겼다. 즉, 사망률을 올리든가 아니면 출생률을 낮추든가. 맬서스는 도덕으로 생식 행위를 억제할 것을 주장하고, 빈곤을 구제하는 사회제도를 만드는 데 반대했다. 왜냐하면 빈곤은 인구가 자원보다 많아서 나타나는 '자연'의 산물이기 때문이다. 홍양길과 맬서스의 관점은 '경세'와 'Economy' 간의 사유적 차이를 매우 전형적으로 보여준다.

상업이 나날이 발달하고 상인 계층의 지위가 점점 향상되고 있던 에도 일본에서 '경세제민' 사상이 가장 두드러지게 표현된 것 가운데 하나는 바로 상업 원칙 및 상업 정신에 대한 정명正名과 창도唱導였다. 일찍이 17세기 초, 도쿠가와 관학의 비조 후지와라 세이카는 무역을 적극적으로 인정하면서 이윤은 함께 누리기만 한다면 가치 있는 것이라고 여겼다. 이후 이시다 바이간石田梅岩이 창립한 세키몬 심학石門心學은 무사의 도와 상인의 도가 일치하며 단지 각자의 직분이 다를 뿐이라고 대담하게 주장했다. 그는 조닌町人(상인) 윤리를 힘껏 제창하며 '검약'과 '정직'이라는 두 기본 원칙을 제시했다. 이시다 바이간은 교육이 평민, 특히 사민四民 가운데 하층에 위치한 상인 계층을 향해야 한다고 힘주어 주장했다. 이를 가장 애써 실천한 곳은 단연 오사카에 설립한 서민 학교인 가이토쿠도懷德堂이다.

오사카는 도요토미 시대에 일찍이 정치 중심지였으나 도쿠가와 이에야스가 에도에 막부를 세운 뒤부터는 중요한 상업 중심으로 바뀌어 시정市政 관리도 유력한 상인이 다이묘를 대신하여 운영했다. 1730년 오사카 도지마堂島에는 고메카이조米會所가 설립되었는데, 이를 계기로 전국 공미貢米의 교역이 집중되면서 오사카는 '천하의 양식 창고(天下糧倉)'로 일컬어졌다. 오사카의 조닌 문화와 조닌 교육은 고도로 발달했다. 1724년 5명의 상인이 출자해 가이토쿠도를 설립하여 각 계층을 대상으로 신분 고하와 귀천을 불문하고 학교에서 강의를 들을 수 있게 했다. 가이토쿠도는 고전 지식을 전수하면서 상업 윤리도 토론했으며, 후세에 심대한 영향을 끼친 나카이 지쿠잔中井竹山, 나카이 리켄中井履軒, 도미나가 나카모토富永仲基, 야마가타 반토山片蟠桃 등 일군의 사상가들을 배양했다. 상인 출신인 도미나가 나카모토는 종교를 배척하고 진정한 '도'란 반드시 개인의 일상생활 속에서 나오며 매일매일의 일에 근면하게 종사하는 것이 바로 가장 중요한 도덕적 실천이라고 강조했다. 대체로 이 주장은 막스 베버가 제기한 '프로테스탄트 윤리'를 쉽게 연상시킨다. 물론 우리는 가이토쿠도에서 제창한 윤리 교육이 꼭 '자본주의'식이라고 간단히 말할 수 없지만, 그 학문과 실천은 이후 일본이 세계 자본주의 체계 속에서 부상하는 데 분명히 깊은 영향을 주었다.

조선 중·후기 실학의 흥기는 두 가지 구체적인 계기가 있었다. 첫째는 도요토미가 일으킨 전쟁을 겪고 나서 조선 경제가 피폐해지고 다시 일으켜야 할 많은 일이 쌓여 있어, 관리와 학자들이 민생 회복에 관심을 집중하기 시작했다. 유형원柳馨遠 등은 토지제도의 개혁, 겸병의 억제, 화폐경제의 발전을 제기했다. 김육金堉은 토지 결수에 근거하여 미곡이나 면포로 부세 납부를 통일하는 조세제도인 대동법大同法 실행을 강력히 주장했다. 이렇게 하면 토지가 없거나 적은 농민은 부담이 크게 줄어들고, 또 국내 무역의 신장을 직접적으로 자극할 것이었다. 18~19세기 이익李瀷, 박제가朴齊家, 정약용丁若鏞 등도 자신의 저술에서 농업기술의 개혁과 무역 개방 등을 주장하여, 동시대 중·일의 경세 사상과 멀리서 서로 호응했다. 둘째는 중원의 통치자가 된 청조가 전성기에 도달하자, 일군의 조선 지식인들이 실용적으로 만주 정권을 상대하고 이전의 멸시하던 태도를 바꾸어 겸허히 학습하고자 했다. 이러한 실학자 가운데 홍대용洪大容, 박지원朴趾源, 박제가 같은 연행 사신은 청조 치하 중국의 번창함을 목도하고 '북학北學'을 강력히 주장하며 중국의 과학기술과 제도를 조선에 도입했다. 정약용은 이익과 북학파의 성과를 대부분 받아들여 실학을 집대성했을 뿐 아니라, 나아가 천주교와의 접촉을 통해 유럽의 과학 사상을 흡수하여 농학·천문·지리·건축·병학·의학 등에서 매우 큰 성취를 이루었다.

17~19세기 동아시아의 현실은 인구·식산殖産·기술 등의 문제에 대한 사고를 촉발했으며, 동시에 국가 공간에 대한 새로운 상상도 가져왔다. 중국과 러시아의 군사 경쟁은 지도에 대한 수요를 불러일으켰고, 청 황제의 준가르 평정 등은 국가 판도를 전례 없이 넓혀 천하 공간에 대한 새로운 인식의 도입을 절실히 필요로 했다. 1712년, 강희제는 새로운 정세丁稅 정책을 시행하면서, 4년 동안 전국적인 지리 조사 사업도 함께 진행했다. 강희제는 프랑스 예수회 선교사의 도움에 힘입어 삼각측량법과 경위도로 전국을 실측하는 공정을 주재했고, 1717년에 사다리꼴 도법으로 당시 전 세계에서 가장 정밀한 지도인 〈황여전람도皇輿全覽圖〉를 처음으로 완성했다. 이 실측과 제도製圖는 이후 청조의 지도 제작에 기초를 다져놓았을 뿐 아니라 중원 지식인으로 하여금 강역을 바라보는 시야를 크게 확장시켜 변강과 내지를 동일한 판도 개념 속에 받아들이도록 했

다. 19세기 사상의 선구자인 공자진과 위원은 서북 경략을 강조했는데, 이는 새로운 지리관·천하관의 확립과 매우 큰 관련이 있다. 이들은 둘 다 임칙서의 친한 친구로, 바로 그들로부터 청 말 변강 사상이 탄생하기 시작했다.

청조의 정치적·지리적 실천은 나아가 전 동아시아 세계의 지리 사상에 큰 발전을 가져다주었다. 1712년 전국적인 측량·제도 사업의 일부분으로서 청은 조선과 공동으로 장백산(백두산)을 답사하고 압록강과 두만강 사이의 경계 지점을 획정했다. 이 경계 획정은 조선의 영토 의식을 자극하여 이전에 볼 수 없었던 역사지리학의 열기를 이끌어냈다. 조선 지식인은 지도와 글을 통해 중원 대륙과의 공간정치 관계를 새롭게 구축했고, 국가 인식도 전례 없이 고조되었다. 일부 이학자들은 소중화小中華 의식에서 고구려 등 북방 정권을 조선의 역사지리 연구 범위에 포함하기 시작했고, 다른 일부 실학자(예컨대 이익, 정약용)는 현실주의 태도를 취하고 역사낭만주의를 거부하며 1712년의 경계 획정을 조선 공간의 최종적인 완성으로 보았다. 지도학 방면에서 정상기鄭尙驥 등은 수학적 방법을 도입하여 조선 지도를 정밀화하는 방향으로 추진했다. 19세기에 이르러 김정호金正浩는 청인이 가져온 경위도 측량의 성과를 흡수하여 한성漢城을 좌표 원점으로 삼아 〈대동여지도大東輿地圖〉를 제작했다. 이는 오늘날의 지도에 매우 근접한 것으로, 지리학 방면에서 조선 실학의 한 정점이 되었다.

근대 일본의 국가사상도 유럽 지리학의 영향을 깊이 받았다. 실학자는 지도를 통해 일본의 지정학 구도를 명확히 이해하고 바다를 향해서 일본과 세계의 관계를 구상하기 시작했다. 18세기 후기 하야시 시헤이林

子平는 홋카이도를 둘러보고 네덜란드 상인과의 교유를 통해 점점 러시아 남하의 위협을 느끼기 시작했다. 이에 『삼국통람도설三國通覽圖說』과 『해국병담海國兵談』 등의 저작을 자비 출판하여 해방海防을 힘써 제창했다. 지정학적 인식으로부터 생겨난 이러한 그의 우려는 해외 척식에 대한 경세학자들의 갈망을 강화했다. 18세기 말에서 19세기 초에 이르러 혼다 도시아키本多利明, 사토 노부히로佐藤信淵 같은 급진 사상가는 진즉부터 유럽을 본받아 해외를 식민하여 일본의 세계 통치를 건립할 것을 명확히 주장했다. 그들의 공통된 청사진은 만주를 차지하고 중국을 정복하는 것이었다.

이러한 모든 것들은 다 유럽의 견고한 함선과 정교한 대포가 도래하기 전에 발생했다.

동아시아 현대사상이 내부에서 형성되었음을 강조하는 것은 외부를 향한 반응과 참조를 부정하려는 의도가 아니다. 아편전쟁은 물론 근대의 매우 큰 외재적 자극이었지만, 외인은 반드시 내재화를 통해 비로소 작용하는 것이다. 무엇을 받아들일지, 어떻게 접목할지를 선택하는 일은 여전히 내재적인 정치·경제·사회의 환경에 의해 결정된다. 다른 방면과 마찬가지로, 사상의 전개는 특정 목적을 지향하는 선형적 경로로 간주될 수 없다. 동아시아 사상은 유럽 버전의 '보편' 모델대로 발전하지 않았으나, 그렇다고 그 활력을 부정하고 동아시아가 정체적·폐쇄적이었다고 잘못 인식해서는 안 된다.

8장

문명과 야만 : 식민 '현대성'의 침입

01

뉴욕의 임칙서 : 마약·전쟁·'현대'

1997년 11월 19일 '임칙서林則徐'가 뉴욕에 왔다. 이는 3.2미터 높이의 동상으로, 임칙서는 청조 1품 관원의 옷을 입고 뒷짐을 진 자세로 먼 곳을 바라보고 있다. 붉은 화강암 기단에는 중문으로 "世界禁毒先驅"(세계 마약 단속의 선구), 영문으로 "PIONEER IN THE WAR AGAINST DRUGS"(마약과의 전쟁에서 선구자)라고 새겨져 있다. 『뉴욕타임스(The New York Times)』는 그 배후의 정치적 함의를 바로 알아차리고, 이튿날 보도에서 '임칙서'가 뉴욕에 온 것은 중국 대륙의 새로운 이민자, 특히 푸젠 이민자의 세력 상승을 상징한다고 지적했다.(임칙서는 푸젠성 출신이다) 이 프로젝트를 주도한 민간단체 '미국 임칙서 기금회美國林則徐基金會'는 동상 건립으로 전달하려는 메시지는 단지 하나뿐이라고 말했다. 아편에 대해 노(No)라고 말하는 것.

여러 해 뒤, 나는 로어 맨해튼(Lower Manhattan)에서 이 동상을 우

뉴욕 채텀 스퀘어(Chatham Square)의 임칙서 동상

연히 만나고 '임칙서', '뉴욕', '1997', 이 몇 개 이미지 사이의 복잡한 긴장감 속에 빠져들지 않을 수 없었다. 역사 교과서 속에서 임칙서는 식민 제국주의에 대한 비장한 저항을 상징하는 하나의 기념비다. 그런데 만약 그를 "마약과의 전쟁에서 선구자"라고 말한다면, 이 전쟁은 결국 실패했으며 또한 중국 일백 년 실패의 시작이다. 임칙서 동상은 차이나타운의 채텀 스퀘어(Chatham Square)에 자리 잡고 있으며, 글로벌 금융 제국의 심장인 월 스트리트와 지근거리에 있다. 제국의 심장에 저항의 부호를 심어 넣은 것은 역사와 현재, 실패자와 승리자 간의 미묘한 긴장을 드러내준다. 1997년 홍콩 반환은 아편전쟁의 가장 중요한 역사 유산의 종결을 상징했다. 그러나 그로부터 20여 년이 흐른 지금까지 아편전쟁에 대한 토론은 일단락되지 않았다. 홍콩과 타이완에는 식민주의의 혼을 부르는 듯한 사람이 많다. 식민주의는 절대로 1997년에 종결되지 않았으며 단지 형식을 바꾸어 계속 존재하고 있을 뿐이다.

주류의 역사 서술은 아편전쟁을 중국 '근대'의 기점으로 간주해왔고 임칙서는 가장 중요한 인물이다. 1840년 이후 동아시아의 천하는 해체되고 문화는 궤멸했으며 중국은 고통스럽고 지난한 전환을 시작했다. 중국은 누차의 좌절을 겪은 뒤 마침내 '현대' 문명을 끌어안고 세계에 녹아들어 '민족국가 체계' 가운데 일원이 되었다. 그러나 중국과 외국이 일치하는 이러한 일방적인 진보주의 역사관 속에서 식민 침략의 비도덕성과 비정의성 그리고 전쟁 패배의 결과로 '현대'를 어떻게 다루고 있는가? 만약 전쟁이 관문을 닫고 자신을 지키는 중국을 재촉하여 문명의 진보로 나아가게 한 것이었다면, 필연적으로 실패할 수밖에 없는 아편과 침략에 대한 임칙서의 저항은 과연 '진보'로 볼 수 있을까, 아니면 '문명'을 대면하여 자기 능력을 가늠하지 못하고 벌인 발버둥일까?

바꿔 말해, 임칙서는 '현대'인가? '반현대'인가?

역사 사건으로서 아편전쟁은 이미 끝없이 이데올로기화되는 화제이다. 그것을 역사로 회귀시키는 것은 정말 쉽지 않다. 왜냐하면 그것은 현대와 비현대가 갈리는 분수령을 대표하기 때문이다. 어떻게 새롭게 해석하든, 사실 모두 "무엇이 현대인가"에 대한 대답이다. 즉, '현대'를 전제로 간주할 것인지, 또는 목적으로 간주할 것인지. 임칙서가 민족의 영웅이든 자기 고집을 부린 것이든, 그 배후에 투영하고 있는 것은 똑같이 전통 중국의 보수와 낙후다.

이러한 논리의 문제는 '현대'가 유럽 자본주의의 전매특허가 되었다는 데 있다. 식민주의·제국주의가 가져온 그 '현대'는 유일하게 가능한 역사의 방향이 되었다. 식민 현대주의는 인류 경험의 다양한 진행을 부정하고 모든 이질적인 타자를 다 '비현대'로 해석한다. 그렇게 하면 마약의 판매, 확장, 압박은 전부 모종의 정당성을 띠게 된다. 동양, 특히 중국은 바로 이러한 타자의 하나다. 1840년 이후 절대다수의 역사 서사는 하나같이 이러한 하나의 문제 위에 구축되었다. 곧, 중국/동아시아에는 왜 '현대'가 없는가? 실제적 문제로서 중국/동아시아에는 왜 자본주의가 없는가? 가장 간단한 하나의 해답 방식은 동양 세계가 폐쇄로 인해 정체되어 있으므로 외래의 충격을 기다려 비로소 피동적으로 반응하지 않을 수 없었음을 증명하는 것이다. 바꾸어 말하면, 식민 현대의 시각으로 볼 때 중국은 인류 역사의 필연적 진행을 가로막고 저항하는 존재다.

이러한 논리에 따르면, 아편전쟁의 근본 원인은 중국이 자유무역을 거부하고 천하의 중심을 자임하면서, 외래문화를 배척하고 선진 문명을 적대시하며, 평등 외교를 이해하지 못한 것이다. 이 각 항목들은 모두 추상화·이상화한 죄명으로 역사적 근거가 결여되어 있다. 예를 들어 만약 중국이 정말 스스로 봉쇄하고 지구적인 자본 체제에 참여하지 않았다면, 대체 아편 무역은 어디서 온 것이며, 왜 제국의 운명과 연관된 큰 문제로 발전했단 말인가?

앞에서 이미 지적했듯이, 아편 흡입은 중국이 전 지구적 무역에 개입한 산물이었다. 아메리카에서 기원한 담배는 동남아시아를 거쳐 동아시아에 수입되어 빠르게 보급되었다. 흡연은 사람들이 아편을 향유하는 새로운 방식을 발견하도록 추동했고, 그 결과 아편은 복용하는 것에서 흡입하는 것으로 바뀌었으며 약품에서 마약으로 변했다. 청 조정은 일찍이 아편 흡입의 해독을 인식했다. 옹정제는 최초의 금연령禁煙令을 하달했지만 효과가 미미했다. 당시 매년 중국에 수입된 아편은 200 상자 정도에 불과했지만, 이후 점차 증가해서 건륭제 시기에 이르면 1,000 상자에 달했고 가경제 시기에는 4,000 상자에 달했다.

그러나 아편이 엄중한 사회 정치적 위기를 야기한 것은 19세기 초의 일이다. 이는 청조의 대외무역, 특히 대영 무역에서 갖는 역할과도 상관 있으며, 또 영국의 상업, 금융 발전, 변화로부터 직접적인 영향을 받은 것이기도 했다.

18세기 영국에서 산업혁명이 발생한 뒤 도시의 중산층과 노동자 계층이 신속히 확대되었고, 일반 노동자도 차를 마시면서 피로를 풀려는 요구가 생겨났다. 이는 차 무역을 독점한 영국 동인도회사의 확장을 자극했다. 18세기 백은 공급이 하락한 뒤 동인도회사는 중국의 차와 바꿀 다른 상품이 필요했다. 그러나 아무리 찾아봐도 인도에서 생산된 아편만 중국 시장에서 환영을 받을 뿐이었다. 1773년 벵골을 점령한 후 동인도회사는 인도의 아편 경영을 독점했다. 이렇게 해서 곧 '영국-인도-중국'의 삼각무역 네트워크가 형성되었다. 영국은 그 산업 역량에 기대서 인도의 수공업적 면방직업을 무너뜨리고 대량의 면직품을 인도에 싼값에 팔았다. 또한 독점 경영하는 인도 아편을 콜카타를 통해 중국으로 수출했다. 그리고 중국으로부터 차를 수입하여 특허권을 이용하여 영국에 팔았다.

19세기 초에 이르러 새로운 변화가 나타났다. 최초의 무역 보호와 독점을 거친 뒤 영국의 경제력은 독보적이었고, 국가의 역할을 강조하는 중상주의 사상은 점차 힘을 잃었다. 반면, 자유무역 사상이 애덤 스미스의 이론화를 거쳐 유행하는 이데올로기가 되었다. 과거에 국제무역의 주요 형식이던 국가특허는 갈수록 많은 지탄을 받았다. 자유무역의 충격 아래 동인도회사가 인도에서 누렸던 상업 특권은 차츰 박탈되었다. 1833년에 이르러 동인도회사는 더 이상 상업 기능을 갖지 않았고 대중국 무역의 독점도 타파되었다.

광저우에서 청조가 거듭 아편 판매를 금지했기 때문에 동인도회사는 대중국 아편 무역을 회사가 인증한 항각상인港脚商人(Country Merchants)이라 불리는 산상散商에게 넘겨주었다. 많은 항각상인들은 광저우 13행 및 관부와 결탁하여 아편을 밀수해 들여와서 폭리를 꾀했다. 이윤을 안전하고 간편하게 인도로 돌려보내기 위해 그들은 광저우에서 동인도회사의 환어음(滙票)으로 교환했다. 항각상인이 제공한 현금은 곧 동인도회사가 차를 구매하는 주요 자금원이 되었다. 이렇게 해서 중·영 양국 사이에는 표면적으로 국가의 특허회사(동인도회사와 13행)를 통한 상호 무역이 이루어졌지만, 실제적으로는 국가에 속하지 않은 항각상인이란 이익집단이 출현했다. 영국 자본의 자딘 매더슨(Jardine Matheson, 怡和洋行), 덴트 앤 컴퍼니(Dent & Company, 寶順洋行), 미국 자본의 러셀 앤 컴퍼니(Russell & Company, 旗昌洋行) 등은 바로 잘 알려진 대표적 상인들이었다. 자본주의 경쟁은 본질적으로 자본 유동성의 경쟁이다. 아편 밀수가 창궐함에 따라 항각 무역은 중·영 무역에서 점점 더 큰 비율을 차지했고, 항각상인은 동인도회사 및 영국 국가와 상당히 밀접한 협력 관계를 구성했다.

임칙서가 강경한 수단으로 아편을 몰수한 것은 사실상 아편의 폐해가 이미 피할 수 없는 지경에 이르렀기 때문이었다. 동인도회사가 대중국 무역의 독점을 포기한 뒤에 산상의 아편 밀수는 한층 공개화, 심지어 무장화되어갔다. 후먼虎門에서 아편이 소각되기 이전 10여 년 동안 영미 상인이 매년 수입한 아편은 4천여 상자에서 4만여 상자로 10배 늘었다. 아편 무역은 영국에 거액의 이윤을 가져다주었다. 반면, 중국은 그로 인해 백은이 대량으로 유출되고 사회 풍조가 부패하고 국가 기강이 해이해졌다. 그럼에도 불구하고 이 금연파 중신重臣 또한 문호를 닫으려고 했던 것이 아니라 "이로움(利)은 천하와 함께 나누고 해로움(害)은 천하를 위해 없앤다"는 경세 사상으로 '영국의 왕'에게 간상奸商을 징계하고 법에 의거하여 무역할 것을 거듭 설득했다.

후먼에서 실행된 아편 소각은 밀수업자의 이익에 큰 타격을 주었고, 그들은 '자유무역'을 구실로 내세워 합법적이고 합리적인 아편 금지를 상업 충돌로 묘사하여 본국 정부에 무력으로 해결해줄 것을 극력 로비했다. 영국의 주중국 상무대표 찰스 엘리엇(Charles Elliot)은 곧 밀수 상인들에게 응낙했다. 여왕의 정부가 그들의 손실을 배상해줄 것이며, 나아가 아편 판매와 아편 금지를 국가이익의 충돌이라는 차원으로 높여 다루겠다는 말이었다. 아편 판매는 이렇게 국가와 공모했다. 이는 또한 영국 상원과 하원의 많은 사람이 아편 무역의 부도덕함을 알고 출병 문제에 대해 격렬한 논쟁을 했음에도 불구하고, 하원 의회가 271표 대 262표라는 미약한 우세로 중국 대상의 보복 전쟁 결의를 그대로 통과시켰던 이유이기도 했다.

중국이 압력을 받아 홍콩을 할양하고 배상금을 지불하고 5개 항구를 개항한 것은, 국가 통제하에 있던 기존의 무역 체제가 제국주의의 충격 아래 궤멸되었음을 상징한다. 이는 중국이 세계를 향해 '개방'을 시작했다기보다는 이러한 '개방'의 개시를 통제할 힘이 없었음을 뜻한다. 뒤이어 프랑스, 미국 등이 따라 들어왔다. 구미의 산업 생산은 전통 농업 사회의 구조에 깊은 충격을 주었으며, 현지 사회에서 침입자에 대한 심각한 대립과 우려와 적시를 야기했다. 여기서 갖가지 문명 충돌의 허상이 생겨났다. 제1차 아편전쟁이 끝나고 10여 년 뒤 영국과 프랑스는 무역 특권을 확대하기 위해 적극 도모했다. 그들은 애로호(Arrow號) 사건과 오귀스트 샤프들렝(Auguste Chapdelaine, 중국 이름: 마뢰馬賴) 신부 사건을 명분으로 제2차 아편전쟁을 일으켜 베이징을 점령하고 원명원을 불태웠다. 두 개의 지역적 사건은 영국과 프랑스가 기대했던 도화선에 불과했으며, 설사 그 일이 일어나지 않았더라도 식민자본 세력은 또 다른 도화선을 찾아냈을 것이다. 이는 당시의 큰 배경이 결정한 것이다.

일군의 밀수 상인들이 원래의 무역 방식을 깨뜨리기 위해 그럴듯한 이데올로기의 지원 아래 전쟁을 도발했다. 자본은 한편으로는 애써 국가의 통제로부터 벗어나려고 도모했으며, 다른 한편으로는 자신의 이익을 제국의 이익과 결합시켜 끝내 역사의 진행 과정을 바꾸었다. 흥미로운 점은, 이 1막이 미국 독립전쟁의 발생 배경과 꽤 닮았으며, 또한 둘 다 동서양을 연결하는 글로벌 무역 네트워크, 차茶, 동인도회사와 밀접히 연관되었다는 것이다.

후먼의 아편 소각을 표지로 하여 역사는 '(식민) 현대'로 불리는 한 줄의 경계에 의해 강제로 절단되었다. 경계의 한쪽 편은 문명·개방·선진이고, 다른 한쪽 편은 야만·낙후·몽매다. 전통 중국과 동아시아는 낙후 쪽으로 갈려 위치했다. 식자들은 후견지명後見之明으로 교과서 안의 국제법 개념과 추상적인 주권 상상을 가지고 청조가 외국과의 '평등'한 교류를 거절했을 뿐 아니라 근대 국제관계 개념이 결여되었다고 지탄한다. 여기서 물어야 할 질문은 이런 것이다. 즉, 누구의 '평등', 어떤 의미의 '평등'인가? 불평등조약이 가져온 '평등'인가? 19세기의 세계가 순전한 제국의 질서였음은 말할 필요도 없고, 설사 20세기라고 하더라도 주권국가 체제는 얼마나 오랜 시간 실현되었던 것인가?

외교·군사·법률의 관점에서 한 시기의 득실 시비를 토론하는 것은 당연히 가치가 있다. 그러나 19세기 이래 전반에 걸쳐 자본과 식민제국이 상호 결탁하여 제멋대로 확장했던 큰 배경은 보지 않은 채 이어진 역사를 서로 끊어진 작은 부분으로 잘라내는 것, 이는 기술적 토론으로 정치적 판단을 교묘하게 회피하는 것이다. 무엇보다 가장 딱한 일은 식민 현대성을 현대 자체와 동일시하여 확장과 침략을 은사恩賜와 교화로 간주하고, 이러한 '문명'의 표준에 따르지 않으면 곧 야만이라고, '의화단'이라고 하는 주장이다. 반항적인 역사 서사는 자칫하면 '외국을 적대시하는 건국 미학(仇外建國美學)*이나 '이리 젖(狼奶)'**이 된다. 이는 바로 식민 현대성의 체계적인 교화 과정을 완성했다. 먼저 견고한 함선과 정교한 대포로 징벌하고, 다시 국제적 표준으로 훈계하고, 마지막에 '문명'으로 설복하는.

의외로 뉴욕의 중국인 이민자들은 임칙서라는 인물에 붙여진 얽히고설킨 이데올로기의 꼬리표를 던져버리고 역사 본래의 맥락 속으로 돌아가서 그에게 가장 질박한 평가를 내려주었다. "마약과의 전쟁에서 선구자". 비극도 아니고 설교도 아니다. 무심코 민족주의를 드러내지 않으며, '의화단'으로 더럽혀질까 걱정할 필요 없다. 때로는 정말로, 마약은 마약이고 전쟁은 전쟁일 뿐이다.

---

* 2006년 1월 24일 베이징에서 발행되는 『중국청년보中國靑年報』의 주간週刊 부록인 『빙점冰點』이 대륙 역사 교과서에 대한 비판 논설을 실으면서 문제가 되어 정간되는 상황이 발생하자, 타이완의 유명 작가 롱잉타이龍應台 등은 후진타오胡錦濤 체제하의 언론 자유 상실 상황을 맹비난하면서 대륙 역사 교과서의 서술 방식을 "외국을 적대시하는 건국 미학(仇外的建國美學)"이라고 표현했다.

** 중산대학 철학과 교수 위안웨이스袁偉時는 2006년 1월 11일 『중국청년보』의 주간 부록인 『빙점』에 발표한 「현대화와 역사 교과서(現代化與歷史敎科書)」라는 글에서, 문화대혁명과 같은 재난이 발생한 원인은 "우리가 이리 젖을 먹고 자랐기" 때문이라 하고, 이어서 "20년 후의 중학 역사교과서를 보니, 놀랍게도 우리 청소년들도 계속 이리 젖을 먹고 있다"고 비판했다. 이는 중국 내에 한때 '이리 젖 풍파(狼奶風波)'로 불리는 논쟁을 야기했다. 이후 '이리 젖'은 어느 한 시기의 계급투쟁과 그 이데올로기를 비판적으로 상징하는 일종의 부호가 되었다.

02

검은 배 위의 낯선 사람 : 일본과 미국의 만남

한 척의 작은 어선이 일본 이즈반도伊豆半島의 시모다下田를 떠나 어두운 밤과 풍랑의 엄호 아래 해상에 정박해 있는 미국 동인도함대의 검은색 증기선에 접근했다. 어선 위의 여위고 허약한 두 일본 청년은 우여곡절 끝에 그중 포와탄(Powhatan)호에 올라 미국 해군 준장 매슈 페리(Matthew C. Perry)와 회견할 수 있게 해주기를 청했다. 1854년 4월 25일 새벽 2시경이었다.

두 사람은 자신들이 온 이유를 설명했다. 그들은 함대를 따라 함께 떠나서 바깥 세계를 보길 원했다. 이 행동은 막부의 금령을 저촉한 소행으로, 만약 돌아가면 필경 목숨을 잃는 재앙을 만날 터이니 미국인이 받아들여주기를 간청했다. 페리는 이 두 낯선 자들을 접견하지 않고 통역만 보내서 교섭했다. 그는 그들의 용기를 높이 평가했지만 응낙할 수는 없었다. 그는 바로 며칠 전 도쿠가와 막부와 미일화친조약(가나가와 조약

神奈川條約)을 체결했고, 지금은 몇몇 세부 항목을 확정하고 있는 중이었다. 만약 고의로 일본 법률을 위반한다면 분명 미국의 이익에 부합하지 않을 것이었다. 그는 그들을 시모다로 돌려보낼 것을 명령하고, 아울러 비밀 엄수를 약속했다. 날이 밝았을 때 실망한 두 젊은이는 뭍으로 돌아와 곧장 관부에 자수하는 것을 선택했다. 며칠 뒤 함대는 미국으로 돌아갔고, 페리는 그들의 이름을 기록하지 않았다.

이 두 사람은 24세의 요시다 쇼인吉田松陰과 23세의 가네코 시게노스케金子重之輔였다. 그들은 그 뒤에 원적 조슈 번長州藩으로 호송되어 복역했다. 가네코는 옥중 사망했고, 요시다는 석방되었다. 이후 요시다는 학당을 창설하고 막부 타도를 고취했으며, 그가 내건 정치 이상은 조슈 번의 많은 엘리트에게 영향을 끼쳤다. 30세 되던 해, 요시다는 막부에 의해 참형에 처해졌다. 메이지 시대의 많은 정치가들, 예를 들어 다카스기 신사쿠高杉晋作, 기도 다카요시木戸孝允, 이토 히로부미伊藤博文, 야마가타 아리토모山縣有朋, 이노우에 가오루井上馨 등은 일찍이 그의 문하에 몸담았었다. 그래서 요시다 쇼인은 일본 현대화의 사상적 선구로 칭송된다.

아편전쟁이 중국에 대해 갖는 의미와 유사하게 페리의 내항(또는 '흑선의 내항'으로 지칭)은 교과서 안에서 일본 근대사의 시작이다. 페리는 1853년 7월 군함을 이끌고 도쿄 만에 바싹 접근하여 전쟁으로 위협하며 일본에 통상조약 체결을 요구했다. 수개월 뒤 더 많은 군함을 이끌고 다시 찾아와, 도쿠가와 막부로 하여금 조약을 체결하여 시모다와 하코다테函館 두 항구를 개방하고 미국에 일방적인 최혜국대우를 부여하도록 강박했다. 중국과 일본은 침략에 직면해서 선후로 '개국'했다.

그 뒤의 역사는 중국과 일본이 각자 제 갈 길을 간 것으로 서술된다. 중국은 실패를 거듭하면서 '현대'를 실현하지 못하고 지체했으며, 일본은 분발해서 부강을 도모하여 일찍 '문명'을 끌어안았다. 중국은 식민현대와 참렬하게 충돌했고, 그에 비해 일본은 '현대'와 아름다운 해후를 한 것 같았다. 오랫동안 미국과 일본을 막론하고 흑선 사건에 대한 평가는 대부분 매우 긍정적이었다. 흑선의 내항은 일본을 '쇄국'의 암흑 속에서 '벗어나게' 했다. 요코스카橫須賀에 조성된 페리공원에서는 매년 기념행사를 한다. 페리는 방일한 뒤, 일본인이 점잖고 예절 바르며 위생을 중요히 여긴다고 극구 칭찬하고 "동양의 모든 민족 가운데 가장 도덕적이고 가장 나무랄 데가 없다"고 했다. 그는 두 불청객의 호기심을 칭찬하면서, 그들이 "이 나라 사람들의 품격"을 대표하며 "이 흥미로운 국가의 미래는 얼마나 희망으로 충만한가!"라고 말했다. 영국 문학가 로버트 스티븐슨(Robert L. Stevenson)은 요시다 쇼인의 이야기를 들은 뒤 1880년에 「Yoshida Torajiro」(요시다 도라지로吉田寅次郞)라는 글에서 "우리는 그의 국가만 보아도 그가 얼마나 커다란 성공을 거두었는지 알 수 있다"고 평가했다.

만약 일본이 동양의 한 국가가 구미의 '교화' 아래 '현대'로 나아갈 수 있다는 점을 증명한 드문 예라고 한다면, 아마도 요시다 쇼인보다 '좋은 학생'의 근면한 지식 탐구를 더 대표할 수 있는 경우는 없을 것이다. 그러나 일본은 정말 호기심 때문에 학습한 것인가? 정말 '현대'를 동일시해서 자신을 바꾸었을까? 어쩌면 우리는 요시다 쇼인과 매슈 페리의 만남을 19세기 각자의 국가 상황 속에 대입해놓고 '(식민) 현대'와 연결되기 시작한 일·미의 관계를 검토해야 할 듯하다.

요시다 쇼인은 조슈 번의 하급 무사 가정에서 태어나 어릴 때부터 유

가 경전을 학습했고, 에도 후기 실학 기풍의 영향을 받았다. 그는 일찌감
치 병학에 관심을 갖고 외환에 대비한 방위 업무 정비를 번주에게 진언
했다. 21세 되던 해, 그는 산킨코타이를 위해 에도로 가는 번주를 따라가
서 자신에게 가장 큰 영향을 끼친 스승인 사쿠마 쇼잔佐久間象山을 만났
다. 두 사람이 만났을 때는 제1차 아편전쟁이 끝난 직후로, 청국이 영국
에 참패했다는 소식이 전해져 일본 조야가 떠들썩했고 의식 있는 인사들
가운데 섬나라의 운명을 걱정하지 않는 자가 없었다. 이는 일본이 변혁
을 시작하게 된 큰 자극이 되었다.

사쿠마 쇼잔은 유학자로서 병학과 실무에 심취했다. 그는 일찍이 막
부에 「해방팔책海防八策」을 상서하여 서양의 군무를 도입할 것을 건의했
다. 또한 네덜란드어를 독학하여 군사·자연·과학에 관한 네덜란드 저작
을 읽기 위해 노력했다. 그는 당시 대단히 자각적으로 서양 세계를 이해
한 지식인이었다. 그에게는 중국도 매우 중요한 지식의 원천이었다. 사
쿠마는 위원의 『성무기聖武記』와 『해국도지海國圖志』를 자세히 읽은 뒤
"오랑캐의 장기를 배워 오랑캐를 제압한다(師夷長技以制夷)"는 위원의 관
점에 깊이 찬동하고, 뜻을 같이했다. 1853년 흑선이 내항하자 막부는 어
찌할 바를 몰랐다. 사쿠마는 요시다 쇼인 등을 데리고 함대가 있는 우라
가浦賀로 달려가서 실제로 관찰했다. 그들은 미국 함선의 크기와 포화의
수를 본 뒤 일본에게는 근본적으로 저항할 능력이 없다고 인식했다. 나
라를 지키려면 반드시 군사를 강화해야 하며 국외의 서양인에게 배워야
했다.

당시 일본에서 출국은 과격한 생각으로, 죽음을 두려워하지 않는 용
기가 필요했다. 스승의 격려를 받고서 요시다 쇼인 등은 위험을 무릅쓰

고 몰래 출국할 결심을 했다. 그때 러시아 함선이 나가사키에 머물고 있었으므로 그들 사제師弟는 러시아 배로 뛰어들 계획이었다. 하지만 공교롭게도 크림전쟁이 급박해졌기 때문에 러시아 배는 앞당겨 출항했다. 1854년 2월 페리의 함대가 답변을 구하기 위해 재차 일본으로 왔고, 요시다 쇼인은 이 기회를 다시 놓치지 않기로 결심했다.

다시 미국을 보자. 페리는 왜 일본을 '점령'했는가? 독립 후 미국의 역사에서 하나의 분명한 주제는 바로 서진西進이다. 13주를 기점으로 부단히 중부와 서부로 이민하며 땅을 넓혀나갔다. 프런티어와 식민은 미국의 건국에 끊임없이 물질적·정신적 동력을 제공했다. 1830년 요시다 쇼인이 출생한 그해, 앤드루 잭슨(Andrew Jackson) 대통령은 「인디언 이주법(Indian Removal Act)」에 서명하여 원주민의 토지소유권을 실질적으로 부인했고, 이로써 수많은 인디언의 이주가 강행되었다. 서진하는 길은 인디언에게 피눈물의 길(the Trail of Tears)이 되었다.

19세기 중기에 이르러 서진은 앵글로아메리카 인구 속의 '명백한 운명(Manifest Destiny)'이 되었다. 그것은 미국의 권리일 뿐 아니라 나아가 그 사명이었다. 이러한 이데올로기는 종족, 종교, 정치, 문명적 우월감이 뒤섞여 미국이 차츰 대외 전쟁과 제국주의로 나아가도록 추동했다. 1846년 미국은 오리건(Oregon)을 합병하고 영토를 태평양까지 확장했다. 2년 후 다시 멕시코의 손에서 캘리포니아를 탈취했다. 눈앞의 드넓은 대해는 미국의 새로운 프런티어이며, 새로운 기회였다.

유럽 자본과 마찬가지로 미국 자본도 동아시아 시장을 지대하게 갈구하고 있었다. 미국 독립 직후 중국황후(Empress of China)호 상선이 성조기를 꽂고 뉴욕을 출발하여 멀리 대양을 건너서 광저우에 도달했다.

〈미국의 진보(American Progress)〉

1872년, 존 개스트(John Gast) 작. 컬럼비아(미국) 여신이 손에 교과서와 전신선을 들고 서부에 '문명'을 가져간다. 이 그림은 미국의 '명백한 운명'을 표현한 가장 전형적인 작품이다.

중-미 무역은 상인들에게 거대한 이윤을 가져다주었다. 광저우에서 미국은 불과 10년 만에 곧 영국에 버금가는 제2의 대중국 무역국이 되었다. 미국에서는 한동안 많은 지역이 Canton(광저우를 일컫는 영어 별칭)으로 명명되었는데, 이는 대중국 통상이 미국의 일상생활에 깊이 침투했음을 보여준다. 1830년대 미국 자본의 상인도 아편 교역에 가담했다. 중영전쟁 후인 1844년에 미국은 청 정부와 왕샤조약望厦條約(Treaty of peace, amity, and commerce, between the United States of America and the Chinese Empire)을 체결하여 영국과 유사한 재중 무역과 사법 특권을 획득했다.

이전에 미국 상선은 대부분 동쪽 해안에서 출발하여 대서양을 건너 아프리카를 돌아 인도양과 말라카를 거쳐 마침내 목적지인 중국에 도달했다. 그러나 캘리포니아 주를 획득한 뒤 미국 상선은 태평양을 관통해 동아시아로 곧장 갈 수 있게 되어 예전에 비해 크게 편리해졌다. 유일한 문제는, 당시 태평양을 횡단하려고 하려면 증기선의 기술 한계상 반드시 정박할 섬을 찾아 물과 연료를 보충해야 한다는 점이었다. 바로 이런 배경하에서 미국 대통령 밀러드 필모어(Millard Fillmore)는 페리를 동인도 함대 사령관으로 임명하고 일본으로 가서 항구 개방과 통상을 요구하도록 한 것이다. 이때 페리는 필요 시에 무력을 사용할 수 있는 권한까지 부여받았다. 필모어는 '일본 황제'에게 편지를 써 보냈는데, 그 속에 미국의 '운명'과 요구를 매우 분명히 말하고 있다.

아시다시피 아메리카합중국은 이미 두 대양을 종횡하고(extend from sea to sea) 오리건과 캘리포니아의 두 큰 영지는 이미 우리나라에 속하며, 금·은·보석이 많이 나는 이 땅에서 귀국의 해만海灣으로 향해 가는 데 우리나라 기선은 20일도 안 걸립니다. 현재 캘리포니아 주에서 중국으로 매년, 심지어 매주마다 많은 선박이 왕래하고 있는데, 귀국의 해만은 이러한 선박들이 반드시 지나는 곳입니다. 만약 폭풍을 만나 좌초되면 귀국이 위대한 우의를 베풀어 우리 민을 잘 대해주고 우리 재산을 보호해주기를 희망합니다. …… 귀국에서는 석탄을 많이 생산하고 있습니다. 석탄은 우리나라 기선이 캘리포니아 주와 중국 간을 오가는 데 꼭 필요한 것입니다. 그러니 귀국의 한 항구에서 구매할 수 있기를 원합니다. ……

서신에서는 미·일 통상의 장점도 언급하고 있지만 취지는 매우 분명했다. 미국의 최종적인 목표는 일본이 아니라 중국이었다. 가나가와 조약에서 가장 중요한 몇 개 조항은 모두 보급 및 구조와 관련된 내용으로, 그 침략성은 중·영 난징조약에 비해 매우 약했다. 바꿔 말해, 중국과 일본 양국이 그 당시 직면했던 식민 압력은 완전히 달랐다. 미·일 수교는 미국의 서진 건국이 계속되는 연장선에 있으며 '명백한 운명'을 자본과 함께 동아시아, 특히 중국으로 확장하는 데 반드시 거쳐야 하는 일부분이었다.

요시다 쇼인으로 돌아가자. 미국인에게 접근하기 위해 요시다 등은 우아한 한문으로 편지를 써서 밀항을 준비하기 전날 어느 미국 군관에게 몰래 슬쩍 찔러주었다. 이 「토이쇼投夷書」는 페리의 통역관 새뮤얼 윌리엄스(Samuel Wells Williams, 나중에 미국 최초의 한학漢學 교수가 되었다)를 통해 영문으로 번역되어 미국이 일본을 이해하는 하나의 창구가 되었다. 서신에서 요시다 등은 대단히 겸손한 어투로 자신이 중국 서적을 통해 구미 세계를 알게 되었다고 말했다. "저희들은 천성이 박약하고 신체가 왜소하여 본디 사적土籍에 드는 것을 스스로 부끄러워하며, 칼과 창을 찌르는 기술을 정련하지 못하고, 병사와 군마로 싸우는 법을 논하지 못했습니다. …… 중국(支那) 책을 읽게 되어 유럽(歐羅巴), 아메리카(米理駕)의 풍속과 교화를 조금 알게 되었습니다." 그래서 국가 금령을 개의치 않고 기꺼이 "갖은 사역을 명대로 따르겠다"는 이유는 오로지 "바람(長風)을 타고 큰 파도(巨濤)를 헤쳐 나가 천만 리를 빠르게 가서 5대주와 가깝게 교류"할 수 있게 되기를 바라는 것뿐이었다.

물론 요시다 쇼인은 결코 "세계가 이렇게 크기" 때문에 가서 보려는 것은 아니었다. 요시다의 입장에서 말하자면, 흑선 위의 이 낯선 이들이 배우지 않으면 안 되는 대상이었던 까닭은 바로 그들이 일본의 적이기 때문이었다. 오랑캐를 스승으로 삼는 것(師夷)의 목적은 궁극적으로 오랑캐를 몰아내기(攘夷) 위함이었다. 요시다는 뼛속 깊이 에도 유학과 국학파의 영향을 받은 사상가로, '존황양이'야말로 그의 가장 큰 정치적 포부였다. 그의 진정한 의도는 서신 속에서 펼친 '개방의 포용'과 같지 않았다. 흑선이 도래한 뒤 일본의 문호가 크게 열려 러시아와 영국 등이 잇따라 몰려와서 다투어 조약을 맺었다. 요시다 쇼인은 막부 외교의 연약함을 강렬히 비난하고, 막부를 전복하여 황권을 강화할 것을 고취했다. 그는 일본이 마땅히 대외 확장과 러시아·미국에 맞서는 정책을 취해야 한다고 여겼다. 유명한 「구사카 겐즈이에게 보내는 답서(復久坂玄瑞書)」에서 그는 일본의 강국책을 그려냈다.

지금 도쿠가와 씨는 이미 두 오랑캐와 화친을 했다. …… 오늘날의 당면 계책은 강역을 조심히 하고 조약을 무겁게 하여 두 오랑캐를 제어하는 방법만 한 것이 없다. 이 기회를 틈타서 에미시(즉 홋카이도)를 개척하고 류큐를 거두고 조선을 취하고 만주를 끌어들이고 지나를 압박하고 인도에 이르러, 나아가서는 손에 넣는 기세를 확장하고 물러나 지키는 기반을 공고히 하여 진구神功(진구황후를 지칭)가 이루지 못한 바를 이루고 도요쿠니豊國(도요토미 히데요시를 지칭)가 거두지 못한 바를 실행한다.

도요토미 히데요시와 사토 노부히로佐藤信淵로부터 요시다 쇼인에 이르기까지 일본의 확장 설계도가 한 줄기로 이어진 것을 볼 수 있다. 유신 후의 일본은 기본적으로 이 설계도를 받아들여 식민성의 '현대화'를 빌려 한 걸음 한 걸음 군국주의를 향해 미끄러져 나갔다. 19세기 중기에 중국과 일본은 모두 외부의 위협에 응대하고 있었다. 임칙서가 방어적 모습으로 하나의 오랜 큰 제국을 유지·보호하며 수리·복원하고 있었다면, 요시다 쇼인은 적극적이고 진취적인 태도로 하나의 새로운 제국을 건립하길 바랐다.

흑선의 도래는 미국이 동아시아를 정식으로 척식하는 한 과정이었으며, 일본이 '식민 현대'의 세례를 받기 시작했음을 보여주는 것이기도 했다. 미국에게 이후 대부분의 시간 동안 일본은—마치 요시다 쇼인이 페리를 추종했던 것처럼—동아시아의 겸손한 동료였다. 비록 두 나라는 20세기 사생결단의 전쟁을 벌이기도 했지만, 미국의 점령과 개조를 거쳐 일본은 다시 좋은 학생의 모습으로, '문명'으로 되돌아갔다. 오늘날까지 미·일 양국의 동맹은 여전히 미국이 아시아 태평양에서 가장 비중을 두는 관계이며 동아시아 지정학 전략의 기본 구도를 규정하고 있다. 이러한 친밀한 관계에 대한 일본의 인식은 아마도 상당히 애매할지도 모른다. 이것은 요시다 쇼인과 페리 사이의 관계와도 닮았다. 두 낯선 이들은 서로 앙모를 표현했지만 각기 주어진 사명을 품고서 진정으로 대면한 적이 없었다.

03

'천하'에서 '구역'으로 : 동아시아 질서의 재구성

"중국은 조선국의 완결무결한 독립자주를 확인한다. 따라서 무릇 조선의 독립 자주 체제를 훼손하는 것, 예컨대 조선이 청에 행하는 공물·전례 등은 앞으로 모두 폐지한다." 이 문장은 중·일 시모노세키조약馬關條約의 제1조이다. 1895년 4월 17일 청 정부 대표 이홍장李鴻章과 이경방李經方, 일본 대표 이토 히로부미伊藤博文와 무쓰 무네미쓰陸奧宗光는 조약에 서명했다. 중국이 청일전쟁의 참패를 겪은 뒤, 청국의 마지막 조공국인 조선은 이제 중원과의 종번 관계를 벗어나고 동아시아 '천하'질서에서 물러났다.

'천하' 체제 해체의 기점은 흔히 제1차 아편전쟁과 난징조약이라고 여겨진다. 그러나 엄격히 말해서 난징조약 자체는 결코 기존의 구역 질서를 동요시키려고 시도하지 않았다. 물론 구미의 식민 침략과 그에 뒤따른 불평등조약은 제도 붕괴의 큰 배경이다. 유럽의 국제법 원칙으로 구역의 내부 관계를 새롭게 획정한 것은 1871년의 중일수호조약에서 시작되었다. 일본은 이로부터 청국과의 대등한 국가 지위를 확립하고, 아울러 이를 기반으로 청국이 주도하는 구역 관계에 도전했다. 1874년 일본은 목단사牧丹社 사건을 빌미로 타이완에 출병했고,* 1876년 조선과 강화도조약을 체결하여 조선의 '개국'을 강박했으며, 1879년 류큐를 병탄해 오키나와 현沖繩縣으로 바꾸었고, 1894년에 이르러 중일전쟁을 도발했다. 중일수호조약에서 시모노세키조약까지 천하질서가 붕괴되는 데는 불과 24년이 걸렸을 뿐이다.

일반적으로 동아시아의 '현대' 노정은 국가 형태의 면에서 볼 때 제국에서 '민족국가'로의 전변, 국제관계의 면에서 볼 때 '조공 체제'에서 '조약 체제'로의 전변이라고 여겨진다. 이에 따르면 이른바 현대화는 동아시아가 유럽 국가와의 국제관계를 모델로 전통적인 중국 중심의 등급 구조를 주권국가의 평등 구조로 개조한 것이었다. 중국은 하나의 세계국가(a world country)에서 세계의 한 나라(one country in the world)로 변화했다.

이러한 인식에 대해서는 날로 질의를 받고 있다. 우선, 제국과 민족

---

* 1871년 10월 나하那覇를 향하던 류큐의 선박 야마하라호山原號가 태풍으로 타이완 동남부 바야오만八瑤灣(현 주평판九棚灣)에 표류하여 원주민에게 살해당하는 사건이 발생했다. 그전에도 이런 종류의 사건은 자주 있었지만, 메이지 유신 이후 대외 확장을 지향하던 일본 정부는 이 사건을 기화로 1872년 9월 류큐 왕을 번주로 책봉하고 타이완에 대한 군사행동을 준비했다. 결국 일본은 1874년 5월 타이완에 출병하여 현지 원주민에 대한 공격을 개시했다. 일본의 공격 대상이 된 원주민은 목단사牡丹社·고사불사高士佛社·여내사女奶社 등인데, 이 가운데 가장 큰 세력인 목단사의 이름을 붙여 '목단사 사건'이라고 지칭한다. 이후 일본은 1879년 류큐국을 오키나와 현으로 합병하는 이른바 '류큐 처분琉球處分'을 시행했다.

국가, 조공과 조약은 절대로 대립적인 개념이 아니었다. 19세기에서 20세기 초까지 전 지구 질서를 주도한 영국 자체가 민족국가가 아니었음은 말할 것도 없고, 제2차 세계대전이 종결되기 전까지 세계적으로 진정한 의미의 민족국가는 몇 개 없었다. 마찬가지로 역사를 자세히 살펴보면, 이른바 조공 체제와 조약 체제는 실천 속에서 곧잘 서로 용납되고 심지어 확인되며, 반드시 배척하지만 않았다는 점을 알 수 있다. 또한 조약 체제 자체가 곧 모순체였다. 그 전제는 주권 평등을 가정하지만, 불평등 조약은 주권 평등을 부정했다.

다음으로, 이러한 대립을 만들어낸 것은 본질적으로 이른바 서양의 현대성과 동양의 전통성 간 대립이었다. 현대를 향한 전통의 전변은 바로 서양을 향한 동양의 전변이었다. 여기서 '동양'과 '서양'이라는 한 쌍의 개념은 고정화되었을 뿐 아니라 19세기 이래 동아시아의 복잡한 역사적 변화를 (상상의) '서양'에 대한 모방과 추종으로 단순화했다. 이것은 바로 폴 코헨(Paul Cohen)이 20세기 중기의 미국 내 중국 연구 학계의 '충격-대응' 모델에 던진 비판일 것이다. 즉, '충격-대응' 모델의 문제는 그것이 얼마나 착오적인지에 있지 않고, 그 해석의 차원이 제한적으로 전체 변화를 포괄할 수 없다는 데 있다.

셋째, 이와 관련된 것으로 이 논리는 변화의 외부 요인을 지나치게 강조했다. 외인은 당연히 중요하지만, 내부의 도전은 좀 더 결정적이다. 여기서 내부는 동아시아 각국의 국내 동란을 포함하며 역내 국가의 구역 질서에 대한 개조도 포함한다. 국내 및 역내·역외의 충돌이 서로 교차하고 내란과 외환이 함께 작용하여, 1세기여에 걸쳐 공동으로 건립하고 1세기 이상 공동으로 유지해온 천하 구도가 짧은 수십 년 동안 빠르게 무너졌다.

내부와 외부의 위기를 함께 놓고 보아야 당시 중국·일본·한국이 직면했던 도전과 그 대응을 더 잘 이해할 수 있을 듯하다. 우리는 1840년의 제1차 아편전쟁이 결코 청조에 근본적인 충격을 가져다주지 않았음을 안다. 더 심대한 타격은 10년 뒤 발생하여 십수 년 지속된 태평천국운동이었다. 홍수전洪秀全이 창립한 배상제회拜上帝會는 기독교를 차용했지만 본질적으로 일종의 민간 종교였다. 태평천국은 풍요한 강남 지역을 공략하고 청조의 고유한 군사·재정 체제를 심각히 타격했다. 계속된 내전도 현지의 경제, 사회 및 인구구조에 중대한 파괴를 초래했다. 태평군과 멀리서 호응한 세력으로, 장강 이북에서 16년 동안 활약한 염군捻軍도 있었다. 태평천국이 실패한 뒤 염군은 북방을 계속 교란했고, 심지어 1865년에 셍게린첸僧格林沁을 참살했다. 이후 청 조정에는 만몽 출신의 군사 지휘권자가 다시 나오지 않았고, 전쟁에 관한 일은 증국번曾國藩, 좌종당左宗棠, 이홍장 등 지방 연군練軍에 의지할 수밖에 없었다. 제2차 아편전쟁은 이렇게 국내 상황이 요동치던 1856~1860년에 발생했다. 청조의 국력은 내전으로 크게 소모되어 안과 밖을 고루 돌볼 수 없었고, 영국-프랑스 연합군은 제멋대로 베이징을 공략하여 원명원을 불태웠다. 청조는 톈진조약과 베이징조약의 조인으로 주권을 한층 더 상실하게 되었다. 러시아도 불난 틈을 타 도둑질하듯이 영국과 프랑스를 조정하는 데 공로를 세웠다는 명목으로 우수리강 동쪽의 넓은 영토를 차지하여 그 세력을 조선과 경계를 접한 두만강 하구까지 넓혔다.

이때 서부 변경에서도 큰 문제가 생겼다. 1856년 윈난雲南 관부가 무슬림 민란을 들끓게 하자, 두문수杜文秀는 봉기를 이끌어 다리大理에 평남국平南國을 건립하고 한동안 윈난의 절반을 차지했다. 청조는 12년의 시간을 들여 마침내 변란을 진압했다. 윈난의 회족回族 봉기는 주변 성까지 영향을 끼쳤다. 1862년 청군이 태평군·염군과 격전을 벌여 서북 방위가 텅 비었을 때, 산시陝西와 간쑤甘肅에서 회족 민란이 일어났다. 동요는 10여 년간 이어졌고, 1873년 끝내 좌종당에 의해 평정되었다. 전쟁, 복수, 기근이 서북 지역 두 성의 인구를 격감시키고 지방재정을 취약하게 만들었다.

산시와 간쑤의 변란은 신장新疆으로까지 파급되었다. 1864년 신장 반란이 일어나 신장의 반란 세력이 할거했다. 이 변란이 윈난·산시·간쑤의 반란과 다른 점은 외부 세력이 깊이 개입했다는 데 있다. 1864년 카슈가르(카스; 카스가얼喀什噶尔)의 반란 지도자는 중앙아시아의 코칸트 칸국浩罕汗國에 원조를 청했고, 코칸트 칸국은 야쿱 벡(Muhammad Yaqub Bek)을 파견했다. 야쿱 벡은 객이 도리어 주인이 된 듯이 카스 등지를 점령하고, 이듬해 정교일치의 예티샤르 칸국哲德沙尔汗國을 건립했다. 이때 러시아가 재차 빈틈을 노려 들어와서 청조를 강박하여 중러감분서북계약기中俄勘分西北界約記(타르바가타이 조약Treaty of Tarbagatai)를 체결하고 발하슈호(Balkhash Lake) 동쪽의 영토를 할양받았는데, 1871년 또다시 이리伊犂에 출병하여 점거했다.

야쿱 벡은 신장 각지의 할거 세력을 병탄하여 산시·간쑤 회군回軍의 잔여 부대를 흡수했을 뿐만 아니라 코칸트 칸국에서 투항해온 군대도 접수하면서 거침없이 정벌을 벌여 신장 전역을 거의 점령했다. 이때 영국과 러시아는 중앙아시아를 쟁탈하는 그레이트 게임(The Great Game)을 벌이고 있었는데, 그 과정에서 두 나라가 잇따라 야쿱 벡 정권을 승인했다. 이슬람 세계의 지도자, 즉 오스만제국의 술탄도 그에게 '아미르'라는 칭호를 내려주었다. 톈산 남북은 흡사 이미 외국이 되어버린 것 같았다.

청 조정의 '해방海防'(바다 방위)–'새방塞防'(변경 방위) 논쟁은 이런 배경에서 발생했다. 옷깃을 여미니 팔꿈치가 나와버리는 것 같은 재정 곤란, 게다가 동남 연해와 서북 내륙의 방어를 두루 돌보기 어려운 상황에서 어떻게 주적을 판별하고 나라의 근본을 인식할 것인지가 논쟁의 초점이었다. 해방을 강력히 주장한 이홍장은 구미와 일본을 주요 위협으로 간주한 반면 서역 내륙아시아는 손실 가능한 번속이라고 보았다. 새방을 주장한 좌종당은 러시아를 큰 적으로 굳게 믿고, 신장을 포기할 수 없을 뿐 아니라 서역에 대한 직접적인 관리를 강화해야 한다고 생각했다. 결국 좌종당은 1877년 신장을 수복하는 데 성공했고, 4년 뒤에는 다시 이리를 회수했다. 신장에는 1884년 성省이 세워짐으로써 공자진과 위원 등 경세학자들이 19세기 초기에 제기한 서역 행성화西域行省化의 구상이 실현되었다. 내재적 위기와 내생적 사상이 주도적으로 현대 중국의 형태를 만들어냈다고 할 수 있다.

시각을 바꿔 보면, 해방이냐 새방이냐를 두고 토론한 것은 종번 관계에서 우선순위에 관한 문제이기도 했다. 청대 '천하'의 양대 기둥 중 하나는 예부가 주관한 조공국과의 관계이고, 다른 하나는 이번원이 주관한 내륙아시아 변강과의 관계다. 도대체 어떻게 내외를 판별하고 완급을 분명히 가를지에 대해서 당시는 그리 일목요연하지 않았다. 오늘날에 보면, 내륙아시아 변강은 청대가 종료되기 전에 대체로 판도 안에 보존되었고 후에 중국에 계승되었다. 이는 청 말기에 국가 건설이 안팎으로 궁지에 빠진 가운데 거둔 하나의 큰 성취라고 말하지 않을 수 없다. 그것은 중국이 오스만제국처럼 식민 세력에 의해 철저히 분해되는 형세를 모면케 했다. 물론 아마도 그 대가는 전통적인 예부 '외교'가 유럽식의 국제법 외교에 의해 완전히 개조되는 것이었다.

이제 일본과 한국이 응대한 도전에 관해 살펴본다. 일본이 당시 대면한 외부 압력은 중국과 유사했지만 정도는 훨씬 가벼웠다. 그 내부의 도전도 중국에 비해 순조롭고 철저히 해결되었다. 메이지 유신 전후에 일본에서 최대의 변란은 두 차례 내전으로부터 생겨났다. 하나는 1868년의 보신전쟁戊辰戰爭으로, 왕정복고를 주장한 서남 번벌藩閥이 막부 타도에 성공했다. 또 하나는 1877년의 세이난전쟁西南戰爭으로, 사이고 다카모리西鄉隆盛가 주도한 옛 사족의 반란을 메이지 정부가 평정했다. 두 차례의 내전은 총 전사자가 1만 4,000여 명에 불과했으며 그 파괴력은 같은 시기 중국의 내란보다 훨씬 작았다. 사쓰마 번과 조슈 번 등 도막倒幕(막부 타도) 엘리트의 주도 아래 메이지 정부는 혁신에 전념하여 국가 능력을 강화하고, 담론에서 실천에 이르기까지 유럽을 모방하며 대외 식민을 확장할 수 있었다.

조선이 대면한 외부 압력도 처음에 구미로부터 왔다. 실권을 장악한 대원군이 '위정척사衛正斥邪'를 견지하며 잠시 안전을 확보했다. 이후 최대의 도전은, 바깥으로는 일본이고 안으로는 당쟁이었다. 강화도조약은 조선을 식민제국 체제와 천하 체제의 사이에 내던졌다. 게다가 내외의 모순까지 동시에 심화되어 결국 1882년과 1884년에 임오군란壬午軍亂과 갑신정변甲申政變이 발생했다. 청 정부와 일본의 앞다툰 개입은 조선반도에 대한 신구 두 제국의 쟁탈을 격화시키고, 조선 국내의 계급 모순도 격화시켰다. 1894년의 청일전쟁은 조선에서 폭발한 동학당 봉기에 기인한 것으로, 청조는 조선의 요청에 응하여 군대를 출동시켜 난을 평정했고, 일본군은 청군에 대응해 선전포고 없이 전쟁을 시작했다.

천하 체제 속에서 조선의 위치는 지극히 중요했다. 조선은 종번 관계의 모델이었을 뿐 아니라 그 국왕의 지위는 몽골 번왕과 유사하여 거의 '번부와 같이 여겨졌다'. 식민 압력하에 청과 조선은 모두 '조공-종번 원칙'과 '조약-국제법 원칙'을 적극적으로 조정하고 조화를 시도했다. 청은 총리각국사무아문總理各國事務衙門을 설립했고, 조선도 통리교섭통상사무아문統理交涉通商事務衙門을 설치했다. 양국의 왕래 가운데 비의례적 사무들은 예부에서 이같이 신설된 외교 부문으로 옮겨졌다. 1882년 이홍장의 주재 아래 조선이 미국과 체결한 수호통상조약은 조선이 구미와 국교를 맺은 첫 번째 사례가 되었다. 조약 전에 이홍장은 외교문서 형식으로 조선에 지시하기를, 미국에게 "조선은 본래 중국의 속방屬邦"이며 조-중의 종번 관계는 조-미의 평등 관계에 방해되지 않는다고 설명하도록 했다. 이후 조선은 영국, 독일, 이탈리아, 러시아, 프랑스와 잇따라 조약을 체결하면서 모두 이 사례를 원용했다. 미국과 조약을 체결한 그해, 조선 국왕은 중국에 대해서도 통상 요구를 제기했고 청 조정이 응낙하여 두 나라 간의 역사에서 국제법적 의미로 최초의 조약인 조중상민수륙무역장정朝中商民水陸貿易章程이 체결되었다. 거기에서는 다음과 같이 명확히 지적하고 있다. "조선은 오랫동안 제후국으로서 전례典禮에 관해 정해진 제도가 있다는 것은 다시 의논할 여지가 없다. …… 이번에 제정한 수륙무역장정은 중국이 속방을 우대하는 뜻이며, 각국과 일체 같은 이득을 보도록 하는 데 있지 않다."

분명 이홍장의 의도는 조약 원칙을 이용하여 종번 원칙을 한층 더 확인하는 것으로, 양자는 대립하지 않을 뿐 아니라 서로 긍정하며 각기 병행하는 것이었다. 일본 역사가 하마시타 다케시濱下武志는 더 나아가 무역장정에 대한 분석에서 중-조 무역이 체현한 것은 조공 원칙도 조약 원칙도 아니며 쌍방이 함께 준수하는 일종의 '구역區域(region)' 원칙이라고 판단했다. 애석하게도 강력한 식민의 압력 아래 이러한 조화의 노력은 그리 성공하지 못했다. 1885년 청프전쟁 후 베트남은 프랑스의 식민지가 되었고 이때부터 종번 체제에서 이탈했다. 1895년 조선도 수 세기에 걸쳐 지속된 중원의 번속 지위를 마무리하고 독립국이 되었다. 그러나 독립 후의 조선은 오히려 주권이 더 온전치 못했다. 10년 뒤 일본은 조선을 보호국으로 바꾸고, 나아가 1910년 정식으로 병탄했다.

전 지구적 범위에서 국제법이 복무한 것은 모두 식민제국 체제였다. 동아시아의 '천하' 구조는 외부 압박과 내부 변란이 이중으로 작용하는 가운데 해체되어 하나의 '구역'이 되었다. 그러나 구질서가 해체된 뒤 도래한 것은 하나의 민족국가 체제가 아니라 일본이 중심이 된 제국주의 질서였다. 신질서는 국제법의 언어를 차용했지만 오히려 '중화-천하' 질서의 많은 면모를 계승했다. 예를 들어 덴노天皇·신도神道의 종법 제도로 중원 예교의 종법 제도를 대체했다. 그러니 어떤 각도에서 보면, 동아시아는 중국 치하의 '천하'(Pax Sinica)에서 일본 치하의 '천하'(Pax Japonica)로 변화했다고도 말할 수 있다. 국제법-식민제국이 '예부 외교'를 부인한 것은 하나의 위계질서가 또 다른 하나의 위계질서를 전복한 것에 불과했다.

04

체體와 용用 사이 : '문명개화' 아래의 동양

19세기 후반, 아편전쟁과 흑선 도래의 자극, 국내적 동요의 압력을 받아 중국과 일본 두 나라는 각기 스스로 강해져서 생존을 도모하는(自强圖存) 개혁을 일으켰고, 조선도 이 물결에 휩쓸려 들어갔다. 일본의 지식인은 앞장서서 civilization and enlightenment를 '문명개화文明開化'로 번역하여 도입했다. 이 개념은 나중에 동아시아 삼국이 보편적으로 받아들인 시대적 주제가 되었다. 우리가 나중에 '동아시아'로 지칭하는 이 구역에서는 '천년 미증유의 변국變局'하에 새로운 학문과 새로운 제도를 끌어들였다.

사람들은 이 과정을 '현대화'로 묘사하는 경우가 많은데, 여기서 '현대'는 유럽의 산업 문명과 정치·교육제도를 가리킨다. 그러나 이런 묘사는 어떤 의미인가? '현대'의 바깥에 있던 동아시아가 이 '필연적'인 시간적 추세를 끌어안아 자신을 그 속에 '화化'한다는 것인가, 아니면 '현대'

라는 이 이질적 요소를 자신의 역사적 맥락 속에 조화시킴으로써 그것으로 '화'한다는 것인가? 오랜 기간 주도적인 의견이 취했던 쪽은 전자의 해석이다. 그렇다면 당시의 엘리트 집단도 그렇게 이해했을까?

1890년 10월 30일 메이지 천황은 「교육칙어教育勅語」를 반포하여 일본의 국민교육을 위한 기조를 정했다.

> 짐이 생각하기로 내 황조황종皇朝皇宗께서 나라를 여신 것은 광원하여 덕을 세우심이 깊고 두터우시다. 나의 신민들이 매우 충성스럽고 매우 효심 지극히 마음을 하나로 하여 대대손손 그 아름다움으로써 보답해오매, 이는 우리 국체의 정화이며 교육의 연원 또한 여기에 있다. 너희 신민은 부모에게 효로, 형제에게 우애로, 부부간에 서로 화합하며, 친구는 서로 믿고, 자기 스스로는 공손하고 검소한 다스림을 가지고 박애를 무리에 미치게 하고, 학문을 닦아 지능을 계발하여 덕행과 기량을 성취한다. 나아가 공익을 늘리고 세상일을 열고 국헌을 늘 중히 하고 국법을 준수하며, 일단 위급이 닥치면 의롭고 용감히 봉공하여 천양무궁한 황운皇運을 떠받들어라.

「교육칙어」는 일본(및 그 식민지)이 제2차 세계대전 종결 전까지 봉행했던 지고의 교육 원칙으로, 일찍이 모든 학생에게 전문을 암송하도록 요구했다. 일본은 동아시아 현대화를 상징하는 국가였으며, 교육은 또 모든 국가의 현대화에서 중요한 수단이었다. 「교육칙어」가 메이지 전성기에 공포된 것은 유신 시대 정치가가 지식이 날로 서구화되고 전통 도덕이 상실되는 세태를 우려한 소산이었다. 극히 중요한 이 정치적 텍스트 속에서 구미의 비바람(歐風美雨)* 세례는 볼 수 없고, 오히려 일본 국가가 전통 유학과 신도의 가치 체계를 혼합하여 덴노의 초월적 지위를 강화했음을 볼 수 있다. 교육의 목적은 황운皇運이 웅대한 국체國體를 현창하는 데 있었다.

국체 또는 국가의 독특한 성격과 근본적인 제도를 확인하는 것은, 동아시아 삼국이 산업·자본·식민주의의 충격하에서 개혁의 출로를 탐색할 때 핵심적인 명제 중 하나였다. 외래문화에 의지할 필요가 있으면 있을수록 자아(체體)를 획정하는 작업은 더 절박해진다. 이른바 '문명개화'는 문자상으로 이해할 때 계몽이며, 이는 우매함에서 벗어난다는 의미로, 교육·교화를 통해 심지心智가 열리도록 나아간다는 것을 가리킨다. 그러나 「교육칙어」로 볼 때 이러한 계몽과 개방이 더 많이 지향하는 바는 안을 향해서 자아를 확인하는 것이었으며, 밖을 향해서 세계를 끌어안는 것이 아니었던 듯하다.

일본뿐 아니라 청과 조선의 개화파 인사도 약속이나 한 듯이 서양을 학습할 때 자아를 지키는 것을 목적으로 삼아야 한다는 점을 강조했다. 세 나라는 '동'과 '서'의 대구를 사용하여, 일본은 '화혼양재和魂洋才'를 호소했고 청조는 '중체서용中體西用'을 제창했으며 조선은 '동도서기東道西器'를 강조했다. 각국의 지식인이 '문명개화'를 마주하여 선택한 경로는 각기 차이가 있지만, 전반적으로 말하면 대체로 체體와 용用, 타자와 자

---

* 구미의 비바람, 즉 구풍미우歐風美雨는 구미의 정치·경제, 특히 문화의 영향력이 침략적으로 작용하는 것을 의미한다. 청 말기의 혁명가이자 시인 추근秋瑾은 「스스로 만드는 격문(自拟檄文)」에서 "오호라! 구미의 비바람이 기세등등하니, 그 화는 어디서 시작된 것이며, 누구의 잘못인가?"라고 언급한 바 있다.

아의 변증 관계 속에 자리 잡고 있었다. 이는 우리가 통상적으로 이해하는 '현대화＝서양 학습'과 한참 거리가 멀었다.

19세기 후반 동아시아에서 서양 학습을 가장 강력히 제창한 인물은 아마도 일본의 후쿠자와 유키치일 것이다. 난학자 출신인 후쿠자와는 일찍이 여러 차례 구미를 여행했다. 그는 서양의 과학기술과 인문이 홍성함을 목도한 뒤 유학을 강력히 비판하고 양학洋學을 끌어안았다. 1875년 출판한 『문명론개략文明論槪略』에서 그는 진화사관을 도입하여 '문명'을 "인류의 지혜와 도덕(智德)의 진보"로 정의하고, 인류의 발전은 야만과 반개화에서 개화로 가는 과정이라고 지적했다. "전진이냐 후퇴냐, 문제는 진퇴 두 글자에 있을 뿐이다." 이 구조 속에서 유럽과 미국은 가장 문명적인 국가이고, 터키·중국·일본 등 아시아 국가는 반개화 국가이며, 아프리카와 오스트레일리아는 야만 국가로 간주되었다. 이는 매우 쉽게, 헤겔이 『역사철학』에서 지적한, 아시아에서 유럽으로 진화하는 인류 정신의 단계를 연상케 한다.

후쿠자와는 확실히 헤겔의 영향을 간접적으로 받았겠지만 두 사람의 차이는 상당히 컸다. 헤겔은 인류의 역사에 고정적인 논리와 궁극의 목적(절대정신의 자아실현)이 있다고 굳게 믿었지만, 후쿠자와는 문명에 종점이 있다는 것을 부정했다. 그는, 문명의 등급이란 상대적 개념으로서 오늘날은 비록 서양이 가장 문명적이지만 다른 국가들이 초월하기 시작하면 서양도 반개화로 밀려날 수 있다고 생각했다. 이는 중국이 일찍이 문명의 선두에 섰지만 지금은 구미에 의해 초월당한 것과 꼭 같았다.

더 중요한 점은 후쿠자와가 책 속에 많은 지면을 할애하여 일본의 '국체'를 강조한 것이다. 국체는 "바로 동일 종족의 인민이 안락을 같이

하고 환난을 함께하여 외국인과 상호 차이를 형성하는 것을 가리킨다. …… 서양인이 nationality라고 일컫는 것은 바로 이런 의미다. 세계상의 모든 국가는 각기 그 국체가 있다." 그런데 일본의 국체는 인류 역사에서 극히 드문 것이다. 즉 "우리나라의 황통은 국체와 함께 현재까지 이어왔다. …… 이것도 일종의 국체라고 할 수 있다." 그는 일본인에게 당면한 "유일한 임무"는 바로 "국체를 보위하는 것"이며, 또한 "서양 문명을 흡수해야만 비로소 우리나라의 국체를 공고히 하고 우리 황통의 영예를 높일 수 있다"고 지적했다.

국체는 곧 황통이라는 이 해석은 15년 후 굳게 지키게 되는 「교육칙어」와 판에 박힌 듯했다. 서양 문명을 숭상한 후쿠자와 유키치라고 해도 역시 문명을 '용用'으로 간주하며 대했다고 할 수 있다. 서양을 학습하려고 한 이유는 자신을 서양으로 변화시키려는 것이 아니라 오히려 스스로 서양이 되지 않기 위함이었다. 그래서 그는 말한다. "일본인이 문명을 향해 진군해야 한다고 호소하는 것은 우리 국가의 독립을 보위하기 위해서다. 국가 독립은 목적이고, 현 단계 우리들의 문명은 바로 목적을 달성하기 위한 수단이다. …… 군신의 의義, 조상의 전통, 상하의 명분, 귀천의 차별은 모두 수단으로, 그것을 어떻게 운용하느냐가 중요하다."

후쿠자와 자신이 민권·입헌을 강력히 제창하기는 했지만 그의 원칙은 여전히 실용주의적인 것으로, 그는 특정 체제를 문명 등급과 연계하지 않았다. "군주정치가 반드시 좋다고 할 수는 없으며 공화정치도 반드시 타당한 것은 아니다. 정치적 명분이 어떠한가를 막론하고 다만 사람과 사람의 관계에서 하나의 방식일 뿐이다. 그러니 한 방식의 체제가 어떠한지만 보고 문명의 실질을 판단할 수 없다." 이 때문에 학습에 대한 그의 의견은 "서양을 꼭 전부 배울 필요는 없으며, 반드시 본국의 인정人情과 풍속에 맞춰 고쳐져야 한다"는 것이었다.

후쿠자와 유키치가 대표하는 것은 일본 메이지 변혁 후의 시대 풍조다. 메이지 시대의 '유신'은 왕정복고의 정치 강령으로부터 시작되었으며, 유신은 오히려 '복고'의 한 수단인 듯했다. 문명개화와 존황양이를 말하자면, 하나는 개방이요 하나는 보수로서 마땅히 한 쌍의 화합되지 않는 모순체인 듯하지만, 양자는 결국 일본의 국체에 대한 선양이라는 점에서 통일되었다.

'체'와 '용', 목적과 수단의 변증은 자본주의·식민주의의 충격 아래 동아시아 지식인이 걸어온 저항의 역정을 관통했다. 위원, 임칙서, 풍계분馮桂芬, 정관응鄭觀應 등을 비롯한 청 말의 선구적 사상가들은 새로운 지식으로 옛 신분을 보위하고 내외의 위기를 방어할 것을 강력히 제창했다. 증국번, 혁흔奕訢, 이홍장 등은 양무운동을 이끌어 실업·외교·교육의 실천으로 서로 호응했다. 장지동張之洞이 '중체서용'(실제는 "구학舊學은 체體로, 서학西學은 용用으로 삼는다")으로 총괄할 때까지 유사한 사상적 격동이 이미 수십 년 계속되었다. 장지동은 어떤 것들이 학습의 대상이고 어떤 것들이 아닌지를 명확히 제시했다. "무릇 변할 수 없는 것은 윤기倫紀이지, 법제가 아니다. 성도聖道이지, 기계器械가 아니다. 심술心術이지, 공예工藝가 아니다." 중국中國의 '국國'은 바로 교敎·종種과 한마음으로 합쳐져서 그가 말하는 '체'를 구성했다.

일본의 사쿠마 쇼잔, 요코이 쇼난橫井小楠 등은 위원의 영향을 받아 통상의 개방과 서학의 도입을 강력히 주장했다. 그들의 이상은 동양의 도덕과 서양 기예(藝)의 결합을 실현하는 것이었다. 조선에서도 중·일 양국 신사상의 충격을 받아 박규수朴圭壽, 윤선학尹善學, 김옥균金玉均 등이 '개화' 개혁을 힘써 주장하고, 동시에 예교 인륜은 변할 수 없는 '도道'라고 견지했다. 윤선학은 1882년 고종에게 상소하여 신학新學을 제창하면서도 "신이 바꾸려는 것은 기器이지 도道가 아닙니다"라고 강조했다. 그들은 물론 후쿠자와 유키치처럼 그렇게 문명론적 의미에서 '지혜와 도덕의 진보'를 힘써 제창하지 않았지만, 수단과 목적의 변증 관계에서 그 차이는 그리 크지 않았다.

충격 아래서 자신의 위치 부여를 조정한 것은 근대 동아시아의 새로운 현상이 아니다. 어떤 각도에서 말하자면 만주 굴기에 자극을 받아 나온 화이변태설華夷變態說은 이미 이러한 조정을 위한 리허설과 복선이었다. 19세기 개화와 양무를 제창한 인물은 전통 유학, 청학, 난학, 국학, 실학의 맥락 속에서 사상적 자원을 찾아 서학 수용의 합법성을 논증하는 경우가 더 많았다. '체'에 대한 강조는 새로운 지식이 도통을 흔들지 않는다는 점을 거듭 표명하기 위한 것이었다. 또한 '문명개화'의 실현이 '경세치용'이라는 원칙의 의미 확대로 간주될 수 있었던 것은 17세기 이래 동아시아의 내재적 논리의 진전이었다.

그러나 다른 한편으로 동아시아 세계관에는 분명히 중대한 변화가 나타났다. '체'와 '용'의 변증은 표면적으로 차이를 조화되게 하려는 것이지만 뒤에서는 부지불식간에 자아와 타자의 구별을 강화했다. 과거에 화이지변華夷之辨이 체현한 것은 '천하' 체계 내부의 상대적 차이로, 하나의 체體 속에 있는 다원多元이었다. 그런데 '동'과 '서'의 구별은 달랐다. 그것은 본래 화華와 이夷를 포함했던 그 하나의 체體를 이원 대립 속의 한 극極으로 간주했다. 서양은 새로운 타자(夷)였다. 권역 구조의 붕괴로 인해 서양은 더 이상 천하 전통의 일부가 아니라 그의 맞은편(洋)이었다. 일체다원一體多元에서 이원대립二元對立으로의 변화, 이것이 세계 구조에 대한 새로운 상상이었다.

동아시아의 자기 신분은 '체'와 '용', '동'과 '서'의 대립 속에서 점차 만들어졌다. 본래의 지식 체계, 정교 제도, 가치 체계는 모두 이러한 '동' '서'(혹은 '국國' '양洋')의 이원 구조 속에 새롭게 자리 잡도록 하지 않을 수 없었다. 예를 들어 량치차오가 중국인은 "나라가 있는지 모른다"고 한 말은, 천하 구조 속에서는 본래 문제되지 않았지만 동서 이원 구조 속에서는 곧 문제가 되었다. "동양은 도덕, 서양은 기예", "서화西畵는 사실寫實, 국화國畵는 사의寫意" 혹은 "서의西醫는 실험을 중시하고, 중의中醫는 경험을 중시한다"는 등등의 비슷한 듯하면서도 다른 많은 논단이 점차 유행하는 인식 방식이 되었다. 동아시아의 엘리트 지식인이 서양을 거울로 삼아 자아를 돌아보고 정의했다면, 이때의 '아我'는 아마도 역사 사실이라 하기는 어렵고, 일종의 주관적 구성 요소의 측면이 더 많을 것이다. '서西'를 '아我'의 실현 방법으로 삼으면, 본체로서의 '동양'도 발명해낸 전통이 된다. 동 혹은 서는 갈수록 차이를 증명하기 위해 선택하는 개념이 되었다.

이원 구조의 세계관이 구성한 것은 물론 온전한 세계가 아니다. 우선, 17~20세기 구미 자본주의가 구축한 식민 현대의 체계 속에서 동아시아는 하나의 인식 영역으로서 여태껏 '서방'에 대립하는 일원一元인 적이 없었다. 그렇다. 동아시아는 '식민 현대'의 한 대상이었지만, 그것은 단지 구미 제국의 눈에 '비문명' 세계의 한 구성 부분, 그 정도였을 뿐이다. 그러므로 '아'를 가져다가 추상적인 서양과 상대되게 한 것은 식민 체계 아래서 동아시아인의 인식 착오다. 다음으로, 이원적 인식 방식은 많은 국민의 눈앞에 있는 세계를 단지 구미와 중국만 있는 것처럼, 세계에 단지 동·서의 두 문명체만 있는 것처럼 만들었다. 20세기 반식민주의 고조가 누그러진 후에 우리의 일상 어휘 속 '국외'나 '해외'는 흔히 발달자본주의국가를 가리키며, 비서구 세계에 함께 속하는 남아시아, 중앙아시아, 동남아시아, 중동, 아프리카, 라틴아메리카를 우리 자신도 모르는 사이에 경시했다.

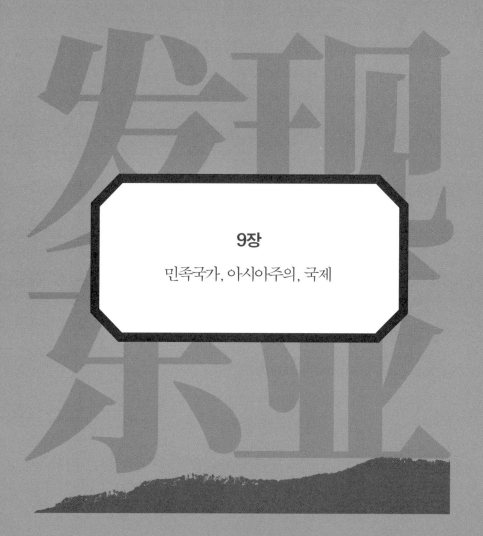

9장

민족국가, 아시아주의, 국제

01

종족 진화 : 식민과 저항의 논리

한 달여 동안 바다와 육지를 넘는 거친 여정을 거쳐 일본 홋카이도 아이누(Ainu) 원주민 9명이 1904년 4월 미국 미주리 주의 세인트루이스에 도착하여 이곳에서 거행된 세계박람회에 참가했다. 그들은 관람하러 온 것이 아니라, 세계 각지에서 온 다른 200여 명의 원주민과 함께 전시품으로 관광객의 견학에 제공되었다.

세계박람회는 1851년 영국 런던에서 개최된 이래, 줄곧 현대 산업 문명, 선진 과학, 새로운 상품 및 문화 경관을 집중적으로 전시하는 중요한 장소였다. 세인트루이스 세계박람회(St. Louis World's Fair; Louisiana Purchase Exposition)도 마찬가지였다. 이 박람회는 '루이지애나 매입' 100년(미국은 1803년 프랑스령 북아메리카 식민지를 매입하여 영토 면적을 크게 늘렸다)을 기념하여 거행되었다. 미국은 이 기회를 빌려 강성한 과학 기술과 산업·경제의 실력을 전시하고, 아울러 막 획득한 필리핀을 과시했다. 전화 시스템(벨 발명)과 X선(X-rays) 장치 등도 여기서 공개되었다. 이 세계박람회는 7개월 동안 열렸으며 1,900만 명이 넘는 관람객을 끌어들였다. 제3회 올림픽도 같은 곳에서 개최되었지만 세계박람회의 부속 활동에 불과했다. 박람회에는 60개 참가국 가운데 중국과 일본을 포함한 21개국이 자국의 전시관을 세웠다.

일본과 청, 두 나라는 모두 자신을 선전할 이 기회를 중시 여겨 각기 농상무대신農商務大臣 기요우라 게이고淸浦圭吾, 버이서貝子* 푸룬溥倫을 총재로 한 대표단을 파견했다. 박람회에 설치된 일본관은 황가皇家의 화원으로 설계되었으며 작은 다리를 놓아 물이 흐르게 했다. 중심 건물은 교토의 긴카쿠지金閣寺를 모방하면서 미국 남방 건축양식을 혼합했다. 그 밖에, 대나무로 만든 다실을 만들어 청일전쟁 후 획득한 새로운 식민지 타이완을 전시했다. 1904년은 청조가 처음 공식적인 신분으로 세계박람회에 참여한 해다. 중국관은 두 명의 영국 건축사가 설계했는데, 패방牌坊·문루門樓·누각 등으로 구성하여 중국 현지의 건축 풍격과 특색을 충분히 표현했다. 문 앞에는 수 명의 소년이 무대의상을 입고 관람객을 맞았다. 자희태후慈禧太后(서태후)도 자신의 초상화를 전람회에 보내는 데 허락하여, 의화단사건 이후 중국이 여러 방면에서 새로운 바람을 받아들이고 있다는 것을 드러냈다.

박람회는 국제관 외에 다른 주제의 전시관을 더 조직하여 산업국가

---

* 버이서는 버일러貝勒의 복수형으로 왕이나 제후를 의미한다. 전체 명칭은 '구사이 버이서固山貝子'다. 청 건국 후 1637년(숭덕 원년)에 왕공 이하 종실 작위를 9등급으로 봉했는데, 그 가운데 버이서는 4등급에 해당한다.

의 마음속에 있는 세계 경관을 구성했다. 그 가운데 중요한 전시관은 인류학관(Ethnological Expositions)으로, 아이누인을 포함해 세계의 20여 개 토착 부족 집단과 그 생활 면모를 모아놓았다. 이는 전체 박람회 역사에서 가장 큰 규모의 '인류 동물원'으로, 당시 미국 민족학국(Bureau of American Ethnology)의 책임자 윌리엄 존 맥기(William John McGee)가 주재하고 유명 인류학자 다수가 참여했다. 맥기는 "원생 환경 속에서 생활하는 살아 있는 사람"을 이용해 "흑암의 원시에서 고등의 계몽으로, 야만에서 문명으로 인류의 …… 역정"을 표현하려 했다고 명확히 밝혔다. 이는 당시의 '과학 상식'에 매우 부합했다. 즉, 인류의 발전은 낮은 단계에서 높은 단계로 진행하며, 각 종족과 민족은 서로 다른 단계를 대표하고 있다는 생각이다. 세계박람회가 발행한 선전 책자 가운데 〈인간의 유형과 발전(Types and Development of Men)〉이라는 제목의 그림은 이 단계를 생생하게 보여준다.

이 그림에서 선사인(Prehistoric man)이 가장 낮은 자리(오른쪽 아래)에 자리하고, 그 다음 차례대로 부시맨(Bushman), 아이누(Ainu), 니그로(Negro), 인디언(Indian), 아랍인(Arab), 중국인(Chinese), 터키인(Turk), 인도인(Hindoo), 일본인(Japanese), 러시아인(Russian), 마지막에 가장 고등은 바로 구미인(Americo-european)이다. 그림 정중앙에는 지혜의 여신이 햇불을 들고 어두운 동굴 속의 몽매한 원시인을 밝혀주고 있다. 정치적 함의가 매우 분명하다. 인류학관 안의 모든 '야만인 및 반야만인'은 관람객에게 그들의 일상생활을 보여주고 인류학 교수들의 현장 교육을 더 받아야 했다. 그들은 사진 찍히고, 관찰되고, 측량되고, 비교되었다. 세계박람회는 같은 시기에 개최된 올림픽에도 이러한 전시 인종들을 참가시키

〈인간의 유형과 발전(Types and Development of Men)〉

는 '인류학의 날(Anthropological Days)' 경기를 특별히 열고 '야만인 올림픽'이라 지칭했다.

세계박람회에 온 9명의 아이누인 중에는 세 쌍의 부부와 두 아이가 있었다.(나머지 한 사람은 단신으로 갔다) 시카고대학의 인류학 교수 프레더릭 스타(Frederick Starr)가 직접 홋카이도로 가서 현지 관리와 선교사의 도움을 받아 아이누인을 모집했다. 수염과 머리카락이 빽빽한 아이누인은 박람회에서 지대한 관심을 일으켰다. 관람자는 그들을 '신비한 일본의 작은 원시인'이라 말하면서 그들이 깨끗하고 예의 바르며 기독교를 믿는 것에 놀라고 의아해했지만, 아쉽게도 그들은 '식인종이나 식구족食狗族, 혹은 야만인'이 아니었다. 4명의 아이누인은 올림픽 '인류학의 날' 경기에도 참가하여 활쏘기 메달을 받았다.

아이누인 전시는 일본 국가가 주도하지는 않았지만 일본 관리의 협조를 받았다. 메이지 정부는 1869년 에미시(후에 '홋카이도'로 개명)를 척식한 이래 이곳에 대대로 살아오던 아이누인에 대해 동화·차별 정책을 실시했다. 일본은 오래도록 단일민족국가를 자처하다가, 뒤늦게 2008년에 이르러서야 비로소 아이누인의 원주민 신분을 정식으로 승인했다. 그렇다면 왜 1904년에는 자기 '국민'을 기이한 구경거리로 만드는 것을 묵인하고 장려했을까? 우리는 이를 당시 유행한 종족·민족 담론 속에서 이해해야 한다.

19세기 식민 현대성의 충격은 동아시아 구역 질서의 붕괴를 가속화했을 뿐만 아니라 동아시아인의 자기 이해 방식을 철저하게 전복했다. 사회진화론을 이론적 기초로 하여 정치·문화·혈연·언어·종교를 뒤섞은 일종의 민족주의가 구미에서 수입되어 동아시아인을 위해 개조되고 수

세인트루이스 세계박람회에 전시된 아이누인

용되었다. 이 새로운 국가 원칙에 의거해서 '국'과 '족'은 나뉠 수 없었다. 역사는 이 '과학' 원칙에 따라 다시 쓰여지고 현실을 참조하는 데 사용되었다.

20세기 초 구미인의 눈에 일본인은 아시아에서 가장 '문명'적인 종족으로, 그들은 위생을 중히 여기며 점잖고 예절이 밝았으며 급속히 서양화하면서 동시에 동양의 전통도 굳게 지켰다. 1900년 니토베 이나조新渡戶稻造는 미국에서 『Bushido: The Soul of Japan(무사도: 일본의 영혼)』이라는 영문판 책을 출판하여 일본의 종교와 도덕에 대한 구미인의 의문에 응답했다. 이 책은 동양에 대한 미국 독자의 상상 및 구미와 잘 맞아떨어져서 테오도르 루스벨트(Theodore Roosevelt) 대통령의 뜨거운 호평을 받고 스테디셀러가 되었다.(그러나 일역본이 출판된 뒤에 일본 국내의 평가는 그리 높지 않았다) 세인트루이스 박람회의 인류진화단계도 속에서 일본인은 비유럽 인종 가운데 가장 높은 등급으로, 러시아인 다음이었다. 게다가 모든 이미지 가운데 지혜의 여신과 일본인만 여성인 점도 일본에 대한 특별한 중시를 분명히 보여준다.

박람회에서 일본은 한편으로 자신의 문명과 선진이 구미에 뒤지지 않는다는 것을 전시하는 데 힘을 기울이면서, 다른 한편으로는 '문명'적 일본과 '미개'한 일본을 종족주의적으로 분리했다. 당시 체질인류학의 관점에서, 아이누인은 코가 높고 눈이 깊으며 눈 모양이 유럽인에 가깝고 코카서스 인종을 닮았다. 그렇다면 야마토大和 민족의 장기 투쟁 속에서 황인종인 야마토족이 백인종(일 수도 있는) 아이누보다 더 '진화'되고 '문명'적이 된 것, 이는 바로 종족 진화의 과정에서 일본인의 독특성을 암시하고 있지 않을까? 그 정치적 상징성은 두말할 필요도 없었다.

일본이 자신을 기이한 구경거리로 만드는 데 적극 개입했던 반면, 중국은 어쩔 수 없이 구경거리가 되었다. 이 '종족 진화'의 세계에 같이 있으면서, 중국과 일본의 처지는 같지 않았고 반응도 각기 달랐다. 1904년의 미국은 「중국인 배척법(Chinese Exclusion Act)」이 이미 수년 전에 통과된 뒤였고 중국인에 대한 멸시가 도처에 있었다. 중국은 세계박람회의 참가국 중 하나였지만, 미국에서 전시를 배치하는 인력조차 겹겹으로 방해와 차별을 만났다.

구체적인 전시 기획의 책임은 주로 청 해관을 통제한 구미 관리들이 맡았다. 장웨이張偉 선생의 『서풍동점—청말민초 상해 문예계(西風東漸—晚淸民初上海藝文界)』라는 책에 따르면, 주최 측은 해관 관리에게 부탁하여 전족纏足을 한 여성을 한 명 찾아 인류학관 안에 두려고 했지만, 나중에 중국 측의 저지로 중단되었다. 그러나 박람회 다른 한쪽의 유희장에서는 어느 상인이 남편을 따라 중국에 온 전족한 여성을 고용하여 중국 다원茶園에서 손님들에게 차를 대접하도록 시켰다. 이 일은 중국 여론의 비판을 야기했다. 수 명의 중국 유학생들이 장시간 항의하자, 상인 측 책임자가 마침내 철거에 동의했다. 살아 있는 사람은 간신히 전람의 대상이 되는 상황을 면했지만, 물품은 그대로 엽기의 대상이 되었다. 중국 전시실의 어느 한곳에는 전족을 한 부녀자, 병정, 거지, 아편쟁이, 창기 등이 흙인형 세트로 만들어져서 전시되고 있었으며, 아편 담뱃대와 연등煙燈, 형구刑具도 있었다. 청 해관의 영국 관리는 심지어 300쌍의 전족 신발(小脚弓鞋)을 가져와서 판매했다. 중국 측 관리가 여러 차례 교섭했지만, 성과는 없었다.

종족진화도에 대한 중국인의 감상을 보여주는 자료는 없지만, 생각건대 당연히 편치 않았을 것이다. 그러나 자국의 이미지 표현에 대한 불만은 결코 종족 분류와 진화론 자체에 대한 의문은 아니었다. 실제로 그 무렵에 가장 영향력 있는 일군의 사상가들은 종족 담론을 받아들였다. 캉유웨이康有爲는 『대동서大同書』에서 흑인을 멸절시키고 황인종을 백인종과 통혼시켜 "종족의 경계를 없애고 인류를 같게 만들자"고 주장했다. 만약 세계박람회에서 전시된 것이 전족이 아니라 중국 변방의 어떤 소수 종족이었다고 한다면, 그때도 역시 진화론적 의미에서 그들을 '중국인'과 구분했을지, 유학생과 관리들이 역시 강렬히 항의했을지? 알 수 없는 일이다.

오늘날 학자들은 대부분 종족주의 및 그 기반 위에 있는 정치적 민족주의가 현대의 산물이라는 데 동의한다. 물론 인류 집단의 차이에 대한 인식과 편견은 보편적으로 존재하며, 이런 식의 인식은 통상 비교적이고 자의적이다. 예컨대 중원에는 역대로 이족의 이미지를 기록한 〈직공도職供圖〉가 있었다. 최초로 일본에 간 선교사 사비에르는 일본인과 중국인도 백인이라고 여겼다. 이에 반해 미국의 주류는 매우 긴 시간 동안 비非앵글로 유럽인(예컨대 게르만)을 백인으로 여기지 않았다. 그러나 종족/민족주의는 달랐다. 그것은 과학 담론으로 포장되고, 아울러 자본주의·식민주의와 하나로 결합된 일련의 현대 이데올로기였다. 인류를 '과학'적 방법에 의거하여 인종으로 구분한 것은 18세기 스웨덴 자연학자 카롤루스 린나이우스(Carolus Linnæus, 칼 폰 린네Carl von Linné)로부터 시작되었다. 인류학, 특히 체질인류학의 대두는 갖가지 측량술의 발달로 종족 이론의 생물학적 근거를 강화했다. 19세기에 이르러 찰스 다윈(Charles Darwin)의 자연진화론은 인류 사회의 차이를 해석하는 데 쓰였다. 그래서 종種·족族은 문명진화론과 긴밀히 연계되었고 식민 압박을 합리화하는 데 사용되었다. 이러한 이론은 오늘날 당연히 이미 폐기되었지만 100여 년 전에는 진리로 받들어졌다.

민족주의는 동아시아에서 당시 지식인의 선택적 수용과 창조를 거쳤다. 일본에서 후쿠자와 유키치는 진화주의 관념을 개조하여 '종족'으로 국체를 구분하고, '문명'으로 새로운 도통道統을 삼았다. 독일의 법학 이론을 받아들인 가토 히로유키加藤弘之와 호즈미 야쓰카穗積八束 등은 국민, 민족, 국가를 동일한 성격으로 해독했다. 왕커王柯 선생은 이 두 사람이 량치차오에 끼친 영향이 매우 깊다고 지적한다. 량치차오는 스위스 법학자 블룬칠리(Bluntchli Johann Caspar)의 국가 이론을 근거로 하여 중국 최초의 '민족주의' 논술을 제기했다. 블룬칠리에 대한 그의 이해는 가토 히로유키를 주로 참고했다. '민족'이라는 단어는 nation을 일본인이 한역한 말에서 유래하는데, 본래 그것은 정치적 의미에서 '국민' 및 언어·문화, 혈연적 의미에서 '족군'의 함의를 동시에 가지고 있었다. 그러나 이후 중국 국내에서 사용한 '민족주의'는 사뭇 매우 강한 종족성을 띠었는데, 전형적으로 장타이옌章太炎, 추용鄒容 등이 대표하는 배만혁명 주장 같은 것이었다.

종족/민족주의가 중국에서 부상했던 또 다른 하나의 단서는 옌푸嚴復가 사회적 다윈주의를 번역하여 소개한 일이다. 『천연론天演論』은 헉슬리(Thomas Huxley)의 저서를 번역했다고 알려져 있지만 실제로는 옌푸 자신의 창작을 많이 포함하고 있다. 다윈은 생물진화론을 가지고 인류 사회에 대한 분석을 시도한 적이 없었다. 그러나 '자연도태(물경천택物競天擇), 적자생존適者生存'의 구호는 구국과 생존 도모(구망도존救亡圖存), 부국

강병富國強兵이라는 당시 국민의 급박한 요구에 부합했다. 이는 많은 사람들로 하여금 이것이 곧 다윈의 과학적 주장이라 오해하고 종족 경쟁의 논리를 약육강식에 가깝게 곡해하도록 만들었다.

중국과 일본은 조선 민족주의자에게 영향을 끼쳤다. 계몽사학의 중요 인물인 신채호申采浩는 량치차오로부터 깊이 시사를 받았다. 그는 량치차오가 중국사를 3단계 이론(고대-중세-근대)으로 새롭게 쓴 것을 전면적으로 차용했을 뿐 아니라, 역사 서술에서 민족 주체성을 각별히 부각했다. 그는 역사란 "인류 사회에서 '아我'와 '비아非我'의 투쟁이 시간과 공간 속에서 펼쳐진 정신적 활동의 상태"에 관한 기록이라고 생각했다. 조선 역사가 기록한 것은 바로 한韓'민족' 투쟁의 정신 상태였다. 신채호의 이러한 주체성에 대한 상상과 주관성에 대한 강조는 20세기 한반도의 민족주의 사학에 지대한 영향을 주었다.

동아시아가 민족주의로 자신을 개조한 것, 그 하나의 주요한 자극은 담론과 실천 두 측면에서 실감하는 식민주의의 위협이었다. 그러나 식민주의와 민족주의는 마치 한 쌍의 대립적인 적으로 보이지만, 사실 동전의 양면이다. 피식민자가 일련의 반항적 민족주의를 구축하면서 의지한 논리 역시 식민자가 가져온 그 문명·진화 논리였다. 식민자가 발명한 이러한 억압 이론은 반항자들에 의해 독립과 부강을 도모하는(求存圖強) 논리로 사용되었다. 문제는 독립·부강의 다음에는 어떻게 할 것인가? 만약 '자연도태, 적자생존'이 문명의 준칙이라면, 우리는 그것을, 국경 안과 국경 밖을 포함하여 더 약한 타자에게 적용해야 할 것인가?

1904년의 세인트루이스로 돌아가자. 세계박람회가 개최될 때 러일전쟁이 한창이었다. 러시아는 대회 참여를 사양했고, 일본은 이를 틈타 러시아를 위해 남겨두었던 전시 구역을 넘겨받았다. 일본은 세계박람회에서 자기 문명의 높은 수준을 전시했을 뿐 아니라 얼마 뒤 다시 전장에서 유럽 대국 하나를 패배시켰다. 그들이 보기에 이 전쟁은 '백인종'에 대한 '황인종'의 역사적 승리였다. 인류학의 진화 계단은 갱신되었다. 일본인은 러시아를 넘어서 '가장 문명적인 종족'을 향해 한 걸음 더 나아갔다.

发现东亚

02

합법과 비법의 아시아

1907년 7월 14일 조선의 지사 이준李儁이 네덜란드 헤이그에서 객사했다. 보름 전에 그는 대한제국 고종 황제의 밀서를 가지고 이상설李相卨, 이위종李瑋鍾과 함께 네덜란드에 도착하여 한창 개최 중이던 만국평화회의에 참가하려고 했다. 그들은 본래 이 국제적인 장을 통해 일본이 한국의 외교 주권을 박탈한 것에 항의하고, 한국이 완전한 독립국가임을 선포하려고 했다. 그러나 회의 주최국은 그들의 열석을 거절했다. 이유인즉 한국은 이미 일본의 '보호국'으로, 국제법이 승인하는 주권국가의 자격을 갖추지 못했다는 것이었다. 그들이 희망을 걸었던 국제사회가 도리어 한국 독립의 '비합법'을 공개적으로 선고한 셈이다. 이준은 곧 울분에 차서 죽었다. 그가 자살 순국한 것인지의 여부에 관해서는 지금까지 다른 견해가 있다. 세 밀사 가운데 이준은 일찍이 법부法部 주사主事를 역임했고 일본에서 법률을 연구한 적도 있어, 이 법률에 의해 규제되는 국제사회에 대해 아마도 매우 큰 절망을 느꼈을 것이다.

종번 예제가 안팎으로 궁지에 빠지고 해체된 뒤 동아시아 국가 간의 교제 규칙은 유럽에서 전해진 새로운 메커니즘으로 대체되었다. 표면적으로 이 규칙은 주권 평등을 핵심으로 하고, 나라와 나라 사이에 법제 정신과 평등 협상으로 분쟁을 해결하는 것을 강조했다. 한국의 밀사가 참여하려고 한 헤이그평화회의는 바로 이러한 협상 플랫폼이었다. 이 회의는 처음에 러시아의 차르 니콜라이 2세(Nikolai II)가 제의했으며, 주요 목적은 전쟁 행위에 제약을 가하려는 것이었다. 1899년 열린 제1차 회의에는 27개국이 참가했다. 그때 얻어낸 협정들은 대부분 나중에 제1차 세계대전 중 내던져졌다. 언급할 만한 사항은 바로 그 회의에서 구체성을 갖추지 못한, 각국 중재원으로 구성된 상설중재법원이 설립되었다는 점이다. 2016년의 이른바 '남중국해 중재안'은 바로 이 법원의 임시중재재판소를 통해 작성된 것이다.

제2차 헤이그회의는 보어전쟁과 러일전쟁으로 미뤄져 1907년에 뒤늦게 열렸다. 유럽 20개국, 아메리카 19개국, 아시아 4개국(일본, 중국, 페르시아, 시암)이 참가했고, 아프리카는 어떤 국가도 승인받지 못했다. 한국 문제에 관해서는, 당시 일본과 적대적인 러시아가 동정을 표시한 것 외에 다른 구미 국가는 일본과 뜻을 같이하여 한국을 하나의 '국가'로 승인하는 데 거부했다. 알아야 할 사실은 그때 일본은 아직 정식으로 한국을 병탄하지 않았다. 이 국제법 체제는 1945년 제2차 세계대전이 종결되고서야 늦게 마침내 한반도에 독립국가가 있음을 정식으로 인가했다. 그렇지만 오늘날까지도 반도 남북의 두 정치체에 대한 법률적 관계는 분명히 말하기 어려운 문제다.

국제법 체계는 결코 개방적인 메커니즘이 아니다. 그것은 '주권국가'가 주체의 자질을 구비하고 있음을 승인할 뿐이다. 그렇다면 어떻게 주권국가를 승인하는가? 이는 앞서 제시한 '문명'의 서열과 연관이 있다. 초기 인류학 등 현대 사회과학과 마찬가지로, 사회적 다원주의는 국제법 체계에서 '문명'을 판정하는 논리적 기초였다. 기독교 세계의 식민국가는 당연히 '문명국가'로, 매우 자연스럽게 곧 주권체였다. 중국이나 일본 같은 비기독교 '반개화半開化' 국가도 가까스로 끼어 들어갈 수 있었다. 하지만 피식민 지구의 정치체는 국가의 성격을 갖추고 있는지 여부와 무관하게 모두 국제법의 승인을 얻을 수 없었다.

17세기에 기원한 현대 국제법은 식민주의를 따라 점차 세계로 확장되는 과정에서 일련의 체계적인 수사修辭를 만들어내며 식민 활동을 이론적으로 지지하는 역할을 담당했다. 예를 들어 '보호국(protectorate)'이라는 개념은 1885년 유럽 국가가 아프리카를 분할하기 위해 개최한 베를린회의에서 생겨났다. 콩고는 이 회의에서 벨기에의 '보호국'으로 정의되었다. 명목상으로 보호국은 '식민지'처럼 종주국의 직접 통치를 받지 않았지만, 실질적으로는 단지 형식상의 본국 정부만 없을 뿐 식민지와 큰 차이가 없었다. 이후 그 개념은 프랑스가 자신들이 점령한 통킹(베트남 북부), 안남(베트남 중부), 캄보디아, 라오스를 정의하는 데도 사용되었다. 일본은 1905년 한일협상조약을 통해 한국의 외교권을 박탈하고, 곧 구미의 예를 참조해서 한국을 '보호국'으로 바꾸어 법률상 그 본래의 독립 지위를 부정했다.

현대의 식민 약탈은 반드시 합법적인 외피를 걸치고 '문명'의 기치에 부합해야 했다. 이는 마치 영국-프랑스 연합군이 원명원을 불태우고 수많은 기물과 예술품을 약탈하고, 또 빼앗은 문화재를 시장에 가져다가 유통시켜 본래 장물이던 것을 합법적인 상품으로 세탁했던 것과 같다. 토지에 대한 강점도 마찬가지였다. 19세기의 식민 점령은 대부분 나중에 당당한 국제법 원칙에 의해 합리화되었다. 가장 전형적인 예는 이른바 '무주지無主地(terra nullius)' 원칙 같은 것이다. 무주지는 거주하는 사람이 없는 토지를 가리키는 것이 아니라 원주민이 주권 자격을 갖추지 못한 토지다. 이 개념이 법률화된 것도 아프리카 분할과 관련 있다. 1888년 스위스 로잔에서 열린 국제법학회(The Institute of Intenational Law) 대회에서 독일 법학자 페르디난트 폰 마르티츠(Ferdinand von Martitz)는 아프리카에서 독일의 이익을 보장받으려는 속셈으로 다음과 같이 '무주영토'에 대한 개념 정의를 제의했다. "국제법 공동체를 구성하는 주권국 혹은 보호국에 의해 유효하게 관리되지 않는 모든 지역으로, 그곳에 거주하는 사람이 있는지 여부를 불문한다." 이 제의는 당시 매우 큰 논쟁을 야기했지만, 그 기본 논리는 뒷날 '무주지' 논술의 남상濫觴이 되었다. 현대 법학자들은 무주지 원칙이 유럽 자연법 전통의 토지 '사용'에 대한 인정에까지 소급될 수 있다고 생각한다. 예를 들어 개간이야말로 유효한 사용이며, 채집이나 유목은 인정하지 않는다는 것이다. 그러나 중요한 점은 현대의 무주지 원칙이 강조하는 바는 단지 토지에 대한 이용 여부나 어떻게 이용되는지가 아니라 누구에 의해 이용되는지다. 마르티츠의 논법에 따르면, 만약 사용자가 "국제법 공동체를 구성하는" 성원이 아니라면 설령 토지가 이미 개발되었다고 해도 여전히 식민자에 의해 점유될 수 있는 것이다.

일찍이 무주지 원칙이 법률화되기 전에 그 논리는 일본에 의해 사용되었다. 일본은 1869년 홋카이도를 척식하고 1874년 목단사 사건을 빌미로 타이완에 출병하면서, 그 땅에는 교화가 미치지 않고 주인이 없다는 것을 이유로 삼아 원주민의 토지 권리를 부정했다. 일본은 식민을 확장하는 과정에서 구미 국가의 평가에 특별히 신경 썼는데, 매 단계마다 자신이 국제 법제를 준수하고 '문명'의 규범에 부합한다는 것을 증명하기 위해 노력했다. 예를 들어 1894년 일본은 풍도豊島 앞바다에서 선전포고 없이 전투를 벌여 청조가 임대한 영국 병력수송선 가오성호高昇號를 격침시키고 청일전쟁을 일으켰는데, 사후에 이 행위가 '전시국제법'에 부합한다고 해명함으로써 영국 여론의 지지를 얻어냈다. 나아가 일본은 러일전쟁에 이르러 각 군軍 집단에 국제법 전문가를 배치하고, 구미 각국의 무관과 기자에게 군대를 따라가 전쟁을 관전해주길 광범위하게 요청하여 '문명의 모범(文明之師)'으로서 일본군의 이미지를 분명히 드러냈다.

일본의 (문명에의) 귀화 노력은 영·미의 적극적인 보답을 받았다. 영국과 미국은 러시아와 격전을 벌이는 일본을 격려하고 동방의 맹우로 간주했다. 러일전쟁 중 영국은 일본에 많은 자금 원조를 했고, 미국 대통령 시어도어 루스벨트(Theodore Roosevelt. Jr.)는 앞장서서 러시아와 일본을 중재하고 포츠머스조약에 서명하도록 촉구하여 세력 범위를 다시 획정하게끔 했다. 일본과 러시아가 조선과 중국 동북에서 격전을 벌인 탓에 한·중의 무고한 백성이 수없이 희생되었다. 미국은 일본과 밀담하여 아시아에서 상대방의 세력 범위를 상호 승인했다. 루스벨트 대통령은 중재의 공로로 1906년 노벨평화상을 수상하여 최초로 이 상을 받은 미국인이 되었다. 문명국가의 행렬에 몸을 두는 것은 자연히 그 반대편에 능욕과 피해를 받는 '야만 혹은 반야만'이 있다는 것을 의미했다. 『동물농장(Animal Farm)』의 한 구절을 원용하자면, 국제법 체제하에서 모든 국가는 평등하지만 어떤 국가는 다른 국가보다 더 평등했다.

1876년 강화도사건 이후 일본은 한 걸음씩 조선을 전통적 종번 예제로부터 끌어냈다. 먼저 조약을 이용하여 조선이 "일본국과 평등한 권력을 보유"한다는 점을 확인했고, 이어서 청일전쟁으로 중국을 압박하여 조선이 "완전무결한 독립자주국"임을 승인하게 했다. 조선은 1897년 국호를 대한제국으로 고쳤다. 일본은 반도에 대한 통제와 쟁탈을 강화했으며, 러일전쟁 발발 후 한국을 핍박하여 일련의 조약을 체결하고 상술한 것과 같은 국제법 수사를 사용하여 점차 '평등 독립'의 준칙을 불평등 독립으로 개조했다. 1905년 한국 외부대신外部大臣 박제순朴齊純 등 5명의 친일파 내각 성원이 한일협상조약에 서명한 뒤, 이에 근거하여 한국통감부가 설립되었고 이토 히로부미가 초대 통감으로 취임했다. 이로써 이토 히로부미는 한국의 실질적인 권력자가 되었고, 고종은 명목상 황제이지만 실은 꼭두각시나 다름없었다.

당시 구미의 여론은 일본이 미개하고 황량한 한국에 현대 문명의 서광을 가져간 것이라며 잇따라 축하했다. 일본이 1907년 헤이그에서 한국 밀사의 회의 참가를 극력 저지했을 때, 이 행위는 국제법 공동체 성원의 대부분으로부터 '이해'를 얻었다. 영국 『타임스(Times)』는 7월 20일 논설에서 이렇게 말했다. "이러한 야만 혹은 반야만 군주를 상대하는 일은 우리들 자신이 매우 오랜 경험을 가지고 있다. 따라서 우리는 한국을 대하는 일본의 태도를 상찬하는 것이 매우 용이하다. 간단명료하게 말해, 매우 총명하고 근면한 사람이 한결같이 노쇠하고 나태한 자를 대하는 태도다." 이때 영국인은 이미 일본을 '문명'의 한 멤버로, 식민제국 클럽의 새

친구로 간주했다. 그 외의 국가들에게 꼬리표를 붙여서 그 '비법성'을 드러내는 방식은 식민제국과 포스트식민제국이 일치한다. 과거에는 '야만 국가'나 '낙후 국가'라고 했다면, 오늘날에는 '실패 국가(failed state)', '불량 국가(Rogue state)' 혹은 '악의 축(Axis of evil)' 등이다.

동아시아 국가에서 현대 국제법을 최초로 흡수한 사람은 임칙서라 할 수 있다. 그는 아편을 금지하기 위해서 「각국율례各國律例」를 편집하여 교섭에 대비하도록 명했다. 그러나 구미 국제법이 체계적으로 번역되어 중국에 소개된 것은 미국 선교사 윌리엄 마틴(William Alexander Parsons Martin, 중국 이름: 정위량丁韙良)이 1860년대 「만국공법萬國公法」 등을 번역한 뒤부터다. 마틴은 후에 동문관同文館 총교습總敎習에 취임했는데, 그가 지향한 바는 국제법을 돌파구로 삼아 복음을 전파하고 중국인에게 기독교 문명을 이해시켜 수용하도록 하려는 것이었다. 왕년의 마테오리치가 그러했듯이, 마틴은 중국 전통문화와 현대 국제법 간의 간극을 메우려고 했다. 이에 그는 국제법 원칙이 일찍이 중국 춘추전국시대에 이미 생겨났기 때문에 그렇게 다른 유형은 아니라고 공언했다. 청조는 공법을 수단으로 삼아 인용해가며 서양 각국과 담판했지만, 그렇다고 그것을 이용해서 이미 수백 년 동안 실행해온 동아시아 종번 예제를 개조할 생각은 없었다. 위기가 거듭된 1880년대에 이르러, 이홍장 등은 두 가지 체제의 조화를 시도하여 국제법의 수사로 종번 제도를 포장하고 서양 각국에서 동아시아의 전통 질서를 승인해주기를 여전히 희구했다. 청일전쟁 후 종번 제도는 해체되었다. 곧바로 이어진 1900년의 의화단사건 속에서 중국과 '국제사회'의 충돌은 절정에 달했다. 8개국 연합군의 무력 징벌과 외교사절단의 문명적 감시 아래 중국은 마침내 국제법 공동체 속에서 '기율과 법을 준수하는' 일원으로 개조되어 인도나 베트남 또는 조선처럼 국가 자격을 직접적으로 박탈당하지 않았다.

일본은 한역 「만국공법」을 통해 국제법을 체계적으로 학습하기 시작했다. 그들은 중국과 달리 일찍 그 원칙을 운용하여 동아시아 구역 질서를 새롭게 정의하고 개조했다. 1874년 목단사 사건 중에 일본은 미국인 고문 샤를 르 장드르(Charles Le Gendre, 중국 이름: 이선득李仙得)를 초빙하고 중국 관원을 끌어들여 타이완 생번生蕃은 "교화가 미치지 않는 바깥의 백성(化外之民)"이라고 말하게 하여, 이를 근거로 "주인이 없는 번의 경계(無主蕃界)"를 향해 군대를 출동시켰다. 2년 뒤에는 주권 평등 원칙으로 조선과 강화도조약을 체결하여 조선-청 간의 종번 관계를 간접적으로 부인했다. 1879년 일본은 국내법 원칙으로 류큐를 병탄한 뒤 그곳에 오키나와 현을 설치하여 류큐-청 간의 조공 관계를 부정했다. 청일전쟁 이후 동아시아의 전통적 종번 제도의 전복이 최종적으로 완성되었다. 이 과정은 동시에 그들이 제국 식민 체제를 건립하는 과정이기도 했다. 종족/민족주의 논리와 유사하게, 국제법은 자신의 독립을 확인하는 데도 쓰였고 제국주의의 확장을 추진하는 데도 사용되었다.

1907년 한국 밀사 세 명이 헤이그를 방문했다는 소식이 전해지자 한국통감의 지위에 있던 이토 히로부미는 대로했다. 그는 고종을 강박하여 퇴위시키고 그 아들에게 계임하게 했는데, 이때 즉위한 왕이 순종이다. 뒤이어 다시 한국을 핍박하여 정미7조약을 조인토록 하고 한국의 내정을 한층 더 통제했다. 최종적으로 일본은 1910년 한국을 병탄하고 정식으로 자신의 식민지로 만들었다.

일본은 식민제국이 되었지만 자신도 일찍이 피식민의 위기에 직면했었던 바, 이 체제의 양면성에 대해 충분히 인지했다. 비록 국제법 공동체 속에서는 중국이나 조선보다 높은 승인을 받았지만, 일본은 자신이 합당한 대우를 받지 못하는 것에 늘 불만을 품었다. 예를 들어 청일전쟁 뒤 러시아·독일·프랑스 세 나라는 자신의 이익을 위해 일본을 압박했고, 시모노세키조약으로 일본이 이미 손에 쥐고 있던 요동반도를 청에 되돌려주게 했다. 일본인은 이를 큰 치욕으로 여겼고, 그로 인해 나중에 일본과 러시아가 개전하게 되는 복선이 심어졌다. 흑선의 내항 이래 일본 자신도 줄곧 불평등조약의 피해를 받아왔음은 더 말할 나위가 없다. 한국을 병탄한 이듬해, 일본은 모든 불평등조약에 대한 개정을 최종적으로 완성하여 구미 열강과 형식상의 평등을 획득했다. 따라서 일본이 동양의 새로운 제국으로 성장했다고 해도, 이 과정에서 구미 식민의 압박에 대한 일부 엘리트 지식인의 불만도 날로 커졌다.

03

고쿠류카이黑龍會의 친구들 : 1912년의 '아시아' 상상

1912년 7월 메이지 천황이 서거했다. 메이지 시대의 종결은 일본이 도달한 '현대'의 전환점을 상징한다. 바로 전해에 일본은 마침내 모든 불평등조약에 대한 개정을 완성하고 명목상으로 구미 식민제국과 완전히 평등한 국가가 되었다. 국내적으로 다이쇼 데모크라시大正民主도 막 서광을 비췄다. 이를 전후로 본래 재야적이었던 저항적 이데올로기가 무대에 등장하기 시작하여, 일본은 마땅히 구미와 다른 역사적 사명이 있어야 한다는 주장이 제기되었다. 이것이 바로 '아시아주의'(또는 범아시아주의)로, 주창자들은 모든 아시아 민족이 일치단결하여 구미의 식민 패권에 대항할 것, 그리고 구역에서 일본의 지도적 지위를 표방할 것도 제창했다. 아시아주의를 내세운 가장 대표적인 단체는 고쿠류카이黑龍會다. 1912년을 전후로 고쿠류카이의 친구들은 동아시아에 두루 퍼져서 일본·중국·한국 삼국의 정치 진행에 깊이 개입했다.

일본의 굴절된 현대화 노정을 되돌아볼 때 사람들이 자주 제기하는 하나의 단어는 '탈아입구脫亞入歐'이고, 그 사상적 기원은 1885년 『시사신보時事新報』에 발표된 「탈아론」으로 귀결된다. 그렇지만 일본의 식민 확장이 아시아를 타기唾棄하고 유럽을 동반자로 삼은 데서 나왔다고 여기는, 이러한 설명 방식은 검토할 필요가 있다. 우선 「탈아론」은 결코 '입구入歐'를 제시하지 않았다. 이 짧은 글은 후쿠자와 유키치가 썼다고 여겨지지만 후쿠자와는 평생 '입구'라는 단어를 사용한 적이 없다. 다음으로, 전후에 재발견되고 해독되기까지 「탈아론」은 특별한 역사적 영향을 끼치지 않았다. 게다가 그 글이 발표된 배경은 조선에서 김옥균이 주도한 갑신정변의 실패였다. 더군다나 후쿠자와 유키치 자신은 바로 김옥균의 지지자이자 동정자였다. 후쿠자와가 '탈아'를 제창했다고 해도 그의 마음속 아시아는 하나의 복잡한 부호로, 그 속에는 실망과 희망이 교차해 있었다. 메이지 시기 전반에 걸쳐 일본의 엘리트 집단도 복잡하게 뒤얽힌 심리 상태 속에서 아시아에 대한 정의를 빌려 자신을 다시 정의했다.

메이지 시대의 정치 방침은 대체로 내정 면에서 집권을 강화하고 외교 면에서 (구미 국가에 대해) 빛을 감추고 어둠 속에서 힘을 기른다(도광양회韜光養晦)는 것이었다. 그러나 식민 현대 체계에 융합해 들어가는 것과 동시에, 사회 엘리트는 이러한 체계가 가져온 내외의 병폐에 대해서도 날로 불만이 쌓여갔다. 1870년대부터 개혁을 호소하는 목소리가 하나의 강대한 사회 정치 조류로 모여 '자유민권운동'으로 지칭되었다. 그 주지는 헌정 시스템을 도입하고 헌법과 국회를 창설하며, 언론과 집회의 자유를 보장하고, 지조地租를 감경하며, 불평등조약을 개수하는 것 등이었다. 자유민권운동 초기에는 참여자가 매우 다양했던지라 정부 정책에 불만을 가진 관료나 중신들도 포함되어 있었으며, 전 번벌 무사, 농민, 기자와 지식인도 있었다. 정부는 자유민권운동을 강경하게 진압하는 태도를 취하여 쌍방의 모순은 격화되었다. 1880년대에는 시즈오카靜岡 사건, 오사카大阪 사건과 같은 폭력혁명의 조짐이 나타났다. 1890년대 이르러 운동은 점점 침체에 접어들고, 참여자는 후에 자유주의자, 나로드니키주의자, 사회주의자, 무정부주의자 등으로 분화되었다.

그 가운데는 아시아주의자도 포함되었다. 그들은 일본이 마땅히 조선과 중국의 개혁을 돕고, 서로 힘을 합쳐 구미의 확장을 저지해야 한다고 주장했다. 그 대표적 이론가는 다루이 도키치樽井藤吉다. 다루이는 상인 가정 출신으로, 젊은 시절에는 국학을 수련했다. 훗날 당을 조직해 정치 활동을 하다가 메이지 정부에 체포되어 수감되었다. 출옥 뒤인 1892년, 그는 『대동합방론大東合邦論』을 출판했다. 이 책은 종족 경쟁의 이론을 받아들여 일본·중국·조선은 '단일 종족'으로서 유럽과 같은 이종족異種族 사회와 경쟁할 때는 반드시 단결하고 화목해야 한다고 말한다. 그 기본적인 주장은 곧 일본이 조선과 평등하게 합병해 하나의 '대동국大東國'이 된 뒤 다시 청국과 '합종合縱'하여 백인종에 저항한다는 것이었다. "오늘날 백인이 독이 든 발톱과 날카로운 이빨을 드러내는 까닭은 천하의 진秦나라 자리를 가지려는 것이니, 우리 황인은 기꺼이 6국이 될 것인가? 내 다시 어찌 말할까! 기꺼이 6국이 되지 않을 것인가? 진을 정벌할 책략을 말하지 않을 수 없다."* 『대동합방론』은 한문으로 작성되었는데, 조선

---

* 중국 전국시대 강국으로 부상한 진秦나라에 대항하여 연燕, 조趙, 위魏, 한韓, 제齊, 초楚 6국이 연합했던 상황을 빗대어 말한 것이다. 6국은 합종연횡의 외교 전략을 반복

과 중국의 지식인에게 영향을 주려는 목적 때문이었다. 이 책이 발표된 뒤 동아시아 지역에서 매우 큰 반향이 일었다.

　동아시아 친화의 사상은 일본에서 끊임없이 수용될 여지를 갖고 있었다. 군계, 정계, 매체에서 모두 부추기는 사람이 있었다. 예를 들어 1880년 성립한 흥아회興亞會와 1898년 성립한 동아동문회東亞同文會는 정부와 밀접한 관계가 있는 상층 인사가 주도했는데, 학교와 연구 기구를 설립하는 방식으로 동아시아 삼국 간의 상호 학습과 이해를 증강시켰다. 이러한 조직들은 외무성 등 정부 측 기구의 자금 지원을 받았다. 20세기 초에 이르러 사상계에도 미술가 오카쿠라 덴신岡倉天心이 미국에서 발표한 「동양적 이상東洋的理想」과 같은 형이상학적인 아시아론이 출현했다. 그 첫머리는 바로 이렇게 선언한다. "아시아는 하나다.(Asia is one)" 오카쿠라는 '아시아 종족'의 최대 특성이 '궁극·보편'에 대한 열애에 있으며, 이러한 정신은 아시아를 세계 주요 종교의 발원지로 만들었다고 생각했다. 반면 지중해와 발트해 지역의 '해양 민족'에 대해서는 특수성을 더 강조했고, 궁극적인 결과가 아니라 생명의 실천 방식을 강조했다. 일본은 아시아 모든 문명의 집대성자였다. 러일전쟁 전에 발표된 이 논저는 아시아주의의 매우 저명한 미학적·철학적 원천이 되었다.

　일군의 민간 행동가들은 조사 학습이나 탁상공론에 불만스러워하면서 동아시아 국가의 내부 사무에 적극적으로 개입하여 혁명과 개혁을 추진하기도 했다. 자유민권운동의 고조기에 히라오카 고타로平岡浩太郎, 도

적으로 구사하며 진나라에 대응했다. 합종설·연횡설을 주장한 대표적인 인물로는 소진蘇秦, 장의張儀 등이 있다.

야마 미쓰루頭山滿 등은 옛 후쿠오카福岡 번사藩士를 기반으로 겐요샤玄洋社를 설립하여 "황실을 경애하고, 본국本國을 받들어 모시고, 인민주권을 고수"하자고 고취했다. 삼국간섭 이후 겐요샤의 국가주의자 무리는 열강(특히 러시아)에 대한 불만에서 우치다 료헤이內田良平를 핵심으로 다시 고쿠류카이를 설립했다.

우치다 료헤이는 히라오카 고타로의 생질이며 도야마 미쓰루의 애제자로, 다루이 도키치가 주장한 '합방' 이념의 지지자이기도 했다. 그를 중심으로 한 고쿠류카이는 생각이 가깝고 능력이 뛰어난 활동가를 모아 '동아시아 선각 지사'라고 호언했다. 고쿠류카이라는 명칭은 중·러의 경계선이 되는 하천인 흑룡강黑龍江에서 따온 이름으로, 초기의 정치적 주장은 바로 일본이 러시아와 개전하여 러시아를 동아시아에서 축출하는 것이었다. 전쟁을 준비하기 위해 우치다 료헤이는 러시아어를 익히고 단신으로 러시아 극동 및 시베리아를 답사했다. 귀국한 뒤에 그는 회보와 매체에 현지 정보를 상세히 소개했다. 1904년 전쟁이 발발하자 고쿠류카이는 한국과 중국 동북에서 민간 역량을 움직여 철로를 닦고 군사정보를 정탐하고 일본을 지원하며 러시아에 반대하도록 하여, 마침내 그 전략 구상의 첫 단계를 실현했다. 동시에 고쿠류카이는 중국 동북과 조선의 정보를 수집했으며, 아울러 청淸·한韓의 반대 인사와 연락하여 청 정부의 전복을 기도하고 만몽滿蒙의 독립과 한일 간의 합병을 책동했다. 우치다의 노력하에 고쿠류카이의 영향력은 군부와 정계에 침투했고, 이제 재야에서 무대 앞으로 나아가 일본의 대륙정책에 영향을 끼치기 시작했다. 아시아주의는 이념에서 실천으로 변화하며 국제주의에서 극단적인 민족주의로 변질되었다.

중국에서 1912년은 청 황제가 퇴위하고 민국이 시작된 해다. 손중산孫中山과 황싱黃興이 지도한 혁명은 마침내 중국이 2천 년간 실행해온 군주제를 전복하고 동아시아 최초의 공화국을 창립했다. 혁명의 지도 기구는 1905년 성립한 중국동맹회中國同盟會였다. 동맹회 성립 전에 손중산과 황싱 등의 활동은 각자 자기 식대로였고 영향력도 매우 제한적이었는데, 그들의 연합을 성사시킨 이는 바로 우치다 료헤이였다. 도야마 미쓰루와 우치다 료헤이 등은 끊임없이 중국의 내부 개혁에 관심을 기울였고, 캉유웨이, 량치차오 등 유신 지도자를 도와주기도 했다. 그러나 그들은 청 정부가 실제로 중국을 이끌어 서방에 저항할 힘이 없다는 것을 보고, 방향을 바꾸어 당시 돈도 무기도 없고 외국 정부에 쫓겨 다니는 처지에 있던 혁명가들을 지원했다. 중국동맹회는 홍중회興中會·화홍회華興會·광복회光復會 등 해외 반청 조직을 통합한 단체로, 그 성립 대회는 바로 도쿄에 있는 우치다 료헤이의 집에서 거행되었다.

이후 고쿠류카이, 미야자키 토텐宮崎滔天, 기타 잇키北一輝 등을 포함한 일본의 아시아주의자는 손중산과 황싱 혁명의 가장 중요한 찬조자이자 후원 단체로, 그들이 차관을 들여오고 무기를 운송하는 일을 도와주었다. 위안스카이袁世凱가 정권을 잡은 뒤에도 일본의 아시아주의자들은 손중산의 2차 혁명을 적극 지지했다. 중국에 대한 아시아주의자들의 기대가 모두 일치하는 것은 아니었다. 고쿠류카이의 전략적 고려는 '지나'와 만주, 몽골, 티베트를 각기 독립하게 해서 일본이 이끄는 동아시아 동맹에 가입시키는 것이었다. 손중산이 제기한 "타타르오랑캐를 몰아내고 중화를 회복하자驅除韃虜, 恢復中華"는 구호는 그들로 하여금 혁명을 지원해서 손중산이 만몽 자치에 승낙하도록 바꿀 수 있다는 어떤 희망을 보게 했다. 물론 이 계획은 결국 허망하게 되었다.

20세기 초 중국에서 반식민주의적인 새로운 아시아 상상은 매우 큰 호소력을 가지고 있었고, 손중산 자신이 깊은 영향을 받았다. 비록 손중산은 1920년대 "일본 민족이 구미의 패도覇道 문화와 함께 아시아의 왕도王道 문화도 갖고 있는 본질"을 냉철히 인식하여 일본에 '서방 패도의 앞잡이'가 되지 말라고 일깨웠지만, 그가 제시한 '대아시아주의' 사상 역시 결국은 동방 도덕의 우월성을 높이 인정하고 유럽–아시아 경쟁의 종족적 색채를 강조했다. 이는 논리적으로 일본의 아시아주의와 매우 일치했다.

1912년, 한국은 병합된 지 2년이 되었다. 유명한 친일파 인물인 이용구李容九는 5월에 울적하게 죽었다. 이용구는 양반 계층 출신으로 젊은 시절 동학당에 가입했다. 그는 다루이 도키치의 『대동합방론』을 읽은 뒤 깊이 설복되었고, 그때부터 한국을 진흥할 희망을 굴기하는 일본에 걸었다. 1904년 이용구는 송병준宋秉畯과 연합하여 당시 한국 최대의 민간단체인 일진회一進會를 조직하고, 러일전쟁 중 수만의 회원을 동원하여 일본군에 도움을 제공했다. 1905년 일본은 한국통감부를 설립했고, 이토 히로부미 통감은 우치다 료헤이를 고문으로 초빙했다. 그는 곧이어 일진회의 고문도 되었다. 이 고문 임명은 우치다에게 한일합방을 실현할 아주 좋은 기회였고, 이용구는 바로 그의 중요한 맹우였다. 이용구는 일찍이 자신의 평생 가장 큰 포부가 다루이 도키치의 합방 이상을 실현하는 것이라고 공공연히 표명했다. 그는 심지어 자신의 아들에게 '다이토쿠니오大東國男'라는 일본 이름을 붙여주었다.

그러나 이토 히로부미는 곧바로 한국을 병탄하는 데 반대했다. 그에

게 일진회는 일본의 한국 식민을 공고히 하는 '민의民意의 간판'에 불과
했다. 1909년 이토가 하얼빈에서 안중근安重根에게 암살된 사건은 합방
진행을 가속화했다. 우치다 료헤이의 선동하에 일진회는 1910년 일한
의 '정합방政合邦'을 요구하는 청원을 발기했다. 일본은 물 들어올 때 노
를 젓듯 기회를 타서 한국을 병탄했다. 이는 물론 다루이 도키치가 당시
제창한 평등 연합은 아니었다. 이용 가치가 사라진 일진회는 곧 해산되
었다. 설사 일본이라고 해도, '진보'를 표방하면서 동원력이 꽤 강한 친
일 단체가 언젠가는 한국 식민의 장애가 될 것을 염려했다. 이용구는 깊
은 실망을 느꼈다. 합방 청원은 본래 그가 한국을 부흥케 하려는 희망이
었지만 오히려 그의 일생에 오점을 남겼다. 그는 얼마 안 돼 입원하고 곧
병사했다.

　　언급할 만한 점은 이토 히로부미를 암살하여 한국인에게 민족 영웅
으로 받들어지는 안중근, 그의 사상에도 아시아주의의 낙인이 깊이 찍혀
있었다. 안중근은 옥중에서 「동양화평론東洋和平論」을 썼는데, 그 글에서
제창한 핵심 이념은 동아시아 국가가 일치단결해서 서방에 저항하자는
것이었다. 그는 일본이 러시아를 물리친 것을 상찬했으며, 심지어 일본이
한국 황태자를 교육시키는 것에 감사해했다. 이토 히로부미를 암살한 것
은 아시아 국가가 평등하고 함께 나아가야 한다는 이상을 배반했기 때문
이었다. 이 때문에 당시 일본에서는 안중근을 동정하는 이들도 많았다.

　　고쿠류카이의 친구들은 동아시아에만 있지 않았다. 1912년 12월 영
국령 인도는 뉴델리로 천도했다. 의장儀仗이 행진하는 가운데 사제폭탄
하나가 영국 총독 찰스 하딩(Charles Hardinge)의 자리로 떨어져 중상을
입혔다. 암살을 획책한 이는 인도 민족주의 혁명가인 래쉬 비하리 보스

(Rash Behari Bose)였다. 영국의 추포를 피해 보스는 일본으로 도망쳐서 손중산의 소개로 도야마 미쓰루와 우치다 료헤이를 알게 되었다. 우치다 는 한편으로 일본 정부가 보스에 대한 추포를 해제하도록 로비했고, 다 른 한편으로 그가 일본 각지로 도피할 수 있도록 도왔다. 마지막에 보스 는 신주쿠新宿 나카무라야中村屋의 소마 아이조相馬愛藏, 소마 콧코相馬黑 光 부부에게 거두어졌고, 그들의 딸과 결혼했다. 보스는 오랫동안 일본 에서 인도 독립운동에 몸담았다. 제2차 세계대전 중 그는 반영적 인도국 민군의 건립에 참여하고 일본이 영국군에 대항하는 데 그 조직을 이용할 수 있도록 했다.

20세기 초기에 고쿠류카이의 세력은 필리핀, 터키, 에티오피아 및 모 로코 등지까지 확장되었다. 그들은 "일본인은 흑인과 함께 유색인종에 속한다"는 이유를 내세워, 1930년대부터 미국에서 흑인 민족주의운동에 자금을 지원하기 시작했다. 이는 전후의 흑인 평등권운동에도 영향을 끼 쳤다.

고쿠류카이는 물론 아시아주의의 이념과 실천 전체를 대표하지 않는 다. 일본에는 9·18사변을 획책한 이시와라 간지石原莞爾, 동양사학자 나 이토 고난内藤湖南, 철학자 니시다 기타로西田幾多郎 등과 같이 '흥아興亞' 의 감화를 많이 받고 제국의 홍업洪業에 투신한 사람들이 또 있었다. 고 노에 후미마로近衛文麿 정부가 '대동아공영'의 강령을 제기한 뒤, '아시아' 는 파시즘의 새로운 수사가 되었다. 1946년, 일본에 주둔해 있는 연합군 사령부는 고쿠류카이를 해산했다. 한 시기를 풍미했던 결사 단체는 그것 이 대표한 아시아주의 이념과 함께 일본의 패전을 따라 역사의 무대에서 물러났다.

전후戰後의 시점에서 보면 아시아주의는 늘 제국주의, 식민주의, 군국주의, 국수주의, 종족주의 그리고 파시즘 등의 꼬리표가 따라붙어 같은 부류로 귀결된다. 그렇지만 우리가 1912년의 시점에 있다고 상상해보면 어떨까? 다이쇼 시대가 시작되고, 중화민국이 성립하고, 이용구가 한을 품으며 죽고, 보스가 하딩 암살을 실행하고 …… 그해 무렵 아시아주의는 더욱 하나의 모순체처럼 보인다. 식민과 반식민, 제국주의와 반제국주의, 현실주의와 이상주의, 국가주의와 국제주의, 종족주의와 족군 평등 사이에서의 몸부림은 전후에 보는 것처럼 그렇게 간단치 않다. 역설적인 것은 아시아주의가 비록 식민 현대성을 비판했지만, 자신은 오히려 그 속에 뿌리를 두고 근본적으로 초월할 수 없었으며, 그저 새로운 압박으로 기존 압박을 반대하고 새로운 패권으로 기존 패권에 대항할 수밖에 없었다는 점이다. 이런 의미에서 아시아주의의 실패는 피할 수 없는 것이었다. 그 아시아 진흥은 반드시 아시아 식민을 수단으로 삼아야 했다. 그럼에도 불구하고 아시아주의는 여전히 아시아인이 주동적으로 '아시아' 신분을 창출해낸 첫 번째 시도였으며, 그 곤경과 실패는 이후의 '아시아' 상상에도 엄준한 귀감을 제공한다.

04

탈아자구脫亞自救 : 1919년의 전환

1919년은 1월부터 조용하지 않았다. 12일, 북양정부北洋政府 외교총장 루정샹陸徵祥은 프랑스에 도착하여 중국 대표단을 이끌고 파리평화회의에 참가했다. 대표단의 핵심 인물은 먼저 도착해 있던 주미공사 구웨이쥔顧維鈞이었다. 열흘 동안 대서양을 항해하는 중에 구웨이쥔은 조차지의 반환, 영사재판권의 취소, 조계 반환, 외국 군대 철수 등을 포함한 7개 항의 담판 계획을 공들여 준비했다. 그 가운데서 가장 중요하고 중국인이 가장 관심을 가진 것은 중·일 간에 체결되었던 21개조와 산둥에 대한 독일의 권익을 반환받는 문제였다.

일본 대표단도 이미 파리에 도착해 있었다. 단장은 전 수상 사이온지 긴모치西園寺公望이고, 실질적인 책임자는 전권대표 마키노 노부아키牧野伸顯 남작이었다. 구웨이쥔과 달리 마키노는 산둥 문제를 그다지 신경 쓰지 않았다. 이 이전에 일본은 이미 영국, 프랑스 등과 은밀히 거래했고,

그들은 산둥에 대한 독일의 특권을 일본이 계승하는 데 지지할 것이었다. 마키노의 중요한 사명은 국제연맹에 일본이 제출한 「인종차별철폐제안」을 서둘러 통과시키도록 촉구하는 일이었다. 이 제안은 구미 식민국가의 유색인종 멸시에 대한 일본의 불만에서 비롯되었으며, 미국과 캐나다 등의 일본인 이민 제한에 대해 반대하는 것이기도 했다.

며칠 후 조선 경성(서울)으로부터 불안한 소식이 전해졌다. 퇴위한 고종 황제가 21일 급사했다는 전언이었다. 조선총독 하세가와 요시미치長谷川好道는 사인이 뇌일혈이라고 공표했다. 그러나 일찍이 헤이그평화회의에 밀사를 파견했고 그 때문에 일본의 강요를 못 이겨 퇴위한 황제가 일본인에 의해 독살되었다는 풍문이 빠르게 유포되었다. 한국의 독립운동 인사들은 서로 연락을 취해서 장례 기간을 이용해 거사하여 독립 요구를 다시금 표명하려고 계획했다.

몇 개의 사건들이 서로 연결되고 점차 농익어가면서 1919년을 동아시아 전환의 해가 되도록 했다. 동아시아의 여러 사회는 세계대전으로 유럽이 심한 타격을 입고 세계질서가 재편되는 때를 틈타 '국제' 관계를 다시 설정하길 희망했지만, 정도만 다를 뿐 모두 실패를 만났다. 이후 동아시아는 이 좌절을 내재화하여 그것을 혁신과 자기 구조의 동력으로 전환했다.

19세기에 베스트팔렌 체제는 전 지구로 확장되었고, 제1차 세계대전은 이 체제 아래서 국제 모순이 처음으로 폭발한 사건이었다. 독일·오스트리아와 영국·프랑스 양측은 모두 손상을 입었다. 미국은 이 기회를 틈타 개입하여 국제 구도 속에서 유럽 강국의 독점적 지위를 타파했다. 전승국들은 베르사유 강화조약 체제를 수립하고 국제연맹을 협력 기구로 삼아 잠시 충돌을 완화했다. 영국·프랑스·미국 등 협약국은 오스만투르크의 중동 영토를 분할하고, 독일을 압박해 일부 영토를 할양하게 했으며, 아울러 그 해외 식민지(산둥 포함)를 신탁통치 했다.

미국은 처음으로 세계 정치 무대의 중심에 섰다. 우드로 윌슨(Woodrow Wilson) 대통령은 불안정의 근원이 전통적으로 유럽이 신봉해온, 세력균형을 강조하는 현실정치(Realpolitik)에 있다고 여겼다. 그는 14개조 평화원칙을 제기하여 새로운 국제체제의 기본 이념으로 삼았다. 이 14개조 이상주의 원칙은 본래 유럽을 겨눈 것이지만 '식민지 인민에 대한 평등한 대우'와 '(오스트리아·헝가리제국 및 오스만제국 내) 민족자결'의 정신을 포함했기 때문에 식민 또는 반식민 통치하에 처한 민중들을 고무했다.

그러나 이상주의는 현실정치 앞에서 난처해졌다. 평화회담은 본래 협약국 한쪽에만 참가하도록 초청했을 뿐이고, 미국·영국·프랑스가 또다시 실제적인 주도자였다. 영국 수상 데이비드 로이드 조지(David Lloyd George)와 프랑스 총리 조르주 클레망소(Georges Clémenceau)는 독일을 약화하고 전쟁배상금을 챙기겠다는 일념을 갖고 있었다. 그들은 아시아 동맹국의 요구를 이익 교환과 타협 절충의 흥정거리로 삼았다.

1월 27, 28일 이틀간 일본과 중국은 '10인회'에서 각기 산둥 문제에 대한 입장을 설명했다. 마키노 노부아키는 산둥 문제를 마땅히 중일조약의 기초 위에서 해결해야 한다고 간단히 발언했다. 구웨이쥔은 자리에 앉아 30분 동안 연설하면서 이치를 따져 힘껏 논쟁을 펼쳤다. 그의 훌륭한 논변은 구미 국가의 일치된 찬사를 받고, 이에 그는 산둥 문제에 대한 전망을 한동안 낙관했다.

2월 13일 마키노 노부아키는 국제연맹위원회 회의에 국제연맹 맹약의 수정안을 제출하여, 가입 회원국은 다른 종족·국적의 사람에 대해 차별 대우를 할 수 없다는 조항을 포함시킬 것을 주장했다. 이는 거대한 반향을 불러일으켰다. 영연방 내의 오스트레일리아는 일어나 반대했다. 오스트레일리아는 내부적으로 백인우월주의를 고수했고, 총리 빌리 휴스(Billy Hughes)도 "95%의 오스트레일리아인은 평등을 반대한다"고 공언했다. 종족 평등은 윌슨의 14개조 원칙에 부합했지만, 아이러니한 것은 미국 자신이 바로 종족 격리 정책을 집행하고 있다는 사실이다. 윌슨은 이 조항이 국회에서 남부 민주당 의원의 배척을 받아 미국이 국제연합에 가입할 수 없게 될 상황을 우려했고, 결국 내정간섭을 이유로 일본 측 수정안에 반대했다.

4월 11일 국제연맹 총회는 일본의 제안을 놓고 표결했는데, 17명의 대표 가운데 11명(프랑스, 이탈리아, 브라질, 중국 등 포함)이 찬성 투표했고, 영국과 미국 등은 저지하며 방해했다. 윌슨은 회의 의장으로서 사안이 매우 중대하기 때문에 반드시 만장일치로 통과해야 한다는 이유를 들어 강제로 부결시켰다. 그러자 일본은 방향을 바꿔 산둥 문제로 윌슨에게 압력을 가했고, 회의에서 퇴장하는 식으로 위협했다. 11일 뒤 윌슨, 클레망소, 로이드 조지는 루정샹 및 구웨이쥔과 회견하고 그들에게 이렇게 통지했다. 최고회의는 일본의 요구에 대체로 동의한다.

1919년, 파리는 동아시아 세계 전체에 영향을 끼치고 있었다. 한국의 독립운동 인사는 평화회의에 깊은 관심을 기울이고 윌슨주의의 감화를 받았다. 그들은 국제사회에 대한 희망의 불씨를 되살렸다. 3월 1일 33명의 종교계 인사(기독교 16명, 천도교 15명, 불교 2명)가 경성 탑골공원에 모여 작가 최남선崔南善이 쓴 「독립선언서」를 낭독했다. 선언은 민족자결과 국가 평등의 기치를 내걸고서 조선이 독립국가이며 조선인이 자유 민족임을 세계에 선포하고 일본의 식민정책을 강렬히 규탄했다. 3·1운동은 한국을 휩쓸었고, 중국 동북과 러시아의 조선인 이민자들도 잇따라 호응했다. 마키노 노부아키가 파리에서 종족 평등을 운운하고 있던 바로 그때, 일본 식민 정부는 오히려 한국 민중의 평화로운 항의를 강력하게 진압하여 적어도 7,500명이 피살되었으며, 수만 명이 부상을 입고 체포되었다.

3·1운동의 소식은 중국에 널리 보도되어 중국 민중에게 조선에 대한 동정과 일본에 대한 반감을 깊이 사게 만들었다. 2개월 뒤 파리평화회의에서 결정된 산둥 문제 처리 방안이 전해지자, 베이징의 학생과 민중은 세찬 기세로 5·4운동을 일으켜 전국의 민심이 들끓었다. 1919년은 이로부터 교과서 속에서 '현대사'가 시작된 해가 되었다.

일본에 대해 말하자면, 1919년은 일본이 세계 5강의 대열에 들어서고 영·미와의 충돌이 격화되기 시작한 해였다. 일본이 '종족 평등'의 제안을 제출한 이유는 식민 체제 속에서 도덕적 우세를 얻어내기 위해서였다. 종족의 위계 서열은 식민주의 시대 국제법의 이론적 기초의 하나로, 당시 일본의 실제 동기가 어떠했든지 간에 이 제안은 솥 밑에서 장작을 빼는 것 같은 근본적인 문제 제기라고 할 수 있었다. 어떤 측면에서 일본은 '인권 외교'의 시작을 열었다. 그러나 유럽 식민제국은 인권을 제기하는 것에 매우 반대했고, 이상주의의 포장 아래 있던 윌슨의 미국이라고 해도 감히 받아들이지 못했다. 일본의 엘리트들은 구미가 주도하는 국제체제에 거듭 크게 실망했다. 이후 전략적 이익의 변화로 인해 일본과 영·미는 점점 더 멀어졌다. 결국 일본은 황인종의 보호를 도의적 명분으로 삼아 '대동아성전'을 발동했다.

일본의 압박에 직면해 국제적 지지를 찾던 중국과 한국의 노력도 마찬가지로 좌절되었다. 새로운 세대의 지식인들은 참혹한 실패 뒤에 그 실패를 반성하면서, 계속된 실패의 근원은 기물器物이나 제도에 있지 않으며 부패하고 낙후한 문화에 있다고 확신했다. 반드시 근본에서부터 손을 대고 전통을 버려야 비로소 자신을 구할(自救) 수 있었다. 외재적인 위기에 직면하여 비판의 창끝을 안으로 돌리는 것, 이는 청 초기 고염무, 황종희 같은 학인들의 경우에도 마찬가지였다. 단지 다른 점이 있다면, 1919년 무렵 급진 사상가 눈 속의 큰 적은 유학으로 대표되는 동아시아 전통 전체, 그리고 이 전통을 지탱해온 언어 문자를 포함하는 것이었다. 계몽, 언문일치, 국민성 비판은 공통된 문화·정치적 선택이었다.

중국에서 신문화운동은 5·4운동 중 절정에 달했다. 새로운 세대의 엘리트 지식인은 『신청년新青年』 등의 간행물을 진지로 삼아 전통을 전반적으로 부정했고, 심지어 공자의 학문(孔學)를 폐지하기 위해 한문을 버리고 한자를 로마자화 하자는 주장까지 제기했다. 후스胡適는 문학혁명을 발의하고 명백히 말했다. "우리는 반드시, 우리가 …… 물질 기계 면에서 남보다 못할 뿐 아니라 정치제도가 남보다 못하고, 도덕이 남보다 못하며 문학이 남보다 못하고, 음악이 남보다 못하며 예술이 남보다 못하고, 신체가 남보다 못하다는 것도 …… 시인해야 한다." 1918년 루쉰魯迅은 최초의 백화소설인 『광인일기狂人日記』를 발표하여 예교가 "사람을 잡아먹는다(吃人)"고 소리 높여 선언했다.

좌절을 내재화하는 것은 개체의 처지를 전체 국가 민족의 처지로 치환하는 식으로도 구현되었다. 위다푸郁達夫의 『침윤沉淪』에서, 주인공은 멋대로 고민하다가 "중국아 중국아, 너는 왜 강대해지지 않느냐"고 생떼를 부리며 고함을 지른다. 루쉰이 일본 유학 시절에 경험한 '슬라이드 사건'도 이와 같았다. 그는 중국인들이 러시아 간첩으로 활동한 동북 토비土匪를 처단하는 모습을 에워싸고 구경하는 장면이 담긴 슬라이드 필름을 보고, 이렇게 이해했다. "무릇 어리석고 약한 국민은 설령 체격이 아무리 온전하고 아무리 건장하더라도 아무 의미 없이 군중들에게 본보기로 보이는 재료나 구경꾼이 될 수 있을 뿐이며, 얼마가 병사病死했든 반드시 불행하게 여길 일은 아니다. 그러므로 우리가 가장 우선해야 할 일은 그들의 정신을 바꾸는 것이다.……" 이런 강렬한 근심은 바로 업신여겨진 민족 신분(지나인支那人)으로부터 생겨난 새로운 발견이었다.

자강하는 민족이 되려면 자강하는 민중이 필요하며, 이를 위해서는 반드시 옛 도통道統를 뒤엎어버리고 '국민성'을 개조해야 한다. 루쉰 등이 이 문제에 대해 가진 생각은 미국 선교사 아서 스미스(Arthur Smith)가 쓴 『중국인의 성격(Chinese Characteristics)』에서 비롯되었다. 그러나 '성격론'은 단지 중국인이 얼마나 '현대'의 요구에 부합하지 않는지를 말하는 것에 지나지 않았다. 만약 1904년 세인트루이스 박람회에서 전시한 것이 타자가 종족주의적으로 '동양'을 기이한 구경거리로 만든 것이라고 한다면, 『아큐정전阿Q正傳』에서 '국민성'에 대한 묘사는 곧 스스로 기이한 구경거리가 되는 것이었다. 이른바 '국민성'은 개조해야 할 대상이라기보다는 식민 현대성에 의해 발명된 상상이라고 하는 편이 낫다.

한국에서는 계몽 지식인의 제창으로 한문 저작이 한글(15세기 창제된 표음문자)로 대체되었다. 사학자 신채호 등은 '사대주의' 사관이 한민족의 주체성을 가렸다고 통렬히 비판하고, 한국 역사를 유학의 서술 전통에서 분리해내기 위해 노력했다. 한국사는 더 이상 중화사의 한 지역적 갈래가 아니라 부여–고구려 인종을 중심으로 한 민족의 투쟁사였다. 민족주의자는 현실에서는 일본에 저항했고 역사문화 구조 속에서는 중국을 추상적인 적으로 간주했다. 신채호는 또한 새로운 국민을 만들어내 그들로하여금 백인종을 학습하도록 하여 정치적 역량을 발휘하게 하는 데 희망을 걸었다. 1917년 한국 현대문학의 아버지 이광수李光洙는 장편소설 『무정』을 발표하여, 가정과 애정에 대한 반성을 통해 유학 전통의 가치관이 국민에게 가한 속박을 공격하고, 그것을 민족문화 속의 저열한 속성으로 지적했다.

3·1운동 후 일본은 한반도에 대한 통치 책략을 바꾸어 언론의 자유를 제한적으로 허용하고 문화적 친일파를 양성했다. 한국 독립운동은 분화해갔다. 일부 사람들은 저항을 견지하여, 혹자는 상하이에서 망명정부를 설립했고 혹자는 동북에서 유격전을 전개했다. 다른 일부 사람들은 점차 반일민족주의에서 현실주의로 바뀌어 일본에 협력하는 길로 나아갔다. 최남선과 이광수는 후자에 속했다.

1919년 한 세대의 급진적 지식인들이 보기에 식민주의는 당연히 큰 문제였지만, 식민주의와 함께 온 '현대'는 의심할 여지도 없이 역사의 필연적인 방향이었다. 어떻게 자신을 '현대'로 만들 것인가는 때로 식민의 압박으로부터 벗어나는 일보다 더 중대하고 더 본질적인 문제였다. '현대'를 가속화하기 위해서는 서양의 오리엔탈리즘보다 더 확고하고 철저하게 동양을 비판해야 했으며, 일말의 온정적인 맥락도 있을 수 없었다. 이 점에서는 식민자와 피식민자가 일치했다.

중국과 한국의 한 세대 신지식인들의 민족·국가 개념은 후쿠자와 유키치의 국민국가 개조와 현대성에 대한 논술에서 많이 기원했다. 후쿠자와의 이른바 '탈아'의 본질은 (서구 문명에 상대되는) 유학 예제에 대한 지양이다. 만약 '탈아'가 일찍이 모종의 시대적 주제가 되었다고 말한다면, 이 주제는 1910~1920년대에 비로소 진정으로 형태가 갖추어졌으며, 또한 가장 급진적인 실천자는 일본이 아니라 시급히 자구自救를 찾았던 중국과 한국에 있었다.

05

건설과 불안정 : 현대 시간에 들어선 동아시아

'현대'는 어떤 시간대가 아니라 특정한 하나의 역사적 상황과 맥락이다. 동아시아가 현대에 진입하는 과정은 복잡하고 곡절이 많았으며, 또한 식민주의와 내내 함께했다. 1920년대 전후에 이르러서 우리가 익히 아는 현대 생활의 모습, 말하자면 산업화, 도시화, 금융자본의 부상, 공공 여론의 발흥 등이 비로소 나날이 분명해졌다. 이렇게 강한 추세로 도래한 식민 현대는 고유한 자연경제와 사회구조를 파괴하고 국가정치 전반의 질서를 무너뜨리기도 했다.

당신이 1925년의 서울에 서 있다고 상상해보자. 그때 조선의 이 도시는 일본 식민주의자가 지은 새로운 이름인 경성京城으로 불렸다. 이해 새로 건설한 경성 기차역이 막 준공되었다. 붉은 벽돌담에 회백색 쇠시리, 녹색 천장을 조합해놓은 비범한 기품이었다. 오래되었지만 또 새롭게 일어나고 있는 이 도시에서 경성역은 가장 현대적인 경관이었다. 조선시대의 궁전은 어떤 것은 철거되고 어떤 것은 이전되었다. 도시의 새로운 랜드마크는 이전에 볼 수 없었던 웅장하고 화려한 유럽식 건축이었다. 총독부, 은행, 백화점 빌딩, 호텔, 병원, 공원 등. 한낮에는 널찍한 대로 위에 궤도전차가 달렸고, 저녁이 되면 동아시아 최초의 가로등 시스템이 거리를 밝혔다. 1년 전에는 경성제국대학이 설립되어 일본 제국대학 체제 속의 새로운 성원이 되었다. 그것은 한반도 최초의 종합대학이었으며, 현 서울대학의 전신이었다. 경성의 거주 인구는 계속 증가했다. 이곳은 식민지의 교통·문화·자본의 중심일 뿐 아니라, 나아가 산업의 중심이었다. 일본 재벌이 설립한 기업 외에 수년 전 민족자본가 김성수金性洙도 여기에 경성방직京城紡織을 창립했다. 경성방직은 식민자의 자본·기술과 새로이 밀려드는 도시 노동자의 힘을 빌려 차츰 급부상했고, 뒷날 한국 민족자본주의의 기원 가운데 하나가 되었다.

19~20세기 식민주의의 배경 아래 자본의 확장은 새로운 운송 시스템, 특히 철로에 기대 연해와 내륙을 연결했다. 경성역은 한반도의 교통 중심으로서 남으로는 부산까지, 북으로는 신의주까지 이르는 철도망에 연결되어 있었다. 경성역이 준공된 바로 그해에 조선철도는 막 총독부의 직영으로 바뀌었다. 이전에 총독부는 중국 동북에 있는 일본의 식민 기구인 남만주철도주식회사南滿州鐵道株式會社에 위탁하여 조선철도를 경영했다. 만철이 중국 동북과 조선의 철도 시스템을 장악했기 때문에, 식민지 간에 자본, 자원, 상품 및 인원의 이동이 매우 편리하고 원활해졌으며, 새롭게 넓힌 영토에 대한 제국의 통제도 강화되어갔다.

경성에서 기차를 타고 북상하면 경의선의 종착점인 신의주에 도달할 수 있다. 그곳에서 압록강 철도교를 건너 맞은편 기슭의 안둥安東(현 단둥

丹東)에 이르면, 바로 일본이 중국 동북에서 경영하는 남만주철도에 진입한다. 만주철도는 처음에 러시아인이 건설했다. 요동반도 남단의 뤼다항旅大港을 동북 종단철도인 중동철도中東鐵道와 연결하고, 다시 중동철도를 시베리아철도에 연접하여 러시아제국의 내지와 변경을 소통하게 하려는 목적으로 설치한 것이다. 러일전쟁 이후 일본은 만철 경영권을 획득하고 곧이어 철로 주변의 부속지를 열어 광산을 약탈하고 주권을 잠식했다. 만철의 본부는 다롄大連에 설치되었고, 가장 큰 역은 펑톈奉天, 즉 오늘날의 선양瀋陽에 있었다.

일본의 저명한 기자이자 역사학자이며 정치평론가인 도쿠토미 소호德富蘇峰는 1917년 일찍이 경성에서 기차를 타고 이틀이 채 걸리지 않은 시간에 펑톈까지 갔다. 그의 눈 속에서 압록강 철도교는 "마치 한 마리 거대한 용처럼 대륙과 반도를 연결했다." 만약 당신도 1925년에 그와 같이 경성역에서 곧장 북상하여 압록강을 건너 남만주철도로 이어가 펑톈역에 하차한다면, 역을 나서는 순간에 아마도 어리둥절할 수 있다. 어떻게 펑톈역도 붉은 벽돌에 녹색 천장이고, 구조에서 양식까지 당신이 떠나온 경성역과 극히 닮은 것인가? 이는 이상할 게 없다. 만철 펑톈역의 설계사는 오타 다케시太田毅와 요시다 소타로吉田宗太郎이고, 조선철도 경성역의 설계사는 쓰카모토 야스시塚本靖로, 그들의 스승은 일본의 첫 세대 서양 유학 건축사인 다쓰노 긴고辰野金吾이다. 펑톈역과 경성역은 똑같이 그들의 스승이 설계한 도쿄역을 모방해 세운 역이다. 일본의 군사·자본이 동아시아를 점령하여 식민지로 만들어가는 과정에서, 다쓰노 기풍의 건축 역시 조선, 중국 동북, 타이완까지 두루 파급되어 매우 선명한 시대적·정치적 낙인을 남겨놓았다.

VIEW OF THE FAMOS PLACE, KEIJYO. 驛 城 京 【城京】

THE VIEW OF MUKDEN STATION.
奉天停車塲

위: 조선철도 경성역, 아래 : 만주철도 펑톈역

평톈에서 만철주식회사는 기차역 부근에 부속지를 획정하여 독립 왕국으로 만들었다. 철로 동쪽은 시가 지구였다. 경성에서 그렇듯이 새로 구획된 가지런한 대로, 전차, 유럽풍 건축, 호텔, 공원, 백화점 빌딩, 은행을 볼 수 있다. 철로 서쪽은 공업 지구였다. 일본 자본이 공장을 설립하여 수년 뒤 이곳 톄시구鐵西區는 중국의 중요한 공업기지가 되었다. 부속지는 만철 및 일본 군경이 관리하고 중국 정부는 개입할 권한이 없었다.

사실 1925년에는 누가 '중국 정부'인지 자체가 곧 문제였다. 산해관 안에서는 군벌이 서로를 죽이면서 혼전했다. 손중산이 그해 3월 서거한 뒤 남방의 국민혁명 정부는 7월에 성립을 선포했지만 그때는 아직 북벌 통일할 힘이 없었다. 동북은 상대적으로 동요가 작았다. 장쭤린張作霖이 위안스카이 시기부터 동북을 계속 통제하고 있었으므로 정치 경제 질서는 안정적이었다. 그러나 장쭤린도 동북을 노리는 일본을 매우 경계하여, 한편으로는 일본과 일정한 협력을 유지하면서도 또 한편으로는 식산을 발전시키고 실력을 쌓는 데 힘쓰며 일본의 속박에서 벗어나길 바랐다.

장쭤린의 이 같은 조치 중에서 매우 중요한 하나는 자주적으로 철도를 건설하여 만철에 맞선 것이다. 1925년, 장쭤린은 평톈에서 하이룽海龍까지, 다시 지린吉林에 이르는 철도를 부설하기 시작했다. 선양-하이룽(선하이沈海), 지린-하이룽(지하이吉海) 철도는 청 말에 건설한 베이징-평톈(징평京奉) 철도와 연결되어 창춘長春을 경유하는 만철과 평행하면서 관내關內와 직접 통했으며 여객 운임도 비교적 저렴했다. 2년 뒤 그는 선양에 베이징-평톈 철도 계통에 속하는 기차역을 따로 건설하여 평톈 중앙역奉天總站이라 지칭했다. 바로 선양 사람들이 말하는 라오베이잔老北站으로, 그 규모와 용량은 만철 평톈역을 크게 초월했다. 이와 동시에 그는 역에 가까운 위치에 상업 지구를 설치하여 구미 자본의 유입을 흡수했다. 상업 지구의 남북 두 시장은 만철 부속지를 가깝게 에워쌌다. 대규모의 도시 기반 시설 건설도 같이 전개하여 아스팔트 길, 하수도, 전등, 서양식 건물, 공원, 시장이 등장했다. 이에 따라 도시의 면모도 일신되었다.

선양의 도시 현대화는 곧 장씨원수부(張氏帥府)와 만철의 복잡한 상호작용 속에서 시작되었다. 그 배경은 철도로 인해 차례로 이어진 두 형태의 자본, 즉 식민제국 자본과 군벌-민족 자본 간의 경쟁이었다. 일본은 당연히 이 같은 공공연한 도발을 용인할 수 없었다. 관동군關東軍은 1928년 황고둔皇姑屯 사건을 획책하여, 기차를 타고 펑톈으로 돌아가는 장쭤린을 폭사시켰다. 폭탄을 설치한 지점은 삼동교三洞橋로, 남만주철도와 베이징-펑톈 철도의 교차점이었다. 그러나 일본은, 이 일이 작은 원수(小帥) 장쉐량張學良으로 하여금 역치易幟*를 하고 장제스蔣介石가 이끄는 난징 국민정부에 가담케 하여 중국의 명목상 정치 통일을 추진하게 될지는 예상하지 못했다.

경성과 펑톈, 그리고 상하이, 타이베이, 톈진, 난징 등 식민 현대성 속에서 발흥한 대형 도시들은 제1차 세계대전 이후 동아시아가 식민제국이 주도하는 자본주의 세계에 포함되었음을 보여준다. 빌딩, 공장, 네온등, 궤도전차, 현대 통신, 대중매체, 영화관, 아케이드를 보면, 우리는 어쩌면 발전과 건설이 당시의 시대 조류이며 동아시아가 이미 점점 더 '현

---

* 역치란 장쉐량이 베이징 북양정부의 오색기五色旗를 내리고 난징 국민정부의 청천백일기青天白日旗로 깃발을 바꾸어 내걸면서 동북 3성의 독립을 포기하고 난징 정부 지지로 입장을 바꾼 것을 말한다.

대'가 되어간다고 여길 것이다. 맞다. 경제적 통계자료만으로 본다면 1920~1930년대는 동아시아가 빠르게 발전한 시기였다. 다이쇼大正에서 쇼와昭和 시기로 접어들면서 일본 본토의 GDP 연 성장률은 3%를 초과 했다. 식민지로 전락한 한반도는 GDP 연 성장률이 4% 이상으로 일본 을 넘어섰고 아시아의 1%를 훨씬 뛰어넘었다. 중국 역시 연 성장률이 약 3.9%였다. 따라서 혹자는 1927~1937년간 난징 국민정부의 건설 성취를 '황금 10년'으로 표현한다. 동아시아 경제의 급속한 진행, 도시의 맥동脈 動은 구미 도시와 점점 일치되어갔다. 자본과 정보의 연합을 따라 동아 시아는 전 지구적인 '현대 시간'의 서열에 진입했다.

그러나 표면적 번영은 이면의 거대한 사회 정치적 동요를 덮어 감추 었다. 동아시아가 '현대'로 진입한 데는 그 계기가 있었는데, 그것은 바 로 제1차 세계대전으로 인한 유럽 경제사회의 파괴다. 자본은 항상 새로 운 성장 포인트를 찾으려고 하므로 전화戰火의 피해를 받지 않은 동아시 아 세계는 그것을 수용할 새로운 땅이 되었다. 그런데 자본은 또 그에 대 한 국가의 통제를 넘어 확장하기 마련이고, 이 때문에 그 확장은 필경 식 민의 심화를 동반했다. 식민 세력의 깊숙한 개입은 본디 허약했던 국가 정치의 능력을 더욱 약화했다.

조선에서는 총독부와 동양척식회사로 대표되는 일본 식민 기구가 토 지조사를 명목으로 대규모의 농지를 겸병하고 전통 농업경제를 밀어내 는 방식으로 도시 상공업을 자극했다. 토지를 상실한 대량의 농민 중 일 부는 도시에 진입해서 노동자가 되거나 또 어떤 이들은 고향을 등지고 멀리 중국 동북, 소비에트 러시아, 일본으로 가서 기회를 찾았다. 최신 통계에 근거하면 1944년에 이르러 대략 13~20%의 조선 인구가 반도를

떠나 해외에서 살길을 찾았다. 이 사람들의 정치적 선택은 전후 반도의
정치 상황에 큰 영향을 끼쳤다.*

중국에서 외국자본은 동북, 장저江浙(장쑤성과 저장성), 화남, 화북의
지방 세력을 키워 서로 결탁하고 경쟁케 하면서 정치적 대리자를 찾았
다. 현대 금융업이 상하이와 톈진에서 흥기하고 외국자본 은행이 중국
시장을 국제시장과 연결하기 시작한 것은 군벌의 혼전 및 국가정치력의
약화와 딱 일치한다. 각 지방의 농촌 경제도 상공업·금융업의 침투에 직
면했고, 전통 향촌정치와 사회구조는 흔들리고 무너지기 시작했다. 그러
나 분열된 국가는 농촌 기층에 깊이 들어가 새로운 질서를 건설할 능력
도 없었으므로 그저 금융자본의 대리인이 멋대로 그 사이를 좌우하며 많
은 농촌 지역의 모순을 격화시키게 내버려둘 뿐이었다. 이는 중국 혁명
에서 가장 핵심적인 하나의 문제가 되었다.

한편 지방정권이 상대적으로 독자적인 질서를 구축한 지역, 예를 들
어 동북에서 식민자본은 정치적, 경제적, 심지어 군사적인 강압 수단을
취하여 현지의 국가 능력이 지나치게 강해지는 것을 막았다. 관동군이
획책한 황고둔 사건은 바로 이러한 강압적 방식의 표현이었다. 같은 이
치로 민족자본은 노동 계층과의 협력을 선택하지 않는다면, 역시 식민자
본에 의해 억제되어 더 이상 위협적인 힘을 발휘할 수 없게 되었다.

신흥 식민제국인 일본이라 하더라도 국가 능력이 마찬가지로 약화되

---

* 원서에는 이 뒤에 "조선의 지도자 김일성金日成·김정일金正日, 한국의 대통령 이승만
李承晩·박정희朴正熙·이명박李明博은 모두 1945년 이후 국외에서 한반도로 돌아온
사람들이다."라는 서술이 이어진다. 논란이 될 수 있는 구절이므로 각주로 돌려 부기
한다.

었다. 다이쇼 시대 메이지 정치를 주도한 번벌 지도자는 차츰 퇴장했고, 정당정치가 그 자리를 대신했다. 후대의 학자들은 이 시대를 '다이쇼 데모크라시大正民主'라고 칭한다. 그렇지만 이른바 '민주'의 표상 아래서 어떠한 제약도 받지 않는 금융자본이 농촌과 도시의 빈민을 밀어냈고, 대재벌이 국가권력을 좌우하면서 그 이익을 대표할 인물을 육성했으며, 그 결과 정부 능력도 공동화空洞化되었다. 정당 경쟁의 틀에서 정치가의 행위능력은 한계가 있었고, 심지어 암살 사건이 빈번하여 자신의 안전도 지키기 어려웠다. 반면 군계軍界 인사, 특히 강경파 군인은 한 걸음 한 걸음 국가의 통제에서 벗어나 악질적으로 팽창해갔다. 1932년 이시와라 간지 등은 9·18사변을 획책하여 동북을 점령하고 일본 정부의 대외 정책을 우격다짐으로 강행토록 했다.

1920~1930년대는 건설과 불안정, 발전과 쇠퇴, 질서와 무질서가 병존한 시대였다. 동아시아뿐 아니라 거의 전 세계가 이런 모순과 혼란 속에서 몸부림쳤다. 이는 에드워드 카(Edward H. Carr)가 말한 '20년의 위기(The Twenty Years' Crisis)'의 시대였다. 유럽 현대성의 위기는 제1차 세계대전에서 처음 총폭발했고, 그 정치·문화적 충격은 1917년 소비에트혁명과 1919년 파리강화회의를 통해 동아시아에 파급되어 한국과 중국의 엘리트 지식인들이 유가 예교와 철저히 작별하고 혁신革新·자구自救하는 거대한 동력을 탄생케 했다. 그 후 '낡은 것을 부순다(破舊)'는 의식이 사람들 마음에 깊이 파고들었다. 그러나 '부순(破)' 뒤에 무엇을 '세울(立)' 것인지가 오히려 더 큰 난제였다. 본래 '현대'를 끌어안는 것은 필연적인 선택이었지만, 동아시아가 '현대의 시간'에 진입할 때는 공교롭게도 이 현대성이 거대한 위기를 드러낸 때이기도 했다. 1920~1930년대에

는 경제 불황과 금융 재난이 잇달아 도래했으며, 국제적 시스템은 구속력을 상실했고, 구미 노동운동이 거세게 일어났으며, 사회 비판의 사조가 연이어 끝없이 나타났고, 문학·예술 영역에서 ('아방가르드'라는 이름이 붙여진) 반역의 물결이 계속 뒤를 이었다. 애초 '현대 문명'은 해독약으로 여겨졌지만, '현대'와 '문명' 자신이 질서를 상실했다. 본래 민족의 위기로 여겼던 것이 알고 보니 전 지구적 위기의 한 구성 부분이었다.

이리하여 동아시아의 사상가·실천가는 다양한 대안적 사고, 방법, 논술을 제기했다. 그들이 맞닥뜨린 곤경은 비슷했지만, 문제에 대한 이해와 해석은 각기 매우 달랐다. 좌익의 공산주의·사회주의에서부터 우익의 국가주의·파시즘에 이르기까지, 개인의 해방을 제창하는 것에서부터 향촌 사회의 재건에 이르기까지, 그 사상적 스펙트럼은 매우 복잡하고 다원적이었다. 동아시아는 각종 사회 이론의 시험장이 되었다. 수많은 사상이 다 실천에 옮겨졌다. 많은 사상이 직접적으로 실패하기도 했으며 지난하게 모색된 것도 있었다. 중국에서 국공 양당의 경쟁을 줄거리로 하는 역사 서사는 비록 당시 상황의 복잡성을 간략화하는 것이라고 해도, 두 가지 다른 사회개조 노선—장제스로 대표되는 국가주의와 마오쩌둥毛澤東으로 대표되는 공산주의—은 분명히 그 무렵 '현대'에 대한 가장 대표성을 갖는 탐색이었다고 할 수 있다.

통일적인 시간 서열 속에서 동아시아와 유럽이 직면했던 충돌과 위기는 거의 부합했다. 제1차 세계대전 이후 전쟁 행위를 규제하며 제약하려고 시도한 국제적 노력은 결국 실패로 돌아갔다. 경제가 쇠퇴하고 큰 피해를 입은 이탈리아와 중부 유럽에서 민족주의·종족주의를 고취하는 정치 세력이 중·하층 민중의 지지를 얻었다. 1933년 히틀러가 선거를 통해 등장하여 곧 독재 통치를 수립한 뒤, 독일은 약세의 민주공화국에서 강세의 '제3제국'으로 일변했다. 반공, 국가 지상, 극단적 민족주의를 선양한 파시즘은 동아시아에 신속히 전파되어 일본과 중국의 청년 군관 가운데 상당히 많은 지지자가 생겨났다. 1936년 2월 26일 일본 황도파皇道派 군관들은 병변을 일으켜 원로·재벌·관료·정당 등 '국체를 파괴한 원흉'들을 철저히 제거할 것을 요구했다. 병변은 진압되었지만 이후 일본 정치는 군 측에 더욱 좌우되었고, 되돌릴 수 없게 군국주의를 향해 기울어갔다.

10장

제2차 세계대전에서 냉전까지

01

무엇을 가지고 근대를 초극할 것인가?

'초극超克'은 일본어로 영어의 overcome이라는 단어에 대응한다. 초
월, 극복, 심지어 정복으로 이해할 수 있다. 1930~1940년대 식민 현대(이
른바 '근대')에 대한 불만이 일본의 엘리트 지식인 집단 속에서 나날이 높
아져, '근대의 초극'은 당시 서방의 속박으로부터 벗어나 일본의 주체성
을 찾으려는 사상적 구호가 되었다.

1941년 12월 7일 현지 시간 새벽, 일본 연합함대가 야마모토 이소로
쿠山本五十六의 치밀한 기획하에 하와이 진주만의 미국 해군기지를 기습
하여 미군 태평양함대에 깊은 타격을 입히는 데 성공했다. 대동아전쟁이
폭발했다. 이는 매슈 페리가 미국 군함을 이끌고 최초로 일본의 문호를
'열어젖힌' 지 거의 90년이 지난 때였다.

중국인의 역사 인식 속에서 진주만 사건은 항일전쟁 및 제2차 세계대
전 중의 일부분으로 중요한 전환의 의미를 갖고 있지만, 결코 역사의 시

작점은 아니었다. 그러나 당시뿐 아니라 오늘날의 수많은 일본인의 인식 속에서 그것은 만주사변(동북 점령), 지나사변(전면적인 중국 침공 전쟁)과 전혀 다른 또 하나의 전쟁으로, 완전히 새로운 시대의 개막을 상징하고 있었다. 이는 페리의 흑선 도래와 마찬가지로 일본으로 하여금 다시 세계사에 진입하도록 한 사건이었으며, '근대'에 대한 일본의 장중한 선전 포고이기도 했다.

제2차 세계대전은 자본주의 현대성의 위기가 또 한 차례 총폭발한 사건으로, 그 근원은 제1차 세계대전 이후 각종 사조와 정치 세력이 잠시 은폐된 위기 속에서 계속 괴어오르다가 터져버린 데 있었다. 그것을 분석하고 이해하는 데는 경제, 정치, 국제관계, 사회, 군사 등 다양한 접근 시각이 있다. 그 가운데 소홀히 할 수 없는 하나의 시각이 사상이다. 특히 제2차 세계대전 중 태평양 전장에 대해 말할 때 사상적 충돌은 대단히 격렬했고 오늘날까지도 완전히 끝나지 않았다.

1942년 7월, 일본이 미국에 전쟁을 선포한 지 반년이 지났을 때 일본의 몇몇 엘리트 지식인들은 『문학계文學界』 잡지의 주관으로 교토京都의 한 온천여관에 모여서 이틀 동안 토론회를 가졌다. 주제는 바로 '근대의 초극'이었다. 훗날 사상사 연구자들이 반복적으로 거론하게 되는 이 학제적 토론회의 목적은 '대동아전쟁'의 의의를 탐구하는 것이었다. 오늘날의 시점에서 볼 때, 학자들의 발언은 의심의 여지없이 침략을 미화하는 데 있었다. 그러나 당시에 진정으로 그들을 흥분하게 만든 것은 단지 전쟁 자체만이 아니었다. 그것은 미국에 대한 개전을 상징으로 삼아 근 100년 동안의 일본 역사를 철저히 정리하고 자리매김하는 것이었다. 그들이 보기에 개전은 물질적 혹은 권력적 쟁탈일 뿐만 아니라, 구미가 주도한 식민 현대 체제와 그 체제의 배후에 있는 일련의 역사문화관歷史文化觀에 대해 일본이 철저히 결말을 내는 일이었다. 회의에 참가한 교토대학의 철학자 고야마 이와오高山岩男의 말로 얘기하자면, 이는 "비유럽 세계가 이제 유럽 세계에서 독립하려 하는 추세 혹은 사실"과 "만주사변, 국제연맹 탈퇴, 지나사변으로 이어진 사건을 관통하는 세계사적 의의를 갖는" 일본의 의지를 대표하며, "유럽의 근대 원리에 기반한 세계질서에 맞서는 항의일 뿐"이었다. 바꿔 말해, 당시 이들 지식인에게 이 전쟁의 저항성은 침략성보다 더 컸다.

현대자본주의 체제에 진입한 뒤 일본은 최초의 경제 도약을 거쳤고, 또한 불가피하게 극심한 사회적 위기에도 직면했다. 구미의 식민 현대성에 대한 의문과 비판이 19세기 말 20세기 초에 이미 일본 사상계·언론계에서 세차게 일어났다. 아시아주의의 주장은 서양의 식민주의 질곡을 벗어나서 독립 자주적인 아시아 공동체를 건립하는 것이었다. 이러한 논리는 흥아론興亞論과 결합하여 점차 일본 자신이 아시아를 식민화하는 것에 대한 이론적 해석으로 발전했다. 처음 아시아주의를 실천한 일군의 정치가 가운데는 동아동문회東亞同文會를 창립한 귀족원 의장 고노에 아쓰마로近衛篤麿가 포함되어 있었다. 그의 아들 고노에 후미마로近衛文麿는 1930년대 후기와 1940년대 전기에 수차례 총리를 역임했다. 그는 도조 히데키東條英機와 함께 파시즘 색채가 농후한 대정익찬회大政翼贊會를 창립했다. 고노에 후미마로 임기 중에 일본은 '대동아공영권' 건설의 강령과 정책을 명확히 제기하고 대동아전쟁을 일으켜 아시아주의 사상을 군국주의 실천과 깊이 결합했다.

얼핏 보기에 일본의 대동아 논술은 포스트모던의 면모로 출현했다.

그렇지만 그에 깊이 뿌리박혀 있는 논리는 여전히 식민 현대성이 가져온 것이다. 소위 '흥아'는 바로 '탈아'의 또 다른 지향이다. 그것은 한편으로 종족주의·문명개화론을 주요 기조로 한 구미의 역사관에 반대하면서, 다른 한편으로는 오히려 일본(혹은 동아시아)의 종족적 우월과 문명적 특성을 표방하고 구미의 역사관에 대항했다. 그것은 또 한편으로 구미 제국·자본·식민 세력의 확장을 막아내는 것을 강조하면서, 다른 한편으로는 오히려 '공영共營'을 명분으로 내세워 중국과 조선, 동남아시아에서 제멋대로 자신의 제국·식민·자본을 확장했다. 말하자면 그들은 '근대'와 완전히 일치하는 논리를 사용하여 '근대 초극'의 대업을 완성했다.

일본의 지식인, 특히 중국과 동아시아에 대해 깊고 두터운 정감을 갖고 있는 지식인은 결코 그 안의 모순을 인식하지 못한 것이 아니었다. 루쉰 연구자로 저명한 다케우치 요시미竹內好(1910~1977)는 이러한 당혹감을 드러냈다. "우리는 지나를 열렬히 사랑했고, 지나를 열애한 감정은 또한 거꾸로 우리 자신의 생명을 지탱해주었다. 지나가 성장해야 우리도 비로소 성장할 수 있었다. 이러한 성장의 방식을 우리는 일찌감치 확신하고 의심하지 않았다. 하지만 지나사변의 폭발에 이르러 이 확신은 여지없이 무너지고 무정하게 찢겨졌다." "우리는 줄곧 의심을 품고 있다. 우리 일본이 동아시아 건설이라는 미명 아래 약소국을 괴롭히고 있지는 않은가?"

반식민을 명목으로 내세운 식민 침략, 반제를 구실로 삼은 제국주의, 이러한 이념과 행위의 분열은 단지 부단히 확대되는 전쟁 속에서만 잠시 타협될 수 있었다. 그것은 바로 대미 선전宣戰이 이 같은 분열을 메우는 구명의 지푸라기가 되었던 이유이기도 했다. 일본 사상가 고야쓰 노부쿠니子安宣邦의 말을 빌려 형용하자면, 지나사변은 지식인들에게 일찍이 캄캄한 밤 속의 무겁고 이해하기 어려운 어둠과 같았지만 대동아전쟁은 한 줄기 밝은 빛처럼 그들 마음속의 어둠을 빠르게 일소했다.

미국에 전쟁을 선포하는 순간, 일본의 엘리트 지식인들은 그 같은 비장한 저항 의식에 감화되었다. 진주만 사건 1개월 뒤 다케우치 요시미는 중국문학연구회를 대표하여 「대동아전쟁과 우리들의 결의」라는 글을 발표하고 "역사가 창조되었다! 세계는 하룻밤 사이에 모습을 바꾸었다!"고 환호했다. 이는 그가 군국주의를 끌어안았다기보다는 자신이 깊이 회의하던 중국침략전쟁의 성격을 대미 선전이 바꾸게 한 것이었다. 그렇기에 그는 무거운 짐을 벗어버린 것처럼 "떨릴 정도로 감동했다." "바로 지금 모든 것이 증명되었다 …… 우리들의 의혹은 자취도 없이 사라졌다 …… 동아시아에서 새로운 질서를 건립하고 민족을 해방시킨다는 진정한 의미는 오늘날 이미 우리들 마음 깊이 간직하고 명심하는 결의로 전화되었다." 다케우치 요시미와 그의 동지들에게 "대동아전쟁은 지나사변을 성공적으로 완성했고 그것이 세계사 속에 생명을 얻게 만들었다"고 할 수 있다. '근대의 초극'은 중국(이외에 아시아의 다른 국가)이 아니라 서양을 적으로 삼았고, 그래서 모든 행위가 적극적인 의의를 가진 듯했다.

이것은 일종의 절망적 낭만주의이자 백면서생의 일방적인 기대였다. 당시 일본은 식민 현대성의 정상에 서서 산업과 경제의 엄청난 성취를 거두었기 때문에, 이 현대성이 세계에 가져다준 거대한 위기를 깊이 인식했다고 말해야 한다. 지식인의 문제의식은 옳았지만 처방은 터무니없이 틀렸다. 문제의 핵심은 '대동아'로 '근대'를 초극한다는 데서 이 '대동아'가 '비서방'의 종족·문명적 경계로 획정된 것이라는 점이다. 이 경계

획정의 방법은 식민 현대성 이론을 구성하는 기본 요소였다. 그것은 자본주의·산업주의·식민주의의 과지역적跨地域的 성격을 교묘히 회피하여 자신이 근대에 이르러 겪는 곤란을 두 대표적 공간(동방/서방)의 종족, 정치 및 문화적 대비로 귀결시켰다. 맞다. "동양의 근대는 유럽이 강제한 결과"(다케우치 요시미의 말)이지만, 식민 현대성은 결코 인류의 어떤 특정 문명에 속해 있는 것이 아니며 유럽과 아시아도 여태껏 단절되지 않았다. 이러한 동서의 이원적 대립은 일본의 압박을 받는 중국이나 조선 등 나라의 요구를 근본적으로 말살하고, 일본이야말로 아시아 제국의 가장 잔혹한 식민주의자라는 사실을 무시했다.

전시의 일본 사상가는 "그 한 줄기 무지개 같은 피안의 빛을 지켜보고 있었다."(다케우치 요시미) 그러나 그 정신적 피안은 허황한 것이었다. 일본은 전면 전쟁으로 나아갔고, 이를 위해 '서양/근대'라고 이름을 붙인 적을 창안해내서 자신의 주체적 독립을 선명히 드러냈다. 그러나 모든 이원적 대립은 다 서로 반영하고 서로 의존한다. 만약 일본/아시아가 서양/근대의 안티테제라고 한다면, 일본/아시아는 바로 이 서양/근대를 벗어나서 존재할 수 없다. 18~19세기의 구미 식민주의자는 자신의 우월성을 부각하기 위해 상상의 '동양'을 만들어냈고, 20세기 일본은 정신적 독립을 위해서 다시 동양과 대립하는 '서양'을 만들어냈다. 반대편인 서양/근대를 향해 전쟁을 선포함과 동시에, 일본은 동서 대립을 초월했던 자신의 역사 경험도 불가피하게 부정했다. 에도 시대의 일본 엘리트 지식인이 고학·국학을 차용하여 '탈중국적 중국화'를 시도했던 것과 꼭 마찬가지로, 20세기 전반의 일본은 '탈서양적 서양화'를 거치고 있었다.

식민으로 식민주의에 저항하고 구역적 제국주의로 전 지구적 제국주의에 대응하는 것은 이론적으로나 행동 면에서나 모두 실행 불가능한 것으로 증명되었다. 일본은 결국 패전했고, 그것은 사상적으로도 실천적으로도 '근대의 초극'을 완성하지 못했다. 반대로, 미국 사상가 해리 하루투니언(Harry Harootunian)이 말했듯이 "근대에 의해 초극되었다." 그뿐만 아니라 그것은 '대동아'라는 단어를 부정적인 자산으로, 완성치 못한 제국의 그 허황한 꿈을 의미하는 부호로 만들었다.

그러나 일본의 침략 전쟁은 의도치 않은 결과도 가져왔는데, 그것은 바로 중국이 "불 속의 고통을 견디고 새로 태어난(浴火重生)"* 것이었다. 중일전쟁은 중국이 근대 이래 맞닥뜨린 최대의 위기였지만 하나의 계기를 만들어내기도 했다. 즉, 모진 어려움 속에서 전민의 정치적 동원을 자극한 것이다. 1940년대 중국 엘리트 지식인의 민족 구축 방향은 대립적인 두 가지 의견이 존재했다. 구제강顧頡剛과 푸쓰녠傅斯年으로 대표되는 학자는 중국이 마땅히 현대 민족의 건설을 가속화해야 한다면서 "중화민족은 하나다(中華民族是一個)"라고 강조했다. 반면, 젠보짠翦伯贊과 페이샤오퉁費孝通 등은 전시 서남에서의 민족 조사를 통해 청 중국 족군族群의 다양성을 주장하고, 중국 개념의 다원적 존재를 직시하면서 정치적 평등으로부터 단결을 실현하는 데 착수했다. 이러한 두 가지 민족 건설 방안은 당시 모두 긴박성과 합리성이 있었다. 전자는 장제스의 지지와 인정을 받았고, 후자는 중국공산당의 민족 논술 속에서 동맹을 찾아냈다.

---

* 궈모뤄郭末若가 1920년에 발표한 「봉황열반鳳凰涅槃」에 나오는 표현이다. 시진핑習近平이 2015년에 70년 전 항일전쟁 승리의 의미를 "봉황열반鳳凰涅槃, 욕화중생浴火重生"(봉황이 죽었다가 부활하고, 불 속의 고통을 견뎌 새로 태어난다)이라고 표현한 바 있다.

사회혁명 아래서 종족/민족은 중국 정치의 유일한 단위가 되지 않았다. 중국의 현대 민족국가 건설은 제국주의와 식민주의를 반대하는 길 위에서 펼쳐졌으며, 반제·반식민주의 진영 속에서 인민의 연합을 강조했다. 신중국 성립 후의 민족식별民族識別 사업도 그 목표는 족군의 경계를 강화하는 데 있지 않고, 각 족에 평등한 정치적 권리를 부여함으로써 궁극적으로는 차별의 철폐를 실현하는 것이었다. 이런 의미로 살펴건대, 항전 이래 중국의 민족 건설은 비록 많은 부분에서 일본을 타자로 삼았지만, 일본이 서양을 거울로 삼았던 논리와 달랐다. 그것이 내포한 혁명성은 협애한 민족/종족주의의 특성을 초월했다. 오늘날 보기에 이 역사적 경험은 적어도 식민 현대를 초극할 가능성을 생각해보게 한다.

02

나가사키에서 미주리호까지 : 일본의 패전

    1945년 8월 9일 오전 11시 02분, 미군은 일본 규슈의 나가사키에 원자탄을 투하했다. 나가사키는 순식간에 불바다가 되었다.

    하나의 세부 사항을 주목해보자. 나가사키의 원자탄(코드명 '뚱뚱보fat boy')은 우라카미浦上 지역에 투하되었고, 그 원폭 지점은 우라카미 가톨릭교회 500미터 상공이었다. 우라카미 성당은 19세기 후기에 창건된 건물로, 현지 교도들이 자금을 모금하여 땅을 매입했다. 그전에 프랑스 선교사 베르나르 프티장(Bernard Petitjean)은 이곳에서, 일본에는 알고 보니 아직 숨겨진 기독교도가 많이 존재한다는 사실을 발견했다. 우라카미 주민의 선조는 1638년 시마바라의 난 이후 박해를 피해 이곳으로 온 사람들이다. 그들이 사들인 이 땅은 원래 촌장의 소유지였다. 2세기여 동안 숨은 기독교도들이 끊임없이 이 지점으로 끌려와서 핍박을 받고 '후미에'로 종교를 포기했음을 증명해 보였다. 그들에 대한 최후의 대규모

박해는 1867년에 있었다. 일본 정부는 6년 뒤 마침내 금교령을 해제했고, 각 지역으로 유배되어 요행히 살아남은 기독교도는 우라카미로 돌아왔다. 그들은 200여 년간의 고난을 기념하기 위해 여기에 하나의 종교적 고향을 세우기로 결정했다. 1925년 완공되었을 때 우라카미 성당은 동아시아 지역 최대의 천주교당이었다. 원자탄이 폭발할 때 교도들은 이곳에서 성모 안식을 기념하는 미사를 올리고 있었다.

나가사키는 19세기 이전 일본이 유럽에 개방한 유일한 창구였을 뿐 아니라 일본 천주교의 역사에서 가장 유구한 성역으로, 대부분의 신자 인구가 집중해 있는 지역이기도 하다. 또한 이 도시는 초기 지구화 속에서 중대한 영향을 끼쳤던 일본의 위상과 공헌을 대표하며, 일본 천주교 시대의 성쇠를 목도했고, 최초로 서구를 학습한 난학을 키워냈다. 1945년 8월 9일 11시 02분 그 순간, 우라카미 성당의 교도뿐 아니라 전 일본 천주교도의 2/3가 사라졌다. 이는 이전 3세기 이상 동안 순교한 신자의 총계를 상회한다. 사흘 전의 히로시마廣島 원자탄으로 인한 희생자까지 더하면 일본 양대 도시에서 20만이 넘는 일반인이 피살되었다.

두 발의 원자탄, 그리고 소련 적군赤軍의 8일 대일 선전포고는 일본의 무조건항복 수용을 가속화했다. 8월 15일 일본 쇼와昭和 천황은 라디오를 통해 최초의 '천황 육성 방송(玉音放送)'으로 「종전조서終戰詔書」를 낭독했다. 9월 2일, 연합군 항복문서 조인식이 도쿄 만 바깥에 정박해 있던 미국 해군 미주리 전함(USS Missouri) 위에서 거행되었다. 일본 대표 시게미쓰 마모루重光葵와 우메즈 요시지로梅津美治郎, 그리고 연합군 대표 더글러스 맥아더(Douglas MacArthur) 등이 각기 일본의 항복문서에 서명했다. 제2차 세계대전이 끝났다.

다른 하나의 세부 사항을 주목해본다. 9월 2일 미주리호에서 거행된 항복 의식 때 연합군 대표단의 뒤편 현창舷窓 위 유리 액자 안에는 한 폭의 미국 국기가 걸려 있었다. 자세히 보자. 그 국기는 뒤집혀 걸렸으며 별과 줄의 수가 조금 적다. 이는 맥아더가 의도적으로 배치한 것이었다. 이 국기는 1853년 미국 해군 준장 페리가 포함을 이끌고 침입해서 일본의 '개국'을 압박할 때 사용했던 것이다. 기 앞면의 퇴색이 심한 탓에 뒤집어 걸어놓은 것이다. 맥아더는 이 국기를 이용해서, 당시 서명하러 온 일본 대표를 일깨우고 있었다. ─일찍이 우리가 와서 한 일은 귀국의 문호를 연 것이라는 사실을 기억하시오. 지금 우리가 다시 왔소.

그리하여 이번 전쟁은 이런 기호로 정의되었다. 즉, 일본은 반드시 재차 '개국'을 수용해야 하며, 이를테면 미국의 인솔로 다시 '현대 문명'에 진입할 수 있다. 이는 일본이 왜 전쟁을 일으켰고, 왜 전쟁에서 패했으며, 전쟁의 성격은 무엇이고, 앞으로 어느 방향으로 나아갈지에 대한 미국 점령자의 가장 단도직입적인 해석을 대표했다.

그때부터 일본은 7년간의 미군 점령 시기에 들어갔다. "패배를 받아들인" 일본은 점령자의 전방위적인 개조를 받았다. 천황은 다시 허울뿐인 군주(虛君)가 되었고 전후 신헌법 속에서 그 상징적 지위가 확정되었다. 전시의 정당과 단체는 해산되었다. 재벌도 해체되었다. 국가 무장 또한 해제되었다. 그러나 이러한 개조는 아직 완성되지 않은 상태에서 중국해방전쟁의 종료와 한국전쟁*의 발발로 인해 중단되었다. 냉전 구도가 동아시아를 뒤덮었고, 미국의 대일 정책은 억제에서 육성으로 바뀌었으

---

* 원서에는 '조선전쟁朝鮮戰爭'으로 지칭되어 있다.

항복문서 조인식 때 미주리호에 뒤집혀 걸린 미국 국기(페리 국기)

1945년 9월 2일 미국 해군 제독 존 샤프로스(John F. Shafroth)가 미주리호에 걸려 있는 페리 국기 앞을 지나가고 있다.

며, 일본은 미국의 동아시아 냉전에서 전초기지가 되었다. 전쟁 전의 재벌 세력과 정치 세력은 다시 활용되기 시작했다. 동시에 재무장화의 발걸음도 시작되었다. 1952년 미국의 주재 아래 일본은 일부 동맹국과 샌프란시스코 강화조약을 체결하여 명목상으로 주권을 회복했지만, 실은 더욱 긴밀히 미국에 종속되어 미국의 천하 체제 속에 하나의 '조공국'이 되었다.

일본은 패전했지만, 70여 년 동안 일본의 패전은 미국의 승리로 정의되고 해석되었다. 이 전쟁이 아시아에 대해서 무엇을 의미하고 있는지, 또한 일본에 의해 식민지가 된 중국·조선·동남아시아에 대해서 무엇을 의미하고 있는지는 전혀 알지 못했다고 말할 수 있다. 일본에서 그러했고, 미국에서 그러했으며, 서방 세계 전체도 마찬가지였다. 2013년에 이르러 옥스퍼드대학의 역사학자 라나 미터(Rana Mitter)는 『잊힌 동맹(Forgotten Ally: China's World War II, 1937~1945)』이라는 책을 써서 영어권 독자들을 이렇게 일깨웠다. ─중국은 제2차 세계대전의 태평양 전장에서 주요 배역이었다.

1853년 페리가 내걸었던 미국 국기를 또다시 걸어놓음으로써 맥아더(그리고 전후의 많은 미국인)가 표방하고자 한 것은, 아마도 일본의 잘못은 단지 '현대'를 배척한 데 있을 뿐이고 미국이 할 일은 일본을 '문명'으로 다시금 끌어오는 것이라고 여기는 인식이었을 듯하다. 하버드대학의 에드윈 라이샤워(Edwin O. Reischauer)로 대표되는 일본 연구자는 '쇄국'에서 '개국'으로 가는 '현대화' 과정을 일본 역사 이해의 중심축으로 삼았고(이 점은 그의 동료인 페어뱅크의 중국 연구도 마찬가지였다), 그 영향은 매우 깊었다. 전후 대다수의 일본 지식인조차 이 방향을 따라 반성했다.

그렇지만 일본이 문명의 훌륭한 학생에서 문명의 적으로 변한 것을 어떻게 이해해야 할까? 일본은 페리의 내항에 따라 점차 식민 현대의 '문명 교화'를 받아들이고, 또한 이 방향을 좇아 미친 듯이 달려서 결국 군국주의의 길로 나아갔던 것이 아닌가? 이 '현대화'의 길에서 미국은 줄곧 일본의 확장을 지지해왔다. 하지만 날개가 충분히 자란 일본이 아시아의 문호 개방에 대한 미국의 요구를 거절하자, 양자는 비로소 "내 안에 너 있고, 네 안에 나 있다(你儂我儂)"*에서 "네가 죽지 않으면 내가 죽는다(你死我活)"로 바뀌었다.

"네가 죽지 않으면 내가 죽는다" 이 표현만이 태평양 전장의 잔혹함을 드러낼 수 있다. 미국 역사학자 존 다우어(John Dower)는 제2차 세계대전 중에 독일인과 일본인을 대하는 미국의 태도가 판이한 것을 발견했다. 미국 병사는 '좋은 독일인'과 '나치'를 구별하면서, 동시에 "좋은 일본 놈은 바로 죽은 일본 놈이다"라고 상투적으로 말했다. 그는 『자비 없는 전쟁(War without Mercy: Race and Power in the Pacific War)』이라는 책에서 이런 태도는 미국의 뿌리 깊은 종족주의 및 동방 인종에 대한 판에 박힌 편견으로부터 생겨났다고 판단했다. 전쟁 선포 후 미국은 국내에 있는 11만 명의 일본계 미국인을 수용소로 보냈다. 전쟁 중에 천지를 뒤덮은 종족 담론은 일본인을 구분하지 않고 악마화하여 이번 충돌에 대한 당시 다수 미국인의 인식을 보여주었다.

'문명 교화'의 논리는 더욱 해석할 방도가 없다. 왜 원자탄을 투하해

---

* "내 안에 너 있고, 네 안에 나 있다(你儂我儂)"는 원元나라 관도승管道昇이 창작한 시 「너와 나의 시(我儂詞)」의 첫 구절이다.

야 했는가? 왜 두 번째 투하까지 필요했는가? 왜 나가사키인가? 해리 트루먼(Harry S. Truman)의 공식 설명, 즉 되도록 빨리 전쟁을 끝내서 50만~100만의 미군 사상자를 줄였다는 말은 성립하기 어렵다. 미국 역사학자는 자세한 자료를 가지고, 대통령직을 막 승계한 트루먼이 이 정책 결정에서 큰 역할을 발휘하지 못했을뿐더러 원자탄 연구 제작 계획도 뒤늦게서야 알게 되었음을 증명했다. 정작 결정적 역할을 한 인물은 트루먼이 의존한 정치적 맹우인 국무장관 제임스 번스(James F. Byrnes)였다. 일본은 1945년 여름 이미 막다른 골목에 몰려 있었기 때문에, 원자탄 사용은 결코 전쟁을 끝내는 데 필요한 방식이 아니었다. 소련은 진즉 8월 15일의 출병을 승낙했고, 미국은 가로챈 정보를 통해 소련이 일단 선전포고를 하기만 하면 일본이 투항할 수 있다는 것을 분명히 알았다. 번스는 연구 계획을 진행한 과학자의 반대에 개의치 않고 마침 실험에 성공한 핵폭탄을 사용할 것을 고집했다. 종족 격리 정책을 신봉한 이 남방 정객의 생각은, 전쟁이 끝나기 전에 서둘러 원자탄의 위력을 보여줌으로써 일본을 심리적으로 무너뜨림과 동시에, 전략적으로 소련을 두려움에 떨게 해야 한다는 것이었다. 이 때문이라도 처음부터 원자탄으로 타격하려던 지역은 군사적 목표가 아니라 넓게 트이고 관측하기 쉬우며 폭격을 당하지 않은 도시였다. 핵 공격의 명령은 대일 최후통첩인 포츠담선언이 발표되기 하루 전에 이미 하달되었다.

어떤 경고도 없이 미군은 히로시마에 우라늄탄 한 발을 투하했다. 소련은 전쟁의 종결 가능성을 의식하고 원래 일정보다 앞당겨서 관동군에 대한 진공을 개시하여 태평양 전장에 개입했다. 미국은 일본 정부가 반응을 보이기 전에 서둘러 본래 계획보다 이틀 앞당겨 또다시 플루토늄탄을 투하했다. 애초 선택된 도시인 고쿠라小倉의 날씨가 좋지 않아, 폭격 편대는 곧 다음으로 선택된 도시인 나가사키로 방향을 틀었다. 폭격의 목표 순서를 정할 때 군 측이 제시한 가장 적합한 도시는 사실 교토였다. 그러나 전쟁부 장관(Secretary of War) 헨리 스팀슨(Henry L. Stimson)이 일찍이 그곳에서 신혼여행을 즐겨 이 고도古都를 각별히 애호했기 때문에 폭격 대상에서 배제했다. 그렇지만 나가사키는? 나가사키는 가장 일찍 유럽에 대해 개방했으며, 또한 서구 문화를 오래도록 받아들여온 도시다. 서방 문명에 대한 개방을 나가사키보다 더 대표할 수 있는 도시가 어디에 있겠는가? 이 거대한 아이러니를 장청즈張承志는 이렇게 개괄했다. "나가사키의 본질은 서구와의 관계에 있다. 이 항구는 일본과 서구의 일화로 가득 엮여 있고, 한 편의 일본 개명사開明史를 낳았다. 종국에는, 일본인의 '탈아입구' 이상이 자라고 있던 바로 이 땅 위를 서구 물질문명이 생산한 원자탄이 조준하고 폭파하여 지옥으로 만들어버렸다."

이번 전쟁의 근본적인 식민성은 미주리호 위의 국기에 의해 가려졌다. 그것은 보통의 국가 간 대항으로 단지 더 잔혹했을 뿐이다. 인류 역사에서 유일한 원자탄 폭격, 그리고 가장 파괴적인 비핵 폭격인 도쿄 폭격은 일본의 진주만 습격이나 이웃 나라 백성의 도살에 대한 정당한 보복이며 난징대학살과 같은 반인류적 범죄행위는 아니라고 이해된다. 이렇게 해서 이 전장은 일반화되었다. 일본의 시각에서 보면, 일본이 인류 역사상 가장 잔인하게 일반인 학살을 당한 이상 자신이 타국에서 저질렀던 범죄행위는 이미 징벌을 받은 것으로 간주되었다. 일본은 패전한 것에 불과하며 더 큰 상해를 입었다. 도의적으로 윤리적으로 일본은 미국보다 더 많은 책임이 없다.

또한 이런 의미에서 미국이 주재한 극동국제군사재판(International Military Tribunal for the Far East, 도쿄재판)은 전쟁 책임을 철저히 청산하는 임무를 담당해낼 수 없었다. 국제법 자체가 바로 식민의 산물임을 잊지 말아야 한다. 40년 전에 그것은 한국의 주권을 부정했고, 구미의 식민을 합법화했으며, 더욱이 일본이 아시아를 유린하는 것을 저지하지 못했다. 도쿄재판의 11명 법관 가운데 단지 3명만이 아시아에서 왔으며, 그중에 또 단지 중국과 필리핀의 법관만이 피해국 출신이고, 남은 한 명인 인도 법관 라다비노드 팔(Radhabinod Pal)은 영국의 인도 식민을 비판하는 입장에서 반식민주의 깃발을 내건 일본에 대해 무한한 동정의 태도를 취했다. 이러한 기구를 통해서 아시아에 대한 일본의 전쟁 책임을 청산했으니, 그 허약하고 무력하고 불철저한 정도는 미루어 알 수 있다. 일본 우익은 바로 이러한 허약성을 이용해 도쿄재판을 전면적으로 부정하려고 시도하면서, 그것이 '승자의 재판'이라고 교활하게 강변했다.

이는 분명 매우 어려운 역사 인식의 문제다. 만약 난징대학살, 731부대, '위안부' 강제징용, 충칭重慶 폭격, 삼광三光 정책, 죽음의 바탄 행군 등을 정말 철저히 추궁하려고 한다면, 우리들은 곧 동시에 히로시마·나가사키와 도쿄 폭격, 그리고 전후 기시 노부스케岸信介, 이시이 시로石井四郎와 같은 수많은 일본 전범에 대한 비호를 추궁하지 않을 수 없다. 그렇지 않으면 전쟁의 성격에 대한 탐구는 필연코 피상적인 법률과 기술적인 토론에 의해 가려질 것이다. 또한 디테일, 숫자, 기술에 대한 궁구와 상세한 검토로 전쟁의 성격과 정치적 의미에 대한 도의적인 추궁을 회피하게 될 것이다. 이것은 바로 우익이 가장 잘하는 것이 아니던가?

나치에 대한 부정은 뉘른베르크 국제군사재판에서 완성된 것이 아니라 독일인의 부단한 윤리, 역사, 문화, 철학적 추궁 속에서 완성된 것이다. 아우슈비츠 강제수용소(Auschwitz Concentration Camp)에 대한 반성과 같이, 일본의 책임에 대해서 모든 학자가 단지 전쟁 발동의 각도에서뿐만 아니라 현대성 위기로부터 그 기원을 깊이 반성하는 것은 아니다. 그들은 일본이 전쟁으로 나아간 가장 심층의 사유적 패러독스를 간과하고 있다. 일본은 현대를 포기하지 않았으며 힘써 버티는 자세로 현대를 '초극'하려고 시도했다. 이 점에 대한 비판을 할 수 없다면 우익이 전쟁을 낭만화하는 충동을 저지할 수 없다.

1993년 미국 스미소니언 박물관(Smithsonian Museum)에서 일군의 진보적 역사학자가 일본의 일반 시민과 인류에게 가한 원자탄의 상해를 되돌아보는 전시회를 개최했지만, 군부와 보수 세력의 강렬한 저지 방해에 부닥쳐서 모든 안내문을 치우지 않을 수 없었다. 오늘날 진주만국립기념관(Pearl Harbor National Memorial) 바깥에 정박해 있는 미주리호 군함 위에는 페리 국기의 복제품이 여전히 걸려 있다. 이 광경과, 철저한 반성을 거부하고 지금도 이따금 식민주의의 혼을 불러내는 일본 사이에는 필연적이고 본질적인 연관이 존재하고 있다.

03

내전, 냉전, 열전

제2차 세계대전이 끝난 뒤 미국은 동아시아 사무에 전면적으로 개입했다. 전후 동아시아는 서방 정치학계에서 말하는 '미국의 지배에 의한 평화(Pax Americana)'의 한 구성 부분이 되었다. 그렇지만 '미국의 지배에 의한 평화'라는 이 단어는 서로 다른 사람들에게 서로 다른 함의를 갖고 있다. 서반구가 대체로 미·소 쟁패의 구도하에서 '냉冷'전의 평화를 유지하고 있었다고 한다면, 같은 시기의 동아시아 세계는 평화롭지 않았으며 그 전쟁도 결코 '냉'하지 않았다. 오히려 반대로 냉전 동아시아는 일련의 잔혹한 '열熱'전을 통해 형성되었다. 그 가운데 가장 결정적이고 오늘날까지 영향을 끼친 몇 차례의 전쟁은 중국해방전쟁, 한국전쟁 그리고 베트남전쟁이다.

이 세 전쟁은 서로 다른 시공간에서 발생한 충돌처럼 보이지만 매우 강한 내적 연관과 그것을 하나로 관통하는 맥락이 있다. 단지 다른 입장을 가진 사람들이 그 맥락에 대한 이해에서 매우 큰 차이를 보이고 있을 뿐이다. 미국의 주류 논술은 제2차 세계대전 이후 소련 해체까지의 역사 진행을 미국이 주도한 '자유세계'와 소련이 주도한 '공산주의 세계' 간의 대항으로 간주한다. 동아시아의 전쟁은 바로 이러한 양극 대항의 국지적 표현이며, 이에 따라 적지 않은 사람들은 그것들이 동아시아에서 미·소 진영이 전개한 '대리전쟁'일 뿐이라고 여긴다. 그러나 동아시아의 시각에서 볼 때 이 세 차례의 전쟁은 20세기 전 지구적인 반식민주의·반제국주의·반패권주의 투쟁의 구성 부분이며, 동아시아 각 민족이 자주독립을 추구하고 현대국가를 건설하는 과정이었다. 특히 1960년대부터 중국은 더 이상 소련 진영의 일원이 아니었고, 오히려 소련을 패권국가로 보면서 단순한 양극 구조의 틀을 완전히 벗어났다. 서로 다른 역사 인식이 지정학적 각축의 표상 아래 뒤섞여서, 미국 역사학자 브루스 커밍스(Bruce Cumings)가 말하는 '시차視差(parallax visions)'가 나타났다. 냉전 시대 미국 당권자는 동아시아 열전의 진정한 의미를 전혀 이해하지 못했다.

1949년 마오쩌둥이 이끈 공산당이 내전에서 승리하여 국민당을 대륙에서 축출하고 중화인민공화국을 건립했다. 제2차 세계대전이 끝나고 겨우 4년 뒤에 일찍이 세계 모든 대국의 지지를 얻었던 국민당 정권이 주로 농민으로 구성된 일개 무장혁명군에 패할 수 있으리라고는 거의 아무도 예상할 수 없었다. 중국은 제2차 세계대전 중에 미국의 가장 확고한 맹우였고, 미국은 바로 이를 전제로 전후 동아시아 질서를 안배했다. 미국의 입장에서 중국이 이렇게 짧은 시간 안에 사회주의 진영으로 기운 것은 굉장한 좌절이었다. 1949년 이후 "누가 중국을 잃어버렸는가?(Who Lost China)"라는 질책의 소리가 고조되었고, 이는 매우 긴 시간 동안 중국 문제를 토론하는 기본적인 출발점이 되었다.

공산주의의 확장에 대한 공포 속에서 상원의원 조지프 매카시(Joseph R. McCarthy)가 튀어나와, 미국 정부 시스템에는 이미 공산당이 침투했다고 멋대로 주장하면서 하원 비미활동위원회非美活動委員會(House Un-American Activities Committee) 등의 기구를 이용하여 정부·학계·매체 및 문예계에서 대대적인 '충성' 조사를 벌였다. 1950년대 매카시즘은 마녀사냥으로 변하여 애국의 깃발을 내걸고 좌익 인사, 사회주의 동조자, 심지어 동성애 인사에 대해 공개적으로 박해를 가했다. "누가 중국을 잃어버렸는가"의 책임자를 찾을 때, 수많은 중국 연구자가 희생양이 되었다. 그 가운데 가장 두드러진 한 사람이 전시에 일찍이 장제스의 고문을 맡았던 오언 래티모어(Owen Lattimore)다. 매카시는 이 저명한 중국 변경학자이자 몽골학자가 "소련이 미국에 심어놓은 일급 간첩"이라고 주장했다. 상원 국내치안분과위원회(Senate Internal Security Subcommittee)는 그에 대해 장장 17개월 동안 조사를 벌여, 그가 중국에서 소련의 이익을 위해 복무했다는 것을 증명하려고 시도했다. 이러한 날조된 죄명은 몇 년 뒤 전부 뒤집혔지만, 미국의 동아시아 학계에 광범한 긴장과 공포를 조성했다. 1960년대 래티모어는 자신이 다년간 일했던 존스홉킨스대학을 떠나 멀리 영국으로 갔다.

조사 중에 래티모어가 가장 큰 충격을 받은 일은 친한 친구 칼 비트포겔(Karl A. Wittfogel)의 배반이었다. 비트포겔은 전 독일공산당원이었다. 그는 나치의 박해를 겪은 뒤에 미국으로 망명해서 적극적인 반공 인사가 되었다. 페어뱅크의 추측에 따르면, 래티모어를 적발하여 검거한 것은 당시 권력자를 거스르고 싶지 않았던 비트포겔의 의도였다. 아이러니

한 사실은 비트포겔의 가장 유명한 관점은 동양의 역사 전체를 '전제專制'로 개괄한 것이었다. 냉전 시대 비트포겔의 '동양적 전제주의(Oriental Despotism)' 학설이 미국과 일본에서 끼친 영향은 거대했다. 이 학설은 마르크스의 '아시아 생산방식' 이론을 곡해하고 극단화하여 농업 제국은 큰 면적의 수리관개水利灌漑 수요 때문에 중앙집권적 관료 체제를 강화하고 동양 국가(예를 들어 중국, 인도, 러시아)를 불가피하게 전제적이고 정체적으로 만든다고 인식했다. 사회과학의 기치를 내걸고 종족주의와 냉전 이데올로기를 교묘하게 결합한 이 이론은, 조지프 니덤(Joseph Needham)이 말한 것처럼 "냉전 시기의 구체적인 상황과 관련지을 때에만 이해할 수 있는 정치적 텍스트"였다.

"누가 중국을 잃어버렸는가"와 일본을 "문명으로 되끌어오는" 사유는 일치하는 것으로, 그 전제는 바로 중국과 일본이 다 마땅히 (식민 현대) '문명'의 일원이어야 하며 단지 lose('분실' 혹은 '실종')했을 뿐이라는 것이다. 그렇지만 노암 촘스키(Noam Chomsky)가 말한 바와 같이 "네가 일찍이 이것을 가졌던 적이 있을 때에만 무슨 상실을 말할 수 있는 것이다." '상실론'은 토론이라고 하기보다는 18세기 이래 동양에 대한 유럽 사상계의 편견이 연속된 것에 가까웠다. 미국은 태평양전쟁을 단지 파시즘에 대한 자유세계의 승리로 간주했을 뿐, 중국인들에게 이것이 백 년 동안의 식민주의와 제국주의에 대한 반항의 한 단계라는 사실을 결코 인식하지 못했다.

또한 이런 이유로, 1950년 한국전쟁이 발발했을 때 미국은 자연히 이를 자유세계에 대한 공산주의의 진격이라고 보았다. 한국전쟁은 미국에서 흔히 '잊힌 전쟁'으로 일컬어진다. 잊혔다는 것은 결코 정말 잊어버린 것이 아니다. 오늘날까지도 종식되지 않은 그 처참한 충돌에 대해 미국은 여태껏 그 원인을 이해하지 못했고, 따라서 어떻게 설명해야 할지 더욱 알지 못했다고 말해야 할 것이다. 지금까지 이해하지 못했다면 또 어떻게 기억을 말하겠는가?

1945년 8월 8일, 히로시마 원폭 이틀 뒤 소련은 일본에 선전포고했다. 적군은 중국 동북을 점거한 관동군을 격파하고 총구를 한반도를 향해 겨누었다. 10일, 일본은 중립국을 통해 포츠담선언을 수용할 뜻을 표명했다. 15일, 일본 천황이 「종전조서」를 공포한 이날 미군은 신속히 항복 수용 방안을 세우고 소련에 비준을 회부했다. 극히 촉박한 상황에서 한국에 진군할 겨를이 없었던 미국은 북위 38도선을 경계로 한반도에서 미·소의 항복 접수 지역을 획정하는 안을 제의했다.

그 획분 업무를 책임진 딘 러스크(Dean Rusk)는 훗날 회상하면서, 자신과 찰스 본스틸(Charles Bonesteel)은 14일 심야에 임무를 부여받았는데 당시 수중에는 『내셔널 지오그래픽』 잡지에 실린 지도 한 장뿐이었다고 말했다. 그들은 반도 상에 어떤 천연적 경계를 찾을 수 없어 임의로 한성 이북의 38도선으로 분할하는 방안을 마련했다. 16일, 미군이 제시한 일본의 항복 수용 방안을 접수한 지 겨우 하루 만에 소련은 그 제의를 비준했다. 일반적으로 소련이 한창 맹렬히 공세를 펼치던 상황임에도 불구하고 38선에서 말고삐를 당겨 멈추는 데 동의한 이유는, 그것을 소련의 홋카이도 접수에 대한 미국의 동의와 교환하는 데 있었다고 생각한다. 그러나 일본을 공동 점령하는 제의는 당시 문서로 전달되지 않았고, 나중에 미국에게 거절당했다.

이렇게 해서 추축국인 일본은 전통적 영토를 기본적으로 완정하게 보전했고, 피해국인 조선은 도리어 뜬금없이 분할되었다. 9월, 미군이 반도에 상륙하여 남쪽에서 통치를 시작했다. 처음부터 점령군은 '조선인이 무엇을 희망하는지'는 고려 범위에 두지 않았다. 미국의 가장 중요한 전략은 동아시아에서 소련을 제어하는 것이었다. 따라서 소련이 북쪽에서 한 방식과는 상반되게, 미국 군정부는 남쪽에서 조선인의 자발적 조직이며 자결을 주장한 인민위원회를 승인하길 거부하고, 심지어 (미국이 보기에) 좌익 경향의 인민위원회를 진압하기 위해서 일찍이 일본의 식민 기구에 힘써 몸담았던 조선인을 대량으로 임용하고, 아울러 오랫동안 미국에 거주했으며 반공·독재적인 이승만李承晚을 키워주었다. 이러한 미국의 움직임은 남쪽에서 지속적인 내란을 야기했다. 우리는 상상해볼 수 있다. 만약 전후의 프랑스에서 나치가 육성한 비시 정부(Régime de Vichy) 관리를 임용하여 레지스탕스 조직을 억제했다면, 혹은 중국에서 왕징웨이汪精衛 정부의 군경이었던 인물을 임용해서 항일 진영을 진압했다면, 어떤 장면이 펼쳐졌을 것인가.

이렇게 38선, 이 임시로 획정한 항복 접수 분계선은 전후 4~5년 동안 조선의 두 적대 역량이 갈라지는 정치적 분수령이 되었다. 북쪽은 일찍이 만주에서 무장 항일을 했던 민족주의자에 의해 지도되었고, 남쪽은 일찍이 그들을 짓밟는 데 참여했던 일제의 주구들이 가득했다. 양측은 모두 단지 군사적 수단으로만 전국을 통일할 수 있을 것이라고 확신했다. 한반도에서 식민과 반식민의 투쟁은 일본의 투항에 따라 종료되지 않았고, 도리어 분할통치에 따라 내면화되며 격화되었다. 이러한 대립은 필경 내전을 향해 나아갈 것이고, 누가 먼저 방아쇠를 당겼는지는 근본적으로 시비를 판정할 관건이 아니었다.

한국전쟁 중 누이와 동생(1951년 6월 촬영)

6월 25일, 조선인민군이 공세를 개시하여 남쪽 대부분 지역을 신속히 점령했다. 미국은 북쪽의 '침략'을 선언하면서 연합국을 이끌고 한반도 내전에 개입하여 전선을 압록강 변까지 밀어붙였다. 이후 3년 동안 미군은 제2차 세계대전에서보다 더 많은 폭탄을 한반도에 투하했고, 또 제2차 세계대전 때보다 살상력이 더 큰 재래식 무기를 일반인에게 사용했다. 미군은 한반도에서 중국군과 정면 교전했지만, 전황은 교착 상태에 빠졌다. 1953년 교전 쌍방은 휴전을 선포했다.(한국은 정전협정에 조인하지 못했다) 일본에 대한 항복 접수선이었던 38선은 점차 조선과 한국을 정식으로 분열하는 국경선, 그리고 조선 측과 한미 측 간의 군사적 대치선으로 변해갔다. 한국전쟁은 제2차 세계대전 이후 미국이 이기지 못한 첫 번째 전쟁이었으나 미국의 군비 급증을 자극하여 국내에 군수공업복합체를 형성케 했다. 이 군수업체는 이후 미국 정치에 영향을 끼치는 최대의 이익집단으로 성장했다.

1950년대 후기부터 1990년대 초에 이르기까지 미국은 한국에 핵무기를 배치했고, 한반도의 사람들은 핵의 그림자 아래서 30여 년을 생활했다. 우리는 당연히 오늘날 조선의 핵실험을 반대해야 하지만, 커밍스가 말하는 것처럼, 이 국가의 행위는 전혀 이성이 없다거나 도저히 이해할 수 없는 것이 아니다. 세계사에서 한반도처럼 일찍이 해결해야 했지만 아직 해결하지 못한 역사적 문제들이 겹겹이 얽혀 있고 동시에 식민·냉전·포스트냉전의 세 시대가 남겨놓은 곤경이 펼쳐지고 있는 지역은 극히 드물다. 오늘날까지 이 '잊힌 전쟁'은 여전히 '잊히고' 있으며, 단지 미국인에게만 잊힌 것이 아니다.

중국해방전쟁과 한국전쟁은 동아시아의 '적화'를 우려하는 미국의 신경을 자극했다. 미국은 그로부터 대일 정책을 바꿔, 일본을 적에서 동아시아 냉전의 선두에 선 병사로 개조했다. 워싱턴은 도쿄와 안보조약을 조인하고 오늘날까지 유지되는 지역안보체제를 수립했다. 동시에, 타이완과 동남아시아 지역에서 반공 세력을 양성하여 중국을 봉쇄하는 포위권을 구축했다. 또한 공산주의의 남하를 방비하기 위해 베트남 정책에도 변화를 주었다. 루스벨트(Franklin Delano Roosevelt) 대통령은 일찍이 프랑스가 인도차이나에 계속 식민하는 것을 지지하지 않는다고 표명했지만, 트루먼부터 존슨(Lyndon B. Johnson)까지 미국은 베트남의 반식민주의 항쟁에 적극적으로 간섭했고, 결국 베트남에(그리고 자신에게도) 극심한 고통을 가져다주었다.

1945년 제2차 세계대전 중에 일찍이 미국의 지지를 받은 베트남 독립동맹회越南獨立同盟會(베트민, 월맹越盟, Việt Minh)는 8월 혁명을 일으켜 베트남민주공화국越南民主共和國을 수립했다. 호찌민胡志明이 쓴 「독립선언」은 첫머리부터 미국의 「독립선언」과 프랑스의 「인권선언」을 인용하며 베트남 인민은 모든 사람과 마찬가지로 자주독립의 권리를 향유한다고 선포했다. 그러나 프랑스와 미국은 오히려 베트남인에게 자신들이 창조해낸 공리公理를 실천할 권리가 있다는 것을 인정하지 않는 듯했다. 그들은 일제 시기 괴뢰 바오다이 황제를 육성했고, 뒤이어 베트남의 독립운동을 군사적으로 간섭했다. 프랑스가 패전한 뒤, 미국은 한반도에서 써먹었던 방식을 그대로 복제하여 남베트남에서 부패하고 독재적인 천주교 극단주의자 응오딘지엠(吳庭琰)을 지지함으로써 남북 모순을 격화시켰다. 소련과 중국의 전폭적인 지원 아래 베트민은 북쪽에서 힘들고 어려운 저항을 이어갔으며, 베트민이 지지하는 남쪽의 유격대도 농촌에서 인민전쟁을 전개하며 부단히 미군과 베트남공화국(남베트남)군을 타격했다.

베트남공화국(越南共和國, 남베트남, Việt Nam Cộng Hòa)은 수차의 정변을 거친 뒤 매우 허약해졌다. 이 때문에 미국은 직접 베트남전에 출병하여 베트남전의 수위를 격상했고, 그 자신이 오랫동안 시간을 허비한 전쟁의 수렁으로 빠져들고 말았다. 미군은 남베트남에서 '반란 진압 작전'을 전개할 때 일본 침략자가 화북 유격대에 대응한 전술을 고스란히 모방했다. 그들은 유격대와 지역의 연계를 단절시키기 위해 세계를 경악게 한 대규모 학살을 자행했다. 남북 운송 루트인 '호찌민 트레일(胡志明小道, Đường mòn Hồ Chí Minh)'을 파괴하기 위해 미군은 인접국인 캄보디아와 라오스까지 전화戰火 속으로 몰아넣었으며, 정글과 농토에는 후유증이 사라지지 않는 화약무기인 에이전트 오렌지(Agent Orange, 고엽제)를 살포하여 엄중한 전쟁범죄를 저질렀다.

공산주의 억제라는 미명하에 전개된 제국의 확장은 결국 국내외에서 미국의 도의적 이미지를 파산케 했다. 1960년대 후반 반전운동이 전 세계에 솟구쳤고, 이는 미국 국내에서 민권운동과 호응했다. 베트남전 세대의 청년들은 20세기 이래 미국의 대외 정책을 재검토하고, 아시아 인민을 경시하는 본국 정부를 강렬히 규탄했다. 민권운동과 반베트남전운동의 영향으로 미국의 전후 진보주의 역량은 장족의 발전을 거두었다. 1973년 미군은 베트남에서 철수했다. 베트남전은 미국 역사에서 가장 철저한 실패로, 군사적으로도 정치적으로도 실패했다. 이러한 곤경에서 벗어나기 위해 닉슨(Richard Nixon) 정부는 마침내 중국에 대한 접촉을 선택했다.

중국해방전쟁, 한국전쟁, 베트남전쟁, 중·소 간 동맹에서 분열로의 전개, 그리고 중·미 간 화해로의 진행은 동아시아가 냉전에 개입한 방식을 대략적으로 그려낸다. 중국해방전쟁은 미국이 동아시아에 억제 전략을 도입하도록 촉발했다. 중·미는 조선에서 직접적으로 교전했고 베트남에서 간접적으로 대항했다. 미·소 간의 게임이 아니라 중·미와 중·소의 게임이 아마도 동아시아 냉전의 줄거리인 듯하다. 중국과 미·소의 게임은 결코 순전한 이데올로기 충돌이 아니며, 또한 순전한 국가이익의 쟁탈도 아니다. 그것은 19세기 이래 식민과 빈식민, 패권과 반패권 항쟁의 심화이다. 1949년 이후 중국 국가 건설의 어려움과 곡절뿐 아니라, 정세를 활용하여 이룬 일본·한국의 경제 도약 역시도 오랜 열전의 배경에 놓고서만 비로소 충분히 이해될 수 있다.

04

제3세계로서의 아시아

2017년 여름, 도클람(둥랑洞朗, 도카라) 지역에서 중국과 인도의 군사적 대치는 전 세계의 관심을 불러일으켰다. 비록 이 시기에 도클람이 분쟁 영토가 아니었을지라도 두 신흥 대국 간의 긴장은 자연스럽게 1962년 겨울 중국–인도 국경에서 벌어진 전쟁을 연상케 했다. 그것은 냉전 시대, 식민 통치를 벗어난 아시아 대국 간의 첫 번째 군사 충돌이었다. 충돌의 직접적 원인인 주권과 영토 분쟁은 장기간 양국 관계를 곤란하게 했고 오늘날까지 해결되지 않고 있다.

1962년 중국–인도 국경분쟁에 관해서는* 이미 많은 토론과 연구가

---

* 이 구절의 원문은 "关于1962年的中印边境自卫反击战"이다. '분쟁'으로 옮긴 해당 부분에는 저자가 '자위반격전自衛反擊戰'이라는 표현을 쓰고 있지만, 이는 중국 측의 입장이 일방적으로 반영된 용어이며, 또한 이후 이어지는 저자의 논지와 관련해서도 부자연스러운 측면이 있기 때문에 수정해서 번역했다.

이루어졌다. 이 전쟁의 의미는 쌍방의 영토 충돌이라는 틀에서만 놓고 보면 알 수 없으며, 반드시 더 넓은 시야에서 식민주의·냉전·민족주의 간의 복잡한 상호 연관 속에서 보아야 한다. 이 전쟁이 구체적으로 드러내는 것은 아시아 국가가 식민을 벗어난 뒤에 새로운 역사적 곤경 속에서 갖게 된 신분적 불안이었다. '아시아' 개념은 반식민주의의 전제하에서 새로운 함의를 부여받았지만, 그와 동시에 또한 새로운 도전에 직면했다.

적어도 아시아에서 냉전은 미·소 양극의 대립이라는 틀을 가지고는 이해하기 어렵다. 1962년의 충돌 이후 미·소 양국은 인도를 서로 자신들 쪽으로 끌어당겼고, 냉전 중·후반 인도는 소련 진영에 더 가까이 다가갔다. 중국은 소련 진영에서 완전히 이탈하여 미·소에 동시에 대항했다. 어떤 역사학자가 보기에, 중국의 두 전선(兩線) 작전은 다시 스스로 고립시키고 봉쇄했다는 증거였다. 이 견해는 검토할 점이 있다. 중국이 미·소에 동시에 포위된 것은 스스로를 어떤 한쪽 끝에 종속시키지 않았기 때문이다. 중국은 반패권·반식민을 역사적 사명으로 삼고 제3세계 국가의 협력을 적극적으로 추진하여 냉전 구도를 배제하는 대안적 선택을 했다. 1950년대 중국은 '평화공존'이라는 새로운 국제관계의 준칙을 제기하고 철저히 시행했으며, 1974년에 이르러 마오쩌둥은 '제3세계' 논술을 완성했다. 이러한 원칙과 이념은 오늘날 이미 광범하게 수용되고 있다. 이른바 이 '고립'의 시대는 신중국이 국제 무대에서 발언의 힘(또는 '소프트 파워[軟實力]')이 가장 강했던 시대였다.

평화공존 및 반식민주의·반제국주의 기반 위에서 제3세계 협력의 실현은, 바로 중국과 인도라는 가장 큰 두 발전도상국이 1950년대에 함께 제창한 것이다. 인도는 제일 먼저 중화인민공화국을 승인한 대국의 하나였다. 두 국가의 이데올로기는 완전히 일치하지는 않았지만 서로 가까웠으며, 그들의 관계는 식민주의 반대와 민족 독립을 제창하면서 유대 관계로 이어졌다. 인도 총리 자와할랄 네루(Jawaharlal Nehru)는 라빈드라나트 타고르(Rabindranath Tagore)의 범아시아주의의 낭만적 표현을 차용해 "중국과 인도는 친형제(Hindi-Chini bhaibhai)"라는 구호를 널리 퍼뜨렸는데, 진정으로 중국-인도의 밀월 시기를 만든 것은 아득히 멀고 오랜 고대의 교류 또는 문화적 친연이 아니라 반식민주의 독립 이후에 함께 겪은 유사한 국내외의 도전이었다.

평화공존 5개 원칙은 보편성을 띠고 있으며, 그것을 제기한 배경도 전혀 추상적이지 않았다. 그것이 겨눈 가장 긴박한 도전은 새로 독립한 국가 간에 식민주의 유산, 특히 식민 침략자들이 자신의 이익을 위해 인위적으로 획정한 국경 문제를 어떻게 처리할 것인가였다. 1950년대 초 중국-인도, 중국-버마 국경 담판에서 저우언라이周恩來, 네루, 버마 총리 우누(U Nu)는 양국 관계를 처리하는 기본 준칙을 공동 제기했다. "영토 주권을 상호 존중하고, 서로 침범하지 않고, 서로 내정을 간섭하지 않고, 평등 호혜하고, 평화공존한다." 이 정신은 우선 중국-인도, 중국-버마의 양국 관계를 처리하는 데 적용되었고, 이후 점차 각국 간에 보편적으로 적용하는 일반적인 준칙으로 확대되었다. 신중국 성립 이래 시종 관철된 기본적인 외교 원칙은 새로 독립한 아시아 국가 간의 관계를 구체적으로 처리한 기초 위에서 형성되었다고 할 수 있다. 이는 당대 국제사회에 대해 중국과 아시아가 행한 가장 대단한 공헌의 하나다.

이러한 배경하에서 우리는 비로소, 왜 1955년 반둥회의가 냉전의 어두운 그림자 아래 모처럼 밝은 측면이 되었는지를 이해할 수 있다. 네루의 제창으로 4월 18~24일 아시아와 아프리카의 일부 국가들은 인도네시아의 반둥에서 제1차 아시아-아프리카회의를 개최했다. 이것은 역사상 구미 식민국가가 참여하지 않고 세계 절반 이상의 인류를 대표한 최초의 대회였다. 또한 네루의 고집으로, 당시 대다수 회의 참석국과 아직 국교를 맺지 않았던 중국이 회의에 초청받아 처음으로 대규모의 다각적 국제무대에서 구동존이求同存異·단결협력團結合作*의 정치 이념을 표명했다.

당시 전 세계에 냉전 구도가 이미 형성되었지만, 회의 참석자들은 마침내 이데올로기적인 이견은 덮어두고 아시아와 아프리카 각국이 어떻게 정치적 독립을 실현하고 경제적 종속을 벗어날지를 논의하는 의제에 집중했다. '구동존이'는 타협과 조화를 모색하는 임시방편이 아니라, 독립 이후의 각국 정치·경제가 진정으로 자주적이지 못하다는 새로운 문제에 직면해서 양극 구도를 초월하여 현대국가를 건설하는 제3의 길을 제시한 것이다. 중국, 인도, 버마 삼국이 앞장서 제창한 평화공존 5개 원칙은 회의 성명서와 선언 속에 그대로 포함되었다. 아시아-아프리카회의를 거치면서 '아시아' 개념은 '아프리카'와 함께 모든 형태의 식민주의(소련 포함)에 반대하는 새로운 정치의 개념이 되었다. 20세기 일본의 '아

---

* 저우언라이周恩來는 1955년 4월 19일 반둥회의 중 전체회의에서 보충 발언을 통해, 아시아·아프리카의 각 국가들이 각기 이데올로기와 사회제도가 다르지만 과거 식민주의를 함께 경험한 국가라는 공통점이 있다고 지적하면서, 각국이 '공통점을 찾고(求同)' '차이점은 놔두는(存異)' 태도를 취하며, '단결團結', '협력(合作)'하여 평화 질서의 구축을 위한 공동의 협의에 이를 것을 촉구했다. 이는 필리핀 등 일부 국가들에 의해 제기된 중국 공산주의에 대한 경계와 우려 분위기를 전환시킨 계기가 되었다고 평해진다.

시아주의'와 달리, 여기서 '아시아'는 동서의 대립을 뛰어넘어 제3세계 반식민주의 독립의 이름표가 되었다. 이는 세계를 분할한 냉전의 양극 구도에 대한 강력한 응답이었다.

새로운 아시아 개념은 하나의 구호로만 그치지 않았다. 반둥회의 이후 제3세계 국가는 대규모의 정치·경제 협력을 전개했다. 이 회의는 비동맹운동(Non-Aligned Movement)과 남남협력(South-South cooperation)에 견실한 기초를 마련해주었다. 냉전 시기의 중국과 '아시아'는 종종 반식민주의 혁명의 개념으로서 출현했다. 중국은 오랫동안 평화공존 원칙을 외교의 초석으로 삼아 아시아·아프리카·라틴아메리카 국가와의 단결과 상호 협조를 촉진하는 일을 외교 업무의 한 축으로 정했다. 중국은 제3세계 국가의 경제·사회 건설을 전폭적으로 지원했다. 특히 아프리카에 농업, 의료, 인프라를 포함한 대량의 원조를 제공했다. 이러한 국제주의 정신은 탈냉전 시대에 일찍이 조롱을 받았지만, 오늘날 보기에 오히려 그 시절은 굴기하는 중국에 매우 귀중한 역사적 자산을 남겨주었다.

정부 간에서 창도한 상호 협력은 민간의 왕래도 크게 자극했다. 미국 역사학자 아루나브 고시(Arunabh Ghosh, 중국 이름: 곽욱광郭旭光)는 2017년 *The Journal of Asian Studies*(Vol. 76, Issue 3)에 실린 글에서 새로운 데이터 편년을 이용하여 1950년대에 중국-인도 간의 민간무역, 과학기술, 문화 교류는 고위직의 상호 방문보다 훨씬 빈번했다고 지적했다.* 이 글은 이전의 연구들이 중국-인도 간의 고위층 외교 혹은 1962년의 영토 충돌을 지나치게 강조하여 반半공식적 교류나 민간의 밀접한 상호 왕

---

* "Before 1962: The Case for 1950s China-India History"

래를 경시했다며, 그 문제 접근 방식에 의문을 제기한다. 신흥국가 간의 정치·문화 협력은 스포츠 영역으로까지 확대되었다. 국제올림픽위원회 (International Olympic Committee, IOC)가 스포츠를 이용해 제국주의·식 민주의의 어젠다를 추진한다고 비판한 인도네시아는 1963년 따로 떨어 져 나와서 제1회 신흥국 경기대회(Games of the New Emerging Forces, GANEFO)를 개최했다. 이 경기에 참가한 48개국은 소수의 유럽 국가 외 에 주로 아시아, 아프리카, 라틴아메리카의 국가들이었다. 반둥회의 정신 은 올림픽 정신과 병렬하는 대회의 취지가 되었다.

물론 우리도 반식민주의 개념으로서의 '아시아'가 실천 과정에서 거 듭 곤경에 처했으며, 그들의 신흥 역량이 결국 기대했던 비전을 실현하 지 못했다는 사실을 회피할 수는 없다. 그 가운데 하나의 원인은 냉전이 다. 패권국가 간의 경쟁은 한편으로는 많은 국가들이 현실정치의 압력 에 굴종하도록 강요했으며, 다른 한편으로는 그 쟁탈을 이들 국가의 국 내 정치에까지 끌고 들어가 정치적 전복, 심지어 내전을 야기했다. 1965 년 인도네시아에는 군사정변이 발생하여 수하르토(Suharto)가 신좌익적 인 수카르노(Sukarno) 정권을 전복하고, 미국의 개입하에 독재적인 군사 정부를 수립하여 인도네시아 공산당과 무고한 중국인을 대량 학살했다. 인도네시아는 제3세계 독립의 창도자에서 미국의 동아시아 억제 전략 가 운데 한 고리로 변했다. 게다가 냉전이 전 세계 대부분 지역에서 종결된 뒤 비동맹운동도 주요한 작용점을 상실하면서 점차 침체에 접어들었다. 새로운 단계의 지구화가 가져온 자원·재부의 재편성에 따라 세계의 권 력 구도는 더 복잡해졌다. 발달과 미발달이 제3세계에서 동시에 출현했 으며, 심지어 하나의 국가 내부에서 동시에 나타났다.

그러나 더 관건이 되는 문제는 민족국가를 기본 단위로 한 반식민지 운동 그 자체가 극복하기 어려운 논리적 역설을 가지고 있었다는 점이다. 민족주의가 식민주의로부터 파생되었기 때문에 새로 독립한 많은 민족국가는 그 자신이 바로 식민의 산물이었다. 민족국가를 존재하게 하는 많은 기제, 예를 들어 경계, 국적, 민족 정체성 등은 식민 현대성의 도래를 따라 전해진 것이다. 아프리카와 동남아시아의 수많은 공동체가 식민주의자에게 점령되기 전에 유럽적 의미에서의 국가 형태를 갖추고 있지 않았음은 두말할 나위도 없다. 영국에 의해 통합이 강행되기 전에 인도는 단지 느슨한 구역 개념이었을 뿐, 엄격한 주권국가 개념이 아니었다. 아시아와 아프리카에서 반식민주의 요구는 각각의 국가 내부에 민족주의를 강화하고 국가·족군 경계의 고정화와 절대화를 가져왔다. '분할 통치(divide and rule)'는 본래 종주국이 식민지를 통제하는 수단이었지만, 반식민주의적 민족주의가 이러한 경계에 비추어 자신을 상상하게 될 때는 필연적으로 신생 독립국가들이 내부 종족 관계 및 상호 간의 관계를 처리할 때 매우 곤란하게 된다. 이는 제2차 세계대전 이후 끝없이 일어난 국경분쟁과 족군 분쟁이 왜 거의 모두 식민주의 역사와 끊을 수 없는 관계가 되어버렸는지의 이유이기도 하다.

식민주의자는 갔지만, 그들은 이미 세계 도처에 훗날 종족 충돌이나 국가 충돌을 일으킬 만한 화근을 심어놓았다. 1947년, 영국령 인도의 마지막 총독 루이스 마운트배튼(Louis Mountbatten)은 영국령 인도를 힌두교 인구를 위주로 하는 인도와 무슬림을 위주로 하는 파키스탄(벵골 포함)으로 나눠 인도와 파키스탄이라는 두 개의 새로운 국가로 각기 독립을 실현시키는 방안을 제시했다. 인도·파키스탄 분할통치는 본래 힌두교 지구에 거주한 무슬림과 파키스탄에 거주한 힌두교도 및 시크교도를 강제로 대량 이주시키는 상황을 초래했다. 통계에 따르면 1947년 단 수개월 동안 이주한 총인구수는 1,450만을 초과했다. 단기간 내에 대규모의 인구를 강제로 맞바꾸어 이동시킨 일은 본래 같은 곳에 섞여 살던 족군들 간에 처참한 폭력 충돌과 종족 보복을 초래하여 아물기 어려운 상처를 남겼다. 게다가 카슈미르 지구의 영토 분쟁까지 겹쳐, 인도와 파키스탄 양국은 대대로 서로 증오하게 되었다.

파키스탄과의 주권 분쟁 외에 인도는 또 시킴(Sikkim, 錫金)에 출병하여 점령했고, 부탄(Bhutan, 不丹, Druk Yul)을 통제했으며, 영국이 일방적으로 영국령 인도에 획분해준 중국 티베트 남부 지역을 차지하려고 했다. 중국-인도 간의 영토 분쟁은, 실상 영국 식민주의자가 인도아대륙을 통치하고 티베트에 손을 대고 중국의 중앙아시아 변강을 넘봐왔던 산물이었다. 그러나 식민 시대가 남긴 이러한 문제는 새로 독립한 민족국가에게 계승되어 민족주의 기치의 포장 아래 국가이익의 충돌로 진행되어 갔다.

식민주의자로부터 강렬한 신분 의식으로 주체의 독립을 요구받을 때, 그들은 이 뚜렷한 경계의 주체가 자신들이 생각하는 역사적 근원이 아니라 바로 피식민 경험을 근거로 새로이 발명된 것이라는 사실을 인식하지 못했다. 그래서 그들이 상상하던 주체의 신분으로 반항하면 할수록 점점 더 압제자의 논리에 빠져 스스로 벗어날 수 없었다. 이것은 천광싱陳光興이 비평한 포스트식민 논술과 같았다. "설사 고도의 비판 의식을 갖고 있다고 해도 도리어 여전히 식민 역사가 국한하는 범위 안에 꼼짝없이 갇혀서 식민주의에 기생하는 운명을 벗어나지 못했다."

그럼에도 불구하고 제3세계로서의 '아시아' 개념이 여전히 그 역사적 의의를 가지고 있다는 점을 가벼이 부정할 수 없다. 그것은 엄혹한 양극 대치의 환경 아래서 오늘날 세계의 근본 모순이 동서의 대립이 아니라 남북의 차이임을 지적했다. 그것은 분명히 일종의 이상주의가 더 많은 까닭에 현실 속에서 수많은 곤란을 겪기도 했지만, 어쨌든 평화 호혜의 기본 이념을 상당 정도로 실행에 옮겨 식민 현대성을 초월하는 하나의 길을 제시했다. 더 중요한 점은 그것이 중국에 중국-서방의 이원 구조보다 훨씬 웅대한 시야를 펼쳐주고, 중국으로 하여금 '제3세계' 일원으로서의 정치적 정체성을 찾아내게 했다는 것이다. 오늘날 냉전 구조는 대체로 종료되었지만 식민 자본주의 체제는 여전히 세계를 주도하고 있다. 그것은 현 중국이 다른 국가나 지역과 협력하는 데 매우 귀중한 사상적·정치적 자원을 제공하며, 우리에게 식민 현대성과 다른 대안적 발전관을 부단히 탐색하도록 제시한다.

05

동아시아의 기적에서 아시아적 가치까지

1964년 10월 일본 도쿄는 제18회 올림픽을 개최했다. 10일 개막식에서 와세다대학早稻田大學의 19세 학생 사카이 요시노리坂井義則가 올림픽 성화에 점화했다. 사카이는 원폭 당일에 히로시마에서 태어났다. 그에게 성화 점화를 하도록 한 선택은 일종의 역사관을 표명한 것이다. 즉, 전후 19년, 일본은 고통스럽지만 새롭게 태어나서 이미 건강하게 장성했다는.

초기의 불경기를 거친 뒤 일본 경제는 1950년대부터 폐허 속에서 빠르게 일어서기 시작했다. 1960년 이케다 하야토池田勇人 정부는 국민소득 배가 계획을 내놓고, 일본 국내총생산(GDP)은 고속 신장을 실현했다. 올림픽 개막 열흘 전에는 세계 최초로 상업적으로 운영하는 고속철도인 도쿄-오사카 간 도카이도 신칸센東海道新幹線이 정식 개통되었다. 1955년부터 1973년까지 일본은 연평균 GDP 성장률이 9%를 초과했다. 1968년에는 서독을 추월했고, 1978년에는 다시 소련을 추월하여 세계에서 두 번째로 큰 경제체가 되었다.

일본뿐만 아니라 냉전 기간에 미국 진영에 종속된 많은 동아시아 경제체가 산업화와 경제 도약을 실현했다. 일본의 선도 아래 동아시아의 '네 마리 작은 용(四小龍)'(한국, 싱가포르, 타이완, 홍콩)도 1960년대부터 빠르게 부상하여 최고 경제성장 속도가 10%에 달했다. 동아시아 경제의 전반적인 발전은 1980년대 이후에 동남아시아 몇몇 경제체의 급성장을 이끌어 이른바 '네 마리 호랑이(四小虎)'(말레이시아, 태국, 인도네시아, 필리핀)가 출현했다. 1993년 9월 세계은행(World Bank)은 「동아시아의 기적(EAST ASIA MIRACLE: Economic Growth and Public Policy)」이라는 보고서를 발표하여 이 국가/지역들이 거둔 주목할 만한 경제적 성취를 '동아시아 모델(East Asian Model)'로 귀결했다. 이는 최초로 동아시아가 경제성장 현상과 결부되어 일종의 '성공'을 대표하게 된 발전주의적 개념이었다.

경제학자들은 동아시아 모델의 함의에 대해 다양한 해석을 제시했다. 그중 대표적인 관점은 산업에 대한 정부의 강력한 개입, 개방적 시장에 의지한 수출 주도형 발전의 시행, 외래 자본의 흡수, 시기적절한 산업 업그레이드(초기의 노동 집약형에서 자본·기술 집약형으로 이행), 비교 우위 전략의 실현 등등이다. 학자들은 동아시아에서 산업의 단계적 발전을 '안행형태론雁行形態論(Flying Geese Mode)'으로 총괄한다. 일본이 선도 기러기로서 작은 용들과 호랑이들의 이륙을 이끌었다. '동아시아의 기적'에 관한 수많은 논의 중에는 여러 토론을 야기한 일종의 문화주의적 관점도 있다. 이는 말레이시아 총리 마하티르(Mahathir bin Mohamad)와 싱가포르 총리 리콴유李光耀가 제기한 '아시아적 가치'론이다. 이 이론은, 집단주의를 신봉하고 권위를 존중하며, 현명하고 능력 있는 사람을 선발해 임용하고 문화와 교육을 중시하며, 절약을 숭상하는 유교 문화가 이 구역이 자본주의 체계 속에서 성공을 거둘 수 있게 한 관건이었다고 본다. 그것은 주류 경제학자들의 시장중심주의에 대해서 제도(특히 국가)와 문화의 중요성을 강조한다.

'동아시아의 기적'과 '아시아 모델'을 어떻게 볼 것인가, 더 나아가 도대체 '아시아 모델'이라는 것이 있는가는 크게 논란이 이는 이슈다. 일본 경제는 1990년대 이래 침체에 빠졌다. 또한 1997년의 금융 위기는 동아시아의 적지 않은 신흥 경제체에 심한 타격을 입혔다. 한때의 풍조를 이끌었던 기적론과 가치론은 출현한 지 얼마 되지 않아 현실의 거북한 상황을 만났다. 그에 관한 토론은 여전히 이따금 신문지상에 보이고 있지만 많이 수그러들었고, '아시아적 가치'도 그때의 당당함이 줄어들었다. 한때 빛났던 동아시아 경제체의 성공에 대해서는 현재까지도 통일된 이해가 없다.

사실 당시의 각종 논쟁은 '아시아'를 서로 다른 사회경제 이념과 이데올로기를 담는 광주리로 변화시켰을 뿐이다. 케인스주의(Keynesianism)에서 신자유주의에 이르기까지, 신권위주의에서 제도경제학에 이르기까지 각 사상 유파는 하나같이 자신이 신봉하는 일련의 가치 체계로 아시아를 해석했다. 아시아/동아시아는 상호 모순적인 지식과 개념 체계에 의해 다시 정립되었으며, 성공이나 실패에 관계없이 모두 어떤 초연한 이념을 증명하는 논거가 되었다. 그에 관한 토론은 냉전에서 탈냉전 시대에 이르기까지 글로벌 자본주의 체계의 주도적 이론 간에 벌어지는 개념 경쟁으로 볼 수 있다.

이 책에서 강조하려는 바는, 이른바 동아시아의 기적에 대한 인식이 단지 경제 발전의 시각만으로는 얻을 수 없으며 냉전의 역사적 맥락을 벗어날 수 없다는 점이다. 미국은 소련과 중국을 저지하기 위해 동아시아에 샌프란시스코 강화조약 체제를 수립했고, 이는 동아시아의 '기적'이 발생할 수 있었던 역사적 전제였다. 분명 이러한 해석은 그리 참신하지 않으며, 또 결코 동아시아 경제 도약의 충분조건은 아니다. 많은 논자들의 지적처럼 미국의 지원을 받은 모든 국가와 지역이 경제적 고성장을 실현한 것은 아니기 때문이다. 그럼에도 불구하고 그것은 일본과 '네 마리 작은 용'이 부상했던 필요조건이었다. 그것은 동아시아 경제체가 획득한 성취를 역사적으로 평가해야 할 뿐 아니라 동시대 중국의 산업화·현대화 노정이 힘들고 곡절이 많았던 상황도 역사적으로 보아야 한다는 점을 우리에게 일깨운다.

1952년, 미국을 필두로 한 일부 동맹국과 일본이 체결한 샌프란시스코 강화조약이 발효되고, 이에 따라 일본은 명목상으로 주권을 회복했다. 강화조약의 조인국 중에는 중국 대표도, 한반도의 대표도 없었다. 그 결과, 이후 수십 년 동안 중·일 간이나 한·일 간에 벌어진 잦은 영토 분쟁은 모두 이 일방적인 조약과 관련되었다. 미국은 위임통치를 받는 오키나와에 대규모 군대를 주둔했고, 1972년 오키나와의 주권을 일본에 이관한 뒤에도 계속 군사기지를 남겨놓았다. 동시에 미국은 한국과 타이완 등지에도 군대를 주둔하여 중국을 견제하는 포위망을 형성했다.

한국전쟁이 발발하자 미국은 일본에서 '특수特需(Special Procurement)' 정책을 실시하여 일본을 통해 전쟁에 필요한 물자와 서비스를 직접 군대에 공급했다. 이 정책은 침체된 일본 경제를 신속히 부흥시켰다. 특수에 따른 금액은 1950년 1.5억 달러에 미치지 않았던 것이 이듬해 5.92억 달러로 증가했고, 1952년과 1953년에는 각기 8.24억, 8.1억 달러에 달했다. 이 액수는 어느 정도 규모인가? 1953년을 예로 들면 이 항목 하나가 이해 일본이 벌어들인 외환의 28.1%를 점했다. 한국전쟁이 끝난 뒤에도 특수 정책은 얼마간 지속되었으며, 이후 미·일은 경제면에서 고도로 협력했다. 미국은 냉전을 위해서 반드시 일본을 미국이 주도하는 자본주의 체계 속에 단단히 잡아매야 했다. 일본 상품을 향한 시장 개방은 실질적으로 일본 경제를 미국의 체제에 깊이 융합시켰다.

1960년대부터 미·일은 한국과 타이완 등 지역도 이 체계 속에 받아들였다. 1965년 한국과 일본은 국교를 맺고, 일본은 곧 한국에 5억 달러의 원조를 제공하여 박정희 정권이 경제적 곤경에서 벗어나도록 도왔다. 일본 경제에서 차지하는 한국전쟁의 의미와 유사하게, 미국이 말려든 베트남전쟁도 한국 경제가 도약하는 기점이 되었다. 베트남전쟁 중에 한국은 미국 다음으로 많은 수의 작전부대를 파견했을 뿐 아니라, 미국으로부터 총 10억 달러가 넘는 특수 자금을 받았다. 한국 기업은 기회를 틈타 부지런히 베트남에 진출했다. 베트남에서 한국으로 흘러 들어간 자금은 국내의 경제 건설을 크게 자극하여 '한강의 기적'에 중요한 촉매제가 되었다. 한국의 1인당 국민총생산(GNP)는 1964년 103달러에서 1974년 541달러로 껑충 뛰어올랐다. 바로 이때부터 한국 경제는 조선을 뛰어넘기 시작했다.

식민 현대성의 그림자는 동아시아 경제가 비상하는 과정에서 내내 떨쳐지지 않았다. 일본계 미국 학자 사카이 나오키酒井直樹는 지적한다. "미국의 (중국에 대한) 봉쇄정책의 성공 여부는 자본주의의 모범생인 일본

450 동아시아를 발견하다

을 자유주의 진영 안에 잡아맬 수 있는지가 관건이었다. …… 어떻게 중국과 일본 사이에 쐐기를 박을지, 어떻게 일본 국내에서 중국에 대한 반감을 조성할지는 미국 극동 정책의 핵심에 놓여 있었다.” 사카이 나오키는 외교사 전문가인 프레더릭 던(Frederick S. Dunn)의 관점을 인용해, 샌프란시스코 강화조약의 기안자는 나중에 미국 국무장관을 맡은 존 포스터 덜레스(John Foster Dulles)이며 그의 기본적인 대일 전략은 바로 “일본인이 중국·조선·러시아인에 대해 지닌 사회적 우월감을 이용하고, 자유주의 진영 세계 성원의 …… 고도의 우월성을 강조하여 일본인에게 자유주의 진영 속에 남도록 설득한다”는 것이었다고 지적했다. 이러한 식민성의 종족 우월감은 베트남전에 참가한 한국 군대에게서도 체현되었다. 한국이 파견한 청룡·백호·백마 등 부대는 베트남 양민에 대한 학살과 강간을 저질렀다. 통계에 따르면 한국군이 학살한 양민 수는 9,000명 이상으로, 베트남에 심각한 상처와 아픔을 남겨주었다.

신식민주의의 질곡에서 벗어날 수 없었기 때문에 냉전 환경에서 자라난 이른바 ‘동아시아의 기적’은 곧 허약한 면모를 노출했다. 1979년 하버드대학 교수 에즈라 보겔(Ezra Vogel)은 『일본제일(Japan as No. 1)』이라는 책을 발표하여 일본 경제가 거둔 성취를 격찬했다. 상찬에 심취한 일본 재벌은 이때 대규모로 미국에 상륙하여 수많은 기업과 부동산을 사들이기 시작했다. 소니 회사의 창립자 모리타 아키오盛田昭夫와 우익 정객 이시하라 신타로石原愼太郎는 득의만만해져서 1989년 『“노”라고 말할 수 있는 일본(「NO」と言える日本)』을 출판하여 미국의 종족 우월감을 강한 톤으로 비판하고, 일본이 경제와 외교 등 각 영역에서 통제를 벗어나 진정한 자주독립을 실현해야 한다고 주창했다. 냉전이 이미 종식 단계에

접어들고, 중국과 미국이 동아시아에서 손을 잡고 소련의 위협이 감퇴함에 따라 미국의 전략 속에서 일본의 중요성은 낮아졌다. 일본 자금이 대거 몰려들어 위협을 느낀 미국은 '일본 때리기(Japan Bashing)'로 전환했고, 미국 매체는 연일 '일본위협론'을 선전하기 시작했다. 1985년 미국·영국·프랑스·서독은 일본과 '플라자 합의(Plaza Agreement)'를 조인하고 엔화 환율에 간여하여 엔화의 급속한 평가절상을 강요했다. 버블화에 빠진 일본 경제는 이때부터 다시 원기를 회복하기 힘들었고, 한 걸음 한 걸음 '잃어버린 10년'으로 걸어 들어갔다. 완정한 정치적 주권이 존재하지 않는데 "노"라고 말할 수 있는 저력이 어디서 나오겠는가?

오랫동안 논자들은 '동아시아의 기적'을 동 시기 중국의 '낙후'한 경제 상황과 대비하고 일본과 네 마리 작은 용을 중국 경제 발전의 귀감으로 간주했다. 그러나 경제 발전에 대한 논의는 그 시대의 맥락을 벗어날 수 없다. 우리는 1950~1970년대까지 중국의 국가 건설과 경제 발전이 얼마나 안전한 형세에서 진행되었는지를 보아야 한다. 일본, 한국, 타이완 등의 국방 사무가 기본적으로 미국에 의해 대신 관리될 때, 중국은 필연적으로 주권과 영토가 침략을 받지 않도록 대부분의 역량을 써야 했다. 늘 전쟁을 준비하는 조건에서는 국가가 전반적인 중심을 경제 건설에 둘 수 없다. 위 지역들이 외국의 자본과 기술의 유입에 의지하고 외부 시장에 기대 발전을 이룰 때, 중국은 대부분의 기간 동안 두 초강대국의 견제를 당해 외부 자금을 받을 수도 외부 시장을 확보할 수도 없었다.

빈궁하고 공백(一窮二白)*인 상태에서 단지 자력갱생만 할 수 있는 형

---

* 一窮二白의 '窮'은 농·공업이 낙후된 것, '白'는 문화·과학의 수준이 낮은 것을 뜻한다.

세가 더해졌다. 중국의 사회주의 경제 건설은 바로 이러한 국면에서 전개되었다. 신중국 초기 30년 동안 일찍이 엄중한 착오를 범해 굽은 길을 걸어왔고 뼈아픈 교훈을 얻었지만, 경제·사회의 전반적인 발전으로 말하자면 그 거대한 성취는 그래도 긍정해야 한다. 1950~1980년의 30년 동안 중국의 총인구는 1.6배 증가했고, 평균 기대수명도 1.6배 올랐다. 비록 1980년에 출생한 인구가 1950년대의 평균적인 생활수준을 유지했다고 해도, 그 배경에서 이루어낸 실질적인 경제 신장은 놀라운 것이었다. 엄혹한 압력 아래서 중국은 세계적으로 소수의 국가만이 가진 자주적이고 완비된 산업 체계를 건설했다.(물론 전반적인 수준은 아직 높지 않았으며, 경·중공업의 비중도 합리적이지는 않았지만 말이다) 미국 역사학자 모리스 마이스너(Maurice Meisner)는 1952년에서 1977년까지 중국의 산업 생산이 연평균 11.3%의 속도로 성장한 것은 세계 현대사에서 비슷한 시간 동안 어떤 국가도 달성하지 못했던 최고의 성장 속도라고 지적했다. 빈궁한 농업 대국이 식민 약탈에 기대지 않고 외부 원조도 상당히 적은 상황에서 초기 산업화를 완성해낸 것은 역사상 드문 선례다. 이는 대체로 전 국민이 저소득 수준을 유지하고 '허리띠를 졸라맨' 덕분에 실현한 일이다. 그것은 건국 초기 경제정책의 성과 및 자원 배분에서 나타난 많은 폐단도 반영하고 있지만, 다른 한편에서 볼 때 사회주의 체제 아래 사회적 공평성의 정도가 전반적으로 현저히 개선되었다고 할 수 있는 것이다. 특히 의료와 교육이 크게 보급되고 여성의 지위도 뚜렷하게 향상되

1956년 4월, 마오쩌둥의 「열 가지 중요한 관계에 대한 논의(論十大關係)」 연설에 등장하는 표현이다.

었다. 이는 국가 전체의 안정을 담보했을 뿐 아니라, 나중의 시장화 개혁을 위해서도 신체적·문화적 소양이 높은 대량의 노동자를 배양하여 개혁·개방 이후 경제 도약의 사회적 기초를 다졌다.

1964년 10월 16일, 사카이 요시노리가 도쿄올림픽 성화에 점화한 7일 뒤에 중국은 최초의 원자탄 폭발 시험에 성공하여 안보 형세가 크게 변모했다. 그 뒤 중국과 미국은 서로 접근하여 마침내 1978년 관계 정상화를 실현했다. 이에 따라 중국 지도자도 "평화와 발전이 시대의 주제"라는 전략적 판단을 했고, 일의 중심을 경제성장 및 효율성 제고를 추구하는 쪽으로 바꾸었다. 시장 기제를 끌어들인 초기에 미·일의 지원을 부인할 수 없지만, 더 큰 역할을 발휘한 것은 과거 수백 년에 걸쳐 형성되어 동아시아와 동남아시아를 뒤덮은 중국 상인의 네트워크였다. 그들의 자금·기술·유통망에 의지해서 중국의 수출 가공 상품은 순조롭게 국제시장에 접근하고 개혁 시기 최초의 자본을 축적하기 시작했다. 어떻게 보면 중국의 경제적 비상은, 방향을 바꾸어 식민 현대성에 의존한 것이 아니라 초기 지구화 시대부터 이미 단초가 마련된 역사적 맥락으로 회귀한 것에 더 가까웠다.

거듭된 압력 아래 부단히 착오를 수정하면서, 제국에 종속되지 않고 또 어떤 초월적인 '가치'에 기대지도 않았다. 어쩌면 오르락내리락하며 중국이 굴기해온 길이야말로 학자들이 더욱 검토할 가치가 있는 '동아시아의 기적'인 듯하다.

06

동아시아 현대를 어떻게 기억하는가

지구화 시대 각 국가들은 나날이 서로 의존하고 구역의 통합성도 다른 방식으로 심화되고 있다. 그런데 동아시아에서는 현재 조선을 제외한 각 경제체가 모두 지구화의 중요 참여자이며 또 그 규모가 이미 북아메리카와 유럽을 추월했음에도 불구하고, 구역의 협력은 도리어 더 어렵다. 그 안에는 외부적 요인이 있다. 미국은 줄곧 '아시아태평양(Asia-Pacific)' 개념으로 정치적 구역으로서 '동아시아'의 유효성을 해소하기 위해 시도했다. 그러나 똑같이 중요한 것은 내부적 요인이다. 빈번히 여론을 들썩이게 하는 영토 분쟁(댜오위댜오釣魚島, 독도, 쿠릴열도, 동중국해와 남중국해……)은 더 말할 나위도 없고, 동아시아의 각 국가 간, 각 정치체 간, 심지어 한 나라 안에서 다른 공동체 간에도 모순투성이의 역사 기억이 존재한다. 역사 문제는 동아시아 협력이 가장 극복하기 어려운 장애가 되었다.

우리가 여행객으로 다른 국가의 기념관에 걸어 들어가면, 곧 현대국가가 만들어낸 역사 기억이 어떻게 현실 속의 정치적 대립과 서로 연결되어 있는지 이해할 수 있다. 9·18기념관과 난징대학살기념관의 일본 군국주의에 대한 고발, 야스쿠니 신사靖國神社 유슈칸游就館의 대동아전쟁에 대한 미화, 도쿄재판에서 일본의 무죄를 주장한 인도 법관 라다비노드 팔을 위해 세운 기념비, 히로시마원폭기념관 안의 "잘못은 반복하지 않을 테니까(過ちは繰り返しませぬから, For we shall not repeat the evil)"라는 맹세, 서울 전쟁기념관 안의 임진왜란·한국전쟁에 대한 해석, 그리고 오늘날 세계 각지에 널리 퍼진 '위안부' 소녀상 …… 복잡하게 뒤엉킨 이 기억의 양상들은 하나의 정연하고 획일적인 틀로 인식하기 매우 어렵다. 관찰자로서 우리는 반드시 그것들을 하나하나 각각의 역사적 상황으로 환원하고, 또한 동아시아 사회 전체가 현대사에서 직면했던 상황과 결합해야 비로소 각국이 그렇게 협력하기 어려워 보이는 원인을 대략적으로 이해할 수 있다.

유럽이나 북아메리카와 달리, 동아시아와 '현대'의 관계는 시종 뒤엉켜 분명치 않았다. 하지만 그런 가운데서도 이 관계를 일관되게 잇는 것은 단지 냉전적 대치나 메이지에서 쇼와에 이르는 일본의 확장뿐만 아니라, 19세기 이래 구역에 대한 식민 현대성의 철저한 개조였다. 이것은 정치·경제·사회 관계에서 전방위적인 충격을 포함하며, 고유한 지식 체계와 자아 인식의 전복도 포함했다. 그러므로 일본의 전쟁 책임 회피를 비판하는 것만으로는 부족하며, 동아시아의 모순을 간단히 민족주의로 귀결하는 것도 충분치 않다. 우리는 구역에 대한 역사 인식의 혼동이, 동아시아가 식민 현대의 충격을 받은 처음부터 이미 시작되었음을 파악할

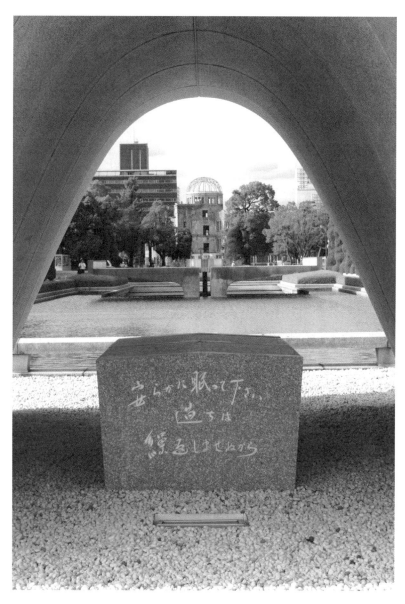

히로시마 평화기념관 안의 원폭위령비

비석에는 "편안하게 잠드소서. 잘못은 반복하지 않을 테니까(安らかに眠って下さい 過ちは 繰り返しませぬから)"라고 씌어 있다.

필요가 있다. 일본의 탈아, 그리고 동아시아가 스스로를 '봉폐·낙후' '폐관·쇄국'으로 인식하는 논리는 매우 일치한다. 우리의 자기 역사에 대한 부정은 때로 일본의 그 침략 역사에 대한 부정에 뒤지지 않는다.

　오늘날 동아시아를 곤혹스럽게 하는 역사 인식의 문제는, 근본적인 차원에서 말하자면 어떤 전쟁, 어떤 사람(집단), 어떤 사건에 대한 책임을 확인하는 데 있지 않고 우리의 현대성 개념에 대한 인식에 있다. 19세기 후기부터 동아시아는 점차 민족국가를 단위로 하고, 정해진 한 방향으로 흘러가는 일종의 발전주의 시대관을 받아들이기 시작했다. 이를테면, 역사는 부단히 '진보'를 향해 나아가는 과정이다, 인류는 '야만'에서 '문명'으로 나아간다, 미래는 과거보다 더 '선진'적일 것이다, 우리가 매 맞는 이유는 '낙후'하기 때문이며 낙후한 원인은 '폐쇄·보수'에 있다. 이러한 일련의 논리는 우리에게 영원히 '문명의 승리자'의 시각에 서서 '몽매한 야만인'을 부정하도록 요구한다. 그런데 누가 문명과 승리를 대표하며, 누가 몽매와 실패를 대표하는가? 만약 그저 힘·재부·기술, 즉 이른바 부국강병만을 판정 기준으로 삼는다면, 이러한 '문명' 안에는 도의·공평·정의가 들어설 자리가 여전히 있는가? 만약 유기적인 한 사회집단이 힘·재부·기술 면에서 약세에 있다면, 이 사회집단은 종족적으로 저열하며 문명의 서열에서 하등하다는 것을 의미하는가? 그들이 침범과 능욕을 당할 때 우리는 마땅히 침략자의 불의함을 지탄해야 할 것인가, 아니면 피침략자가 충분히 '선진'적이지 못했음을 질책해야 할 것인가?

　수십 년 동안 "낙후하면 매 맞아야 한다"는 논리는 국민을 채찍질해서 발전하도록 노력하게 만드는 동력이었다. 오늘날 중국은 과거 백 년이래 어느 시기보다 더 부흥에 가까이 가 있다. 만약 현재의 발전 추세가 계속된다면 머지않은 장래에 중국은 반드시 국제사회에서 점점 더 일거수일투족이 중요한 영향력을 끼치는 역할을 담당하게 될 것이다. 중국인의 역사관·발전관·세계관은 인류 사회에 지표적 의미를 낳을 수 있다. 바로 이 역사의 결절점에서 우리는 반성할 필요가 있다. 발전주의적 현대화의 역사관이 어떻게 인류 사회의 미래를 창조할 수 있는가? 우리는 중국과 동아시아가 현대로 향해 나아간 도정을 다시 탐색하여, 그것이 어떻게 다른 구역과 함께 지구화를 공동으로 건설했는지, 또한 어떻게 공정하지 않고 의롭지 못한 식민주의·제국주의에 결연히 저항했는지를 인식할 필요가 있다.

중국 경제의 굴기에 따라 중국은 아마도 필연적으로 그해 일찍이 일본 지식인을 곤혹스럽게 했던, 어떻게 (식민) 현대를 초월할 것인지의 문제에 직면하게 될 것이다. 근대 일본의 아시아 상상은 그 자신이 떨쳐내지 못한 식민주의·제국주의의 색채를 띠고 있었고, 그 실천은 의심할 바 없이 실패했다. 그러나 그들이 당시 인식했던 자본주의·식민주의의 곤경이 반드시 거짓 문제는 아니었다. 그들의 실패는 스스로 식민제국과 같은 논리를 선택해서, 즉 여전히 상상 속의 동양과 서양, 문명과 야만의 대립으로 초월을 시도한 데 있다. 이 실패는 결코 식민 현대성이 맞다는 점을 증명하는 것이 아니며, 그것을 초월하는 일이 어렵다는 점을 분명히 보여준다. 전후 일본에서는 적지 않은 지식인이 '방법으로서의 중국'을 인식하며 '중국'의 의미를 새롭게 발견할 것을 주장했다. 그들이 보기에, 일본의 멸시를 받았던 중국은 청 말에서 5·4운동에 이르기까지, 루쉰에서 마오쩌둥에 이르기까지 전통과 식민 현대성에 대한 이중의 비판 속에서 자아 개조를 실현했고, 구미에 종속되지 않은 독특한 현대화의 길을 걸어갔다. 어쩌면 그 안에는 어떤 이상화된 미래상이 내포되어 있을 지도 모른다. 하지만 이러한 타자의 사유는 오늘날 세계의 선두에 나선 중국에 대한 기대이기도 하다.

어떤 유형의 발전이라도 반드시 위기를 수반한다. 동아시아/중국이 세계체제와 고도로 융합함에 따라 이 체제의 어떤 위기도 동아시아 구역 또는 중국 국내에 동요를 일으킨다. 빈곤 문제, 환경 변화, 핵전쟁의 그림자, 금융 리스크, 평등의 결여, 정체성, 주권 분쟁, 종교적 극단주의 …… 이러한 거의 모든 현대성의 난관이 동아시아 구역, 하물며 중국 내부의 문제에 반영되고 있다. 그러므로 각각이 서로 긴밀히 연결되어 있는 이러한 문제들에 대응하는 데는 오로지 정태적인 민족국가의 틀을 초월해야만 그것들을 형성한 지구적 근원과 역사적 기원을 파악할 수 있다. 반대로 중국과 동아시아 구역이 이러한 문제들에 대해 해답을 구하는 것도 세계적으로 의의를 갖는다. 근래 중국 학계에서 무엇이 동아시아인가, 무엇이 중국인가에 대한 토론이 나날이 증가하고 있는 현상은 바로 역사 인식과 구역 인식을 재차 탐구해야 한다는 지식계의 절박한 요구를 구체적으로 드러낸다.

동아시아를 분명히 말하려 하면 할수록 점점 더 그것을 낳은 현대의 시간관에서 벗어날 수 없다. 그것이 현대의 시간 속에서 전개된 양상을 똑똑히 규명하려 하면 할수록 점점 더 불가피하게 현대의 시간 개념 자체에 존재하는 문제를 검토해야 한다. 역사학계에서 '유럽중심주의' 비판은 늘 하는 상투적인 이야기다. 그러나 이른바 유럽중심주의의 핵심은 (공간 단위로서) 유럽으로부터 출발하여 역사를 보는 데 있지 않고 18세기 유럽에서 기원한 시간의 전개를 상상하는 방식에 있다. 즉, 역사는 특정 방향을 지향하며, 특정 가치를 실현하는 진화 과정이라고 상상하는 것이다. 이러한 시간관념은 산업주의적·자본주의적 양식이다. 기계·통일·표준화 또한 기독교 세계관과 깊은 내재적 연관을 가지고 있다. 인류 사회의 극히 다양한 역사적 경험, 그리고 이러한 경험을 이해하는 방식은 모두 하나의 선형적 시간축 위에 배열되었다. 그렇지만 서로 다른 사람이 역사 발전에 대해 어떻게 같은 리듬감, 이행감, 시대 단락의 감각(斷代感)을 가질 수 있겠는가? 예를 들어 '중세', '계몽', '문예부흥' 등 자본주의 시대에 생겨난 이러한 역사 시기 구분은 비유럽 세계의 시간 맥락과 큰 관련이 없을 뿐더러 그러한 시대에 생활한 유럽인도 마찬가지로 느낄 수 없었다. 캘린더의 어느 한 해에 대한 객관적 서술로 '1840년', '경자년庚子年', '(청) 도광道光 20년', '(일본) 덴포天保 11년', 혹은 '(조선) 헌종憲宗 6년'을 채용할 때, 그 배후에서 지향하는 시공 감각과 내포한 뜻은 각기 현격한 차이가 있다.

시간은 절대로 통일적이지 않다. 물리학에서 그러하며 역사학에서는 더욱 그러하다. 역사 자료에 대한 관찰자의 개입은 상당 부분 역사가 드러나는 형태를 결정한다. 시간 감각도 주관이 개입한 결과다. 유럽중심주의를 타파하는 것은, 본질적인 면에서 근대 산업 문명이 가져온 단일한 선형 역사관에 근거한 식민주의의 독점을 깨뜨리는 것이다. 그러나 강조하고 싶은 바는 유럽중심주의를 타파하는 것이 분명 다른 중심주의(예를 들어 중국중심주의 혹은 일본중심주의)를 이용해서 그 교체를 진행하는 것이 아니라는 점이다. 선형적 시간의 신화를 배제하는 것은 결코 유가의 복고적인 시간관이나 불교의 순환적인 시간관 또는 왕조사관으로 되돌아가야 함을 의미하지 않는다. 마치 우리가 오늘날 민족국가 체제를 반성하는 것이 '천하' 체계로 되돌아가야 함을 의미하지 않는 것과 같다. 타파라고 말하는 것은 우리가 다원적 시간관으로 세계를 대하고 여러 다른 시각에서 과거와 현재를 자세히 살피도록 시도해야 한다는 것을 가리킨다. 상호 교차하고 서로 영향을 끼치는 네트워크 속에서 역사의 의미가 비로소 더욱 완정하게 드러날 수 있다.

동아시아와 현대의 관계로 돌아와서, 우리는 '현대'인 적이 있었는가? 나는 그렇다고 생각한다. 동아시아 세계는 매우 일찍이 자신의 현대 전환을 시작했으며, 그것은 인류 사회에서 전반적인 전환의 한 구성 부분이었다. 단지 이러한 현대 진입의 방식이 유럽 식민주의가 도래한 뒤 부정되고 극히 왜곡된 것으로 변화했다. 인류의 현대는 어느 하나의 국부적인 기원에서 다시 전 지구적으로 확대된 것이 아니며, 서로 다른 사회 간에 긴밀히 교류하고 만나는 과정 속에서 함께 형성해낸 것이다. 동아시아, 남아시아, 아메리카, 아프리카의 상호작용이 없었다면, 유럽의 현대화도 우리가 아는 방식으로 나타날 수 없었다. 그러므로 '현대'는 동아시아에 내재된 것이다. 동아시아 현대를 토론하는 데 언필칭 서양을 끄집어낼 필요도 없고, 또한 일부러 서양을 회피할 필요도 없다. 외부 세계가 가져온 충격을 직시하되, 이러한 충격을 유일한 역사 추진력으로 간주하지 말고 외부 충격에 조우하고 반응하는 과정에서 어떻게 현지의 역사적 동력으로 내화內化하는지의 과정을 탐구해야 한다.

헤겔 이래의 주류 역사관은 시간을 절대화하고 지역을 상대화했는데, 이 역사관에 따라 각기 다른 인류 사회는 절대적인 시간축 위에 하나하나의 단계를 구성하는 것이 되었다. 그런데 '동아시아를 발견'하는 것은 역방향의 노력을 해보는 시도다. 요컨대, 한 구역의 시각에서 출발하여 세계 역사의 시간이 어떻게 이 공간에서 전개되었는지를 살펴보는 것이다. 역사는 어떤 통일된 종점을 향해가는 과정이 아니며, 심지어 반드시 앞으로 나아가는 선형의 과정도 아니다. '현대'의 다원성도 여기에 체현되었다. 시각을 전환한 결과는 바로 '동아시아' 혹은 '중국'을 막론하고 모두 고정불변의 본질적인 실체는 아니며, 더욱이 어떠한 문화본질론(예컨대 한자, 유교, 불교)으로 개괄되지 않는다는 점을 발견하는 것이다. 중국 또는 동아시아는 하나의 동태적인 과정으로, 그것들을 만들어가는 과정은 지금껏 지속되었고 아마도 영원히 끝날 수도 없을 것이다. 이는 미국 사학자 피터 퍼듀가 말한 것과 같다. "우리가 동아시아 지구의 풍부한 성과를 서술하는 것은 결코 하나의 고정적인 개념을 얻어내는 것이 아니라, 이 분류를 사용하여 복잡한 문화 신분이 형성되는 과정을 탐구하는 것이다. '동아시아'라는 이 사회는 꼭 어떤 동일한 가치나 제도적 구조를 공유하지 않지만, 그들은 모두 서로 교환하고 배제하고 또 논쟁하는 과정에 개입했다. 동아시아 구역의 역사는 마땅히 사회 교류의 연결 루트를 주목하는 것이 가장 중요하다."

동아시아의 현대 노정을 추적하는 일은, 내재적으로 전개되어온 동아시아 현대의 역사적 광경, 그것이 19세기에 도래한 '식민 현대'와 맺은 복잡한 관계, 그리고 서구의 현대성에 대한 독점적 해석을 타파하는 과정을 탐색하는 것이다. 이렇게 하는 목적은 동아시아 또는 중국의 특수성을 논증하려는 데 있지 않고, 더욱이 동아시아를 추어올리고 구미를 낮게 평가하려는 데 있지도 않다. 그보다는 다른 유형의 역사 발전 노정을 제시하여 어제·오늘·내일을 인식하기 위한 또 하나의 새로운 차원을 제공하는 것이라고 보는 편이 좋을 듯하다. 만약 동아시아의 시각으로부터 역사를 인식하는 색다른 실마리를 제공할 수 있다면, 우리는 마찬가지로 남아시아, 중앙아시아, 중동, 아프리카, 라틴아메리카 혹은 초지역적인 시각에서 역사를 해석할 수도 있을 것이다. 이러한 다원적인 충돌 아래서만 비교적 완정한 인류 기억의 네트워크를 구성할 수 있다. 그리고 또 다른 것을 발견할 가능성을 가지고 우리는 미래에 대해 더 많은 기대를 품을 수 있을 것이다.

역자 후기

　현재 역사학은 연구와 교육에서 통상 한국사, 동양사, 서양사 등 특정 공간 범주를 단위로 하는 분과로 나뉘어 있다. 연구자들은 학문 훈련을 시작할 때부터 학위를 취득하고 직업 학자로서 활동하기까지 줄곧 자신이 소속된 분과 영역을 명확히 하며 좀체 다른 영역을 침범하지 않는다. 이는 교육으로까지 이어져 분과 학문의 틀은 학과 구분과 커리큘럼 개설 등에 기본적으로 적용된다. 물론 이런 모습은 역사학이 근대 학문으로 성장하면서 그 전문성을 형성해온 데 따른 것이다. 방대한 자료를 다루어야 하는 역사학의 특성상, 대상의 특성에 맞게 적절히 분야를 나누어 전문성을 확보하는 것은 어느 정도 불가피하다. 그렇지만 이러한 구분 자체가 역사학의 분절을 의도한 결과는 아닐 것이다.

　사실 역사학자들은 분석 대상을 국한하는 여러 경계를 넘어 확장된 역사상에 접근하려는 노력을 전개해왔다. 이때 공간 범주들을 상대화하는 것은 중요한 과제다. 그 가운데 특히 일국사―國史의 서술을 뛰어넘는 것이 큰 과제로 제시되었는데, 학자들은 근대 이후 국민국가 체제에 적응해온 기왕의 역사 서술 속에서 절대적 의미를 부여받게 된 국가 경계를 상대화하는 것이 필요하다고 지적한다. 이에 대해서 민족(nation)/국가(state)와 다른 층위의 공간 범주들, 예컨대 지구(globe)/세계(world), 지역(region), 로컬리티(locality) 등은 일국사를 상대화하는 공간 감각을 확보하는 데 도움을 줄 것이라 기대된다. 이 책에서 다루는 '동아시아'는 지구/세계와 민족/국가의 중간 층위에서 지구사/세계사나 일국사 서술의 한계를 극복하는 데 유효한 의미를 갖는 역사 서술 방식으로 주목된다. 그런데 동아시아와 같이 특정 공간 범주를 단위로 한 역사 서술을 시도할 때는 그 역사체로서의 실체를 지나치게 과장하지 않도록 경계하는 것이 매우 필요하다. 왜냐하면 역사 서술의 보편성을 확보하기 위해 기존의 절대화된 공간 범주를 상대화하는 것이 필요하다고 한다면, 또한 그 과정에서 또 다른 '절대화'된 공간 범주를 설정하지 않도록 주의해야 하기 때문이다.

학문적으로 동아시아를 하나의 공간 범주로 묶고 그에 대해 본격적인 관심을 두게 된 것은 제2차 세계대전 이후라고 할 수 있다. 전후 세계 질서가 재편되는 가운데 각국의 학계에서는 독자적인 지역 세계로서 동아시아를 주목하는 흐름이 이어졌다. 전후 일본에서는 세계가 유럽적 가치의 일원성에 의해 형성되었다는 전쟁 이전의 신념을 반성하는 풍조가 일어나면서, 복수의 독립된 역사적 세계의 하나로 동아시아 세계를 주시하기 시작했다. 니시지마 사다오西嶋定生의 '동아시아세계론'은 그 대표적인 주장으로, 오늘날 하마시타 다케시濱下武志의 '아시아교역권론' 등으로 이어지며 큰 영향을 끼치고 있다. 또한 미국 학계의 경우, 새롭게 형성되는 냉전 구도 속에서 중요한 비중을 점하게 된 이 지역의 독자적인 질서를 주목하기 시작했다. 존 킹 페어뱅크(John K. Fairbank) 등은 '중국적 세계질서(Chinese World Order)'라는 개념을 통해 중국을 중심으로 한 지역 세계의 존재를 새삼 주목했다. 미국 학계가 유럽중심주의에서 벗어나 중국 중심의 동아시아 지역 질서를 발견하는 과정은, 그 뒤 멀게는 근대화론에 대한 반성적 사고를 거쳐 제시되는 '중국 중심의(China-centered) 중국사' 논의까지 이어진다고 할 수 있다. 우리 학계에서도 해방 직후부터 동양(혹은 동아시아)이라는 지역 단위의 범주를 좀 더 명확히 설정하고 그것을 독자적 전공 분과로서 구축해가는 과정을 이어왔다. 물론 세계대전 이전에도 일본 제국주의의 부상 과정에서 '대동아大東亞' 구호가 제기되었던 것처럼 동아시아의 긴밀한 연계성을 환기시키는 주장이 있었다. 그렇지만 그때는 유럽 중심의 일원적 표준에 대한 믿음 속에서 이 지역 세계의 독자성에 대한 자각이 그리 성장하지 못했다. 제2차 세계대전 이후 서구 세계의 실패를 목도하고 그와 구별되는 독자적인 지역 세계의 존재를 자각하게 되면서, 비로소 학문적으로 이 지역을 공간 범주로 한 역사 서술이 본격적으로 모색되기 시작했다.

그런데 역사적 분석의 단위로 동아시아라는 지역 범위를 설정한다는 것이 곧 동아시아를 하나의 일체화된 범주로 확정하는 것은 아니었다. 해방 직후 우리 학자들은 세계사(또는 역사) 속에 동양사·서양사 또는 동아시아사 같은 분절화된 학문의 개념이 성립하는지 여부에 대해서조차 신중한 입장이었다. 그들은 유럽 세계에 대해 독자성과 다양성을 갖는 지역의 역사를 주목하고 역사 서술의 보편성을 확보하기 위한 방편으로 동아시아사를 모색했지만, 그로 인해 보편적 역사가 특수한 역사들로 분할될 수도 있다는 위험성을 가볍게 무시할 수는 없었다. 혹자의 지적처럼 세계사를 동양사와 서양사 등으로 구분하는 것은 "실로 불가하나 부득이한 사정 때문에" 그렇게 했을 뿐이었다. 말하자면 동아시아라는 특정 지역을 단위로 역사 서술을 구성하는 것은 기존 역사 서술의 편향성을 교정한다는 의미에서 '부득이'한 측면이 있지만, 역사의 보편성이라는 관점에서 보면 여전히 궁극적으로 '불가'한 측면이 있었던 것이다. 이 점에서 동아시아사를 서술할 때는 독자적인 지역 세계를 상정하면서도 그 세계를 경직된 경계로 획정하여 역사를 분할하지 않도록 경계하는 것이 매우 중요했다.

이런 까닭에 동아시아사를 구성하는 데는 이 공간에 대한 신중한 서술 전략이 필요하다. 이는 현재 동아시아사를 집필하는 많은 학자들이 한창 고민하고 있는 지점이기도 하다. 이와 관련하여 이 책의 내용 가운데 다음과 같은 측면들은 음미해볼 만한 가치가 있다.

첫째, 동아시아의 공간 범주에 대한 서술 방식이 경직되어 있지 않다. 저자는 이 책에서 지역사(regional history), 지구사(global history), 초국사(transnational history)의 시각을 적극적으로 채용하면서, 경계를 넘어 전개된 인구·물자·제도·사상의 이동을 통해 형성되는 동아시아 사회의 유기적인 상호작용을 탐색하는 것을 목표로 삼고 있다. 이때 동아시아는 지역 세계 바깥과의 상호 교류뿐만 아니라 지역 내부 간의 상호 관계도 활발히 전개되는 공간이다. 이 교류와 상호 관계는 서구 세계와 조우한 이후 비로소 시작되었던 것이 아니라 그 이전부터 꾸준히 진행되어왔던 것으로 그려지고 있다. 그에 따르면 16~19세기 동아시아는 결코 '폐관', '쇄국', '은자의 나라' 등으로 개괄할 수 없으며, 오히려 그 속에 개방성을 지향하고 확대해온 흐름이 꾸준히 존재했다. 이 때문에 이 책에서 동아시아는 현대 이전과 이후 시기를 막론하고 그저 개별 국가의 단순한 집합이 아닐 뿐 아니라, 그것이 포괄하는 경계가 매우 신축적이고 유동적으로 파악된다. 저자의 이러한 서술은, 우리가 동아시아사를 서술할 때 통합적이고 일체화된 동아시아 상을 제시해야 한다는 강박에 시달리지 않고서도 그 역사를 그릴 수 있다는 가능성을 엿보게 한다.

둘째, 이 책은 동아시아의 현대를 이 지역 세계의 주체적 변화를 중심으로 파악하려고 노력한다. 동아시아 현대사에서 서구의 충격(western impact)과 대응(response)이라는 패러다임을 벗어나는 것은 오랜 과제였다. 이 패러다임 아래 그려지는 역사상은 불가피하게 피동적 색채를 띨 수밖에 없었다. 사실, 그에 대한 문제의식은 일찌감치 제기되었다. 그럼에도 불구하고 그것을 실제 서술에 반영하기는 쉽지 않았다. 중국 근현대사 저술에서 대개 그 서술의 시작은 아편전쟁이었다. 그런데 이 책은 동아시아의 현대가 그러한 외부적 충격보다 지역 세계 내부의 변화로부터 시작되었다는 점을 그 구성에서부터 분명히 한다. 이 책에서 현대의 기점으로 제시되는 사건은 아편전쟁이 아니라 임진왜란과 만주의 굴기다. 그는 이러한 사건들이 동아시아 종번 예제 질서의 내부에서 발생한 변화 요구였다는 점을 강조하면서, 그것을 동아시아의 천하질서가 현대로의 자기 변이를 시작한 시점으로 파악한다. 저자의 시각은 근래의 천하 체제 논의와 신청사 등의 연구 성과로부터 많은 도움을 얻었겠지만, 그것을 동아시아 '현대'의 기점으로 직접 연결하여 서술한 것은 독창적이면서 과감한 부분이다. 이러한 서술은 동아시아에서 현대를 이 지역 세계 주체의 변화에 맞춰 충실하게 파악할 수 있도록 해준다. 그렇게 서술함으로써 우리에게 전통과 현대 시기의 단절 면보다 연속 면을 더 많이 볼 수 있게 해준다.

셋째, 동아시아의 현대가 서구에 대해 갖는 독자성을 서술하는 것을 넘어서 그 대안적 가치를 적극적으로 전망한다. 저자는 동아시아 현대의 진행 과정에서 서구 세계와의 관계 설정이 매우 중요한 맥락이 되었다는 점을 지적하지만, 이때 동아시아가 발견한 현대는 단순히 서구 세계를 학습하고 추종하는 것이 아니라 자신을 부정함으로써 새로운 자기를 발견하는 일종의 변증법적인 과정이었다고 인식한다. 그는 후쿠자와 유키치福澤諭吉의 「탈아론脫亞論」에 대한 해석에서 "아시아를 벗어나자(탈아脫亞)"는 주장이 기존의 통념과 달리 "유럽으로 진입하자(입구入歐)"는 것으로 직접 연결되지 않는다고 설명하고, 아울러 동아시아 현대의 전반적인 흐름은 '탈아'라는 자기부정을 통해 새로운 자신을 찾아가는 과정이었다고 지적한다. 그에 따르면 동아시아 현대사는 "아시아를 벗어나 유럽으로 진입하는 것(탈아입구脫亞入歐)"이 아니라 "아시아를 벗어나 자신을 구하는 것(탈아자구脫亞自救)"을 중심축으로 삼아 전개되었다. 또한 이러한 현대의 진행 속에서 중국과 한국은 오히려 일본보다 앞서 있었다고까지 설명한다. 이는 동아시아 현대가 단지 서구 세계에 대해 독자적이었을 뿐 아니라 그 과정에서 스스로 변증법적으로 발견한 자신 속에 서구에 대한 대안적 의미가 있었다는 인식까지 갖도록 유도한다.

이러한 점들은 역자가 이 책을 번역하여 소개하려는 마음을 갖게 한 동기가 되었다. 수년 전 학회 참석차 중국을 방문했을 때 베이징대학 부근의 한 책방에서 '한국사' 서가에 꽂힌 이 책을 우연히 발견했다. 한국사 분야에서 동아시아 논의는 빈번한 편이 아니었던지라 호기심에 구입하고는 곧 통독했다. 역자도 대학에서 오랜 기간 동아시아사를 강의해왔고 평소 적절한 강의 교재를 찾고 있었다. 저자가 매우 신선한 시각으로 동아시아 현대사를 구성했기 때문에, 역자로서는 이 책을 국내에 소개할 의의가 충분하다고 판단했고 서둘러 번역에 착수했다. 이 책에 제시된 다양한 논지들이 한국사, 동양사, 서양사 등 분과의 경계를 넘어서 폭넓게 수용되어 활발히 논의될 수 있기를 기대한다.

이 책의 출판 제의를 흔쾌히 수락해준 역사비평사와 편집을 맡아준 조수정 선생님께 감사하는 마음을 전한다.

참고문헌

1장. 아시아 안티테제

01 무엇이 '동아시아'인가? 왜 '동아시아'인가?

宮崎市定,『アジア史論考, 第1卷: 槪說篇』, 東京: 朝日新聞社, 昭和51(1976).

Georg Wilhelm Friedrich Hegel, *Vorlesungen über die Philosophie der Weltgeschichte*, 1840(黑格尔, 『历史哲学』, 王造时 译, 上海书店出版社, 2006).

于根·奥斯特哈默(Jürgen Osterhammel),『亚洲的去魔化：18世纪的欧洲与亚洲帝国』, 刘兴华 译, 社会科学文献出版社, 2016.

福澤諭吉,「脫亞論」,『續福澤全集』第2卷, 岩波書店, 1933.

Goldman, Harvey. "Images of the Other: Asia in Nineteenth-Century Western Thought —Hegel, Marx, and Weber," in *Asia in Western and World History*, edited by Ainslie T. Embree and Carol Gluck, 146-71, New York: Routledge, 1997.

02 중국은 차이나(China)가 아니고 일본은 재팬(Japan)이 아니다

Fernand Braudel, *L'Identité de la France*(费尔南·布罗代尔,『法兰西的特性：空间和历史』, 顾良·张泽乾 译, 商务印书馆, 1994).

葛兆光,『宅兹中国：重建有关"中国"的历史论述』, 中华书局, 2011.

黄兴涛,「民族自觉与符号认同："中华民族"观念萌生与确立的历史考察」,『中国社会科学评论』(香港), 2002年 2月.

矢野仁一, 『近代支那史』, 弘文堂書房, 1926.

Holcombe, Charles, *A History of East Asia: From the Origins of Civilization to the Twenty-First Century*, 1st edition. Cambridge: Cambridge University Press, 2010.

03 아시아의 낭만화·최후의 사무라이

李伯重, 『火枪与账簿 : 早期经济全球化时代的中国与东亚世界』, 三联书店, 2017.

汪晖, 『东西之间的"西藏问题" : 外二篇』, 三联书店, 2014.

南浦文之, 『鐵炮記』, 1606年(慶長11年).

Ledyard, Gari, "Cartography in Korea" In *The History of Cartography*, Vol. 2, Book 2, *Cartography in the Traditional East and Southeast Asian Societies* edited by J. B. Harley and David Woodward. 235-345. Chicago: University of Chicago Press, 1994

Perrin, Noel, *Giving Up the Gun: Japan's Reversion to the Sword, 1543-1879*, Boston: David R. Godine, 1988.

Said, Edward, *Orientalism*, New York: Vintage, 1979.

Struve, Lynn A, *Time, Temporality, and Imperial Transition: East Asia from Ming to Qing*, Asian Interactions and Comparisons, Honolulu: Association for Asian Studies and University of Hawaii Press, 2005.

2장. 조선전쟁 : 동아시아 현대를 연 '세계대전'

01 하극상 : 도요토미의 포부

賴山陽, 『日本外史』, 1826年(文政9年).

『朝鮮王朝實錄』, 宣祖 24-3-1, 國史編纂委員會.

Conlan, Thomas. "Instrument of Change", in *War and State Building in Medieval Japan*, edited by John A. Ferejohn and Frances McCall Rosenbluth. 124-58. Stanford: Stanford University Press, 2010.

02 예제천하 : 명조와 조선의 내우외환

黄仁宇, 『万历十五年』, 三联书店, 1997.

张廷玉等, 『明史』 第322卷, 「日本传」, 中华书局.

『朝鮮王朝實錄』, 宣祖 24-3-1, 國史編纂委員會,

Palais, James B, *Politics and Policy in Traditional Korea*, Cambridge, Mass.: Harvard University Press, 1975,

03 동아시아 '국제관계' 기억의 결절점

茅瑞征, 『万历三大征考』.
川口長孺, 『征韓偉略』.
李舜臣, 『亂中日記』.
Swope, Kenneth M, *A Dragon's Head and a Serpent's Tail: Ming China and the First Great East Asian War, 1592-1598*, Norman OK: University of Oklahoma Press, 2009.

04 전쟁과 평화 사이 : 역사 기억과 종번 정치문화

明神宗, 「平倭詔诰」.
『朝鮮王朝實錄』, 宣祖 25年-30年, 國史編纂委員會.
柳成龍, 『懲毖錄』.
Perdue, Peter C, "A Frontier View of Chineseness," in *The Resurgence of East Asia: 500, 150 and 50 Year Perspectives*, edited by Arrighi, Giovanni, Takeshi Hamashita, and Mark Selden. 51-77, London: Routledge, 2003.

3장. 만주의 굴기 : 다원 국가의 형성

01 주변 지역의 특이한 변동 : 다각적 변방이 된 만주

金毓黻, 『东北通史 上编』, 五十年代出版社, 1943.
拉铁摩尔, 『中国的亚洲内陆边疆』, 唐晓峰 译, 江苏人民出版社, 2017.
李健才, 『明代东北』, 辽宁人民出版社, 1986.
张杰·张丹卉, 『清代东北边疆的满族, 1644-1840』, 辽宁民族出版社, 2003.
Rawski, Evelyn, *Early Modern China and Northeast Asia: Cross-Border Perspectives,* Cambridge: Cambridge University Press, 2015.
Song Nianshen, "Northeast Eurasia as Historical Center: Exploration of a Joint Frontier," *The Asia-Pacific Journal* 13, 44, no. 2 (2015).

02 대청 구조의 건립 : 홍타이지의 다원제국

罗威廉, 『最后的中华帝国』, 李仁渊·张远 译, 中信出版社, 2016.
王钟瀚, 『清史新考』, 辽宁大学出版社, 1990.
Li, Gertraude Roth, "State Building before 1644," in *Cambridge History of China*, vol. 9, part 1: The Ch'ing Dynasty to 1800, edited by Willard J. Peterson. 9-72. (Cambridge: Cambridge University Press, 2002.

Wang, Yuanchong, *Remaking the Chinese Empire: Manchu-Korean Relations*, 1616-1911, Ithaca: Cornell University Press, 2018.

03 '만'과 '기' : 족과 적 사이

定宜庄, 『清代八旗驻防研究』, 辽宁民族出版社, 2003.
定宜庄·胡鸿保, 「从族谱编纂看满族的民族认同」, 『民族研究』, 2001年 第6期.
王钟瀚, 『清史满族史讲义稿』, 鹭江出版社, 2006.
郅志 选注, 『猛回头 : 陈天华 邹容集』, 辽宁人民出版社, 1994.
Crossley, Pamela Kyle, *A Translucent Mirror: History and Identity in Qing Imperial Ideology*, Berkeley: University of California Press, 1999.
Rhoads, Edward J. M, *Manchus & Han: Ethnic Relations and Political Power in Late Qing and Early Republican China, 1861-1928*, Seattle: University of Washington Press, 2000.

04 동아시아에서 '이' : 이족과 정통

黄兴涛, 「清代满人的"中国认同"」, 『清史研究』, 2011年 第1期.
『大义觉迷录』.
『清实录』, 康熙 48-11-24, 中华书局.
Anderson, Benedict, *The Imagined Community: Reflections on the Origin and Spread of Nationalism*, New York: Verso, 1991.
Gellner, Ernest, *Nations and Nationalism*, Ithaca: Cornell University, 1983.
Smith, Anthony D, *Nationalism: Theory, Ideology, History*, Malden: Polity Press, 2013.

4장. 신천하질서 : 새로운 '중화', 새로운 천하

01 예부 '외교' : 권력, 문화가 된 조공

孙卫国, 『大明旗号和小中华意识 : 朝鲜王朝尊周思明问题研究(1637-1800)』, 商务印书馆, 2007.
费正清, 『中国的世界秩序』, 中国社会科学出版社, 2010.
夫马进, 『朝鲜燕行使与朝鲜通信使』, 伍跃 译, 上海古籍出版社, 2010.
孙宏年, 『清代中越宗藩关系研究』, 黑龙江教育出版社, 2006.
Kang, David, *East Asia Before the West: Five Centuries of Trade and Tribute*, New York: Columbia University Press, 2010.
Song Nianshen, "'Tributary' from a Multilateral and Multi-Layered Perspective", *Chinese Journal of International Politics* 5, no. 2 (2012): 155-83.

02 내륙아시아 제국 : 만주·몽골·티베트 정치·신앙공동체

李勤璞,「蒙古之道 : 西藏佛教和太宗时代的清朝国家」, 内蒙古大学博士论文, 2007.

张志强 主编,『重新讲述蒙元史』, 生活·读书·新知三联书店, 2016.

Crossley, Pamela Kyle, Helen F. Siu, Donald S. Sutton eds., *Empire at the Margins: Culture, Ethnicity, and Frontier in Early Modern China*, Berkeley: University of California Press, 2006.

Di Cosmo, Nicola, "Qing Colonial Administration in Inner Asia", *The International History Review* 20, no. 2 (1998): 22.

Elliott, Mark, *The Manchu Way: The Eight Banners and Ethnic Identity in Late Imperial China*, Stanford: Stanford University Press, 2001.

Elverskog, Johan, *Our Great Qing The Mongols, Buddhism, and the State in Late Imperial China*, Honolulu: University of Hawaii Press 2006.

Fletcher, Joseph, "Ching Inner Asia", in *The Cambridge History of China*, Volume 10, Part 1, edited by Denis Crispin Twitchett and John King Fairbank, 35-106, Cambridge: Cambridge University Press, 1978.

Ho Ping-Ti, "In Defense of Sinicization: A Rebuttal of Evelyn Rawski's 'Reenvisioning the Qing'", *The Journal of Asian Studies*, 57, no. 1 (1998):123-55.

Rawski, Evelyn S, "Presidential Address: Reenvisioning the Qing: The Significance of the Qing Period in Chinese History", *The Journal of Asian Studies* 55, no. 4 (1996): 829-50.

03 청과 러시아의 충돌 : 유럽-아시아의 만남 속 '중국'의 재구성

苏联科学院远东研究所等编,『十七世纪俄中关系』, 商务印书馆, 1975.

刘民声·孟宪章,『十七世纪沙俄侵略黑龙江流域编年史』, 中华书局, 1989.

汪晖,『现代中国思想的兴起』, 生活·读书·新知三联书店, 2004.

章永乐,「多民族国家传统的接续与共和宪政的困境—重审清帝逊位系列诏书」,『清史研究』, 2012年 第2期.

Perdue, Peter, "Boundaries and Trade in the Early Modern World: Negotiations at Nerchinsk and Beijing", *Eighteenth-Century Studies* 43, no. 3 (2010): 15.

Perdue, Peter, *China Marches West: The Qing Conquest of Central Eurasia*, Cambridge, Mass.: Belknap Press of Harvard University Press, 2005.

Wood, Alan, *Russia's Frozen Frontier: A History of Siberia and the Russian Far East, 1581-1991*, New York: Bloomsbury Academic, 2011.

Zhao Gang, "Reinventing China: Imperial Qing Ideology and the Rise of Modern Chinese National Identity in the Early Twentieth Century", *Modern China* 32, no. 1 (2006): 3-30.

04 '중화'의 초점을 잃은 '천하'

葛兆光, 『想象异域 : 读李朝朝鲜汉文燕行文献札记』, 中华书局, 2014.
费正清, 『中国的世界秩序』, 中国社会科学出版社, 2010.
Kissinger, Henry, *World Order*, New York: Penguin Books, 2015.
Pye, Lucian, "China: Erratic State, Frustrated Society", *Foreign Affairs*, Fall, 1990.

5장. 예수회 선교사 : 유럽과 아시아의 만남

01 화원, 신하, 선교사 : 카스틸리오네의 사명

方豪, 「中国天主教史人物传清代篇」, 『清代传记丛刊·名人类』, 明文书局, 1985.
Musillo, Marco, "Reconciling Two Careers: The Jesuit Memoir of Giuseppe Castiglione, Lay Brother and Qing Imperial Painter", *Eighteenth-Century Studies* 42 no.1 (2008): 45-59.
"Xi Jinping and the Chinese Dream", *The Economist*, May 4, 2013.

02 도주범과 성도 : 동아시아가 천주교를 만나다

Coleridge, Henry James ed., *The Life and Letters of St. Francis Xavier*, 2d Ed., 2 Vols., London: Burns & Oates, 1890.
Ross, Andrew C, *A Vision Betrayed: The Jesuits in Japan and China 1542-1742*, New York: Orbis Books, 2003.

03 예수회의 성공학

Coleridge, Henry James ed., *The Life and Letters of St. Francis Xavier*, 2nd Ed., 2 Vols., London: Burns & Oates, 1890.
Ross, Andrew C, *A Vision Betrayed: The Jesuits in Japan and China 1542-1742*, New York: Orbis Books, 2003.

04 마테오 리치 규칙

何俊, 『西学与晚明思想的裂变』, 上海人民出版社, 2013.
黄伯禄, 「正教奉褒」, 『中国天主教史籍汇编』, 辅仁大学出版社, 2003.
利玛窦, 『利玛窦中国札记』, 何高济等 译, 中华书局, 1983.
裴化行, 『利玛窦评传』, 管震湖 译, 商务印书馆, 1993.

Coleridge, Henry James ed., *The Life and Letters of St. Francis Xavier*, 2nd Ed., 2 Vols., London: Burns & Oates, 1890.

Hsia Ronnie Po-Chia, *A Jesuit in the Forbidden City: Matteo Ricci 1553-1610*, Oxford: Oxford University Press, 2010

05 역전의 밤 : 일본 천주교의 궤멸

丰臣秀吉,「伴天连追放令」,『松浦家文书』.

Ross, Andrew C, *A Vision Betrayed: The Jesuits in Japan and China 1542-1742*, New York: Orbis Books, 2003.

06 숨은 기리시탄

远藤周作,『沉默』, 林水福 译, 南海出版公司, 2013.

张承志,「长崎笔记」,『敬重与惜别 : 致日本』, 中国友谊出版公司, 2009.

07 문밖의 사람이 집안일을 토론하다 : 중국-서양 간 교류의 요절

方豪,「中国天主教史人物传清代篇」,『清代传记丛刊·名人类』, 明文书局, 1985.

费赖之,『在华耶稣会士列传及书目』, 冯承钧 译, 中华书局, 1995.

『康熙与罗马使节关系文书』, 北平故宫博物院编, 1932.

萧若瑟,『天主教传行中国考』, 上海书店, 1989.

08 북당의 불청객 : 조선 말기의 천주교

「黄嗣永帛书」, UCLA Online Archive Korean Christianity, http://koreanchristianity.cdh. ucla.edu/images /stories/__Silk_letter.pdf.

『朝鮮王朝實錄』, 正祖15年~纯祖1年, 國史編纂委員會.

09 '쇄국' 신화의 배후

方豪,『中国天主教史人物传清代篇』,『清代传记丛刊·名人类』, 明文书局, 1985.

赫德逊,『欧洲与中国』, 李申等 译, 中华书局, 2004.

樊守义,「身见录」, 阎宗临,『中西交通史』, 广西师范大学出版社, 2007.

Endo Shusaku, *The Samurai*, Translated by Van C. Gessel, New York: New Directions, 1997.

Kaempfer, Engelbert, *The History of Japan: Together With A Description of The Kingdom of Siam, 1690-92*, Andesite Press, 2015.

Toby, Ronald P., *State and Diplomacy in Early Modern Japan: Asia in the Development of the Tokugawa Bakufu*, Stanford: Stanford University Press, 1991.

6장. 초기 지구화 : 동아시아의 중요한 역할

01 하얀 은, 검은 사람

贡德·弗兰克, 『白银资本 : 重视经济全球化中的东方』, 刘北成 译, 中央编译出版社, 2008.

Arrighi, Giovanni, Takeshi Hamashita, and Mark Selden. eds., *The Resurgence of East Asia: 500, 150 and 50 Year Perspectives*, London: Routledge, 2003.

Brook, Timothy, *Vermeer's Hat: The Seventeenth Century and the Dawn of the Global World*, New York: Bloomsbury Press, 2008.

02 차는 서방에서, 담배는 동방에서

吴晗, 「谈烟草」, 『光明日报』, 1959年 10月 28日.

张存武, 『清韩宗藩贸易 1637-1894』, 中央研究院近代史研究所, 1978.

『朝鮮王朝實錄』, 正祖 21-7-8, 國史編纂委員會.

Mair, Victor H. and Erling Hoh., *The True History of Tea*, New York: Thames & Hudson, 2009.

Evon, Gregory N., "Tobacco, God, and Books: The Perils of Barbarism in Eighteenth-Century Korea", *The Journal of Asian Studies* 73, no.3 (2014): 641-59.

03 해금 시대의 동아시아 바다

上田信, 『海与帝国 : 明清时代』, 高莹莹 译, 广西师范大学出版社, 2014.

松浦章, 『明清时代东亚海域的文化交流』, 郑洁西 译, 江苏人民出版社, 2009.

Hang Xing, *Conflict and Commerce in Maritime East Asia: The Zheng Family and the Shaping of the Modern World, c.1620-1720*, Cambridge: Cambridge University Press, 2016.

Sen Tansen, "The Formation of Chinese Maritime Networks to Southern Asia, 1200-1450", *Journal of the Economic and Social History of the Orient* 49 no. 4 (2006): 421-53.

Zhao Gang, *The Qing Opening to the Ocean: Chinese Maritime Policies, 1684-1757*, Honolulu: University of Hawaii Press, 2013.

04 소란스런 항구

滨下武志, 『中国·东亚与全球经济 : 区域和历史的视角』, 王玉茹 等译, 社会科学文献出版社,

2009.

松浦章, 『清代海外貿易史研究』, 李小林 译, 天津人民出版社, 2016.

王宏斌, 「乾隆皇帝从未下令关闭江・浙・闽三海关」, 『史学月刊』 2011年 第6期.

Blusse, Leonard., *Visible Cities: Canton, Nagasaki, and Batavia and the Coming of the Americans*, Cambridge, Mass.: Harvard University Press, 2008.

05 상징으로서 매카트니 사절단

黄一农, 「印象与真相—清朝中英两国的觐礼之争」, 『中央研究院历史语言研究所集刊』, 2007 年 第78期.

佩菲雷特, 『停滞的帝国 : 两个世界的撞击』, 生活・读书・新知三联书店, 1995.

王宏志, 「马戛尔尼使华的翻译问题」, 『中央研究院近代史研究所集刊』, 2009年 第63期.

Elman, Benjamin A., *A Cultural History of Modern Science in China*, Cambridge: Harvard University Press, 2009.

Fordham, Douglas., "On Bended Knee: James Gillray's Global View of Courtly Encounter", in *The Efflorescence of Caricature, 1759-1838*, edited by Todd Porterfield. London: Routledge, 2010.

Hevia, James Louis., *Cherishing Men from Afar: Qing Guest Ritual and the Macartney Embassy of 1793*, Durham: Duke University Press, 1995.

7장. 새로운 천명 : 동아시아 현대사상의 흥기

01 사상 흥기의 계기 : 강항과 주순수

朱舜水, 『朱舜水集』, 中华书局, 1981.

姜沆, 『看羊錄』.

林春勝,林鳳岡 編, 『華夷變態』.

de Bary, Wm. Theodore, ed., *Sources of East Asian Tradition*, Volumes 2, New York: Columbia University Press, 2008.

02 강남 풍격과 에도의 우키요에

白谦慎, 『傅山的世界 : 十七世纪中国书法的嬗变』, 生活・读书・新知 三联书店, 2006.

范金民, 『江南社会经济史研究入门』, 复旦大学出版社, 2012.

乔迅, 『石涛 : 清初中国的绘画与现代性』, 邱士华 等译, 生活・读书・新知三联书店, 2010

Guth, Christine., *Art of Edo Japan: The Artist and the City 1615-1868*, New Heaven: Yale University Press, 2010.

Meyer-Fong, Tobie., *Building Culture in Early Qing Yangzhou*, Stanford: Stanford University Press, 2003.

Vaporis, Constantine Nomikos., *Tour of Duty: Samurai, Military Service in Edo, and the Culture of Early Modern Japan*, Honolulu: University of Hawaii Press, 2009.

03 도통의 재건 : 청학의 논리

艾尔曼, 『从理学到朴学 : 中华帝国晚期思想与社会变化面面观』, 赵刚 译, 江苏人民出版社, 1995年.

李泽厚, 『中国近代思想史论』, 人民出版社, 1979.

梁启超, 『梁启超论清学二种』, 复旦大学出版社, 1985.

杨念群, 『何处是"江南"? 清朝正统观的确立和士林精神世界的变异』, 生活·读书·新知三联书店, 2010.

王汎森, 『权力的毛细管作用 : 清代的思想·学术与心态』, 北京大学出版社, 2015.

04 일본의 재건 : 에도 사상의 격동

周作人, 「兰学事始」, 『大公报』, 1933年 11月 22日.

丸山真男, 『日本政治思想史研究』, 王中江 译, 生活·读书·新知三联书店, 2000.

杉田玄白, 『蘭學事始』.

山鹿素行, 『中朝事實』.

Burns, Susan L., *Before the Nation: Kokugaku and the Imagining of Community in Early Modern Japan*, Durham: Duke University Press, 2003.

05 경세 : 동아시아에서 실학

贺长龄·魏源, 『皇朝经世文编』.

丁若鏞, 『丁茶山全書』, 文獻編纂委員會, 1960-61.

金正浩, 『大東輿地圖』, 古山子[金正浩]校刊, 1864.

孙承喆, 「朝鮮後期実學思想の対外認」, 『朝鮮学報』 1, no. 122 (1987): 115-44.

林子平, 『三國通覽図説』.

李瀷, 『星湖塞說』, 景仁文化社, 1967.

Najita, Tetsuo., *Visions of Virtue in Tokugawa Japan: The Kaitokudo Merchant Academy of Osaka*, Honolulu: University of Hawaii Press, 1997.

Rowe, William T., *Saving the World: Chen Hongmou and Elite Consciousness in Eighteenth-Century China*, Stanford: Stanford University Press, 2002.

8장. 문명과 야만 : 식민 '현대성'의 침입

01 뉴욕의 임칙서 : 마약, 전쟁, '현대'

胡绳, 『从鸦片战争到五四运动』, 人民出版社, 1981.

茅海建, 『天朝的崩溃 : 鸦片战争再研究』, 生活·读书·新知三联书店, 1997.

Liu, Lydia He., *The Clash of Empires: The Invention of China in Modern World Making*, Cambridge, Mass.: Harvard University Press, 2004.

02 검은 배 위의 낯선 사람 : 일본과 미국의 만남

信夫清三郎, 『日本政治史·第一卷 : 西欧的冲击与开国』, 周启乾 译, 上海译文出版社, 1982.

吉田松陰, 『幽囚録』.

Fillmore, Millard., "President Millard Fillmore's letter to the Emperor of Japan", MIT Visualizing Cultures, accessed 11/05/2017, https://ocw.mit.edu/ans7870/21f/21f.027/black_ships_and_samurai/presletter.html.

Stevenson, Robert Louis., "Yoshida-Torajiro", in *Familiar Studies of Men & Books*, New York: Charles Scribner's Sons, 1891.

03 '천하'에서 '구역'으로 : 동아시아 질서의 재구성

柯文, 『在中国发现历史─中国中心观在美国的兴起』, 林同奇 译, 中华书局, 2002.

王芸生, 『六十年来中国与日本』, 生活·读书·新知三联书店, 1979.

岡本隆司, 『屬國と自主のあいだ : 近代清韓關係と東アジアの命運』, 名古屋大学出版会, 2004.

Schmid, Andre., *Korea between Empires, 1895-1919*, New York: Columbia University Press, 2002.

04 '체'와 '용' 사이 : '문명개화' 아래의 동양

福泽谕吉, 『文明论概略』, 北京编译社 译, 商务印书馆, 1982.

高坂史朗, 『近代之挫折 : 东亚社会与西方文明的碰撞』, 吴光辉 译, 河北人民出版社, 2006.

大隈重信, 『開國五十年史』, 1907.

Tanaka, Stefan., *Japan's Orient: Rendering Pasts into History*, Berkeley: University of California Press, 1993.

9장. 민족국가, 아시아주의, 국제

01 종족 진화 : 식민과 저항의 논리

黄克武,「何谓天演？严复"天演之学"的内涵与意义」,『中央研究院近代史研究所集刊』, 2014
    年 第85期.
王柯,「"民族"：一个来自日本的误会」,『二十一世纪双月刊』, 2003年 第77期.
张伟,『西风东渐—晚清民初上海艺文界』, 秀威信息, 2013.
朴殷植,『韓國痛史』, 博英社, 1996.
申采浩,「朝鮮上古史」,『丹齋申采浩全集』, 螢雪出版社, 1987.
Christ, Carol Ann., "The Sole Guardians of the Art Inheritance of Asia: Japan and China at
    the 1904 St. Louis World's Fair", *Position* 8, no.3 (2000): 675-709.
Duara, Prasenjit, *Rescuing History from the Nation: Questioning Narratives of Modern China*,
    Chicago: University of Chicago Press, 1995.
Vanstone, James W, "The Ainu Group at the Louisiana Purchase Exposition, 1904",
    Arctic Anthropology, Vol. 30, No. 2 (1993): 77-91.

02 합법과 비법의 아시아

田涛,『国际法输入与晚清中国』, 济南出版社, 2001.
Benten, Lauren, and Benjamin Straumann, "Acquiring Empire by Law: From Roman
    Doctrine to Early Modern European Practice", *Law and History Review* 28, no. 1
    (2010): 1-38.
Dudden, Alexis, *Japan's Colonization of Korea: Discourse and Power*, Honolulu: University of Hawaii
    Press, 2005.
Fitzmaurice, Andrew, "The Genealogy of Terra Nullius", *Australian Historical Studies* 38,
    no. 129 (2007): 1-15.

03 고쿠류카이의 친구들 : 1912년의 '아시아' 상상

张承志,「亚细亚的"主义"」,『敬重与惜别：致日本』, 中国友谊出版公司, 2009.
黒龍會 編,『發禁黒龍會々報』, 皇極社出版部, 1989.
内田良平,『満韓開務鄙見』, 1906.
葛生能久,『東亜先覚志士記伝』, 大空社, 1997.
中野泰雄,『安重根: 日韓関係の原像』, 亜紀書房, 1991.
Hotta, Eri, *Pan-Asianism and Japan's War 1931-1945*, The Palgrave Macmillan Series in
    Transnational History, New York: Palgrave Macmillan, 2007.
Okakura, Kakuzō, *The Ideals of the East with Special Reference to the Art of Japan*, London: J. Murray,

1903.

Saaler, Sven, and J. Victor Koschmann, *Pan-Asianism in Modern Japanese History: Colonialism, Regionalism and Borders*, New York: Routledge, 2007.

04 탈아자구 : 1919년의 전환

顾维钧,『顾维钧回忆录缩编』, 中华书局, 1997.
胡适,「介绍我自己的思想」,『胡适文选』, 中国长安出版社, 2014.
鲁迅,『呐喊』, 人民文学出版社, 1973.
郁达夫,『沉沦』, 作家出版社, 2000.
池明觀,「申采浩史學と崔南善史學」,『東京女子大學附屬比較文化研究所紀要』48 (1987): 135-60.
申采浩,「讀史新論」,「滿洲問題에就하여再論함」,『丹齋申采浩全集』, 螢雪出版社, 1987.
Cumings, Bruce, *Korea's Place in the Sun: A Modern History*, New York: W. W. Norton, 2005.
Schmid, Andre, "Rediscovering Manchuria: Sin Chaeho and the Politics of Territorial History in Korea", *The Journal of Asian Studies* 56, no. 1 (1997): 26-46.

05 건설과 불안정 : '현대 시간'에 들어선 동아시아

升味准之辅,『日本政治史』, 董果良 译, 商务印书馆, 1988.
王鹤・吕海平,『近代沈阳城市形态研究』, 中国建筑工业出版社, 2015.
德富蘇峰,『支那漫遊記』, ゆまに書房, 1999.
Armstrong, Charles, "Centering the Periphery: Manchurian Exile(s) and the North Korean State", *Korean Studies* 19 (1995): 1-16.
Eckert, Carter J, *Offspring of Empire: The Koch'ang Kims and the Colonial Origins of Korean Capitalism, 1876-1945*, Seattle: University of Washington Press, 1996.

10장. 제2차 세계대전에서 냉전까지

01 무엇을 가지고 '근대를 초극'할 것인가?

竹内好,『近代的超克』, 生活・读书・新知三联书店, 2005.
子安宣邦,「"近代的超克"论序章：昭和意识形态批判」, 董炳月 译,『文化研究』2008年 第六期(增刊).
黄克武,「民族主义的再发现—抗战时期中国朝野对"中华民族"的讨论」,『近代史研究』2016年 第4期.
Harootunian, Harry D., *Overcome by Modernity: History, Culture, and Community in Interwar Japan*,

Princeton: Princeton University Press, 2002.

LaFeber, Walter, *The Clash: U.S.-Japanese Relations Throughout History*, New York: W. W. Norton & Company, 1998.

02 나가사키에서 미주리호까지 : 일본의 패전

约翰·道尔, 『拥抱战败：第二次世界大战后的日本』, 胡博 译, 生活·读书·新知三联书店, 2008.

张承志, 「长崎笔记」, 『敬重与惜别：致日本』, 中国友谊出版公司, 2009.

Dower, John, *War Without Mercy: Race and Power in the Pacific War*, New York: Pantheon, 1987.

Dower, John, *Embracing Defeat: Japan in the Wake of World War II*, W.W.Norton & Company, 2000.

Mitter, Rana, *Forgotten Ally: China's World War II, 1937-1945*, New York: Mariner, 2014.

03 내전, 냉전, 열전

布鲁斯·卡明斯, 『视差』, 李茂增 译, 生活·读书·新知三联书店, 2016.

Bradley, Mark, *Vietnam at War*, Oxford: Oxford University Press, 2009.

Cumings, Bruce, *The Origins of the Korean War* Vol.1, Princeton, N.J.: Princeton University Press, 1981.

Dower, John, "The San Francisco System: Past, Present, Future in U.S.-Japan-China Relations", *The Asia-Pacific Journal* 12, no.8, 2014.

Newman, Robert P., Owen Lattimore and the "Loss" of China, Berkeley: University of California Press, 1992.

Selden, Mark, "East Asian Regionalism and its Enemies in Three Epochs: Political Economy and Geopolitics, 16th to 21st Centuries", *The Asia-Pacific Journal* 7, 9, no.4 (2009).

04 제3세계로서의 '아시아'

陈光兴, 『去帝国：亚洲作为方法』, 行人出版社, 2006.

Brazinsky, Gregg A., *Winning the Third World: Sino-American Rivalry during the Cold War*, Chapel Hill: The University of North Carolina Press, 2017.

Ghosh, Arunabh, "Before 1962: The Case for 1950s China-India History", *The Journal of Asian Studies* 76, no.3 (2017): 697-727.

05 동아시아의 기적에서 아시아적 가치까지

酒井直树,「美式强权和平的终结与自闭式民族主义—以西川长夫的"新"殖民主义论为中心」,
    『开放时代』, 2016年 第6期.

Meisner, Maurice J., *Mao's China and After: A History of the People's Republic*, Free Press; 3
    edition, New York: 1999.

Vogel, Ezra, *One Step Ahead in China: Guangdong Under Reform*, Cambridge Mass: Harvard U
    Press, 1990.

06 동아시아 현대를 어떻게 기억하는가

白永瑞,『思想东亚：朝鲜半岛视角的历史与实践』, 生活·读书·新知三联书店, 2011.

沟口雄三,『作为方法的中国』, 孙军悦 译, 生活·读书·新知三联书店, 2011.

孙歌,『我们为什么要谈东亚：状况中的政治与历史』, 生活·读书·新知三联书店, 2011.

汪晖,「亚洲想象的政治」,『去政治化的政治』, 生活·读书·新知三联书店, 2008.

子安宣邦,『东亚论：日本现代思想批判』, 赵京华 编译, 吉林人民出版社, 2004.

Duara, Prasenjit, *The Global and Regional in China's Nation-Formation. Critical Asian Scholarship*,
    London: Routledge, 2009.

Perdue, Peter, "Eurasia in World History: Reflections on Time and Space", http://
    worldhistoryconnected. press.illinois.edu/5.2/perdue.html.

동아시아를 발견하다 – 임진왜란으로 시작된 한중일의 현대

초판 **2쇄 발행** 2022년 1월 17일
초판 **1쇄 발행** 2020년 11월 9일

지은이 쑹녠선
옮긴이 김승욱
펴낸이 정순구
책임편집 조수정
기획편집 조원식 정윤경
마케팅 황주영

출력 블루엔
용지 한서지업사
인쇄 한영문화사
제본 한영제책사

펴낸곳 (주) 역사비평사
등록 제300-2007-139호 (2007.9.20)
주소 10497 : 경기도 고양시 덕양구 화중로 100(비전타워21) 506호
전화 02-741-6123~5
팩스 02-741-6126
홈페이지 www.yukbi.com
이메일 yukbi88@naver.com

한국어판 출판권 ⓒ 역사비평사, 2020

ISBN 978-89-7696-438-0 93910